本书系

浙江大学"211工程"第三期专项经费资助项目

中央高校基本科研业务费专项资金资助

Supported by the Fundamental Research Funds for the Central Universities

中国卷之二

2

THE COURSE OF HISTORY TOWARDS
THE FIRST RATE

走向一流的历史轨迹

中外著名大学校长
治校理念与办学制度文献选编

商丽浩　薛国瑞　葛福强 —— 编

浙江大学教育史
国家重点学科丛书

ZHEJIANG UNIVERSITY PRESS
浙江大学出版社

序

20 世纪 90 年代以来,随着我国政府"211 工程"、"985 工程"的相继出台,中国的高等教育以前所未有的规模和速度快速发展,迄今已近20 个年头。多年来,人们都习惯于把这种发展称为"跨越式",意即跨过或超越了某种本来应有的状态或某个本来必经的历史阶段,一下子跑到前面去了,这种说法似乎有一定道理。以此衡量,其实,百年来的中国现代高等教育此前已经有过两次"跨越式"发展。第一次发生在20 世纪 20 年代,比较集中在 1921—1926 年的 5 年左右时间。据统计,从 1921—1926 年,公私立大学由 13 所增加到了 51 所,5 年间增加了 3倍。学生数增加也比较明显,1925 年的在校生总数是 1916 年的 2 倍多。各高校毕业生数亦呈上升趋势,1926 年是 1921 年的近 2 倍。可见,这一时期高等教育无论学校数、学生数还是毕业生数都快速增长。时人曾这样评论:"中国近年来的大学迷,可以说是发达到极点了;改革的声浪,到处听见;新成立的大学,也如春笋暴发。"[①] 高等教育短时期内的"跨越式"发展,一方面在一定程度上回应了当时社会的需求;另一方面,大幅攀升的数字背后存在着严重的问题——数量增加,质量无法保证。尤其是私立高校纷纷设立,以致"盈利大学"、"野鸡大学"充斥各地。1927 年南京国民政府成立后的一个时期,此风仍在继续,何炳松批评说:"国民政府成立后的二三年间实为我国大学教育史上最活动最复杂的一个短时期,比前清光绪二十八年和民国十二年两次的大学运动还要热闹。"[②] 社会上"大学教育破产论"、"大学教育崩溃论"沸沸扬扬,于是有南京国民政府 20 世纪 30 年代初期对全国高等教育的大力整顿。

---

① 庄泽宣:《中国的大学教育》,《清华周刊》1926 年(纪念号增刊),第 84 页。

② 何炳松:《三十五年来之中国高等教育》,商务印书馆编:《最近三十五年之中国教育》,商务印书馆 1931 年版,第 122 页。

整顿工作以"限制数量、提升质量"为目标,包括取消单科大学、限制滥设大学;加强对私立高校(包括教会高校)的控制与管理;调整院系结构,注重实用科学;提高教育效能等方面。经过五六年的努力,至抗日战争全面爆发前夕,才逐步稳定了高等教育的规模,教育教学质量得到较大提高。第二次"跨越式"发展发生在20世纪60年代,当时称之为"教育大革命"或"教育大跃进",具体而言是1958—1960年的三年左右时间。1957年全国普通高等学校数是229所,至1960年扩增为1289所,当时的一个响彻云霄的口号是"县县办大学",是年高中毕业生升学率达到100%,高等教育的发展速度和规模的扩大远远超过前述20年代时的所谓"春笋暴发"。1961年,中共中央提出"调整、巩固、充实、提高"的方针,经过大力压缩,至1963年,全国普通高等学校数回落为407所。① 后人在总结这次"跨越式"发展的教训时认为,"在三年教育革命中,教育的发展严重地脱离了国民经济发展提供的可能,超出了国民经济的承受能力"。"影响了教育质量的提高……造成了学校布局和专业设置的不合理。"②现在回过头来审视这两次"跨越式"发展,且不论它们前后相隔了30多年,世易时移,中国的社会环境发生了多么大的变化;也不去探讨它们各自兴起和形成的政治、经济、文化、教育原因有多少不同,就其结果而言,应该说是高度雷同的,那就是都对中国现代高等教育的正常发展造成了严重的挫折,让我们付出了沉重的代价。

　　20世纪90年代迎来的第三次"跨越式"发展,潮头似乎已经过去,它所导致的中国高等教育数量的增长和规模的扩张,用不着列举一大堆数字,也足以让60年代的那次"跨越式"自惭形秽而望尘莫及。时至今日,关于最近的这次"跨越式"发展所带来的一切积极的方面,人们如数家珍,已经列举出许多。但是我总感到,也许是因为"只缘身在此山中"的缘故吧,目前的评价总难做到比较客观、全面,而且显得匆忙了点。当然,来自各方面的批评意见应该说是从未间断。因为,现在的大环境,毕竟与30多年前大不一样了。

　　我经常在想一个问题,很长时间以来,在我们的日常用语中,内涵

---

① 《中国教育年鉴(1949—1981)》,中国大百科全书出版社1984年版,第234—235页。

② 何东昌:《中华人民共和国教育史》,海南出版社2007年版,第261页。

大致相同或相近的一些词汇,如"大跃进"、"大革命"、"迎头赶上"、"跨越式发展"等,会成为不同时期国人从上到下使用最为频繁的词汇,这种现象是否与我们民族、我们国家近代以来的屈辱地位有关?是否与我们作为现代化后来者的角色有关?40多年前,每当读到康有为写于19世纪末的这段话时,总让人感到热血沸腾,他在《进呈日本明治变政考序》中劝告光绪皇帝:"近采日本,三年而宏规成,五年而条理备,八年而成效举,十年而霸图定矣!"①后来随着年龄的增长、阅历的增加和知识的积累,慢慢悟出诸如此类的话语更多的是维新志士或改革家、政治家们带有宣传、鼓动性质的口号,更多地具有理想化色彩,社会的发展不大可能是这样的,更遑论文化教育的变革更新!

现在回到读者诸君面前的这套《走向一流的历史轨迹——中外著名大学校长治校理念与办学制度文献选编》。最近20年来,随着国家对高等教育的高度重视和我国高等教育的快速发展,高等教育已经成为我国学术界关注的重点领域,有关的研究成果可以说大量涌现、层出不穷。这些成果从不同层面推动着高等教育学科的建设,其中的许多成果为政府决策、高校改革提供了宝贵的思想资源,从一定意义上甚至可以说,为中国高等教育的第三次"跨越式"发展起到了推波助澜、摇旗呐喊的重要作用。但是,综观这些成果,多为对各国现行高等教育政策、中外著名高等院校(包括民国时期我国的一些著名大学)现状的介绍与对策性研究;较少从历史上分析考察发达国家的高等教育和中外著名大学走向辉煌的内在原因,揭示这些大学具有今天的地位和影响的活水源头。众所周知,现代大学作为一个国家、一个民族政治、经济、文化与社会发展的综合实力的体现,已经有几百年的历史。任何一所著名大学的形成和出现都经历了一个或长或短的历史过程,都体现了时代发展的要求,都凝聚着这所大学几代校长的治校理念。从这个意义上讲,深入考察著名大学形成、发展和走向辉煌的历史轨迹,对我国当前高等教育改革、对我们实现"建成若干所大学达到或接近世界一流大学水平"的发展目标,或许会从一个新的角度得到一些启迪。正是出于这种考虑,浙江大学中外教育现代化研究所的几位同仁,从2010年开始,酝酿编辑一套体现上述想法的资料书。经过多次讨论,大家达成如下共识:

---

① 汤志钧:《康有为政论集》(上册),中华书局1981年版,第224页。

　　第一,本书的编写目的,是选择、整理世界和中国的著名大学在走向一流的历史进程中留下的重要足迹;不是编辑这些大学的校史资料,更不是编辑这些大学的创办者(或其他教育家、政治家)的教育论著集。

　　第二,有鉴于此,对于入选的人物而言,我们选择的是他们在办学过程中(或教育生涯中)所发表的直接或间接地影响到他们所主持的学校或他们所在的国家(民族、地区)某一时期高等教育发展方向的言论和著述,强调原创性。

　　第三,对于入选的学校而言,大致是两个侧重点。一是在这所大学走向一流的几个重要"节点"上发挥了重要的保障作用的那些文献,换言之,如果没有了这几份重要文献,这所大学也许就难以成为我们的入选对象,我们瞄准的是这样性质的文献;二是这些大学在发展过程中形成的一些最基本的制度文献。二者相较,前者更为我们所关注。

　　全书共四册,分为中国卷和外国卷,各两册。上册分别是著名大学校长(教育家、政治家)有关高等教育和大学办学理念、治校方略的内容;下册是著名大学的相关文献。

　　据我们对国内外相关领域的了解,学术界迄今为止还未曾提供过一种比较系统地收集有体现中外著名大学校长(教育家、政治家)办学理念、中外著名大学在发展的关键时期所形成的重要规章制度等重要文献的资料性出版物。应该说,对于从源头上深入研究、汲取、借鉴中外著名大学的办学经验以为现实服务而言,这是一项非常基础性的工作,而对于高等教育学科建设而言,这更是一项亟待加强的基础性工作。为了迎头赶上或跨越式发展,熟知、把握学习对象的今天固然十分重要;而为了步子稳健、少走弯路,了解、认识她们的前天和昨天同样重要。因为今天的她们是从前天、昨天一路走来的。

　　我有幸参加了全书的酝酿、策划和前期工作,深知在目前学术环境下编辑、出版此类资料性成果的艰辛。如果这套书能像一块小小的铺路石子,在中国高等教育走向世界一流的漫长进程中,提供一点方便、发挥一丁点作用,作为教育史工作者,我们将感到无比欣慰。

　　是为序。

田正平

甲午年中秋节于浙江大学西溪校区

本册编者说明

一

本书系《走向一流的历史轨迹（中国卷之二）——中外著名大学校长治校理念与办学制度文献选编》之"中国著名大学办学制度文献"部分。本卷选取在中国近代高等教育发展历程中涌现的著名的、有特色的 12 所大学的重要史料。这些学校是北京大学、清华大学、燕京大学、北洋大学（天津大学）、南开大学、中央大学（南京大学）、金陵大学、交通大学、复旦大学、浙江大学、厦门大学、国立西南联合大学。这些学校有的从创建之始即称为大学，有的始以书院命名而后发展为新式的高等教育机构，有的则由专门学校发展为大学。本卷辑入的文献涵盖了这些机构成为高等教育机构后直到 1949 年这一时间段内产生形成的重要的规章制度方面的文献。

这些大学涵盖中国近代的国立大学、私立大学和教会大学。从 1840 年鸦片战争爆发，中国社会急速变迁，高等教育机构快速变化发展。近代私立大学、国立大学、教会大学的分类，不同时期有所不同。有些学校如北京大学、清华大学始终保持国立学校的特性；有些学校的性质不断变化，如浙江大学由省立的求是书院发展成国立大学；南开大学、复旦大学和厦门大学这三所学校由最初的私立大学到民国后期改为国立大学。燕京大学、金陵大学这两所教会大学在南京国民政府时期纳入私立大学的范畴。本卷主要选择能展示中国近代大学创办和发展特点的学校及其文献。

由于中国近代高等教育制度的变化，近代高等学校名称不断地调整。在入选的大学中多数学校在近代的大学名称与当代变化不大;其中有两所大学在近代与当代大学名称变化较大,为保持历史的沿续性,本卷对两者予以标注。

制度是理念与行为之间的媒介,制度建设是通过大学组织行为改进原有规程或建立新规程,以追求大学质量的提升。大学制度涉及规范大学与政府、大学与社会的关系,涉及大学内部治理结构的完善和改革。大学制度的构架包括两个层面:宏观层面即学校与外部的关系,如政府宏观管理;微观层面即学校内部管理制度,如教授治学。中国近代高等教育机构最初的重要功能是教学组织和文化传播组织,随着学校的发展,其研究功能和服务功能不断增进。在所有这些大学制度框架内形成的各种规章制度中,本卷主要选择对其成为中国著名大学,成为一流大学有重要影响的文献。

中国近代大学制度建设在政府行政部门、大学自身和学界等多方面推动下逐渐发展。清末,在中国教育早期现代化启动时期,各个高等教育机构的制度建设,特点分明。南京国民政府时期,政府加强高等教育机构的制度管理,出台一系列的高等教育政策和法令。南京国民政府后期,一批省立和私立高等教育机构转为国立大学,政府对于大学制度管理加强,大学尤其是国立大学在制度上日益趋同。本卷以特定的高等教育机构为中心选取文献;因而政府部门的规章法令虽然在大学制度发展中起重要作用,但原则上选取其针对特定学校的制度,而不选取其就所有大学或一类学校所制定的制度。

二

(一)本卷所辑文献,按学校分章汇编。学校原则上从北到南按地区排列,一个地区内的学校以学校创办先后为序,一所学校的文献原则上以时间先后为序编排,并标注文献来源。两所教会大会以其正式成立时间辑入文献,文献以分类编排。

(二)本卷所辑文献,原则上照录全文,原文过长者,则节录与主题密切相关的部分。

(三)本卷所辑文献,一般沿用原标题;原文无标题者,则根据其主要内容酌拟标题,并作注说明。

（四）本卷所辑文献中的国名、地名、人名、纪年表述、数字书写、表格内容、文字（包括中、外文）用法及标点用法等，基本保持原貌。如，汉字数字书写大小写混用，如"拾壹万弎千五百"；把"整"写做"正"，如"壹佰元正"等，为保持史料原来面目，均未作校订。有的文献原件无标点，由编者加以标点；有的文献原件标点有明显错误，由编者加以修正。对于一些旧式书写格式，编者也做了处理，编者批注录于（ ）内，置于相应位置。

（五）本卷所辑文献中，明显的错误，由编者订正。增改文字，用〔 〕标明；污损字句用□表示。

（六）本卷正文所辑文献纪年表述保持原貌，原文如无时间，编者不做推断，但保留原文文献提供的相关线索。在本卷目录中，编者为了更清晰地区分不同的文献，增加了文献的公元纪年年份。

（七）本卷用字，以国家语言文字工作委员会1986年颁布的（简化字总表）、中华人民共和国文化部和中国文字改革委员会1955年联合公布的《第一批异体字整理表》为准。但人名中的异体字和简化后可能引起误解的繁体字，则保持原貌。

三

本卷编者十分感谢田正平教授对本卷的策划、组织和建议，感谢周谷平教授、肖朗教授和赵卫平副教授多方面指点。本卷编辑由商丽浩总负责，薛国瑞博士、葛福强博士、朱国威硕士参与编辑工作。由于编者水平有限，时间紧迫，编选工作不免留有遗憾，错漏之处，敬请指正。

编　者

2016 年 12 月

目　　录

北京大学 ……………………………………………………………………（1）

  总理衙门奏拟京师大学堂章程(1898 年) …………………………（3）

  钦定京师大学堂章程(1902 年) ……………………………………（13）

  大学堂章程(附通儒院章程)(节录)(1904 年) …………………（29）

  大学评议会简章(1917 年) …………………………………………（38）

  国立北京大学内部组织试行章程(1919 年) ……………………（40）

  评议会规则修正案(1920 年) ………………………………………（43）

  评议会会议细则(1920 年) …………………………………………（45）

  研究所简章(1920 年) ………………………………………………（47）

  北京大学章程(1920 年) ……………………………………………（48）

  国立北京大学助学金及奖学金条例(1925 年) …………………（53）

  国立京师大学校组织总纲(1927 年) ……………………………（55）

  国立北京大学研究院章程(1929 年) ……………………………（57）

  国立北京大学组织大纲(1932 年) ………………………………（60）

  国立北京大学研究院规程(1932 年) ……………………………（64）

  国立北京大学教授休假研究规程(1934 年) ……………………（67）

  国立北京大学教务通则(1946 年) ………………………………（68）

  国立北京大学组织大纲(1947 年) ………………………………（73）

  本校教员升级办法(1948 年) ………………………………………（79）

清华大学 ·· (81)

清华学堂章程(1911 年) ······························ (82)

游美学务处改行清华学堂章程缘由致外务部申呈

(附:清华学堂章程)(1911 年) ················ (87)

清华学校选派学生赴美游学章程(1919 年) ········ (92)

清华学校教职员会议章程(1920 年) ················ (98)

清华大学总纲(1923 年) ···························· (100)

大学部组织及课程(1925 年) ······················ (101)

北京清华学校大学部暂行章程(1925 年) ·········· (105)

研究院章程(1925 年) ······························ (109)

清华学校组织大纲(1926 年) ······················ (113)

国立清华大学条例(1928 年) ······················ (116)

国立清华大学规程(1929 年) ······················ (120)

专任教授休假条例(1930 年) ······················ (124)

国立清华大学教授会议事细则(1931 年) ·········· (126)

国立清华大学研究院章程(1934 年) ··············· (128)

国立清华大学教师服务及待遇规程(1934 年) ······ (131)

本科教务通则(1934 年) ···························· (137)

国立清华大学清寒奖学资助规则(1936 年) ········· (143)

国立清华大学军事训练部暂行规则(1936 年) ······ (145)

国立清华大学本科教务通则(1946 年) ············· (147)

国立清华大学规程(1947 年) ······················ (153)

国立清华大学教师服务及待遇规程(1947 年) ······ (157)

燕京大学 ·· (163)

私立燕京大学组织大纲(1930 年) ··················· (164)

燕京大学本科教务通则 ······························ (172)

私立燕京大学校董会简章 ···························· (179)

私立燕京大学校董会会章附则 ······················ (182)

燕京大学研究院章程 ································· (184)

燕京大学研究院学则 …………………………………………… (186)

燕京大学哈佛燕京学社奖学金简则(1936 年) ………………… (188)

北洋大学 …………………………………………………… (189)

盛宣怀请奏设立本校章程(1895 年) ………………………… (190)

天津大学堂新订各规则(选录) ……………………………… (200)

国立北洋大学校办事总纲 …………………………………… (203)

国立北洋工学院院务会议规程(1933 年) …………………… (208)

指导学生委员会工作大纲 …………………………………… (210)

国立北洋工学院学则(1935 年) ……………………………… (213)

修正本学院暂行组织规程(1936 年) ………………………… (220)

国立北洋大学组织大纲(草案) ……………………………… (225)

国立北洋大学校务会议规程(1946 年) ……………………… (228)

国立北洋大学限制教员校外兼职兼课办法(1948 年) ……… (230)

南开大学 …………………………………………………… (233)

南开大学评议会章程(1924 年) ……………………………… (234)

私立南开大学章程(1932 年) ………………………………… (235)

私立南开大学学则(1932 年) ………………………………… (244)

国立南开大学学则(1947 年) ………………………………… (251)

国立南开大学教授会会章(1947 年) ………………………… (257)

中央大学 …………………………………………………… (259)

张之洞创办三江师范学堂折(节录)(1903 年) ……………… (260)

南京高等师范学校简章(1915 年) …………………………… (262)

全体教务会提议：改良课程案(1919 年) …………………… (266)

南京高等师范学校校务会议章程(1920 年) ………………… (268)

南京高等师范学校校务会议细则(1920 年) ………………… (270)

南京建设国立大学计划 ……………………………………… (273)

改南高为东南大学计划及预算书 …………………………… (275)

东南大学组织大纲之议定(1921 年) …………………………(278)

国立东南大学大纲(1921 年) …………………………………(282)

国立东南大学校董会简章(1924 年) …………………………(288)

国立东南大学教授会议事细则 …………………………………(290)

修正国立东南大学组织大纲(1926 年) ………………………(292)

研究院简章(1926 年) …………………………………………(297)

第四中山大学本部组织大纲草案 ………………………………(299)

第四中山大学本部校务会议章程(1927 年) …………………(303)

中央大学本部组织大纲(1928 年) ……………………………(306)

中央大学导师制试行办法(1938 年) …………………………(310)

中央大学教员新聘及升等资格审查办法(1947 年) …………(312)

金陵大学 ………………………………………………………(315)

美国纽约州立大学院向本校颁赠毕业学位………………………(316)

金陵大学"托管会"(创建人会)细则…………………………(317)

金陵大学校董会章程………………………………………………(326)

金陵大学校董会与创建者委员会协议书(初稿)………………(330)

金陵大学总章程……………………………………………………(336)

金陵大学教务简则(1942 年) …………………………………(343)

金陵大学导师制暂行细则修正草案………………………………(359)

学生仪节……………………………………………………………(361)

金陵大学教职工的职称分类和薪水等级条例……………………(364)

金陵大学聘任讲座暂行办法………………………………………(367)

金陵大学教员升等晋级暂行条例草案……………………………(369)

交通大学 ………………………………………………………(371)

南洋公学章程(1898 年) ………………………………………(372)

商部上海高等实业学堂章程(节录)(1906 年) ……………(375)

交通部上海工业专门学校章程(节录)(1913 年) …………(376)

交通大学大纲(1921 年) ………………………………………(383)

交通大学董事会章程(1921 年) ……………………………（388）

修正交通大学大纲(1922 年) ………………………………（389）

交通部直辖大学通则(1922 年) ……………………………（393）

南洋大学通则(1925 年) ……………………………………（397）

交通部直辖交通大学组织大纲(1928 年) …………………（402）

交通大学暂行组织大纲(1929 年) …………………………（404）

交通大学训育部训育大纲(1929 年) ………………………（407）

国立交通大学研究所暂行组织规程(1931 年) ……………（410）

专家演讲暂行办法(1933 年) ………………………………（413）

交通大学学则（节录）(1936 年) …………………………（414）

科学学院学程（节录）(1936 年) …………………………（421）

国立交通大学上海本部教授会章程(1937 年) ……………（428）

国立交通大学教务会议规则(1943 年) ……………………（429）

国立交通大学教授会简章(1947 年) ………………………（431）

交通大学教务行政人员选举办法草案(1948 年) …………（433）

复旦大学 …………………………………………………………（435）

震旦学院章程(1902 年) ……………………………………（436）

复旦公学章程(1913 年) ……………………………………（439）

复旦大学章程(1920 年) ……………………………………（449）

复旦大学校董会规程(1933 年) ……………………………（461）

复旦大学校务会议规程 ………………………………………（463）

复旦大学行政院章程 …………………………………………（465）

修正复旦大学教职员全体大会规程 …………………………（467）

复旦大学师生代表联席会议组织大纲 ………………………（468）

修正国立复旦大学组织规程(1947 年) ……………………（470）

浙江大学 ·· (475)

浙江巡抚廖寿丰请专设书院兼课中西实学折(1897 年) ··· (476)

杭州府林太守启招考求是书院学生示(1897 年) ········ (478)

求是书院章程(1897 年) ····························· (479)

浙江大学文理学院聘任教员规则(1929 年) ············ (482)

国立浙江大学组织规程(1932 年) ···················· (484)

国立浙江大学聘任教员规则(1932 年) ················ (487)

国立浙江大学校务会议规程(1932 年) ················ (489)

国立浙江大学校务会议议事规则(1932 年) ············ (491)

国立浙江大学讲演委员会规程(1932 年) ·············· (493)

国立浙江大学专任教员兼课规则(1933 年) ············ (494)

国立浙江大学职员待遇规则(1934 年) ················ (495)

国立浙江大学教员待遇规则(1934 年) ················ (497)

国立浙江大学校务会议规则(1936 年) ················ (498)

文科研究所史地学部规程草案 ······················ (500)

国立浙江大学学则(1939 年) ························· (502)

国立浙江大学聘任教员规则(1940 年) ················ (508)

国立浙江大学组织大纲(1940 年) ···················· (510)

厦门大学 ·· (515)

私立厦门大学校旨 ································ (516)

国学研究院研究生研究规则(1926 年) ················ (518)

厦门大学学生通则(1928 年) ························· (519)

各院系课程设置概况 ······························ (532)

厦门大学组织大纲(附组织系统图) ·················· (540)

私立厦门大学校董会章程(1935 年) ·················· (547)

厦门大学各学院学则 ······························ (549)

国立厦门大学训导纲要(1939 年) ···················· (552)

国立厦门大学教员服务规程(1947 年) ················ (553)

国立西南联合大学 ……………………………………………（559）

　　国立西南联合大学校务会议组织大纲(1938 年) …………（560）

　　西南联大教授会组织大纲(1938 年) ……………………（561）

　　国立西南联合大学本科教务通则(1938 年) ……………（562）

　　国立西南联合大学教授校外兼课规则(1939 年) ………（569）

　　国立清华大学教师服务及待遇规程(1939 年) …………（570）

　　本校教师资格标准(1941 年) ……………………………（577）

　　资源委员会与西南联合大学合约(1942 年) ……………（579）

　　西南联大学生征调充任译员办法(1943 年) ……………（581）

　　西南联大三十四年度各院系修订课程意见书(1945 年) …（583）

索　引 ………………………………………………………（585）

★北京大学

北京大学创办于1898年,初名京师大学堂,是中国近代第一所国立综合性大学,也是当时中国最高教育行政机关。1900年,因八国联军进京遭受破坏。1902年12月,京师大学堂恢复,创办于洋务运动时期的京师同文馆并入京师大学堂。1904年,京师大学堂派遣首批留学生。1910年,开办分科大学。

1912年5月,京师大学堂更名为国立北京大学校,严复出任校长。1916年,蔡元培受命出任北京大学校长,他"循思想自由原则、取兼容并包之义"办理北京大学。北京大学是新文化运动的中心和五四运动的策源地,中国最早传播马克思主义和民主科学思想的发祥地。蔡元培致力于把北京大学办成以文、理科为重点的综合大学,并于1919年改门为系,全校设数学、物理学、化学、地质学、生物学、哲学、史学、国文、英文、法文、德文、俄文、经济学、政治学、法律学、教育学等系。1917年年底,创办文、理、法科研究所,招收研究生。

1927年,北京政府将其与北平以及其他八所国立大学合并为京师大学校。南京国民政府先将其改为中华大学,复改为北平大学,复又改为国立北平大学北大学院。1929年,北京大学宣布自行复校,国民政府于8月将北大学院改为国立北京大学。1930年,蒋梦麟任校长,他提出"教授治学,学生求学,职员治事,校长治校"的十六字方针。北京大学设文、理、法三学院,下设14个学系;推行学分制,要求毕业生撰写论文并授予学位,正式设立研究院,推进高等教育的正规化。1937年卢沟桥事变爆发后,北京大学与清华大学、南开大学迁往长沙,共同组成长沙临时大学。1938年年初再迁昆明,改称国立西南联合大学。1946年西南联大结束,北京大学返回北平复校。复校后的北京大学有文、理、法、农、医、工共六个学院,下设33个系、两个专修科,及独立的文科研究所。

1949年中华人民共和国成立,取消"国立"二字,改名北京大学。1952年政府对高等学校进行院系调整,清华大学、燕京大学、辅仁大学的文理科并入北京大学,北京大学工学院机、电、土、建四系合并到清华大学,化工系合并到天津大学,农学院、医学院、政法专业等脱离北京大学,或组建成新的高等院校,或并入其他相关院校,但亦有恢复为北京大学院系者,如法律学系。院系调整后的北京大学迁于原燕京大学校址,成为以文理科基础教学和研究为主的综合性大学。

总理衙门奏拟京师大学堂章程

光绪二十四年五月十五日

第一章　总　纲

第一节　京师大学堂，为各省之表率，万国所瞻仰。规模当极宏远，条理当极详密，不可因陋就简，有失首善体制。

第二节　各省近多设立学堂，然其章程功课皆未尽善，且体例不能划一，声气不能相通。今京师既设大学堂，则各省学堂皆当归大学堂统辖，一气呵成；一切章程功课，皆当遵依此次所定，务使脉络贯注，纲举目张。

第三节　西国大学堂学生，皆由中学堂学成者递升，今各省之中学堂，草创设立，犹未能遍；则京师大学堂之学生，其情形亦与西国之大学堂略有不同。今当于大学堂兼寓小学堂、中学堂之意，就中分列班次，循级而升，庶几兼容并包，两无窒碍。

第四节　西国最重师范学堂，盖必教习得人，然后学生易于成就。中国向无此举，故各省学堂不能收效。今当于堂中别立一师范斋，以养教习之才。

第五节　西国学堂皆有一定功课书，由浅入深，条理秩然，有小学堂读本，有中学堂读本，按日程功，收效自易。今中国既无此等书，故言中学，则四库七略，浩如烟海，穷年莫殚，望洋而叹；言西学则凌乱无章，顾此失彼，皮毛徒袭，成效终虚；加以师范学堂未立，教习不得其人，一切教法皆不讲求，前者学堂不能成就人才，皆由于此。今宜在上海等处开一编译局，取各种普通学，尽人所当习者，悉编为功课书，分小学、中学、大学三级,量中人之才所能肄习者,每日定为一课,局中集中西通才,专司纂译。其言中学者,荟萃经子史之精要,及与时务相关者编成之,取其精华,弃其糟粕。其言西学者,译西人学堂所用之书,加以润色,既勒为定本。除学堂学生每人给一分外,仍请旨颁行各省学堂,悉遵教授,庶可以一趋向而广民智。

第六节　学者应读之书甚多,一人之力,必不能尽购。乾隆间高宗纯皇帝于江浙等省设三阁,尽藏四库所有之书,俾士子借读,嘉惠士林,法良意美! 泰西各国于都城省会,皆设有藏书楼,即是此意。近年张之洞在广东设广雅书院。陈宝箴在湖南设时务学堂,亦皆有藏书。京师大学堂为各省表率,体制尤当崇闳。今拟设一大藏书楼,广集中西要籍,以供士林流览而广天下风气。

第七节　泰西各种实学,多藉实验始能发明,故仪器为学堂必需之事。各国都会,率皆有博物院,搜集各种有用器物,陈设其中,以备学者观摩,事半功倍。今亦宜仿其意,设一仪器院,集各种天算、声、光、化、电、农、矿、机器制造、动植物各种学问应用之仪器,咸储院中,以为实力考求之助。

第八节　现时各省会所设之中学堂尚属寥寥,无以备大学堂前茅之用。其各府州县小学堂,尤为绝无仅有。如不克期开办,则虽有大学堂而额数有限,不能逮下,成就无几。今宜一面开办,一面严饬各省督抚学政迅速将中学堂小学堂开办,务使一年之内,每省每府每州县皆有学堂,庶几风行草偃,立见成效。

第二章　学堂功课例

第一节　近年各省所设学堂,虽名为中西兼习,实则有西而无中,且有西文而无西学。盖由两者之学未能贯通,故偶涉西事之人,辄鄙中学为无用。各省学堂,既以洋务为主义,即以中学为具文。其所聘中文教习,多属学究帖括之流;其所定中文功课,不过循例咿唔之事。故学生之视此学亦同赘疣,义理之学全不讲究,经史掌故未尝厝心。考东西各国,无论何等学校,断未有尽舍本国之学而徒讲他国之学者,亦未有绝不通本国之学而能通他国之学者。中国学人之大弊,治中学者则绝口不言西学,治西学者亦绝口不言中学。此两学所以终不能合,徒互相诟病,若水火不相入也。夫中学,体也,西学,用也。二者相需,缺一不可,体用不备,安能成才。且既不讲义理,绝无根底,则浮慕西学,必无心得,只增习气。前者各学堂之不能成就人才,其弊皆由于此。且前者设立学堂之意,亦与今异。当同文馆、广方言馆初设时,风气尚未大开,不过欲培植译人以为总署及各使馆之用,故仅教语言文字而于各种学问皆从简略。此次设立学堂之意,乃欲培植非常之才,以备他日特达之用。则其教法亦当不同。夫仅通西国语言文字之人,亦不能谓为西学之人才,明矣。西文与西学二者判然不同,各学堂皆专教西文,而欲成就人才必不可得矣。功课之完善与否,实学生成就所攸关,故定功课为学堂第一要著。今力矫流弊,标举两义:一曰中西并重,观其会通,无得偏废;二曰以西文为学堂之一门,不以西文为学堂之全体,以西文为西学发凡,不以西文为西学究竟。宜昌明此意,颁示各省。

　　第二节　西国学堂所读之书皆分两类:一曰溥通学,二曰专门学。溥通学者,凡学生皆当通习者也。专门学者,每人各占一门者也。今略依泰西日本通行学校功课之种类,参以中学,列表如下:

　　经学第一,理学第二,中外掌故学第三,诸子学第四,初级算学第五,初级格致学第六,初级政治学第七,初级地理学第八,文学第九,体操学第十,以上皆溥通学。其应读之书,皆由上海编译局纂成功课书,按日分课。无论何种学生,三年之内必须将本局所纂之书,全数卒业,始得领学成文凭。惟体操学不在功课书内。英国语言文字学第十一,法国语言文字学第十二,俄国语言文字学第十三,德国语言文字学第十四,日本语言文字学第十五。以上语言文字学五种,凡学生每人自认一种,与溥通学同时并习,其功课书悉各该本国原本。高等算学第十六,高等格致学第十七,高等政治学第十八(法律学归此门),高等地理学第十九(测绘学归此门),农学第二十,矿学第二十一,工程学第二十二,商学第二十三,兵学第二十四,卫生学第二十五(医学归此门)。以上十种专门学,俟溥通学卒业后,每学生各占一门或两门。其已习西文之学生,即读西文各门读本之书;其未习西文之学生,即读编译局译出各门之书。

　　第三节　凡学生年在二十以下,必须认习一国语言文字,其年在二十一以上,舌本已强,不能学习者,准其免习,即以译出各书为功课;惟其学成得奖,当与兼习西文者稍示区别。

第四节　本学堂以实事求是为主,固不得如各省书院之虚应故事,亦非如前者学堂之仅袭皮毛。所定功课,必当严密切实,乃能收效。今拟凡肄业者,每日必以六小时在讲堂,由教习督课,以四小时归斋自课。其在讲堂督课之六小时,读中文书西文书时刻各半。除休沐日之外,每日课肄时刻不得缺少,不遵依者,即当屏出。

第五节　考验学生功课之高下,依西例,用积分之法,每日读编译局所编溥通学功课书,能通一课者,即为及格。功课书之外,每日仍当将所读书条举心得,入札记册中。其札记册呈教习评阅,记注分数,以为高下之识别。其西文功课则以背诵、默写、解说三事记注分数。每月总核其数之多寡,列榜揭示。

第六节　每月考课一次,就溥通学十类中每类命一题,以作两艺为完卷。其头班学生习专门学者,则命专门之题试之,由教习阅定,分别上取、次取。其课卷、札记列高等者,择优刊布,如同文馆、算学、课艺之例,布诸天下,以为楷模。

第三章　学生入学例

第一节　学生分为两项:第一项,逾旨所列翰林院编检、各部院司员、大门侍卫、候补候选道府州县以上及大员子弟、八旗世职、各省武职后裔之愿入学堂肄业者。第二项,各省中学堂学成领有文凭咨送来京肄业者。

第二节　学生分作两班。其治各种溥通学已卒业者,作为头班。现治溥通学者,作为二班。第一项学生投考到堂之始皆作为二班,以渐而升。第二项学生咨送到堂时,先由总教习考试,如实系曾经治溥通学卒业者,即作为头班。若未卒业者,即作为二班,俟补足后乃升。

第三节　恭绎谕旨,其有愿入学堂者均准入学肄业等语,似不必先行甄别考录,仰见广大教泽之圣意。惟绝无节制,人数既多,其中或有沾染习气,不可教诲,或资质劣下难以成就者,在所不免。若令一体杂厕,恐于堂中功课有碍,今拟凡此各项人员愿来就学者,取结报名投到,先作为附课生。一月以后,由总教习提调等察其人品资质实可教诲,然后留学,庶几精益求精,成就较多。

第四节　既不经甄别,则愿来学者多少无定额,经费及学舍等,亦皆不能悬定。今拟略示限制,暂以五百人为额。其第一项学生,额设三百人。第二项学生,额设二百人。若取额已满续行投到咨到者,暂作为外课。俟缺出乃补,外课生不住学堂,不给膏火。

第五节　额设学生五百人,分为六级,略依同文馆之例,据功课之优劣,以第其膏火之多寡,略列表如下:

计开

等　　次	额　　数	每月膏火
第一级	30 人	20 两
第二级	50 人	16 两
第三级	60 人	10 两
第四级	100 人	8 两
第五级	100 人	6 两
第六级	160 人	4 两
合　计	500 人	

第六节　凡学生留学补额,宁缺无滥;六级递升,宁严毋宽,以昭慎重。其有本在优级者,或功课不如格,则随时黜降,以优者补升。或犯堂规,轻者降为外课,重者摈出。

第七条　于前三级学生中,选其高才者作为师范生,专讲求教授之法,为他日分往各省学堂充当教习之用。

第八节　西国师范生之例,即以教授为功课。故师范学堂,每与小学堂并立。即以小学堂生徒,命帅范生教之。今绎谕旨,凡大员子弟、八旗世职等皆可来学。未指明年限。今拟择其年在十六以下十二以上者作为小学生,别立小学堂于堂中,使师范生得以有所考验,实一举两得之道。

第四章　学成出身例

第一节　前者所设各学堂,所以不能成就人才之故,虽由功课未能如法,教习未能得人,亦由国家科第仕进不出此途,学成而无所用,故高才之人不肯就学。今既创此盛举,必宜力矫前弊。古者贡举皆出于学校,西人亦然。我中国因学校之制未成,故科举之法亦弊。现京师大学堂既立,各省亦当继设,即宜变通科举,使出此途,以励人才而开风气。

第二节 本年正月初七日上谕,已有各省学堂经济科举人、经济科贡士各名号,今拟通饬各省上自省会下及府州县,皆须于一年内设立学堂,府州县谓之小学,省会谓之中学,京师谓之大学,由小学卒业领有文凭者,作为经济生员升入中学,由中学卒业领有文凭者,作为举人升入大学,由大学卒业,领有文凭者作为进士,引见授官。既得举人者,可以充各处学堂教习之职;既得进士者,就其专门,各因所长授以职事,以佐新政。惟录用之愈广,斯成就之益多。

第三节 京师大学堂,多有已经授职之人员,其卒业后应如何破格擢用之处,出自圣裁。其各省中学堂生,如有已经中式举人者,其卒业升入大学堂之时亦即可作为进士,与大学堂中已经授职之人员一体相待。

第四节 大学堂中卒业各生,择其尤高才者先授之以清贵之职,仍遣游学欧美各国数年,以资阅历而期大成。游学既归,乃加以不次擢用,庶可以济时艰而劝后进。

第五节 学生既有出身,教习亦宜奖励。今拟自京师大学堂分教习及各省学堂总教习、分教习,其实心教授著有成效确有凭证者,皆三年一保举。原系生监者,赏给举人;原系举人者,赏给进士,引见授职;原系有职人员者,从异常劳绩保举之例以为尽心善诱者劝。

第五章 聘用教习例

第一节 同文馆及北洋学堂等,多以西人为总教习。然学堂功课,既中西并重,华人容有兼通西学者,西人必无兼通中学者。前此各学堂于中学不免偏枯,皆由以西人为总教习故也。即专就西文而论:英法俄德诸文并用,无论任聘何国之人,皆不能节制他种文字之教习,专门诸学亦然,故必择中国通人,学贯中西,能见其大者为总教习,然后可以崇体制而收实效。

第二节 学生之成就与否,全视教习。教习得人,则纲目毕举;教习不得人,则徒糜巨帑,必无成效。此举既属维新之政,实事求是,必不可如教习庶吉士、国子监祭酒等之虚应故事。宜取品学兼优通晓中外者,不论官阶,不论年齿,务以得人为主,或由总理衙门大臣保荐人才可任此职者,请旨擢用。

第三节　设溥通学分教习十人,皆华人。英文分教习十二人,英人、华人各六;日本分教习二人,日本人、华人各一;俄德法文分教习各一人,或用彼国人,或用华人,随所有而定。专门学十种分教习各一人,皆用欧美洲人。

第四节　用使臣自辟参随例,凡分教习皆由总教习辟用,以免枘凿之见,而收指臂之益。其欧美人或难于聘请者,则由总教习总办,随时会同总署及各国使臣向彼中学堂商请。

第五节　现当开办之始,各学生大率初学,必须先依编译局所编出之溥通功课卒业,然后乃学专门。计最速者,亦当在两年以后。现时专门各学之分教习,如尚无学生可教,即暂以充编译局译书之用。

第六章　设官例

第一节　设管学大臣一员,以大学士、尚书、侍郎为之,略如管国子监事务大臣之职。

第二节　设总教习一员,不拘资格,由特旨擢用,略如国子监祭酒、司业之职。

第三节　设分教习汉人二十四员,由总教习奏调,略如翰林院五经博士、国子监助教之职。其西人为分教习者不以官论。

第四节　设总办一人,以小九卿及各部院司员充。

第五节　设提调八人,以各部院司员充。以一人管支应,五人分股稽查学生功课,以二人管堂中杂务。

第六节　设供事十六员,誊录八员。

第七节　藏书楼设提调一员,供事十员。

第八节　仪器院设提调一员,供事四员。

第九节　以上各员,除管学大臣外,皆须常川驻扎学堂。

第七章　经　费

第一节　西国凡一切动用款项,皆用预算表决算表之法。预算者,先估计此事应需款若干，甲项用若干，乙项用若干，拟出大概数目，然后拨款措办也。决算者，每年终，将其开销实数分别某项某项开出清单也。中国向来无列表预算之法，故款项每患舞弊，费帑愈多成效愈少。今宜力除积弊，采用西法，先列为常年预算表，开办预算表，然后按表拨款办理。

第二节　中国官制向患禄薄。今既使之实事求是，必厚其薪俸，使有以自养，然后可责以实心任事。除管学大臣不别领俸外，其各教习及办事人应领薪俸，列一中数为表如下：

职名	人数	每人每月薪水银	每年合计银
总教习	一	三百两	三千六百两
专门学分教习（西人）	十	三百两	三万六千两
溥通学分教习头班	六	五十两	三千六百两
溥通学分教习二班	八	三十两	二千八百八十两
西人分教习头班（西人）	八	二百两	一万九千二百两
西文分教习二班	八	五十两	四千八百两
总办	一	一百两	一千二百两
提调	八	五十两	四千八百两
藏书楼提调	一	五十两	六百两
仪器院提调	一	五十两	六百两
供事	三十	四两	一千四百四十两
誊录	八	四两	三百八十四两

右（上）教习及办事人薪俸预算表第一：统计每年开销银八万一千五百两。

学生分为六级，每级以所领膏火之多少为差，列表如下：

级数	人数	每人每月膏火银	每年合计银
第一级	三十	二十两	七千二百两
第二级	五十	十六两	九千六百两
第三级	六十	十两	七千二百两
第四级	一百	八两	九千六百两
第五级	一百	六两	七千二百两
第六级	一百六十	四两	七千六百八十两
附设小学堂学生	八十	四两	三千八百四十两

右(上)学生膏火预算表第二,统计每年开销银五万二千三百二十两。

其余各项杂用,列表如下:

火食	共五百六十人	每人每月银三两	每年约一万六千两
华文功课书	每学生一分	每分约银二两	每年约一万两
西文功课书	每学生一分	每分约银二两	每年约一万两
奖赏	每月银一千两	每年共一万二千两	
纸张及墨水洋笔等		每年约二千两	
仆役薪工饭食	约用一百人	每年约三千六百两	
预备格外杂用		每年约五千两	

右(上)其余杂用预算表第三:共银五万六千六百两。

三表合计,每年共应开销银十九万零四百二十两之谱,是为常年统计经费之数。

第三节　开办经费,以建学堂购书、购器及聘洋教习来华之川资为数大宗。今略列于下:建筑学堂费约十万两,建筑藏书楼费约二万两,建筑仪器院费约二万两,购中国书费约五万两,购西文书费约四万两,购东文书费约一万两,购仪器费约十万两,洋教习川资约一万两。

右(上)开办经费预算表约三十五万两。

第四节　一切工程及购书购器等费,皆由总办提调经理,皆当实支实销,不得染一毫官场积习。

第八章　暂　章

第一节　以上所列,不过大概情形。若开办以后,千条万绪,非事前所能悉定,在办事人员各司所职随时酌拟。

第二节　功课之缓急次序,及每日督课,分科分课及记分数之法;其章程皆归总教习分教习续拟。

第三节　一切堂规,归总办提调续拟。

第四节　建筑学堂,分股分斋一切格式,归总办提调续拟。

第五节　应购各书目录,及藏书楼收藏借阅详细章程,归藏书楼提调续拟。

第六节　应购各器并仪器院准人游观详细章程,归仪器院提调续拟。

第七节　学成出身详细章程,应由总教习会同总理衙门礼部详拟。

第八节　各省府州县学堂训章,应由大学堂总教习总办拟定,请旨颁示。

第九节　学生卒业后,选其高才者出洋游学。其章程俟临时由总教习会同总理衙门详拟。

王学珍、郭建荣:《北京大学史料》第一卷(1898—1911),北京大学出版社1993年版,第81—87页。

钦定京师大学堂章程

光绪二十八年十一月

第一章　全学纲领

第一节　京师大学堂之设，所以激发忠爱，开通智慧，振兴实业；谨遵此次谕旨，端正趋向，造就通才，为全学之纲领。

第二节　中国圣经垂训，以伦常道德为先；外国学堂于知育体育之外，尤重德育，中外立教本有相同之理，无论京外大小学堂，于修身伦理一门，视他学科更宜注意，为培植人材之始基。

第三节　欧美日本所以立国，国各不同，中国政教风俗亦自有异；所有学堂人等，自教习、总办、提调、学生诸人，有明倡异说，干犯国宪，及与名教纲常相违背者，查有实据，轻则斥退，重则究办。

第四节　京师大学堂主持教育，宜合通国之精神脉络而统筹之。现奉谕旨，一切条规，即以颁行各省。将来全国学校事宜，请由京师大学堂将应调查各项拟定格式簿，分门罗列，颁发各省学堂，于每岁散学后，将该学堂各项情形，照格填注，通报京师大学堂，俟汇齐后，每年编订成书，恭呈御览。

第五节　京师大学堂本为各省学堂卒业生升入专门正科之地，无省学则大学堂之学生无所取材。今议先立豫备一科，本一时权宜之计，故一年之内，各省必将高等学堂暨府厅州县中小学堂一律办齐，如有敷衍迟延，大学堂届期请旨严催办理。

第六节　同文馆归并之后，经费无着，变通办法，拟于豫备、速成两科中设英、法、俄、德、日本五国语言文字之专科，延聘外国教习讲授。

第七节　学堂开设之初，欲求教员，最重师范。现于速成科特立专门之外,仍拟酌派数十人赴欧美日本诸邦学习教育之法,俟二三年后卒业回华,为各处学堂教习。

第八节 现在诸事创举,尚待考求,一切章程势不能悉臻完善,所有增添更改之处,应准随时陈奏办理。

第九节 此次所奏定之章程,拟译成西文、东文各一分,俾洋教习一律照办,不得歧误。

第十节 环球各国,合上下之精神财力,尤注重练兵;兵之所以精,则以通国皆兵,又无一不出于学。中国陆军、海军,应请广立专门学堂,不在各学分科之内。

第十一节 约束学生规则及办事章程,其涉于烦碎者,须另编,俾有遵守。此次奏定各条皆系约举大要;要涉于烦碎者,须俟开办后体察情形,详立各门以资遵守。

第二章 功 课

第一节 欲定功课,先详门目,今定大学堂全学名称:一曰大学院,二曰大学专门分科,三曰大学豫备科。其附设名目:曰仕学馆,曰师范馆。除大学院为学问极则、主研究不主讲授、不立课程外,兹首列大学分科课程,次列豫备科课程;其仕学、师范二馆课程,亦以次附焉。

前次学堂有医学一门,兼施学堂中之诊治,今请仍旧办理,照外国实业学堂之例附设一所,名曰医学实业馆。所有医学馆章程另编具奏。

第二节 大学分科门目表

大学分科,俟豫备科学生卒业之后再议课程,今略仿日本例,定为大纲分列如下:

政治科第一,文学科第二,格致科第三,农学科第四,工艺科第五,商务科第六,医术科第七。

政治科之目二:一曰政治学,二曰法律学。

文学科之目七:一曰经学,二曰史学,三曰理学,四曰诸子学,五曰掌故学,六曰词章学,七曰外国语言文字学。

格致科之目六:一曰天文学,二曰地质学,三曰高等算学,四曰化学,五曰物理学,六曰动植物学。

农学科之目四:一曰农艺学,二曰农业化学,三曰林学,四曰兽医学。

工艺科之目八：一曰土木工学，二曰机器工学，三曰造船学，四曰造兵器学，五曰电气工学，六曰建筑学，七曰应用化学，八曰采矿冶金学。

商务科之目六：一曰簿计学，二曰产业制造学，三曰商业语言学，四曰商法学，五曰商业史学，六曰商业地理学。

医术科之目二：一曰医学，二曰药学。

以上科目粗具，至详细课程，俟豫备科学生卒业之后，酌量情形再行妥定。

第三节　豫备科课程门目表

豫备科课程依原奏分政、艺两科，习政科者卒业后升入政治、文学、商务分科；习艺科者，卒业后升入农学、格致、工艺、医术分科。各省高等学堂课程，照此办理。今列如下：

政科科目	教习
伦理第一	中教习授
经学第二	中教习授
诸子第三	中教习授
词章第四	中教习授
算学第五	中外教习兼授
中外史学第六	中外教习兼授
中外舆地第七	中外教习兼授
外国文第八	外国教习授
物理第九	外国教习授
名学第十	外国教习授
法学第十一	外国教习授
理财学第十二	外国教习授
体操第十三	中外教习兼授

艺科科目	教习
伦理第一	中教习授
中外史学第二	中外教习兼授
外国文第三	外国教习授

算学第四　　　　　　　　　　中外教习兼授

物理第五　　　　　　　　　　外国教习授

化学第六　　　　　　　　　　外国教习授

动植物学第七　　　　　　　　外国教习授

地质及矿产学第八　　　　　　外国教习授

图画第九　　　　　　　　　　外国教习授

体操第十　　　　　　　　　　中外教习兼授

第四节　豫备科课程分年表

政科第一年　学科阶级

伦理,考求三代汉唐以来诸贤名理,宋元明国朝学案及外国名人言行,务以周知实践为归。经学,《书》《诗》《论语》《孝经》《孟子》,自汉以来注家大义。诸子,儒家、法家、兵家。词章,中国词章流别。算学,代数、级数、对数、三角。中外史学,中外史制度异同。中外舆地,外国欧美非洲各境、群岛各境。外国文,讲读文法、翻译、作文。物理,声、光、热力学。名学,大意。法学。理财学。体操,兵式。

政科第二年　学科阶级

伦理,同上学年。经学,《三礼》《尔雅》,自汉以来注家大义。诸子,杂家、术数家、道家。词章,同上学年。算学,解析几何、三角。中外史学,中外史治乱得失。中外舆地,地质学大概。外国文,同上学年。物理,同上学年。名学,同上学年。法学,通论。理财学,通论。体操,兵式。

政科第三年　学科阶级

伦理,同上学年。经学,《春秋三传》《周易》,自汉以来注家大义。诸子,考诸子名理派别。词章,同上学年。算学,曲线。中外史学,中外史治乱得失、商业史。中外舆地,地文学大概。外国文,同上学年。物理,实验。名学,演绎。法学,同上学年。理财学,同上学年。体操,兵式。

艺科第一年　学科阶级

伦理,同政科。中外史学,同政科。外国文,同政科。算学,代数、级数、对数、三角。物理学,物性论、力学、声学。化学。动植物学。地质及矿产学,地质之材料、矿物之种类。图画,用器画、射影图法、图法几何。体操,兵式。

艺科第二年　学科阶级

伦理,同政科。中外史学,同政科。外国文,同政科。算学,解析几何、测量、曲线。物理学,热学、光学、磁气。化学,无机化学。动植物学,种类与构造。地质及矿产学,地质之构造与发达、矿物之形状。图画,用器画、射影图法、阴影法、远近法。体操,兵式。

艺科第三年　学科阶级

伦理,同政科。中外史学,同上学年,入工农科者授工农业史。外国文,同政科。算学,微分、积分。物理学,静电气、动电气。化学,有机化学。动植物学,同上学年。地质及矿产学,矿物化验。图画,用器画、阴影法、远近法、器械图。体操,兵式。

第五节　豫备科课程一星期时刻表:

政科第一年	第二年	第三年
伦理一	伦理一	伦理一
经学二	经学二	经学二
诸子一	诸子一	诸子一
词章二	词章二	词章二
中外史学三	中外史学三	中外史学三
中外舆地三	中外舆地三	中外舆地三
算学三	算学三	算学三
英文五	英文五	英文五
德文七	德文七	德文七
法文七	法文七	法文七
俄文七	俄文七	俄文七
日本文五	日本文五	日本文五
物理四	物理四	物理四
名学二	名学二	名学二
法学二	法学二	法学二
理财学二	理财学二	理财学二

体操三　　　　　　　体操二　　　　　　　体操二

合计三十六[五十九]　三十六[五十八]　三十六[五十八]

将来入政治科者,第二第三两年除去物理,增课法学一小时;入文学科者,第二第三两年除去算学;入商务科者,第二第三两年除去史学、名学,增习商业史二小时。凡政科学生,除英文外,他国文任择一门习之,惟兼习日本文者加习英文二小时。

艺科第一年　　　　　**第二年**　　　　　　**第三年**

伦理一　　　　　　　伦理一　　　　　　　伦理一

中外史学二　　　　　中外史学二　　　　　中外史学二

英文七　　　　　　　英文六　　　　　　　英文六

德文七　　　　　　　德文七　　　　　　　德文七

法文七　　　　　　　法文七　　　　　　　法文七

算学六　　　　　　　算学五　　　　　　　算学五

物理四　　　　　　　物理二　　　　　　　物理二

化学三　　　　　　　化学三　　　　　　　化学三

动植物学　　　　　　动植物学二　　　　　动植物学二

地质及矿产学四　　　地质及矿产学三　　　地质及矿产学三

图画三　　　　　　　图画三　　　　　　　图画三

体操二　　　　　　　体操二　　　　　　　体操二

合计三十六[四十六]　三十六[四十三]　三十六[四十三]

将来入医科者增习腊丁文,凡艺科学生,除英文外,德法文任择一门习之。

第六节　仕学馆课程门目表

仕学馆课程,照原奏招考已入仕途之人入馆肄业,自当舍工艺而趋重政法,惟普通各学亦宜略习大概。今表列门目如下:

算学第一,博物第二,物理第三,外国文第四,舆地第五,史学第六,掌故第七,理财学第八,交涉学第九,法律学第十,政治学第十一。

以上各科,均用译出课本书,由中教习及日本教习讲授,惟外国文用各国教习讲授。

第七节　仕学馆课程分年表

第一年　学科阶级

算学，加减乘除比例开方。博物，动植物形状及构造。物理，力学声学浅说。外国文，音义。舆地，全球大势、本国地理。史学，中国史典章制度。掌故，国朝典章制度沿革大略。理财学，通论。交涉学，公法。法律学，刑法总论分论。政治学，行政法。

第二年　学科阶级

算学，平面几何。博物，生理学。物理，热学光学浅说。外国文，翻译。舆地，外国地理。史学，外国史典章制度。掌故，现行会典则例。理财学，国税、公产、理财学史。交涉学，约章使命交涉史。法律学，刑事诉讼法、民事诉讼法、法制史。政治学，同上学年。

第三年　学科阶级

算学，立体几何、代数。博物，矿物学。物理，电气磁气浅说。外国文，文法。舆地，地文地质学。史学，考中外治乱兴衰之故。掌故，考现行政事之利弊得失。理财学，银行、保险、统计学。交涉学，通商传教。法律学，罗马法、日本法、英吉利法、法兰西法、德意志法。政治学，国法、民法、商法。

凡入仕学馆者，英、德、法、俄、日本文字任择一门习之，不能习者，听。

第八节　仕学馆课程一星期时刻表：

第一年	第二年	第三年
算学三	算学三	算学四
博物二	博物二	博物二
物理三	物理三	物理三
外国文六	外国文四	外国文四
舆地三	舆地三	舆地三
史学二	史学三	史学二
掌故二	掌故二	掌故二
理财学四	理财学四	理财学四
交涉学四	交涉学四	交涉学四
法律学四	法律学四	法律学四

政治学四　　　　　政治学四　　　　　政治学四
合计三十七　　　　三十六　　　　　　三十六

不习外国文者，于理财、交涉、法律、政治四门各加课一小时。

第九节　师范馆课程门目表

师范馆照原奏招考举贡生监入学肄业，其功课如普通学，而加入教育一门。今表列门目如下：

伦理第一，经学第二，教育学第三，习字第四，作文第五，算学第六，中外史学第七，中外舆地第八，博物第九，物理第十，化学第十一，外国文第十二，图画第十三，体操第十四。

以上各科，均用译出课本书，由中教习及日本教习讲授；惟外国文由各国教习讲授。

第十节　师范馆课程分年表

第一年　学科阶级

伦理，考中国名人言行。经学，考经学家家法。教育学，教育宗旨。习字，楷书。作文，作记事文。算学，加减乘除、分数、比例、开方。中外史学，本国史典章制度。中外舆地，全球大势、本国各境、兼仿绘地图。博物，动植物之形状及构造。物理，力学、声学、热学。化学，考质。外国文，音义。图画，就实物模型授毛笔画。体操，器具操。

第二年　学科阶级

伦理，考外国名人言行。经学，同上学年。教育学，授教育之原理。习字，楷书行书。作文，作论理文。算学，账簿用法、算表成式、几何面积、比例。中外史学，外国上世史、中世史。中外舆地，外国各境兼仿绘地图。博物，同上学年。物理，热学、光学。化学，无机化学。外国文，句法。图画，就实物模型、帖谱手本授毛笔画。体操，器具操。

第三年　学科阶级

伦理，考历代学案、本朝圣训，以周知实践为主。经学，同上学年。教育学，教育之原理及学校管理法。习字，楷书、行书、篆书。作文，学章奏、传记、词赋诗歌诸体文。算学，代数、加减乘除、分数、方程、立体几何。中外史学，外国近世史。中外舆地，地文地质学。博物，生理学。物理，电气磁气。化学，同上学年。外国文，文法。图画，用器画大要。

体操,兵式。

　　第四年　　学科阶级

　　伦理,授以教修身之次序方法。经学,同上学年。教育学,实习。习字,行书、篆书、草书,并授以教习字之次序方法。作文,考文体流别。算学,代数、级数、对数,并授以教算学及几何之次序方法。中外史学,外国近世史并授以教史学之次序方法。中外舆地,授以教地理之次序方法。博物,矿物学。物理,授以教理科之次序方法。化学,有机化学。外国文,文法。图画,授以教图画之次序方法。体操,兵式,并授以教体操之次序方法。

　　第十一节　　师范馆课程一星期时刻表

第一年	**第二年**	**第三年**	**第四年**
伦理一	伦理一	伦理一	伦理一
经学一	经学一	经学一	经学一
教育学三	教育学四	教育学四	教育学三
习字三	习字三	习字三	习字三
作文二	作文二	作文二	作文二
算学三	算学四	算学四	算学四
中外史学二	中外史学一	中外史学二	中外史学二
中外舆地二	中外舆地二	中外舆地二	中外舆地二
博物二	博物二	博物二	博物二
物理三	物理三	物理三	物理三
化学二	化学二	化学二	化学三
外国文六	外国文六	外国文四	外国文四
图画三	图画二	图画二	图画三
体操三	体操三	体操三	体操三
合计三十六	三十六	三十五	三十六

　　第十二节　　学生班数,按其功候之浅深定之,每班至多不得过四十人;每学过一学期则递升一班。其升班有考试不及格者,不升,随后再试。

　　第十三节　　学生如甲科功候颇深,乙科功候较浅,应移甲科之日力补习乙科，如史学功候深，算学功候浅，则移史学之功候，补习算学，余以类推。

第十四节　凡考学生之成绩，由教习将学生平日功课分数，数日一呈总教习，总教习通一月之分数而榜于堂。

第十五节　凡外国教习上堂教授时刻，其至少之数不得减于四小时。

第十六节　凡中国教习上堂教授时刻，其至少之数不得减于五小时。

第十七节　评定分数以百分为满格，通各科平均计算，每科得六十分者为及格，不及六十分者为不及格。

第十八节　考试分数应与平日分数平均计算，如平日各科合计得八十分，而考试得及九十分者，则此学生之功课应算为八十五分，余以类推。

第十九节　伦理一门以躬行实践为主，其核计分数法，教习将学生平日一切性情行事随时登记，至一学期末与各学科平均计算。惟考试不入此门。

第二十节　凡入豫备科者，以外国文肄习外国学，入速成科者以译文肄习外国学。

第二十一节　刻下各项课本尚待编辑，姑就旧本择要节取教课，俟编译两局课本编成，即改用局本教授。其外省学堂，一律照京师大学堂奏定课本办理，不得自为风气。如将来外省所编课本，实有精审适用过于京师编译局颁发原书者，经大学堂审定后，由管学大臣随时奏定改用。

第二十二节　此次所定各项学堂学级、时刻两项，将来或须改良，或须通变，随时更定；惟不得任意减少，致成敷衍。

第三章　学生入学

第一节　京师大学堂专门学生，现尚无人，将来由本学堂豫备科卒业生升补外，其各省高等学堂卒业生咨送到京者，经考验及格，一并升入正科肄业。

第二节　现办豫备科之学生，京师由本学堂招考，各省照原奏由大学堂拟定格式,颁发各省照格考取后,咨送到京复试,方准入学肄业。

第三节　现办速成科之学生,仕学馆人员拟专由京师考取,其师范馆生徒,与豫备科学生入学例同。

第四节　学生现定额五百名,约以二百名为豫备科学生之数,以三百名为速成科学生之数,随后再议扩充。

第五节　凡应考学生,须身家清白,体质强实,并无疾病嗜好者。京师于出示定期招考后,严定格式,取具各本旗佐领图片,同乡京官印结,报名投考。外省按照颁发格式办理。

第四章　学生出身

第一节　恭绎历次谕旨,均有学生学成后赏给生员、举人、进士明文。此次由臣奏准,大学堂豫备速成两科学生卒业后,分别赏给举人、进士。今议请由小学堂卒业者,先由本学堂总理教习考过后,送本府官立中学堂复加考验如格,由中学堂给予附生文凭,留堂肄业,并准其一体乡试。若有不及格者,或留中学堂补习数月,或仍送回小学堂补习,均待补习完竣复考后再予出身。其中学堂卒业生,送本省官立高等学堂考验如格,由高等学堂给予贡生文凭,其不及格者令补习如例。高等学堂卒业生,由本学堂总理教习考过后,送京师大学堂复考如格,由管学大臣带领引见,候旨赏给举人,并准其一体会试。其不及格者,令补习如例。大学堂分科卒业生,由本学堂教习考过后,再由管学大臣复考如格,带领引见,候旨赏给进士。其举人进士均应给予文凭。至京师大学堂现办之豫备、速成两科卒业生,应照臣筹办大概情形原奏办理。

第二节　现办速成科仕学馆人员,应俟三年卒业,由教习考验后,管学大臣复考如格,择优保奖,予以应升之阶,或给虚衔加级,或咨送京外各局所当差,统俟临时量才酌议。

第三节　现办速成科、师范馆学生,今定俟四年卒业,由教习考验后,管学大臣复考如格,择优带领引见。如原系生员者,准作贡生,原系贡生者,准作举人,原系举人者,准作进士,均候旨定夺,分别给予准为各处学堂教习文凭。

第四节　师范出身一项,系破格从优以资鼓励。各省师范卒业生,亦得与京师大学堂师范生一律从优,惟由贡生卒业,应予作为举人,由举人卒业应予作为进士者,均须由各该本省督抚咨送京师大学堂复加考验,其及格其[者]由管学大臣奏请带领引见,候旨赏给出身;不及格者,如例留堂补习;其过劣者咨回原省,以杜冒滥。

第五节　凡原系进士者,不必再入高等学堂肄业,概归仕学馆学习,卒业后照章办理。原系举人者不必再入中学堂肄业;如愿入高等学堂者,卒业后送京师大学堂复考及格,加给学堂举人文凭,并奏明给予内阁中书衔,毋庸带领引见。原系贡生者,不必再入小学堂肄业;如愿入中学堂者,卒业后由本省官立高等学堂复考及格,加给学堂贡生文凭,并奏明给予国子监学正学录衔。原系附生者,如入小学堂肄业,卒业后由本府官立中学堂复考如格,加给学堂附生文凭,并奏明给予训导衔。所有贡生、附生,奏给虚衔,统由各学堂呈报本省督抚年终汇奏。此条为专从科举出身之生员、举人、进士而设,其入学堂后,应试取进中式者,不用此例。

第六节　凡在堂肄业学生,均准其照例应乡会试;于给假之日,由学堂按照路途远近予以期限,中式者若干日,不中式者若干日,均不得逾期辍业。违者开除学阶。

第七节　凡在学堂肄业之廪增附生,均咨明本省学政免其岁试,其应行科考之各项生监,统于乡试之年,由本学堂分别咨送应试,概免录科,以免耽误学业。至中小学堂肄业之文童,遇岁科试,应准其径送院试,其府县试一律免考。取进之后,仍到堂肄业。其由学堂请假赴考之期限,照第六节办理。

第八节　所有各项附生贡生举人进士文凭,统由京师大学堂刊板印造,盖用关防,略如部照之式。其贡生以下文凭,颁发各省应用。每岁于年终,将给过文凭之贡生、附生姓名、籍贯、年貌、三代,册报京师大学堂查核,并报礼部存案。

第九节　凡得过各项文凭者,如有违犯国家一切科条,应得追缴处分者,贡生以下,由各省追缴文凭后,咨报京师大学堂存案;举人以上奏明办理。

第十节　学生每一等级,或三年卒业,或四年卒业,届时须切实考验,合格者方可给予文凭。其有已至年限尚须补习者,有屡考下第必须斥退者,均由总理教习库[考]验,分别去留,任严毋滥。

第十一节　各项学生,由本学堂总理教习考验合格之后,该总理及教习须出具切结。将来本府官立中学堂,本省高等学堂及京师大学堂复考之日,如察有冒滥,即将原考验之总理及教习分别议处。轻者罚减薪赀,重者分别黜革。如此,则总理及教习考验之时不敢含混,即教习授课之日亦不敢疏虞,实于防弊之中兼寓督课之意,庶为取士最公最严之法。

第五章　设　官

第一节　设管学大臣一员以主持全学,统属各员,由特旨派大臣为之。

第二节　设总办一员,副总办二员,以总理全学一切事宜,随事禀承管学大臣办理。

第三节　设堂提调四员,以稽查学生勤惰出入,并照料学生疾病等事。遇学生因事争讼,堂提调应随时排解,有大事会同总理申理。司事、杂役人等,有不按定章办事应差,并在堂内滋事者,堂提调查明分别轻重办理。

第四节　设文案提调一员,襄办二员,以总理往来文件。

第五节　设支应提调一员,襄办一员,以总稽银钱出入。

第六节　设杂务提调二员,襄办一员,以照料学生饮食,并随时置办堂中应用一切物件。

第七节　设藏书楼、博物院提调各一员,以经理书籍、仪器、标本、模型等件。

第八节　设医学提调一员,稽查医学馆学生功课,兼司学堂诊治及照料一切卫生事宜。

第九节　设收掌供事书手若干员名,俟开办时视学务繁简再行酌定。

第十节　以上各员,自总办以下,皆受考成于管学大臣;除管学大臣外,皆须常川驻堂。

第十一节　自副总办以下,供职勤惰,应由正总办按照章程严密稽查,年终出具考语,报明管学大臣查核。

第六章　聘用教习

第一节　设总教习一员,主持一切教育事宜;副总教习二员,佐总教习以行教法,并分别稽查中外各教习及各学生功课。

第二节　现在学生额数未定,西学教习拟暂聘欧美人六员或四员,教授预备科学生;日本人四五员,教授速成科学生。按照所定功课章程办理。

第三节　同文馆归并办理,仍照向例用英、法、俄、德、日本五国文教授,聘用外国教习五员;又医学实业馆聘用外国教习一员。

第四节　设西学功课监督一员,如外国教习有不按照此次所定功课教授者,监督得随时查察,责成外国教习照章办理。

第五节　各外国教习之外,仍须用中国人通西学并各国语言文字者为副教习,其员数俟开办时酌定。

第六节　应用汉文教习若干员,按照所定汉文功课教授,其员数亦俟开办时定之。

第七节　各教习如有教课不勤,及任意紊乱课程上之规约等事,无论中外教习、年满与否,管学大臣均有辞退之权。延聘外国教习时,应将此条注明合同之上。

第八节　学问之与宗教本不相蒙,西教习不得在学堂中传习教规。

第九节　自副总教习以下,教课勤惰,均由正总教习按照章程严密稽察,年终出具考语,报明管学大臣查核,自总教习以下,皆受考成于管学大臣。

第七章　堂　规

第一节　教习学生,一律遵奉《圣谕广训》,照学政岁科试下学讲书宣读御制训饬士子文例,每月朔,由正总教习、副总教习传集学生,在礼堂敬谨宣读《圣谕广训》一条。

第二节　凡开学散学及每月朔,由总教习、副总教习、总办各员,率学生诣至圣先师位前行礼。礼毕,学生向总教习、副总教习、总办各员各三揖,退班。

第三节　每岁恭逢皇太后、皇上万寿圣节,皇后千秋节,至圣先师诞日,仲春仲秋上丁释奠日,皆由总教习、副总教习、总办各员率学生至礼堂行礼如仪。

第四节　学生平日见管学大臣、总教习、副总教习、分教习,皆执弟子礼,遇其他官员及上等执事人一揖致敬。

第五节　每年以正月二十日开学,至小暑节散学,为第一学期;立秋后六日开学,至十二月十五日散学,为第二学期。

第六节　依前条,除年假暑假合计在七十日之外,每岁恭逢皇太后、皇上万寿圣节,皇后千秋节,至圣先师诞日,仲春、仲秋、上丁、释奠日,端午、中秋节,房虚、星昴日,各停课一日。其余学生临时请假无定期者,至多不得过二十日,惟考试婚丧不在此例。

第七节　教习职员受事之后,应设履历名簿;教习常年督课职员,分门任事,其勤惰皆备书于册,归总教习总办分别主之。

第八节　学生功课勤惰,应由分教习随时登记。此外一切性情行事,有无过失,亦由分教习按日计之,毕书于册,一并呈总教习查核。

第九节　学生在堂,寝兴食息皆有定时;出入大门,皆由总办堂提调等员查察,立簿记之。

第十节　学生无故不得请假,如遇家人宾客通问,于外室会谈,不得入内,亦不得过久。

第十一节　学生举止行为有无过失,除由教习按日登记外,倘有干犯一切定章,其所应管束之员,皆得随时禁止。

以上诸条,粗具大要,其详密章程,俟开办时随时妥议办理。

第八章　建　　置

第一节　京师大学堂建设地面,现遵旨于空旷处所择地建造。所应备者,曰礼堂,曰学生聚集所,曰藏书楼,曰博物院,曰讲堂(讲堂分二式:一式为通常讲堂,一式为特别讲堂),曰寄宿舍,曰寝室,曰自修室,曰公毕休息房,曰食堂,曰盥所,曰养病所,曰浴室,曰厕所,曰体操场(体操场分二处:一处为屋外体操场,一处为屋内体操场)。此外曰职员所居室,曰教习所居室,曰执事人所居一切诸室。

第二节　堂内所应备者,曰图书,曰黑板,曰几案,曰椅凳,曰时辰表,曰风雨表,曰寒暑表,以及图画、算学、物理、化学、地质、矿学、舆地、体操之各种器具标本模型，皆随时购置，以应各学科之用。

　　第三节　堂内所用一切食具寝具，及盥浴所必需之件，皆不可缺。此外养病所之药品，亦全备之。

　　第四节　体操时所用之衣服冠靴，分冬夏两季发公款制给，又设浣衣所一处，凡养病所、浣衣所，皆建于别院。

　　王学珍、郭建荣：《北京大学史料》第一卷（1898—1911），北京大学出版社1993年版，第87—97页。

大学堂章程(附通儒院章程)(节录)

光绪二十九年十一月二十六日

立学总义章第一

第一节　设大学堂,令高等学堂毕业者入焉,并于此学堂内设通儒院(外国名大学院,即设在大学堂内),令大学堂毕业者入焉,以谨遵谕旨、端正趋向,造就通才为宗旨。大学堂以各项学术艺能之人才足供任用为成效。通儒院以中国学术日有进步、能发明新理以著成书、能制造新器以利民用为成效。大学堂讲堂功课,每日时刻无一定,至少两点钟,至多四点钟;通儒院生不上堂,不计时刻。大学堂视所习之科,分别或三年毕业、或四年毕业,通儒院五年毕业。

第二节　大学堂内设分科大学堂,为教授各科学理法,俾将来可施诸实用之所。通儒院为研究各科学精深义蕴,以备著书制器之所。通儒院生但在斋舍研究,随时请业请益,无讲堂功课。

第三节　各分科大学之学习年数,均以三年为限;惟政法科及医科中之医学门以四年为限,通儒院以五年为限。

第四节　大学堂分为八科:一、经学科大学分十一门,各专一门,理学列为经学之一门。二、政法科大学分二门,各专一门。二、文学科大学分九门,各专一门。四、医科大学分二门,各专一门。五、格致科大学分六门,各专一门。六、农科大学分四门,各专一门。七、工科大学分九门,各专一门。八、商科大学分三门,各专一门。

日本国大学止文、法、医、格致、农、工六门,其商学即以政法学科内之商法统之,不立专门。又文科大学内有汉学科,分经学专修、史学专修、文学专修三类。又有宗教学,附入文科大学之哲学科、国文学科、汉学科、史学科内。今中国特立经学一门，又特立商科一门，故为八门，其学术系统图附后。（日本高等师范学堂讲授参考者，亦参用《学海堂经解》，陆军中央幼年学校以《资治通鉴》为参考之书；近日妄人乃谓中国经学、史学为陈腐不必讲习者，谬也。）以上八科大学，在京师大学务须全设。若将来外省有设立大学者，可不必限定全设；惟至少须置三科，以符学制。

第五节　各分科大学，应令贴补学费，由本学堂核计常年经费，临时酌定。

第六节　各分科大学，每学年可特选学生中之学术优深、品行端正者，称之为优待学生，免其学费，以示鼓励。其选取优待学生，系凭每学年终考试之成绩，由大学总监督及分科大学监督定之。

优待学生，若于其受优待之学年内，有品行不良、学业懈怠，或身罹疾病无成业之望者，即除其名。

第七节　泰西各国国内大学甚多。日本亦有东京、西京二大学，现尚欲增设东北、西南二大学，筹议未定；此外尚有以一人之力设立大学者，以故人才众多，国势强盛。中国地大民殷，照东西各国例，非各省设立大学不可。今先就京师设立大学一所，以为之倡，俟将来各学大兴，即择繁盛重要省分增设，并以渐推及于各省。

各分科大学科目章第二（略）

考录入学章第三

第一节　各分科大学，应以高等学堂大学豫科毕业生升入肄业，但其应升入学人数若逾于各分科大学豫定之额数时，则须统加考试，择尤取入大学。已经考取而限于额数不得入学者，至下次入学期，可不须再考，按其名次先后依次令入大学。

第二节　各分科大学入学人数，若不满豫定之额数时，各项高等学堂与大学豫科程度相等之毕业生，经学务大臣察实，亦准其入大学肄业。

第三节　分科大学毕业生，因欲学习他学科，更请入学者，可不须考验，即准其入学。

第四节　曾因有不得已事故,暂行请假出学,兹复欲再修学科呈请入学者,亦可不用考验,准其入学,但其学级须编列于前次在学原级之下。

第五节　凡已准入学之学生,须觅同乡京官为保人,出具确实具保印结;京堂翰林御史部属皆可,不必拘定部属。但京城学堂须常有保人在京,外省学堂须常有保人在省,缘学生行止一切,常有责成保人之事。如其保人或病故、或他适、或现不居官不能出结者,当另请他人具保,外省出结仿此。

屋场、图书、器具章第四

第一节　建设大学堂,当择地气清旷、面积宏敞适合学堂规模之地。各分科大学宜设置于一处,惟农科大学可别择原野林麓河渠附近之地设之。

第二节　各分科大学当择学科种类,设置通用讲堂及专用讲堂,以便教授。各种实验室、列品室及其他必须诸室,各分科大学均宜全备。

第三节　学堂应用各种器具机器、标本模型,各分科大学均宜全备。

第四节　大学堂当置附属图书馆一所,广罗中外古今各种图书,以资考证。

第五节　格致科大学,当置附属天文台以备观测,并置附属植物园、附属动物园,一以资学生实地研究,一以听外人观览,使宏多识。

第六节　农科大学当置农场、苗圃、果园及附属演习林,使得练习实业,并置家畜病院,使实究兽医学术。

第七节　商科大学当置商业实践所,使得实习商业。

第八节　医科大学当置附属医院,诊治外来病人,即以供学生之实事研究。

第九节　当置学生斋舍,以为学生自习、寝息之地。惟入大学之学生皆系成材,久谙礼法,且须携带参考书籍较为繁重,每学生一人应占宽大斋舍一间,令其宽舒;自习室及寝室可合为一处。

教员、管理员章第五

第一节　大学堂应设各项人员如下:大学总监督、分科大学监督、教务提调、正教员、副教员、庶务提调、文案官、会计官、杂务官、斋务提调、监学官、检察官、卫生官、天文台经理官、植物园经理官、动物园经理官、演习林经理官、医院经理官、图书馆经理官。

第二节　　大学总监督受总理学务大臣之节制,总管全堂各分科大学事务,统率全学人员。

第三节　　分科大学监督,每科一人,共八人,受总监督之节制,掌本科之教务、庶务、斋务一切事宜。凡本科中应兴应革之事,得以博采本科人员意见,陈明总监督办理。每科设教务提调一人、庶务提调一人、斋务提调一人以佐之。提调分任一门,监督统管三门。

第四节　　教务提调每科一人,共八人,以曾充正教员之最有学望者充之,受总监督节制,为分科大学监督之副,诸事与本科监督商办,总管该门功课及师生一切事务;正教员副教员属之。

第五节　　正教员分主各分科大学所设之专门讲席,教授学艺,指导研究,听分科监督及教务提调考察。

第六节　　副教员助正教员教授学生,并指导实验,听本科监督及教务提调考察。

第七节　　庶务提调每科一人,共八人,以明学堂规矩之职官充之,受总监督节制,为分科大学监督之副,诸事与本科监督商办,管理该科文案、收支、厨务及一切庶务;文案官、会计官、杂务官属之。

第八节　　文案官主本科中文牍,除奏稿应由总监督酌派人员拟办外,凡堂中本科咨移批札函件皆司之,禀承于庶务提调。

第九节　　会计官专司银钱出入事务,禀承于庶务提调。

第十节　　杂务官专司本科中厨务、人役、房屋、器具一切杂事,禀承于庶务提调。

第十一节　　斋务提调每科一人,共八人,以曾充教员又有学望者充之,受总监督节制,为分科大学监督之副,诸事与本科监督商办,管理该科整饬斋舍,监察起居一切事务;监学官、检察官、卫生官属之。

第十二节　　监学官掌考验本科学生行检及学生斋舍、功课勤惰、出入起居一切事务;以教员兼充,禀承于斋务提调。监学官必须以教员兼充,与学生情意方能相洽,易受劝戒。

第十三节　检察官掌本科斋舍规矩,并照料食宿、检视被服一切事务;凡教员学生有出乎定章之外者,皆得而纠之,禀承于斋务提调。

第十四节　卫生官以格致、农、工、医各科正教员各一人及监学兼任,掌学堂卫生事务;并由各员中举一人为首领总司其事,名曰总卫生官,禀承于斋务提调。

第十五节　天文台经理官以格致科大学正教员兼任,掌格致科大学附属天文台事务,禀承于总监督。

第十六节　植物园经理官以格致科大学正教员或副教员兼任,掌格致科大学附属植物园事务,禀承于总监督。

第十七节　动物园经理官以格致科大学正教员或副教员兼任,掌格致科大学附属动物园事务,禀承于总监督。

第十八节　演习林经理官以农科大学正教员或副教员兼任,掌农科大学附属演习林事务,禀承于总监督。

第十九节　医院经理官以医科大学正教员兼任,掌医科大学附属医院事务,禀承于总监督。

第二十节　图书馆经理官以各分科大学中正教员或副教员兼任,掌大学堂附属图书馆事务,禀承于总监督。

第二十一节　堂内设会议所,凡大学各学科有增减、更改之事,各教员次序及增减之事,通儒院毕业奖励等差之事,或学务大臣及总监督有咨询之事,由总监督邀集分科监督、教务提调、正副教员、监学公同核议,由总监督定议。

第二十二节　各分科大学亦设教员、监学会议所,凡分科课程之事,考试学生之事,审察通儒院学生毕业应否照章给奖之事,由分科大学监督邀集教务提调、正副教员、各监学公同核议,由分科监督定议。

第二十三节　事关更改定章、必应具奏之事,有牵涉进士馆、译学馆、师范馆及他学堂之事,及学务大臣、总监督咨询之事,应由总监督邀集各监督、各教务提调、正教员、监学会议,并请学务大臣临堂监议,仍以总监督主持定议。

第二十四节　凡涉高等教育之事,与议各员,如分科监督、各教务提调、各科正教员、总监学官、总卫生官意见如有与总监督不同者,可抒其所见,径达于学务大臣。

通儒院章第六

(外国名为大学院,兹改定名目,免致与大学堂相混)

第一节　凡某分科大学之毕业生欲入通儒院研究学术者,当具呈所欲考究之学艺,经该分科大学教员会议,呈由总监督核定。

第二节　非分科大学毕业生而欲入通儒院研究某科之学术者,当经该分科大学教员会议所选定,复由总监督考验,视其实能合格者,方准令升入通儒院。

第三节　凡通儒院学员,视其研究之学术系属某分科大学之某学科,即归某分科大学监督管理,并由某学科教员指导之。所研究之学术,有与他分科大学之某学科实有关系、必应兼修者,可由本分科大学监督申请大学总监督,命分科大学之某学科教员指导之。

第四节　通儒院学员之研究学期,以五年为限,以能发明新理、著有成书、能制造新器、足资利用为毕业。

第五节　通儒院学员无须请人保结,并不征收学费。

第六节　通儒院学员,有为研究学术必欲亲至某地方实地考察者,经大学会议所议准,可酌量支给旅费。

第七节　通儒院学员每一年终,当将其研究情形及成绩,具呈本分科大学监督,复由本科大学监督交教员会议所审察。

第八节　通儒院学员,如有研究成绩不能显著,或品行不端者,经各教员会议,可禀请总监督饬其退学。

第九节　通儒院学员在院研究二年后,如有欲兼理他事务,或迁居学堂所在都会以外之地者,经本分科大学监督察其于研究学术无所妨碍,亦可准行。

第十节　通儒院学员至第五年之末,可呈出论著,由本分科大学监督交教员会议所审察;其审察合格者即作为毕业,报明总监督咨呈学务大臣会同奏明,将其论著之书籍图器进呈御览,请旨给以应得之奖励。

京师大学堂现在办法章第七

第一节　京师大学堂为各省学堂弁冕,现暂借地试办,当一面新营学舍,于规模建置力求完善,以树首善风声,早收实效。

第二节　分科大学应选各省高等学堂毕业生入堂肄业,此时各省高等学堂方议创办,未出有合入大学之学生,应变通先立大学豫备科,与外省高等学堂同时兴办,其科目程度一如高等学堂,俟豫备科毕业,再按照分科大学办法。

第三节　现在京师大学堂既系先教豫备科,其学堂执事人员,自当按照高等学堂章程设置,俟将来升教分科大学,即按照分科大学规制办理。

第四节　原定大学堂章程有附设之仕学馆、师范馆,现在大学豫备科及分科大学尚未兴办,暂可由大学堂兼辖。将来大学堂开办豫备科及分科大学,事务至为繁重,仕学、师范两馆,均应另派监督自为一学堂,径隶于学务大臣。其仕学馆课程,应照进士馆章程办理,师范馆可作为优级师范学堂,照优级师范学堂章程办理。

附条:凡一切施行法、管理法,均另详专章,开办之时,应即查照办理。其有未备事宜,应随时体察考验,奏请通行。

大学堂学科统系总图

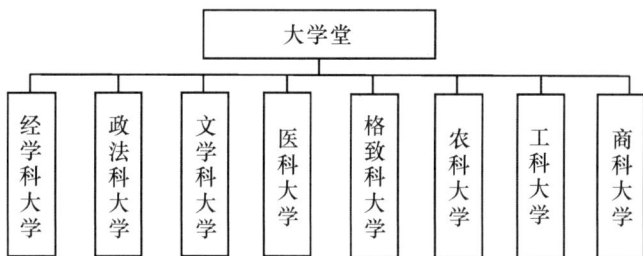

分科大学统系图一

一、经学科大学 {
周易学门
尚书学门
毛诗学门
春秋左传学门
春秋三传学门
周礼学门
仪礼学门
礼记学门
论语学门
孟子学门
理学门
}

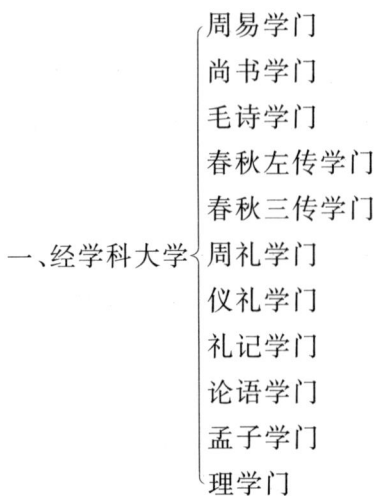

分科大学统系图二

二、政法科大学 {
政治学门
法律学门
}

分科大学统系图三

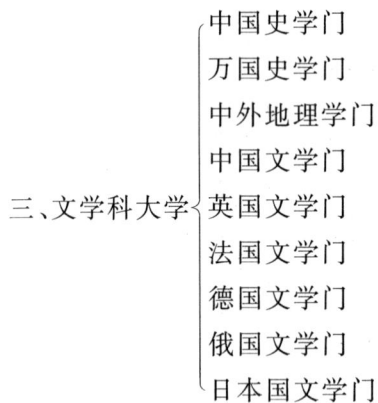

三、文学科大学 {
中国史学门
万国史学门
中外地理学门
中国文学门
英国文学门
法国文学门
德国文学门
俄国文学门
日本国文学门
}

分科大学统系图四

四、医科大学 {
医学门
药学门
}

分科大学统系图五

五、格致科大学
- 算学门
- 星学门
- 物理学门
- 化学门
- 动植物学门
- 地质学门

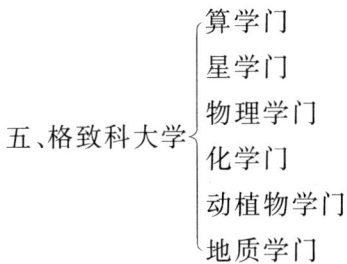

分科大学统系图六

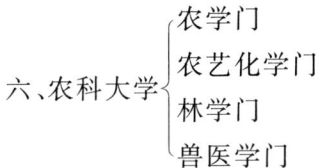

六、农科大学
- 农学门
- 农艺化学门
- 林学门
- 兽医学门

分科大学统系图七

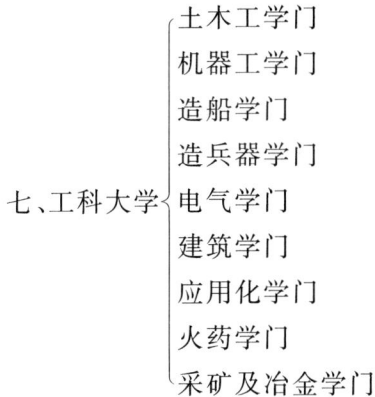

七、工科大学
- 土木工学门
- 机器工学门
- 造船学门
- 造兵器学门
- 电气学门
- 建筑学门
- 应用化学门
- 火药学门
- 采矿及冶金学门

分科大学统系图八

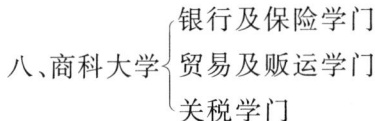

八、商科大学
- 银行及保险学门
- 贸易及贩运学门
- 关税学门

王学珍、郭建荣:《北京大学史料》第一卷(1898—1911),北京大学出版社1993年版,第97—130页。

大学评议会简章

民国六年四月二十一日

（一）本会以下列人员组织之：

（甲）校长；

（乙）各分科预科学长及预科主任教员；

（丙）各分科及预科中国专任教员，每科二人，由教员中互选，以一年为任期，任满可再被选。（商法科暂合选评议员二人）

（二）本会议长一人，以校长任之。书记一人，由会员中推举。

（三）选举于每年暑假后第一月内行之。

（四）本会讨论下列事项：

（甲）各学科之设立及废止；

（乙）讲座之种类；

（丙）大学内部规则；

（丁）关于学生风纪事项；

（戊）审查大学院生成绩及请授学位者之合格与否；

（己）教育总长及校长咨询事件；

（庚）凡关于高等教育事项，得以本会意见，建议于教育总长。

（五）本会每月开常会一次，由议长指定日期，于三日前通知。

（六）本会遇有特别事件，由议长迳［径］行或过半会员之提议，召集临时会议。

（七）本会非有过半人数以上列席，不得议决事件。

（八）本会议决事件，凡关于校内者，由校长分别交该管职员办理。惟第四条第七项之建议，得以本会名义行之。

办理情形,会员可随时请该管职员出席报告。

(九)本规则未尽事宜,另以细则定之。

评议会开会纪事

评议会为"协助校长调查策划大学内部组织事务"起见,于本月五日下午开本届第一次常会时,议决设立一组织委员会。当时并通过该会简章及会员如后:

组织委员会简章

一、本委员会(以下简称本会)协助校长调查策划大学内部组织事务。

二、本会额定九人,由校长指任,并征求评议会同意。

三、由会员互举委员长一人,书记一人,开会时校长主席,如校长不出席时,委员长主席,主席不投票,惟两方面票数相同时,主席得执行其取决权。

四、本会开会由委员长召集之。

五、本会得请校中职员出席,陈述意见,或报告所担任事务。

六、本会计划成后,请校长提交评议会取决,并由会员出席评议会说明。

七、办理细则及进行方法,本会自定之。

本会于组织事务告竣后,即解散。[组织委员会会员略]

1919 年 11 月 7 日

王学珍、郭建荣:《北京大学史料》第二卷(1912—1937),北京大学出版社 2000 年版,第 132—133 页。

国立北京大学内部组织试行章程

民国八年十二月三日评议会通过

第一章　校　长

一、校长(现行制)

二、校长办公室

校长办公室设秘书一人,办理校长函件往来事务。

第二章　大学立法

三、评议会

参酌现行制。

第三章　大学行政

四、行政会议

行政会议以各常设委员会委员长组织之,校长为当然议长,教务长为当然会员,总务长为当然会员兼书记,协助校长推行全校大政。

五、行政委员会

各委员会由校长从教员中指派,征求评议会同意。除例外另行规定外,每委员会人数自五人至九人。设委员长一人,由校长于委员中推举之,以教授为限。各委员任期一年。凡校长出席委员会时,校长为当然主席。

常设委员会如左(下):

(一)组织委员会——协助校长调查及策划大学内部之组织,以利事务之进行。

(二)预算委员会——协助校长编制大学预算案。(本委员会会员,须包下列各委员会会员一人。1.组织,2.聘任,3.图书,4.庶务,5.仪器,6.出版。)

(三)审计委员会——协助校长审查用途,及改良簿记法。

(四)聘任委员会——协助校长聘任教职员,会员以教授为限,本委员会非校长或其代表人列席不得开会。

(五)入学考试委员会——协助校长办理入学试验事务。参酌现行制。

(六)图书委员会——协助校长谋图书馆之扩张与进步。(图书馆主任为一当然会员)。

(七)庶务委员会——协助校长谋校舍之扩张、斋务杂务之进步。(与上列事务有关系之主任或主任等为当然会员。)

(八)仪器委员会——协助校长谋仪器室之扩张与进步。(仪器室主任为一当然委员。)

(九)出版委员会——参酌现行编译部评议员制。(出版部主任为一当然委员。)

(十)学生自治委员会——协助校长谋学生自治能力之发展。(学生代表三人,由学生评议会公举,学生代表以本科三年级以上学生为限。)

(十一)新生指导委员会——新生入校时为顾问,由校长指任,并在日刊宣布。(无庸征求评议会同意。)会员人数以新生入学数为准。(每指导委员担任新生约二十人。)

(十二)临时委员会——由校长于教职员中指任,并在日刊宣布,无庸征求评议会同意。临时委员会以所任事务定其名称。

常设委员会于任期满时,须报告一年中经过情形于校长兼行政会议议长。

第四章　学　术

六、教务会议参酌现行制。

七、教务处参酌现行制。(教务处现在事务划一大部分归总务处办理。)

八、教务长参酌现行制。

九、各学系(参酌现行制)

组一　数学系、天文系(在组织中)、物理学系;

组二　化学系、地质学系、生物学系(在组织中);

组三　哲学系、心理学系(在组织中)、教育学系(在组织中);

组四　中国文学系、英国文学系、法国文学系、德国文学系、俄国文学系(在组织中);

组五　史学系、经济学系、政治学系、法律学系。

十、各学系主任(参酌现行制)

各学系主任由各本学系教授会教授公举。凡系中有教授一人者,即为主任;二人者按期轮值,以先入校者为始;三人以上互举。

十一、各学系教授会　参酌现行制。

第五章　事　务

十二、总务处

总务处管理全处之事务,设总务长一人,总掌事务。总务委员若干人,分掌各部分事务。

十三、总务长

总务长由校长从总务委员中委任之,以教授为限,任期三年,但得续任。

十四、总务处总务委员、(各部主任)及各项事务。

总务处设总务委员若干人,由校长委任。凡由教授兼任者,任期二年,但得续任。总务委员于下列各项中各掌一项或数项之事务,由校长指定之。掌各部之总务委员,称某部主任。各项事务如下:

(一)注册　(二)编志　(三)文牍　(四)询问　(五)介绍　(六)图书　(七)仪器　(八)出版　(九)校舍　(十)斋务　(十一)杂务　(十二)会计　(十三)卫生

按事务之繁简,以一项或合数项事务为一部,由校长定之。

总务长及各总务委员,组织总务委员会,共商事务进行之程序。

王学珍、郭建荣:《北京大学史料》第二卷(1912—1937),北京大学出版社 2000 年版,第 77—79 页。

评议会规则修正案

民国九年四月一日

第一条 本会以左(下)列人员组织之：

(甲)校长。

(乙)教授互选之评议员。

第二条 评议员额数以教授全数五分之一为准，评议员任期一年，任满得再被选。

第三条 评议员于每年暑假后第一月内，用记名投票选举之。

第四条 本会设议长一人，以校长任之，书记一人，由会员互选之。(如校长因故不能出席时，得由出席评议员推定临时主席。)

第五条 本会议决左(下)列各事项：

(甲)各学系之设立废止及变更；

(乙)校内各机关之设立废止及变更；

(丙)各种规则；

(丁)各行政委员之委任；

(戊)本校预算；

(己)教育总长及校长咨询事件；

(庚)凡关于高等教育事项将建议于教育部者；

(辛)关于校内其他重要事项。

第六条 评议员均有提案之权，非评议员之教职员得以五人以上之连署，建议于本会。

第七条 评议员关于校内一切设施有疑义时，得以书函或口头向校长提出质问，要求答复。

第八条　本会对于校内一切设施如认为不适当时,得议决咨请校长取消之。

第九条　本会议决事件,凡关于校内者,由校长分别交该管职员办理,惟第五条庚项之建议,得以本会名义行之。

第十条　本会每月开常会一次,由议长召集,于三日前通知。

第十一条　遇有特别事件,得由校长或过半数之评议员召集临时会议。

第十二条　本会以评议员全数三分之一为法定开会人数,得议决事件。

第十三条　遇有紧急事件临时会议不足法定人数又不及召集第二次临时会议时,得由校长斟酌办理,但须交最近之常会或临时会议追认之。

第十四条　本会开会时,得随时请各职员出席报告。

第十五条　本规则得以评议员全数三分之一之提议,及过半数之可决修正之。

王学珍、郭建荣:《北京大学史料》第二卷(1912—1937),北京大学出版社2000年版,第161—162页。

评议会会议细则

民国九年四月一日

第一条 本会会议依据评议会规则第十二条之规定,以评议员全数三分之一为开会人数得议决事件。

第二条 议决事件以出席评议员过半数之可决作为通过,如可否之数相同议长得加入之。

第三条 评议员提出议案,须于会议三日前送交议长,议长得酌定其先后提出于会议,若临时提出之议案,须于开议前报告于议长,其付议之先后亦由议长决定之。

第四条 议长于开议前先报告本日议事程序,如评议员提出动议要求变更,经一人以上之附议,并过半数之可决者,议长即宣告变更之,但此项动议限于非提案之评议员。

第五条 议事次序先讨论而复表决,若议长认为必要时,得提出终止讨论及表决,经评议员过半数之可决者即宣告之,但评议员亦得提出动议要求终止讨论及表决,如经一人以上之附议并过半数之可决者,议长即宣告之。

第六条 表决之方法(一)举手,(二)投票,其方法之选用议长得临时酌定之,但评议员亦得提出动议要求选用或变更,如经一人以上之附议,并过半数之可决者,议长即宣告或变更之。

第七条 表决有疑义时,评议员得提出动议,要求重付表决或行反表决,如经一人以上之附议并过半数之可决者,议长即执行之。

第八条 凡动议无附议者,其动议即不成立。

第九条 评议员对于原有议案,未付表决之前,得提出修正案,经一人以上之附议,议长即以修正案付议。

第十条　会议时间评议员中途缺席至不足法定人数时,议长即宣告中止会议。

第十一条　评议员因故不能出席时,得委托他评议员为代表,但一人不得代表二人。

第十二条　本次未表决之议案,下次会议仍得列于议事程序。

第十三条　本次会议否决之案,非经常会二次以后不得重行提出。

第十四条　会议设议事录,记载讨论之要点及议决之事件,并应于议毕三日内将议决事件印送评议员。

第十五条　每次开会时,先由书记宣读上次议事录,如记载有误谬或遗失[漏],评议员得要求补正。

第十六条　本细则有未尽事宜或不适用时,得依第二条之规定修正之。

王学珍、郭建荣:《北京大学史料》第二卷(1912—1937),北京大学出版社 2000 年版,第 162—163 页。

研究所简章

民国九年七月

（一）研究所仿德美两国大学之 Seminar 办法，为专攻一种专门知识之所。

（二）研究所暂分四门：

一、国学研究所（凡研究中国文学、历史、哲学之一种专门知识者属之。）

二、外国文学研究所（凡研究德法英俄及其他外国文学之一种专门知识者属之。）

三、社会科学研究所（凡研究法律、政治、经济、外国历史、哲学之一种专门知识者属之。）

四、自然科学研究所（凡研究物理、化学、数学、地质学之一种专门知识者属之。）

（三）研究所不另设主任，其研究课程均列入各系门。

（四）研究所之阅览室，并入图书部。

（五）各学系之学课有专门研究之必要者，由教员指导学生研究之，名曰某课研究；并规定单位数。例如，康德哲学研究、王守仁哲学研究、溶液申解研究、胶体研究、接触剂研究。

（六）各种研究，在图书馆或试验室内举行之。

（七）指导员授课时间，与授他课同样计算。

（八）三年级以上学生及毕业生，均得择习研究课。

王学珍、郭建荣：《北京大学史料》第二卷（1912—1937），北京大学出版社 2000 年版，第 1336 页。

教育部指令第一千九百号

九年十月二十六日

令北京大学呈一件送该校现行章程暨统系图表请核备由

呈暨附件均悉,核阅该校所送现行章程,尚属妥协,应准备案。此令

附原呈

呈,为呈送本校现行章程,请予鉴核备案事。查本校开办以来历廿余年,其间变通至数。盖以大学为研究高深学术、养成硕学闳才之所,而组织完善与否,与学术之滞达人才之盛衰均极有关系,故因事势之需要,不能不随时变通以求适应,此在东西各国大学亦复不乏先例,而钧部元年颁布之大学令,六年即加修正,仰见通变适宜从善惟恐不及之至意。本校奉行以来,复从实地详填察验,似宏观远模固宜恪守,而分条布枝本容斟酌,因复内察事势之转移,外觇各国大学现行制度之短长,量为变通,以图尽善。然亦未经征验,不敢冒渎上陈,辄先便宜推行,以观利弊,年余以来,颇见成效,编制大端亦复就绪,理应亟将本校现行章程,缮呈钧部至祈鉴核备案,并予示遵。谨呈。

附章程

北京大学章程[①]

第一章　学　制

本校学制分预科、本科、研究所三级。

---

① 题目为编者加。

（一）预科

预科现设甲乙两部。

（二）本科

本科现设五学组分为十八学系。

组一　数学系、天文学系、物理学系；

组二　化学系、地质学系、生物学系；

组三　哲学系、教育学系、心理学系；

组四　中国文学系、英国文学系、法国文学系、德国文学系、俄国文学系；

组五　史学系、经济学系、政治学系、法律学系。

凡学系遇必要时得增设或裁减之。

（三）研究所

研究所为各学系本科之三年级以上学生及毕业生专攻一种专门知识之所。

第二章　校　长

（四）校长

校长总辖本校校务。

（五）校长办公室

校长办公室设秘书一人，办理校长之往来函件。

第三章　评议会

（六）评议会

评议会以校长及教授互选之评议员组织之，校长为议长。凡左（下）例之事项须经评议会之议决：

（1）各学系之设立废止及变更；

（2）校内各机关之设立废止及变更；

（3）各种规则；

（4）各行政委员会委员之委任；

(5)本校预算及决算；

(6)教育总长及校长咨询事件；

(7)赠予学位；

(8)关于高等教育事件将建议于教育部者；

(9)关于校内其他重要事件。

第四章　教务会议

（七）教务会议

教务会议以教务长及各学系主任组织之,其职权如左(下)：

(1)增减及支配各学系之课程；

(2)增设或废止学系建议于评议会；

(3)荐举赠予学位之候补人于评议会；

(4)关于其他教务上之事件。

（八）学系教授会

各学系教授会由各学系之教授组织之,规划本学系教科上之事务。

第五章　行政会议

（九）行政会议

行政会议以校长及各常设行政委员会委员长组织之,校长为议长,教务长为当然委员,总务长为当然委员兼书记。行政会议之职权如左(下)：

(1)规画本校行政事宜建议于评议会；

(2)审查及督促各行政委员会及各事务机关之任务；

(3)评议各行政委员会相关或争执之事件；

(4)审查各行政委员会及各事务机关之章则。

（十）行政委员会

各行政委员会,协助校长规画推行各部分事务,各委员会委员由校长从职员中指任,征求评议会同意。每委员会人数自七人至十三人(但临时委员会及有特别情形者亦得酌量增加人数),设委员长一人,由校长于委员中指任之,以教授为限。各委员任期一年。凡校长出席委员会时,校长为当然主席。

(甲)常设委员会如左(下):

(1)组织委员会。协助校长调查及编制大学内部之组织。

(2)预算委员会。协助校长编制大学预算案。(本委员会须包下列各委员会委员一人。1.组织,2.审计,3.图书,4.庶务,5.仪器,6.出版。)

(3)审计委员会。协助校长稽核用途、审查决算及改良簿记法。

(4)聘任委员会。协助校长审查将行聘任职员之资格(事务部职员以各部主任及校医为限),委员以教授为限,本委员会非校长或其代表人列席不得开会。

(5)图书委员会。协助校长谋图书馆之扩张与进步。(图书部主任为当然会员)

(6)庶务委员会。协助校长谋庶务之推行与进步。(庶务部主任为当然会员)

(7)仪器委员会。协助校长谋仪器之扩张与进步。(仪器部主任为当然委员)

(8)出版委员会。协助校长审查编译之图书,规画推行出版事务。(出版部主任为当然委员)

常设委员会于每年九月终时须报告经过情行于校长兼行政会议议长,但亦得因事务之便利随时报告之。

(乙)临时委员会。临时委员会以所任事务定其名称,事毕即行撤销。

第六章　教务处

(十一)教务处

教务处以教务长与各学系土任组织之,执行教务。

(十二)教务长

教务长为教务处之领袖,由各学系主任互选之,任期一年,但得续任。

(十三)学系主任

每学系设主任一人,由本系教授会选举之。执行本系教课上之事务,任期二年,但得续任。凡系中止有教授一人者即为主任,二人者按期轮值,以先入校者为始。

第七章　事　务

(十四)总务处

总务处管理全校之事务,设总务长一人总掌,事务、总务委员若干人分掌各部事务。

(十五)总务长

总务长为总务处之领袖,兼总务部主任,由校长于总务委员中委任之,以教授为限(不得由教务长兼任),任期二年,但得续任一次。

(十六)总务处总务委员(各部主任)及各项事务

总务处设总务委员若干人,由校长委任,凡由教授兼任者任期三年,但得续任。

总务委员于下列各部中各掌一部或数部之事务,由校长指定之。掌某部之总务委员,称某部主任。分部如下:

总务部:文牍课、会计课、月刊课。

注册部:注册课、编志课、询问课、介绍课。

图书部:登录课、购置课、编目课、典藏课。

仪器部:登录课、购置课、编目课、典藏课。

出版部:印刷课、售书课、讲义课。

庶务部:斋务课、卫生课、杂务课、收发课。

遇必要时增设或裁减部课,但须经评议会之通过。

(十七)校医室

校医室以校医及助手组织之,隶属于总务处,办理治疗疾病事务。

右(上)各机关之规则别定之。

王学珍、郭建荣:《北京大学史料》第二卷(1912—1937),北京大学出版社2000年版,第83—85页。

国立北京大学助学金及奖学金条例

民国十四年十一月

一、本校为辅助毕业生继续求学起见，设助学金额；为奖励研究生学术上的贡献起见，设奖学金额。

二、助学金额每名每年得国币二百元，分四次给与之；奖学金额每名每年得五百元，分四次给与之。

三、助学金之给与，限于贫苦之学生，而无职业者；奖学金之给与，以成绩为标准，不限于经济的状况。

四、本校研究所每门设助学金额六个，奖学金额两个，皆以研究所各门之名称称之。例如"研究所国学门助学金额"，"研究所自然科学门奖学金额"。有时，为特别提倡某种科学起见，得由研究所委员会指定一部分的金额为某种科学的助学金，例如研究所国学门得有一个"中国古物学助学金额"，或一个"中国科学史助学金额"……，奖学金额不立学科名称，但每年的授与，应按照每研究所内所包学科的种类。略采均匀轮递之意。（例如今年奖中国文学及哲学的研究生，明年轮奖中国古（物）史及美术史的研究生，如美术史缺人，则轮奖科学史的研究生。）

五、除本校设立之奖学助学金额外，各研究所均得收受校外私人或法人捐助的助学或奖学金额，其每人每年应得金数，由捐款人定之，此项捐助的金额，即以捐款人的姓名名之，例如"张××先生中国古物学助学金额"。

六、凡欲得助学金者须填请愿书，附加成绩证书，及著作物于每年五月一日以前送至研究所所长办公室，由所长于五月内召集研究所委员审查决定之，审查之结果皆于六月一日大学日刊上发表。审查合格者,于下学年九月一日、十二月一日、三月一日、六月一日,到会计课领取助学金。

七、奖学金之授与,由研究所委员会根据本年研究生的成绩,以四分之三以上的表决,拟定应得奖学金之研究生姓名,附加著作物,于每年六月一日以前函请所长决定发表,发表之后,应得奖学金者,由下学年九月一日、十二月一日、三月一日、六月一日,到会计课领取奖学金。

八、助学金额与奖学金额,如本年不得相当之人,则宁阙无滥,此项阙人之金额存储会计课。其用途一或留为下学年之特别金额,或供研究所购书之用;一另由研究所委员会决定之。

九、凡本年得奖学金或助学金之研究生姓名,皆刊于本年大学一览之末。

十、本条例经评议会通过后施行。

附则

本条例俟本校全部预算通过后实行。

王学珍、郭建荣:《北京大学史料》第二卷(1912—1937),北京大学出版社 2000 年版,第 1336—1337 页。

教育部令第一三八号

兹制定国立京师大学校组织总纲公布之。此令。

国立京师大学校组织总纲

民国十六年八月三十一日

第一条　国立京师大学校以教授高深学术,养成硕学闳材为宗旨。

第二条　国立京师大学校分设左(下)列各科部:

(一)文科　(二)理科　(三)法科　(四)医科　(五)农科　(六)工科　(七)师范部　(八)女子第一部　(九)女子第二部　(十)商业专门部　(十一)美术专门部。

第三条　国立京师大学校之科部得兼设预科。

第四条　国立京师大学校收受高级中学毕业生,或具有同等资格者。预科及专门部收受四年制初级中学之毕业生,或具有同等资格者。录取学生以其入学试验之成绩定之。

第五条　国立京师大学校文科、理科、法科、医科、农科、工科、师范部、女子第一、第二部之修业年限为四年,其预科为二年;商业专门部、美术专门部之修业年限为三年,其预科为一年。

第六条　国立京师大学校学生在所属科部修业完毕试验及格者,授以毕业证书。毕业后应予学位另以条例定之。

第七条　国立京师大学校置校长一人,总辖校务,由教育总长聘任之。

第八条　国立京师大学校各科部各设学长一人,商承校长分掌科部之教务及事务,由教育总长聘任之。

第九条　国立京师大学校各科部各置教授若干人,分任教课,由本科部学长商陈校长聘任之，并呈报教育部备案。

各科部遇必要时，得商陈校长延请讲师及助教。

第十条　国立京师大学校设校务会议，议定关于全校之重要事务，由校长及学长组织之，开会时以校长为主席。

校务会议之规程另订之。

第十一条　国立京师大学校设教务会议，审议关于全校之学则及教学训育事项，由校长、学长及各科部内之主任教授组织之，会议时以校长为主席。

教务会议之规程另订之。

第十二条　国立京师大学校设校长办公处其规程另订之。

第十三条　国立京师大学校各科部设学长办公室，其办事规程由校务会议订定，报部备案。

第十四条　国立京师大学校各科部酌设注册、文书、会计、庶务、图书仪器及其他各课，置主任及事务员若干人，分任职务，由学长延用之，并函陈校长核准报部备案。

第十五条　国立京师大学校各科部设教授会议，规划课程并审议关于本科部之学则及教学训育事宜，以本科部之学长及教授组织之，会议时以学长为主席。

第十六条　国立京师大学校各科部之内部各项规则，由各科部自行规定，并函陈校长核准报部备案。

第十七条　本总纲自公布日施行，并呈明备案。

中华民国十六年八月三十一日

　　　　　　　　　　　　　　　　　　教育总长　　刘　　哲

王学珍、郭建荣：《北京大学史料》第二卷（1912—1937），北京大学出版社 2000 年版，第 85—86 页。

国立北京大学研究院章程

十八年九月一日

第一条　本校依大学组织法第八条设研究院。

第二条　本院之任务在研究高深学术,依本校设备及人才之状况,酌设若干科目。

第三条　本院设院长一人综理院务,由校长兼任之。

第四条　本院设院务委员会,其职权如左(下):

甲、拟定全院研究计画;

乙、拟制全院预算;

丙、审议图书仪器等之购置及设备事项;

丁、规划学术材料之调查搜集及学会之设计进行;

戊、审核研究生之资格及成绩;

己、审核奖学金、助学金之给予;

庚、审查本院出版之稿件;

辛、与院外学术机关联络及合作事项;

壬、其他重要事项。

第五条　本院之研究事业,除由本科教授担任外,于必要时得专聘教授或讲师担任之,其职务及待遇规则另定之。

第六条　院务委员会委员,由校长于前条教授中推举若干人,提经评议会通过聘任之。

前项院务委员会委员,以二年为任期。

第七条　院务委员会会议,由院长为主席,院长不出席时,由委员互推一人为主席。

第八条　本院为处理常务及执行院务委员会议决事项,由院长于院务委员中推举常务委员若干人,提经院务委员会通过担任之,任期一年。

第九条　凡具左(下)列资格之一,经过规定之入学试验合格者得入本院为研究生。

甲、在国内外大学本科毕业者,但国内大学以公立及教育部立案之私立者为限;

乙、未在前项学校毕业,志愿研究国学,曾有专门著作,经本院审查合格者。

研究生入学试验之规则另定之。

第十条　研究生在本院研究年限至少二年,至多五年,每半年须将研究情况及已得结果报告一次,如继续两次未提出报告者,得取消其研究生资格。

第十一条　研究生于入院后最初二年,必须在院研究。

第十二条　研究生经本科教授会之许可,得在本科听讲或实验。

第十三条　研究生研究完毕,其论文及毕业试验均及格者,给予研究院毕业证书;其未能及格者,不给任何证明书。至学位之授予,依照部章办理。

第十四条　研究生研究成绩不良或品行不端者,经院务委员会之决议,得取消其研究生资格。

第十五条　为奖励研究学术起见,研究生暂不收学费,但酌收图书仪器保证金及贵重药品等消耗费,其数额另定之。本院对于研究生不供给宿舍。

第十六条　研究生除应遵守研究院特定规则外,并应遵守本校一切规则。

第十七条　本院设奖学金、助学金,奖学金于研究生研究终了时,助学金于提出报告时,择成绩优异者给予之。奖学金及助学金之数额及给予办法另定之。

第十八条　本院图研究之便利,得附设学会陈列室、纂辑室等。

第十九条　本院因发表研究结果得发行刊物。

　　第二十条　本章程未尽事宜,得由院务委员会提经评议会议决修改增订之。

　　第二十一条　自本章程施行之日起,十八年六月六日公布之研究所通则,应即废止。

十八年九月一日

王学珍、郭建荣:《北京大学史料》第二卷(1912—1937),北京大学出版社 2000 年版,第 1337—1338 页。

国立北京大学布告

兹将本校组织大纲公布于左(下),并定于本年七月一日起实行,此布。

二十一年六月十六日

国立北京大学组织大纲

二十一年六月十六日

第一条　本大学根据中华民国教育宗旨及其施行方针,以(一)研究高深学术　(二)养成专门人才　(三)陶融健全品格为职志。

第二条　本大学现设理文法三学院。

第三条　本大学理学院现设左(下)列各学系:

一、数学系　二、物理学系　三、化学系　四、地质学系　五、生物学系　六、心理学系。

第四条　本大学文学院现设左(下)列各学系:

一、哲学系　二、教育学系　三、中国文学系　四、外国语文学系五、史学系。

第五条　本大学法学院现设左(下)列各学系:

一、法律学系　二、政治学系　三、经济学系。

第六条　本大学设研究院,其组织另定之。

第七条　本大学置校长一人,综理校务,由国民政府任命之。校长办公室秘书若干人,由校长聘任之。

第八条　本大学各学院各置院长一人,商承校长综理各院院务,由校长就教授中聘任之。

第九条　本大学各学系各置主任一人,商承院长主持各系各科教学实施之计划，由院长商请校长就本系教授中聘任之。

第十条　本大学各学系置教授、副教授、助教若干人，由各院院长商请校长聘任之；遇必要时得聘请讲师。

第十一条　本大学设课业处，置课业长一人，商承校长并商同各院院长综理学生课业事宜，由校长就教授中聘任之。

课业处设左（下）列各组：（一）注册组　（二）军事训练组　（三）体育组。

课业处各组设主任一人，注册组主任由课业长兼任，军事训练组及体育组主任，由校长聘任之。注册组置事务员若干人；军事训练组及体育组置导师及助理员若干人，均由校长聘任之。

第十二条　本大学设秘书处，置秘书长一人，商承校长处理全校事务上行政事宜，并监督所辖各机关，由校长就教授中聘任之。秘书处设左（下）列各组：

（一）庶务组；

（二）出版组；

（三）文牍组；

（四）会计组；

（五）仪器组；

（六）卫生组。

秘书处各组置主任一人，事务员若干人，均由校长聘任之。

第十三条　本大学设图书馆，置馆长一人，商承校长处理本馆事务，由校长就教授中聘任之；并置事务员若干人，均由校长聘任之。

第十四条　本大学设校务会议，以校长、秘书长、课业长、图书馆长、各院院长、各学系主任及全体教授、副教授选出之代表若干人组织之，校长为主席。

第十五条　校务会议议决左（下）列事项：

一、大学预算；

二、学院学系之设立及废止；

三、大学内部各种规程；

四、校务改进事项；

五、校长交议事项。

第十六条　本大学设行政会议,以校长、院长、秘书长、课业长组织之,校长为主席,其职权如左(下):

一、编造全校预算案;

二、拟定学院、学系之设立及废止案;

三、计划全校事务及教务改进督促事项;

四、拟具其他建议于校务会议之方案。

第十七条　本大学设左列各委员会:

一、考试委员会;

二、图书委员会;

三、仪器委员会;

四、财务委员会;

五、出版委员会;

六、学生事业委员会。

前项各委员会之主席及委员由校长就教授中指定,提交校务会议决定之。

第十八条　本大学设教务会议,以校长、各学院院长、各学系主任及课业长组织之,由校长为主席,课业长为秘书。

教务会议之职权如左(下):

一、审定全校课程;

二、计划教务改良事项;

三、决议学生试验事项;

四、决议学生训育事项;

五、审定毕业生成绩;

六、决议校长交议之事项;

七、建议提出校务会议之事项。

第十九条　本大学各学院设院务会议,以院长、系主任组织之,院长为主席,计划本院教学事项,审议本院一切教务进行事宜。

第二十条　本大学各系设系务会议,以系主任、教授、副教授组织之。系主任为主席,计划本系教学事项。

第二十一条　本大学设事务会议,以秘书长及所辖各组主任组织之,秘书长为主席,其审议事项如左(下):

一、关于事务之进行及改良事项;

二、关于秘书处与本校其他各机关联络事项;

三、关于秘书处各组间联络事项;

四、建议提出校务会议之事项。

第二十二条　本大学学则及各种会议并各种机关之规程,另定之。

第二十三条　本组织大纲未规定者,适用大学组织法之规定。

第二十四条　本组织大纲经校务会议议决后,由校长公布施行。

第二十五条　本组织大纲之修订,以校长或校务会议会员五人以上之提议,经校务会议决议后,由校长公布之。

王学珍、郭建荣:《北京大学史料》第二卷(1912—1937),北京大学出版社2000年版,第90—93页。

国立北京大学研究院规程

二十一年七月八日校务会议议决

第一章　国立北京大学依据大学组织法第八条,设立研究院(以下省称本院),为北京大学及国内外大学毕业生继续研究高深学术之所。

第二章　本院分设自然科学、文史、社会科学三部,得依本校能力所及,分期先后成立,或一部中先开若干门。

第三章　研究院院长,由本校校长兼任。

三部主任各一人,由院长聘请本校教授兼任;任期一年,但得连任。

本院教授及导师,由院长聘请本校教授兼任。

第四章　凡本校毕业生,国立各大学毕业生,国内外经本院承认之各大学毕业生,皆得应本院研究生入院考试。

第五章　校外毕业生报名时,须缴大学毕业文凭,在校各学年详细成绩证书,及四寸半身相片两张,并须填明愿入何部,愿选治何种专科,及曾习何种外国语。如有曾研究之专题论著,无论已否印行,皆可附缴。

第六章　研究生入院考试之内容分两项:

(一)所专习学科之基本知识:以至少能了解所治学科的基本知识,及其沿革,历史,为及格。

(二)外国语:以至少能用一种外国语读书,对译,为及格。

本校毕业生在校各学年成绩平均在八十分以上,外国语成绩平均亦在八十分以上者,得免其入院考试。

本校各系之助教,愿同时作研究生者,由各系主任推荐,经院务会议审查通过后,得免其入院考试。

第七章　研究生免缴学费,但本校不供给宿舍。

研究生应缴图书保证金每年五元,仪器保证金每年五元。

第八章　本院所授予之学位,分博士、硕士两种。但在学位法未经政府颁布以前,暂给予甲种或乙种证书。俟学位法颁布后,分别补授相当学位。

第九章　研究生入院时,即须认定主科一种。辅科一种或二种(欲得甲种证书者,须有辅科二种),经主任许可后,即由主任商请各该学科教员,每科一人,为该研究生之指导委员。研究生论文题目之选择,研究科目之选习,书籍之参考,皆由指导委员指导审定。主科与辅科,不必在同一学院。

第十章　研究生完成下列两条件者,得于每学期之末请求应初试:

一、经指导委员证明已在本院研究一个整学年以上(本校助教同时作研究生者倍之)。

二、作过八个读书报告,或实习报告,经指导委员审查及格者(此项报告,关于主科者应在半数以上)。

第十一章　初试及格者,得以其在主科范围内所作专门研究之成绩,作为论文,经审查并口试合格后,由本院给予乙种证书。

第十二章　初试及格后,又经指导委员证明在本院研究两个整学年以上者(本校助教同时作研究生者,加一个整学年),得以其在主科范围内所作专门研究之成绩,作为正副论文各一篇(正论文须用本国文字著作,其经指导委员认为必须用外国文字者,仍须附有国文提要),经审查并口试合格后,由本院给予甲种证书(已得乙种证书者,得免作副论文)。

第十三章　研究生成绩之审查及考试,其办法如下:

一、初试之项目。由院务会议视各生所专习之学科,临时定之。每项试卷,由教授或导师二人以上评定之。所试各项均及格者,作为初试及格。初试不及格者,得于一学期之后请求补试;其只有一项不及格者,得单补试该项;我(其)有二项以上不及格者,须全部补试。

二、乙种论文由指导委员审查合格后,由院务会议商请教授或导师三人以上,会同口试。口试不及格者,得于一学期之后请求补试。

三、甲种论文经指导委员之推荐，提出院务会议审查，认为合格后，由院长定期举行口试。口试时，除研究生所治主科及辅科之教授导师均须出席外，全院教员皆可出席，并得由院长邀请院外学者出席参加。口试范围不但讨论所作论文之内容，并得试验研究生关于主科辅科之心得，及学人应具之基本学识。口试不及格者，得于一学年之后请求补试。

四、凡提请审查之论文，皆须誊[誊]请三份，末页附载作者略历。其审查及口试及格之甲种论文，应缴纳最后定本三份：以二份分存本校图书馆，及本院图书分馆，以一份呈送教育部备案。此项论文印行时，均须载明"国立北京大学研究院论文"字样。

第十四章　本院为奖励研究生之学术成绩起见，设奖学金额，另定详则管理之。

第十五章　本规程得随时以本院院务会议多数之表决，由院长提出校务会议修正之。

王学珍、郭建荣：《北京大学史料》第二卷（1912—1937），北京大学出版社 2000 年版，第 1338—1340 页。

国立北京大学教授休假研究规程

民国二十三年十二月

第一条　本大学教授连续服务满五年者,得请求休假一年,如不兼事支半薪。其请求休假半年者,如不兼事支全薪。

曾经休假一次者须连续服(务)六年方得再请休假。

第二条　本大学教授如欲在休假期内作研究工作者,应先提出研究之具体计划,经系务会议通过审定提校务会议核准后方得享受下列各条之待遇。

第三条　本大学教授在休假期内赴欧美研究者,支给全薪,并给予来往川资各美金三百五十元。

但本人如在他方面领有川资者,本校不再支给川资。

第四条　本大学教授在休假期内赴日本研究者。支给全薪。

第五条　凡休假教授赴欧美或日本研究者,其在国外研究期间须在十个月以上。

第六条　本大学教授在休假期内赴国内各地研究者,除照第一条支薪外,其旅行及研究费用,由研究者提出详细预算,经校务会议核定,但其总数不得超过一千五百元。

第七条　本大学教授依本规程休假者于休假期满后有返校服务之义务。

第八条　本大学教授每年休假人数,每学系不得超过一人。

第九条　本大学各学系不得因教授休假而增聘教授及讲师。

第十条　本大学教授经特种契约聘定者不适用本规程之规定。

第十一条　本规程如有未尽事宜,得由本校务会议修正之。

第十二条　本规程自二十四年度起施行。

王学珍、郭建荣:《北京大学史料》第二卷(1912—1937),北京大学出版社 2000 年版,第 437—438 页。

国立北京大学教务通则

民国三十五年十二月九日

第一章　入学及转学

第一条　本校新生入学皆须受入学考试并经录取，其入学考试规程另定之。

第二条　本校各系二三年级遇有缺额时，得酌收转学生。转学考试另定之。

第三条　本校新生及转学生入学时，须填写志愿书，保证书，履历表并请校外现有职业而能负责者为保证人，照式填具保证书，粘贴像片，署名盖章，交本校存查。

第二章　纳　费

第四条　本校学生须于注册时交纳左（下）列各费：（一）学费（二）宿费　（三）体育费　（四）讲义费　（五）实验费　（六）医药费（七）预存赔偿损失费，以上各项费用，于每学年开始时规定之。

第三章　注　册

第五条　本校学生于每学期开学时，须于规定注册日期内来校注册。（注册手续另定之。）凡未请假而逾期注册者，每逾期一日，以无故缺课二小时论。

第六条　本校录取新生因病或其他事故不能入学肄业，预经呈准者，得保留学籍一年，否则取消学籍。转学生不得保留学籍。旧生于开学注册后逾二星期尚未注册而又未请假者，以及请假满五星期者（医学院以三星期为限），均以休学论。

第四章 选 课

第七条 学生选修课程,须遵照校历规定日期办理完竣。改选课程于每学期始业后二星期内行之,逾期不得加选或改选。

第八条 选修及加选改选课程,须得系主任之允许。除体育外,每学期所选学分以十七学分为准,不得少于十四,亦不得超过二十。法学院之法律系、农学院、工学院、医学院另有规定。

第九条 退选课程限于始业后四星期以内行之,逾期不得退选。其自行退出者,以零分计。

第十条 始业后学生请假迟到满二星期者,其所选课程不得超过十七学分;满三星期者,不得超过十四学分。

第五章 学分及成绩

第十一条 本校采用学分制,学生修业期间,除体育外,须修满一百三十二学分,其修业期限,至少须满四年,农,工,医三学院另定之。

第十二条 本校课程,除共同必修者外,由各系分别规定为必修、选修二种,学生须按照其本系所规定,依次习完。每年之必修科目,以不得提前或移后练习为原则。

第十三条 凡必修课程有不及格者,须于次年该课开班时补习之。隔年补习者,不给学分。其有充足理由,经系主任允许者除外。

第十四条 凡有必修课程次年经补修仍不及格者,应令退学。

第十五条 凡课程按学分计算者,至每学期每周上课一小时为一学分,实习或实验二小时至三小时为一学分。

第十六条 转学生入二年级者,至少必须在本校修业三年,修满九十九学分。入三年级者,至少必须在本校修二年,修满六十六学分。补习学分均除外。此项学分之分配,由本校各系主任按照各该系课程之标准,及该生等在原校已习学分之成绩,审核定之。其因补习学分过多者,并得降低其年级。

第十七条 本校学生学业成绩之计算采用百分法,以满六十分为及格,不及格不给学分,并不得补考。

第十八条 全年课程成绩以上下两学期平均计算。

第十九条　学业成绩计算方法如下：

(一)以课程之学分乘该课成绩之百分数,为学分积。

(二)学生所选各课程学分之总和,为学分总数。

(三)各课程学分积之总和,为总学分积。

(四)以学分总数除总学分积,为成绩总平均。

(五)总平均之计算,包括不及格课程在内。

第二十条　学生成绩之考核,分平时、学期、学年三种。平时成绩考查之方法,由各教师酌给临时考试,或审查听讲笔记,读书报告,及练习实习等;学期及学年考试,须于规定考试期间用笔试方法举行之。

第二十一条　学生所修课程平时成绩太劣,未参加学期或学年考试者,教师得拒绝其补考。

第二十二条　学生于考试时作弊(如夹带、抢［枪］替、抄袭、传语)一经查出,除该课程以零分计分,并记大过二次。

第二十三条　学生学期或学年成绩经教师交入注册组后,绝对不得更改。

第二十四条　凡有下列情形之一者,应予留级。

(一)学年成绩三分之一不及格者。

(二)转院转系时经转入之系将学分另行核算,设某一年内所承认之学分总数不满二十二学分者。

(三)因迟到致一年所修课程不足二十二学分者。

第六章　转院转系

第二十五条　转院转系以第二年级为限。(其院系有一二年级课程相同者,则三年级学生得申请互转)每生转院转系以一次为限。

第二十六条　转院须经转院考试,于每学年开始时举行,考试科目由各院规定之。考试及格后,其应入年级及补修科目,由转入之系主任核定之。

第二十七条　学生欲转本院他系者,须于每学年选课期前陈明理由申请,并经相关之学系主任及教务长核准后,由转入之系主任规定其应入之年级及补修之科目。

第七章　缺课及请假

第二十八条　学生如因事不能上课者,须先期亲到注册组请假,未经准假者,事后不得补假。缺课一小时以请假二小时论。

第二十九条　学生因病请假者,须得校医之证明。

第三十条　学生平时上课请假至五分之一以上者,扣其该科成绩百分之五;至四分之一以上者,扣百分之十;至三分之一以上者,不得参与学期考试。

第三十一条　学生一学期中因任何事故于某课程缺课逾三分之一者,不得参与该课程之学期考试,该课程成绩以零分计。

第三十二条　学生因不得已事故(亲丧及重病),不能参加学期或学年考试者,须先呈缴家长或保证人或医生之证明函件,经教务长核准后,方得参加补考。

第三十三条　学生无故不能参加学期或学年考试者,得请求补考,其所缺考各课程成绩以零分计。

第三十四条　补考于每学期始业前规定时间内举行之,逾期不得再补考。

第八章　休学及退学

第三十五条　学生因不得已事故必须休学或退学者,须先呈缴家长或保证人或医生之证明函件,向教务长请求休学或退学,其因病请求休学者,须缴验医生之证明书。

第三十六条　学生休学以一次为限(两学期)逾期不到校者,作退学论。但因特别理由,经教务长准许者,得延长休学期间,至少一次。

第三十七条　学生一学期成绩有二分之一不及格者,即令退学。

第三十八条　留级二次者,即令退学。

第三十九条　学生如有品行不端,或违犯规章者,给予小过、大过或开除学籍之处分。小过三次作大过一次算,积满大过二次者,休学一年,积满大过三次者,开除学籍。其开除学籍者,不发给转学证明书或修业证明书。

第四十条　自愿退学之学生,须在本校肄业已满一年始得请发转学证明书。

第九章　毕业及学位

第四十一条　凡学生曾在本校肄业期满,修满所入院系所规定之课程及学分,并缴清一切规定费用,经审查合格后,准予毕业。

第四十二条　学生于最后年级上学期始业时,应商承本系主任及教授,选定题目,并受其指导,撰写毕业论文一篇,并按照校历规定日期,呈缴审核。

第四十三条　本校最后年级三学年考试,即为毕业考试。为使学生对于所习学科融会贯通起见,并须加考其以前各年级所习之专门主要科目共三种,不及格者不得毕业。

第四十四条　本校依照教育部定章授予毕业,以各科学士学位。

第四十五条　本校学生所缴证明文件如有伪造假借涂改等情事,一经查明,应即开除学籍,(由校通知其家长或保证人)并不发给转学证明书或修业证明书;如于毕业后始发觉有上项情事者,除勒令缴销其毕业证书外,并公告取消其毕业资格。

第十章　附　　则

第四十六条　本通则经校务会议通过后公布施行。

三十五年十一月廿八日教务通则起草委员会通过。

三十五年十二月十八日第四次教务会议通过。

王学珍、郭建荣:《北京大学史料》第四卷(1946—1948),北京大学出版社 2000 年版,第 453—456 页。

国立北京大学组织大纲

民国三十六年五月

第一条　本大学根据中华民国教育宗旨及其施行方针，以（一）研究高深学术（二）养成专门人才（三）陶融健全品格为职志。

第二条　本大学现设理、文、法、医、农、工六学院。

第三条　本大学理学院现设左（下）列各学系：

一、数学系

二、物理学系

三、化学系

四、地质学系

五、动物学系

六、植物学系

第四条　本大学文学院现设左（下）列各学系：

一、哲学系

二、史学系

三、中国语文学系

四、东方语文学系

五、西方语文学系

六、教育学系

第五条　本大学法学院现设左（下）列各学系：

一、法律学系

二、政治学系

三、经济学系

第六条　本大学医学院现设左(下)列各学系：

一、医学系

二、药学系

三、牙学系

医学系现设左(下)列各科：

1.解剖学科

2.生物化学科

3.生理学科

4.药理学科

5.病理学科——法医学

6.细菌学科

7.寄生物学科

8.公共卫生学科

9.医史学科

10.内科

11.外科

12.眼科

13.妇产科

14.放射学科

15.皮肤花柳科

16.神经精神科

17.小儿科

18.耳鼻咽喉科

本大学医学院附设医院及护士学校。

第七条　本大学农学院现设左(下)列各学系：

一、农艺学系

二、园艺学系

三、畜牧学系

四、兽医学系

五、森林学系

六、昆虫学系

七、植物病理学系

八、农业化学系

九、土壤肥料学系

十、农业经济学系

第八条 本大学工学院暂设左(下)列各学系：

一、机械工程学系

二、电机工程学系

第九条 本大学设研究院，其组织另定之。

第十条 本大学置校长一人，综理校务，由国民政府任命之。校长办公室秘书若干人，由校长聘任之。

第一一条 本大学各学院，各置院长一人，综理各院院务，由校长就教授中聘任之。

第一二条 本大学各学系及医学院医学系各科各置主任一人，主持各系各科教务实施之计划，由院长商请校长就本系本科教授中聘任之。

第一三条 本大学各学系置教授、副教授、讲师、研究助教、讲员、助教若干人，由各学院院长商请校长聘任之。

第一四条 本大学设教务处，置教务长一人，综理全校教务及学生课业事宜，由校长就教授中聘任之。

教务处设注册组，置主任一人，由校长聘任之。

第一五条 本大学设秘书处，置秘书长一人，处理全校行政事宜，由校长就教授中聘任之。秘书处设左(下)列各组各室：

(一)事务组

(二)出纳组

(三)文书组

(四)工程组

(五)人事室

(六)计核室

秘书处各组各室各置主任一人,由校长聘任之。

第一六条　本大学设训导处,置训导长一人,综理学生训导事项,由校长就教授中聘任之。训导处中设体育委员会、学校卫生委员会,置委员若干人,由校长就教职员中聘任之。

训导处设生活指导组、课外活动指导组、斋务组,各组置主任一人,由校长聘任之。

第一七条　本大学设图书馆,置馆长一人,处理本校图书事务,由校长就教授中聘任之。

第一八条　本大学设行政会议,以校长、各学院院长、教务长、秘书长、训导长、图书馆馆长、本校医院院长组织之。校长为主席。

必要时主席得请本校教授或校内外专家列席。

行政会议特设置各种委员会。

行政会议之职权如左(下):

一、编造全校概算草案;

二、拟定学院学系之设立及废止案;

三、拟定大学各种规程;

四、议定全校教务事务及训导之重要事项;

五、议定校舍之建筑与分配事项;

六、审议校长提交关于教职员之聘任与待遇事项;

七、拟具其他建议于校务会议之方案。

第一九条　本大学设校务会议,以下列人员组织之:

一、各学院教授代表。(每学院教授十人选举一人,其零数足五者亦举一人,但每学院至少有一人,每年改选一次。)

二、校长。

三、各学院院长。

四、教务长。

五、秘书长。

六、训导长。

七、图书馆馆长。

八、本校医院院长。

九、各学系主任。

十、医学院护士学校主任。

校务会议校长为主席。

校务会议决议左（下）列事项：

一、大学预算；

二、学院学系之设立及废止；

三、大学各种规程；

四、校务改进事务；

五、校长交议事项。

第二十条　本大学设教务会议以教务长、训导长、各学院院长、各学系主任、医学院医学系各科主任、大一主任及医院院长组织之。

教务长为主席。

教务会议之职权如左（下）：

一、审定全校课程；

二、计划教务改进事项；

三、决议学生试验事项；

四、决议学生训导事项；

五、审定毕业生成绩；

六、决议校长交议之事项；

七、建议于校务会议之事项。

第二一条　本大学教授、副教授全体组成教授会，由校长召集，审议校长或校务会议交议事项。每学期至少开会一次。

第二二条　本大学各学院设院务会议，以院长、（医学院医学系各科主任）系主任组织之。院长为主席。计划本院教学事项，审议本院一切进行事宜。

第二三条　本大学各系设系务会议，以系主任、教授、副教授组织之。系主任为主席。计划本系教学事项。

第二四条　本组织大纲未规定之事项适用大学组织法之规定。

第二五条　本组织大纲经教授会议决后，由校长公布施行。

第二六条　本组织大纲之修订，以校长或校务会议会员五人以上之提议经校务会议决议后,由校长公布之。

王学珍、郭建荣:《北京大学史料》第四卷(1946—1948),北京大学
出版社 2000 年版,第 3—6 页。

本校教员升级办法

第六十四次行政会议议决

一、教员升级之推荐，除服务年资外，应根据学术研究之成绩。

二、关于年资之计算如下：

（一）助教改任讲员，须在服务满二年后。

（二）助教或讲员改任讲师，须在服务满六年后（助教讲员服务年限合并计算）。

（三）讲师改任副教授，须在服务满三年后。

（四）副教授改任教授，须在服务满三年后。

（五）在同等学校从事同类工作之年资，得合并计算。

三、关于学术研究成绩之标准如下：

（一）研究成绩以有学术性之论文或实验报告为限。

（二）改任讲师之研究成绩，以相当于研究所毕业论文为标准。

（三）改任副教授之研究成绩，以相当于博士论文为标准。

（四）上项研究成绩，以在原级服务期间完成者为限。

（五）学术研究成绩得由升级委员会转请有关学科之校内外专家审查之。

四、教员服务届满规定年限，而研究成绩未达前项标准者不得升级；但研究成绩特优者，亦得不受年资之限制。

五、教员升级之推荐，由系主任、院长于每年五月底以前向升级委员会提出。

《国立北京大学周刊》第六十期　1948 年 8 月 1 日

王学珍、郭建荣：《北京大学史料》第四卷（1946—1948），北京大学出版社 2000 年版，第 114 页。

★清华大学

清华大学创始于清政府利用美国退还的部分庚子赔款,由外务部与学部共同设立游美学务处所附设的肄业馆。1911 年 2 月,肄业馆改称清华学堂。

辛亥革命后,中华民国成立。1912 年,学堂改名清华学校,裁撤游美学务处。1924 年 5 月,曹云祥为校长,清华学术得到发展;1925 年设立大学部,同年春成立国学研究院,聘请梁启超、王国维、陈寅恪、赵元任等导师。清华从派遣留学逐步转为培养本国人才,始创四年制本科教育,分文、理、法三院。

南京国民政府成立后,1928 年易名为国立清华大学,罗家伦任校长,对学校组织结构加以整改。原属外交部之清华董事会因国民政府成立而消失,学校改由大学院及外交部合派之董事会治理。1929 年 4 月,国民政府行政院议决,将清华基金经整理后,改由中华教育文化基金董事会管理。清华大学撤消董事会,直属于教育部。1931 年 10 月,梅贻琦任校长。卢沟桥事变爆发后,清华大学与北京大学、南开大学南迁长沙,组建国立长沙临时大学。1938 年再迁昆明,易名国立西南联合大学。1946 年迁回清华园复校,并扩充农学、气象学、法学、航空工程等院系。

1949 年中华人民共和国成立,大陆的清华大学取消"国立"二字,改名清华大学;1955 年由原清华大学校长梅贻琦在台湾新竹建立了台湾"清华大学"。1952 年政府对高等学校进行院系调整,位于大陆的清华大学将法、文、理、农、航空和工学部分院系划归北京大学、北京农业大学、北京航空学院等校,北京大学等校部分工学专业划归清华。清华大学从一所多科目综合类大学变成有八个工程系的工程技术大学。

清华学堂章程

宣统三年正月(1911 年 2 月)

目　录

第一章　总则

第二章　学程

第三章　入学

第四章　修业、毕业

第五章　游学

第六章　管理通则

第七章　职员

第八章　附则

清华学堂章程

第一章　总　　则

第一节　清华学堂系外务部、学部奏设,以培植全材,增进国力为宗旨。

第二节　本学堂以进德修业,自强不息为教育之方针。

第三节　本学堂一切章程、规则,均本前项设立宗旨及教育方针厘定。凡本学堂职员、学生,均须体会遵守。

第二章 学 程

第一节 本学堂参合中国及美国中学以上办法,设高等中等两科。

第二节 高等科注重专门教育,以美国大学及专门学堂为标准,其学程以四学年计,中等科为高等科之预备,其学程以四学年计。

第三节 本学堂学科大别为十类:一、哲学教育类;二、本国文学类;三、世界文学类;四、美术音乐类;五、史学政治类;六、数学天文类;七、物理化学类;八、动植生理类;九、地文地质类;十、体育手工类。

第四节 每类学科功课分通修、专修二种。通修种期博赅,专修种期精深。

第五节 凡通修功课之需预备者,以教授五十次为单位;其不需预备者,以教授百次为单位。此单位取名学业成分,略曰学分。(例如算术功课每周三次,延一学年者为二学分;体操功课每周三次,延半学年者为半学分。)

第六节 两科八年通修功课以学分计,

列表如下:

学分 学科	第一	第二	第三	第四	第五	第六	第七	第八
第一类	●	●	●	●	●	●	二	二
第二类	四	四	二	二	二	二	●	●
第三类	四	四	四	四	四	四	二	●
第四类	一	一	一		●		●	●
第五类	二	二	二	二	二	二	二	二
第六类	四	二	四	四	四	二	●	●
第七类	{				四	四	●	●
第八类	二	四	二	二	●	二	●	●
第九类			二	二	●	●	二	二
第十类	一	一						

第七节 专修功课视学生志望、能力、程度三者渐次开设,其专章另详。

第三章　入　学

第一节　本学堂学生暂设额五百名。

第二节　学生入学年龄,高等科在十六以上二十以下,中等科在十二以上十五以下。

第三节　学生入学程格,视两科入学年龄及修业学程为准。

第四节　游美学务处每年招考学生一次,录取后送交本学堂分班入学。

第五节　凡经考取之新生,须于入学前各具志愿书及保证书。志愿书由本人填写,保证书由保证人填写。

第六节　凡取入本学堂之新生,均先试业一学期,甄别去留。

第四章　修业毕业

第一节　学生修业,高等科每学期以八学分有半为限(内第十类功课半学分)。中等科每学期以九学分为限(内第四第十类功课各半学分)。

第二节　学生每学期修业,详细课程均归教务长核定。

第三节　学生每学期各项功课修业成绩,由教员于学期终汇合平时、小考、大考三种成绩评定。

第四节　功课成绩每学分以百点计。

第五节　学生于某项功课成绩点数不及十分之六者,对于此项功课为不及格,不及十分之四者,为大不及格。

第六节　学生对于某项功课不及格者,得于假期内自行补习,于后学期开课前补考一次,惟须考及十分之七方为及格。此项功课成绩即以原有成绩作一份,补考点数作二份配合计算,其原有成绩则置不论。

第七节　学生对于某项功课大不及格者,或不及格而不照章补考者,或补考仍不及格者,须于一年内重行上课学习。

第八节　学生一学期中,功课不满五学分及格而其各项成绩点数平均又不及十分之六者,退学。

第九节　学生修业满十八学分者(或有与十八学分相当之程度者,下仿此)得列名第二年级。满三十六学分者,列名第三年级。满五十四学分者,列名第四年级。满七十二学分者,为中等科毕业,得列名第五年级。满八十九学分者,列名第六年级。满一百另[零]六学分者,列名第七年级,满一百二十三学分者,得列名第八年级。满一百四十学分、在堂至少一学年者,为高等科毕业。

第十节　学生毕业者,本学堂给与毕业证书。

第十一节　高等科毕业学生,更志求高深之学者,分设专科以应之。

第五章　游　学

第一节　本学堂每年择高等科毕业学生中,学行优美,在堂最后二年功课成绩平均及十分之八者(凡在堂不满二年之毕业学生则论其入学后功课成绩),按照经费数目,酌定名额,咨请游美学务处送往美国游学。

第二节　本学堂开设之初,尚无前项合格学生,暂行变通办法,择肄业高等科较高年级之学生,学行优美,功课成绩平均及十分之八者,按照经费数目,酌定名额,咨送游学。

第六章　管理通则

第一节　学生公举班长、斋长,砥砺自治,履行堂章。

第二节　学生在堂、晨兴、夜寝、上课、自修、会食、盥浴,均须按照堂中规定时刻及位置。

第三节　例假日期概遵学部定章。

第四节　学生请假须得管理部之许可。

第五节　禁止一切破坏秩序、妨害公益及其他不道德不名誉之行动。

第六节　学生不遵学堂章程规则者,分别情节轻重,或戒饬,或停学,或记过、开除。

第七章　职　员

第一节　本学堂监督,以游美学务处会办兼任总理全堂一切事宜。

第二节　本学堂设教务长一员,教员、管理员若干员,庶务长一员,文案员一员,庶务员若干员,会计员一员,医员一员。

第三节　教务长主任教授管理事宜。凡延订教员、管理员,厘定功课,考核成绩,皆商承监督办理。

第四节　教员分别学科,担任各本科教授事宜。其兼任管理者,尤有管理之专责,均商承教务长办理。

第五节　庶务长主任庶务、会计事宜,以及凡教务、斋务以外之事,皆商承监督办理。

第六节　文案员经理一切文牍起草之事。

第七节　庶务员分管收发文件,编掌案档,经理房舍、器具、各种设备,以及本堂各项杂务,均商承庶务长办理。

第八节　会计员商承庶务长,经理本堂银线出入及预算决算一切事宜。

第九节　医员专司诊病、制药,兼筹堂中卫生之设备。

第十节　上开各项职员,均按照所掌事宜,酌设书记、司事,佐理一切。

第八章　附　则

第一节　本学堂一切详细规则另行订定。

第二节　本学堂章程有应变更之处,得由职员全体议决修正,咨送游美学务处备案。

清华大学校史研究室:《清华大学史料选编》一,北京:清华大学出版社 1991 年版,第 145—150 页。

游美学务处改行清华学堂章程缘由
致外务部申呈

宣统三年七月十四日（1911 年 9 月 6 日）

　　游美学务处谨呈，为申呈事。

　　据清华学堂函称：本学堂开办已历数月，征诸实验，觉向定章程与现在情形尚有未尽适宜之处，不能不酌量变通，以期完善。爰将原章量加修正，请转呈部备案，等情。并抄具清折前来。查清华学堂章程，前经本处申请奏明立案。奉朱批：依议，钦此。钦遵在案。按原章内开，本学堂章程有应变更之处，得随时修正，呈请外务部、学部备案，等语。

　　今该学堂开办数月，据称：体察情形，宜将原订章程酌加修改，自系实在情形。检阅所改各条内，如中等科毕业年限原定四年，今改五年，高等科毕业年限原定四年，今改三年，正与部定中学堂暨高等学堂毕业年限相符。又如该学堂每年择高等科学行最优美之学生，按照经费数目酌定名额，咨请本处送往美国游学，以及每年择中等科毕业学行最优美之学生，升入高等科，其余中等科毕业生须与堂外新招之学生同受升学考试录取者，乃得升入各节，自系为慎重学务拔取真才起见，事属可行。惟查将来毕业高等科不能遣派游学各生，以及毕业中等科不能升入高等各生，若不量予升进之路，于国家宏广作育之道亦有未当，此项毕业生，拟除由该学堂照章分别给予毕业文凭外，应请大部咨行学部，通行各大学堂及各高等学堂遇有升学考试，分别准其一体与考，升入相当班次。所有此次改订清华学堂章程缘由，除申报学部外，理合开具清折，备文申请大部鉴核备案施行。须至申呈者。右申呈外务部。

　　附清折一扣。

附:清华学堂章程

第一章　总　则

第一条　清华学堂系外务部、学部奏设,以培植全才,增进国力为宗旨。

第二条　本学堂以进德修业,自强不息为教育之方针。

第三条　本学堂一切章程规则均本前项设立宗旨及教育方针厘定,凡本学堂职员学生均须体会遵守。

第二章　学　程

第四条　本学堂参合中国及美国中学以上办法,设高等、中等两科。高等科三年毕业,中等科五年毕业。

第五条　高等、中等两科教授科目分列如左(下):

高等科科目　修身　国文　英文　世界历史　美国史　高等代数　几何　三角　解析几何　物理　化学　动物学　植物学　矿物学　生理学　法文或德文　拉丁文　手工　图画　体操

中等科科目　修身　国文　英文　算术代数　几何　三角　中国历史　中国地理　外国历史　外国地理　博物　物理　化学　地文地质　手工　图画　乐歌　体操

第三章　入　学

第六条　每年由游美学务处考取学生送本学堂分班入学。

第七条　学生入学年龄,高等科在十六以上二十以下,中等科在十二以上十五以下。

第八条　凡经考取之学生,须于入学前填写志愿书并由保证人填写保证书。

第九条　学生入学均不收学膳费,惟书籍操衣等费仍由学生自备。

第十条　学生入学均先试学数月,甄别去留。以后如再有学行太劣,体质太弱,请假过久等事者,每遇学期考试时仍照甄别办理。

第四章　修业毕业

第十一条　学生每学期各项功课修业成绩,由教员于学期终汇合平时、小考、大考三种成绩评定。

第十二条　中等科学生每学期成绩总平均分数不及十分之六,或某科分数不及十分之四者,均应降班,两次降班者出堂。

第十三条　高等科学生每学期某科分数不及十分之五者为不及格,应于假期内自行补习,俟下学期开学时复考一次,若仍不及格,即行降班。至有两科以上不及格者,应即降班,不得复考。两次降班者出堂。

第十四条　高等、中等两科学生毕业者,本学堂分别给与毕业文凭。

第五章　游　学

第十五条　本学堂每年择高等科学行最优美之学生,按照经费数目酌定名额,咨请游美学务处送往美国游学。

第六章　升　学

第十六条　每年择中等科毕业学行最优美之学生升入本学堂高等科,其余中等科毕业生须与堂外新招之学生同受升学考试,录取者乃得升入。

第七章　管理通则

第十七条　学生须公举班长、室长,砥砺自治,实力遵行本学堂章程规则。

第十八条　班长、室长名数由监督临时酌定,所举之人须经监督许可。

第十九条　学生在堂、晨兴、夜寝、上课、自修、会食、盥浴均须按照堂中规定时刻及位置。

第二十条　例假日期一遵学部定章,在暑假期内学生概不留堂,年假留堂与否,临时酌定。

第二十一条　本学堂附设医院一所,以重卫生,学生有病在堂内医治者概不收医药费,若出外就诊,一切费用仍由学生自备。

第二十二条　学生请假须得斋务处之许可。

第二十三条　禁止一切破坏秩序妨害公益及其他不道德不名誉之举动。

第二十四条　学生不遵学堂章程规则者,分别情节轻重,或戒饬,或禁假,或记过,或竟令出堂。

第八章　职　员

第二十五条　本学堂监督以游美学务处会办兼任总理全堂一切事宜。

第二十六条　本学堂设教务长一员,教员若干员,庶务长一员,文案员一员,英文案员一员,斋务长一员,监学员若干员,医员一员。

第二十七条　教务长主任教授事宜,凡延订教员,厘定功课,考核成绩,皆商承监督办理。

第二十八条　教员分别学科担任各本科教授事宜,商承教务长办理,兼有管理学生之责。

第二十九条　庶务长主任庶务会计事宜,以及凡教务、斋务以外之事,皆商承监督办理。

第三十条　文案员经理一切文牍起草、收发编掌之事。

第三十一条　斋务长主任管理事宜,凡延订监学员整饬考核一切管理之事,皆商承监督办理。

第三十二条　监学员分科查验学生品行,担任管理事宜,商承斋务长办理。

第三十三条　医员专司诊病制药,并商承庶务长、斋务长筹备堂中卫生事宜。

第三十四条　本堂教务、庶务、斋务各有主任,惟遇关系全体之事,仍由三长会同商订分别办理,以期融贯而免纷异。

第三十五条　除上开各职员外,于教务内设教务员、图书馆经理员、彝[仪]器馆经理员;庶务内设庶务员;斋务内设医院经理员、大门稽查员,佐理一切,并按照所掌酌设书记司事。

第三十六条　本学堂一切详细规则另行订定。

第三十七条　本学堂章程有应变更之处,得随时修正,咨送游美学务处呈请外务部、学部备案。

　　清华大学校史研究室:《清华大学史料选编》一,清华大学出版社1991 年版,第 150—155 页。

清华学校选派学生赴美游学章程

第一条　资格

清华学校选派游美之学生,以本校三育俱优之毕业生,及由本校临时考取之专科生与女学生为合格。

第二条　志愿书,保证书

学生起程以前,须填具志愿书,附粘四寸照片一纸与印花税五角,并觅妥人取具保证书存案(该书本校印有定式)。

第三条　游学年期

(一)在本校毕业之学生,定游学五年;其临时考取之学生,由本校按其学程随时酌定。

(二)学生如有于所定年期内毕业而有特殊成绩,或学生专习医科、法科,不及于所定年期内毕业,各欲展长年期者,应于六个月以前,将最近成绩寄至监督处,并请该校教务长或教员,迳[径]函监督处证明以凭核办。

(三)各学生已满游学年期,欲往各场厂实地练习者,应照上开手续,请于展长学期,每次以一年为度,至多不得逾三次(参观第十一条)。

第四条　学校与学科

(一)学生所入学校及所习学科,由清华校长与各学生接洽选定后,学生不得擅自更改,违者停止月费及各项用费。

(二)学生入校后,如实有不得已情形必须改科者,应有该科二人以上之教员具函声明理由,于阳历二月底以前,由该生一并函请监督处转商本校核办。

（三）学生入校后，如实有不得已情形必须改校者，应于阳历二月底以前，函请监督处转商本校核办。

（四）如未满游学年期已经毕业，而欲继习本科，或更习他科，或更入他校者，应于阳历二月底以前，函请监督处转商本校核办。

第五条　整装、川资、各项费用

（一）学生整装费定为国币二百五十元。

（二）除由京赴沪与旅沪等费，由学生自理外，所有自沪赴美之舟车川资以及护照验身费入境税等款，均由本校支付。

（三）学生到美入校后，每月月费定为美金六十元，按月由监督处发给，不得预支（发给手续另由监督处布告）。

（四）学生所需学费（Tuition fee）、科学试验费（Laboratory fee）、体育费（Gymnasium fee）、毕业证书费（Diploma fee）与医院费等，均由监督处迳［径］与各校各医院接洽支付，惟医院内膳宿费由学生于月费中自理之，至博士论文与实地调查各费（参观第十、第十一条）由监督处临时酌办。

（五）学生如有自行发明之新物，欲呈请美政府注册专利者，其所需之陈请注册费（Application fee）、律师费（Lawyer's fee）、准予专利费（Patent right fee）三项由监督处核准后直接发给，余费由学生自理。附注二如下：

（甲）学生陈请注册时，须注明发明人为清华学校资助派遣之学生。

（乙）该物注册后，他日或由该生自行推广出品，或将专利权专售他人，所得利益均应酌提若干，归入清华学校补助公款。

（六）如学生未满游学年期，已在各场厂实习，不领薪资或领薪二十元或在二十元以内者，其月费仍定为六十元。

（七）如学生已满游学年期，始往各场厂实习，不领薪资或领薪二十元，或在二十元以内者，其月费应定为四十元。

（八）学生如在各场厂实习，曾领月薪在二十元以上者，监督处应按其所领之数于其应得月费内酌量扣减，以期节省公款。

（甲）领薪二十一元至三十元者，减月费二成，得月费四十八元。

（乙）领薪三十一元至四十元者，减月费三成，得月费四十二元。

(丙)领薪四十一元至五十元者,减月费四成,得月费三十六元。

(丁)领薪五十一元至六十元者,减月费五成,得月费三十元。

(戊)领薪六十一元至七十元者,减月费六成,得月费二十四元。

(己)领薪七十一元至八十元者,减月费七成,得月费十八元。

(庚)领薪八十一元至一百元者,减月费八成,得月费十二元。

(辛)领薪一百元以上者,免给月费及各项用费。

(九)学生回国川资定于美金三百元。

第六条　请假与辍学

(一)学生如因有亲丧等不得已事须暂时请假辍学者,应预行函商监督处酌办。

(二)假内无论回国或往他处,所有川资悉归该生自理。

(三)请假辍学期内,该生月费及一切用费应即停止,日后亦不得补给。

(四)假期至多不得过六个月。六个月以后,监督处即将该生除名,不再发给月费及他项用费。

(五)凡未经监督处核准,私自离校辍学或就他项事业者,一经监督处查出,即将该生除名。

(六)凡未经监督处核准,私自离美并托人带领月费者,一经监督处查出,应责令该人照数偿还并将该生除名。

(七)无论私自回国或请假回国而不再回美者,不得向本校或监督处追领回国川资。

(八)无论私自回国或毕业回国,或请假回国而假期已满者,日后均不得继续其前受之一切权利。

第七条　停止学费

(一)学生如有下列情形之一者,监督处应即停止其月费用费之一部或全部。

(甲)身体多病至四个月尚未痊愈,或医生认为调养需时者。

(乙)擅自改校或改科者。

(丙)私自离美或托人冒领月费者。

(丁)请假逾期者。

（戊）学业旷废或成绩太劣者。

（己）藉故趋避学校规定之学科,如体操兵操等者。

（庚）品行不端者。

（辛）藉工作得资非为实地练习者。

（壬）在领取学费时期结婚或订婚约者。

（二）停止月费用费之全部后,该生应即向监督处领取川资回国。

第八条　奖励

学生自入校至毕业:（甲）如有三育成绩均著优异,历次得有特殊之名誉奖,并能勇于服务为公众所推重者;（乙）如有新奇完善之发明品,确能演进文化有功科学,已由美政府准予注册者,应由监督处详细报告本校,陈请外交部准予褒奖。

第九条　学生应报各节

（一）学生应将在美住址及家属父兄名号住址,详报监督处备查,如有更改,随时通告。

（二）在校内各种学绩,应请该校于每学期之终,直接报告监督处。

（三）如得有何项学位或名誉奖,应即函报监督处。

（四）如有新颖之著述或特殊之见闻与学术深有关系者,应录寄本校备阅。

（五）毕业时期应由该生于三个月以前,函报监督处。

（六）毕业或因事辍学者,应向监督处领取报告单或填明存查。

第十条　博士论文

（一）学生领取博士学位时,所著长篇论文之印刷费（Printing fee）,可照该校定章应缴之册数所折合之洋数,请由监督处照付。付款时须有该校收到论文册数之单据,与该册数之用款单据为凭,至多不得过美金一百元。

（二）该毕业论文,无论付印与否,应另备一份送监督处转寄本校存查。其缮印该份之费得凭单据请监督处发还。

（三）凡未经毕业或但领学士硕士学位之毕业生所著长篇论文,概不得向监督处陈请印刷费;如监督处认为极有价值之作或可酌量补助。

第十一条　调查或实习

(参观第三条(三)与第五条(六)(七)各款)

(一)无论已否毕业之学生,须往他处调查或实习某事以资历练者,应由该校教员函据,认为该生所习学科之必需,并于三个月前预行函报监督处酌办。

(二)学生往他处实地调查,其火车费可由监督处核实支发,至多不得过美金一百元,其旅居饮食等费,应由学生于月费中自理。

(三)该生调查后,应备详细报告一份寄交监督处;苟无此项报告者,监督处应于下次发给该生月费或回国川资时,将前发之火车费照数扣抵。

第十二条　毕业回国

(一)学生毕业或期满后,如未经准予展限年期或往他处调查者,应即向监督处领取川资回国。

(二)前项学生如以候船或他故,不克于辍学之月起程,其下月份月费应按日计算至离美之日为止。如实有要事,下月尚难起程者,应向监督处据实陈明,方可领取全月月费,惟毕业后之第二月必须起程,是月不得领取全月月费。

(三)学生如欲预定回国船票者,可请由监督处直接向船公司酌付定洋,日后该生临行时,该洋即于回国川资内扣抵。

(四)监督处发给学生回国川资后,随即函报清华学校转报该生家属。

(五)毕业或因事辍学之回国学生领到回国川资后,如仍逗留在美,监督处及清华学校均不负责。

(六)学生回国后,随时应将住址职业函报本校,俾便通讯。

第十三条　不测之遇

学生有在美病故者,应由监督处就近派员妥为殓葬,概不运柩回国,惟其家属愿自费运回者听便。

第十四条　附则

(一)学生留美时,应按期寄致家书,以免该家属时向本校函询。

(二)学生到美后,应各向彼国上等人家分别僦寓,切勿集合邦人赁屋群居。

（三）学生起程时应听护送员之约束，在美游学时，应遵监督处与本校随时所发之训饬，违者照第七条酌量办理。

（四）本章程于民国六年八月呈请外交部核准立案，如有未尽事宜，得随时呈请修改。

（五）本章程自公布日起施行，此后对于旧章一概作废。

《清华一览》　1919 年

清华大学校史研究室：《清华大学史料选编》一，清华大学出版社 1991 年版，第 218—224 页。

清华学校教职员会议章程

第一条　名称　清华学校依据民国九年二月五日外交部部令第三条及董事会公函第二号之规定应设立教职员会议,即定名为清华学校教职员会议。

第二条　宗旨　本会议以依据民国九年二月五日部令所定范围,襄助校长以谋本校利益之增进为宗旨。

第三条　会员　本会议会员分二种:(甲)中文部西文部全体教员属之;

(乙)校长、副校长、中文部教务主任、西文部教务主任、学监、图书馆主任及校医属之。

第四条　职员　(甲)主席:本会议以校长为会长。校长缺席时由副校长代理之。正副校长俱缺席时,本会议得选举临时主席。

(乙)其他职员:本会议设中文书记一人,英文书记一人,通译员二人,由大会选举,任期均以一学年为限,不得连任。

第五条　职务　(甲)本会议有讨论及议决左(下)列各项之权:(一)关于编排课程事项;(二)关于购置仪器课本事项。

(乙)本会议对于左(下)列各项得向校长发表意见:(一)关于支配本校教务上预算事项;(二)关于教科之组织及扩张事项;(三)关于学生入学修业及毕业后处置事项;(四)关于本校改良事项。

第六条　办法　本会议应将每次会议纪录送交校长存案。

第七条　否决　本会议议决事件,校长有否决权,但如否决时得说明理由交由大会复议,如既经复议仍得全体会员过半数之通过,应交校长承受或由校长移交董事会核夺。

第八条　委员会　本会议遇重要问题发生时,得公选特别委员审查之。

第九条　开会　(甲)本会议每月开常会一次,如遇特别事件发生,得由校长或经会员十人以上之联署召集特别会。如讨论事件,会长认为只与中文教员或西文教员有关者,会长得分别召集讨论。

(乙)本会议开会时,会员应全体出席。其因故不能列席者,须先通知书记陈明理由。若一年内无故不到会二次者,本年即不列入法定人数。

第十条　法定人数及多数　本会议以会员三分二之人数为法定额数。议案之通过以出席者之过半数表决为有效。如遇赞成及反对同数时,主席有决定之投票权。

第十一条　修改及增加　本会议章程如有应行修增之处,经会员五人以上之提议并至少越一星期后,经大会三分二之通过,经全体会员三分二之复通过,得增修之。增修之件应由董事会核准,呈请外交部部长批准后发生效力。

第十二条　附则　本会议附则经出席会员过半数之同意,得随时修改或停止之。

第十三条　施行日期　本会议章程由董事会核准,呈请外交部批准后发生放力。

附　则

一、凡教有分数之学科一门以上者,皆得称为教员。本章程第三条之规定准此。

二、本校常设委员会之委员其非本会议会员者,本会议开会时,得请其列席报告或备咨询。

三、本会议选举第四条所规定之职员及表决关于第七、第十一条重要问题时,须以无记名投票法行之。

《清华学校董事管理校务严鹤龄报告书》　1920 年 4 月

清华大学校史研究室:《清华大学史料选编》一,清华大学出版社1991 年版,第 196—198 页。

清华大学总纲

　　教职员会议　十一月一日下午四时半,教职员会议开第三次常会。由曹庆五校长主席。张仲述教务长宣读课程委员会报告。其报告分为三项:(一)总纲;(二)将来之课程;(三)过渡之课程。此次报告仅限于总纲一项。此项计分为五条如下:

　　甲、清华希望成一造就中国领袖人才之试验学校。

　　乙、清华教育分两级:大学各科及高级中等教育。

　　丙、清华大学毕业期限自三年至六年,高级中学毕业期限三年。

　　丁、清华大学教育应特别奖励创造学力、个人研究及应付中国实际状况及需要之能力。

　　戊、清华高级中等教育之目的,在使将来之领袖人才受广阔的基本训练;其方法在利用教室内外实际生活之动作,使经验近世文化之要领。

　　张委员长将以上五条详细解释。经诸教职员讨论后,主席即付表决。结果此项总纲原理全体通过,辞句间如有欠妥处,请课程委员会随时修改。

　　　　　　　　　　　《清华周刊》第 293 期　　1923 年 11 月 9 日

清华大学校史研究室:《清华大学史料选编》一,清华大学出版社1991 年版,第 292 页。

大学部组织及课程

清华学校自上年决计改革教育方针，其改革要目厥有三端，即：（一）将旧有之高等科中等科一律逐渐停办；（二）在本校开办大学，分普通训练、专门训练两级，及研究院，纯以在国内造就今日需用之人材为目的，不为出洋游学之预备；（三）俟旧制学生毕业后，留美学额之给与以公开考试定之。全国各大学之毕业生均得投考。凡此改革计划今已逐渐实行。中等科及高等科自去岁即停止收录新生，以后不再续招。大学普通训练及研究院均于今年秋间开办，专门训练则民国十六年可以开始。留美公开考试则民国十八年当可举行，此其大要也。

一国之大学，当有其对于一国之任务；一代之大学，当有其处于一代之特点。方今国内大学，当务之急厥惟今学子了解中国之现状与其在世界上之位置，然后令其就各人之所长求得切于实用之学术。清华今后之期望，即在本此目标从事试验，举凡学科内容修学方法学风养成各问题无一不待研究，开办伊始鲜所遵循，各种计划胥属暂定，其有不宜自当以时为之修正。

清华大学拟分为两级：一，普通训练；二，专门训练。普通训练为期两年或三年；专门训练之期限视其门类之性质而定，亦约两年或两年以上。前者重综合的观察；后者重专精的预备。至训练方法完全重教师与学生个人之接触及学术与社会实际之关系，同时又不使囿于专门家狭隘之见解，而令其对于全社会之活动均有相当之理会，且能为积极之参加。此则虽分级而期能兼顾者也。

此种理想欲求实现，自非群策群力不为功。所望热心于清华之发展及教育之改善者，皆为直接间接之努力以观其成也。

一、入学

大学普通科于民国十四年起招收新生,投考者应有新制高级中学或旧制中学毕业之程度。招考章程另行公布。

二、修业年限,两年(或三年)

十四年新生于九月间入学后应一同上课三四星期后,即暂分为两组,一组习普通科第一年级之功课,一组习特别补习功课。

无论何生在校之第一年均为试读期,该生能否在本校继续修学当于此期内判定之。

三、普通训练之性质

普通训练第一年级之工作重在使学生知中国之已往与世界之现状,藉以明了中国在此过渡时代之意义,此年内当鼓励学生使为择业之考虑。

普通训练第二年级之工作重在使学生明了其所拟就之职业与此过渡时代之关系。在此年内对于将来职业或专门训练有关系之学科可以选习之。

修毕普通科之学生或入本校所设之各项专门训练、或转学他校、或外出就事,一听其便,本校与以相当之成绩证书。

四、课程(暂定)

第一年级	（单位数）
(1)修学目的及方法	一
(2)国文	二
(3)英文	二
(4){近代科学思想发达史(半年) / 机械技艺实习(半年)}	二
(5)实验科学　生物或化学或物理	三
(6)历史(中国及外国)	四
(7)选习	三

a.第二外国语　或

b.数学　或

c.读书(就必修科之一从事博览由教师指导之)

| (8)体育 | 一 |

共计十八单位

第二年级

(1)国文　　　　　　　　　　　　　　　　　　一

(2)英文　　　　　　　　　　　　　　　　　　二

(3)现代中国问题　　　　　　　　　　　　　　二

(4)文学(中国或西洋)或

　　哲学(中国或西洋)或　　　　　　　　　　三

　　社会科学一门(经济学或政治学或社会学)

(5)选习　　　　　　　　　　　　　　　　　　九

(6)体育　　　　　　　　　　　　　　　　　　一

共计十八单位

附注(一)大学部学生于开学一学期后加习兵操。

附注(二)第二年级之选科随后另行公布。

附注(三)"单位"系指学生每星期工作时间之一部,其数量约为三小时,包含上课及自修。

每单位中究有几小时上课室,几小时作实验或讨论并不限定,教师可斟酌其科目之性质,以定与学生聚会之次数,及每次聚会时间之长短。

时间表中当预为布置,俾教师与学生可为继续两小时之讨论不受间断。

五、成绩计算法及修业文凭

学生各科之成绩以三等定之

a. 优,b. 中(及格),c. 劣(不及格)

学生于两年或三年后,修毕普通训练之工作当与以最后考试。考试及格者与以修业文凭。

最后考试之用意在实验学生是否有本期训练全部之精神,抑仅得各科目片段之知识,故各科目虽均及格,亦必须此项考试及格方给修业文凭。

六、免费额及奖学金

本校每年设免费额若干,免给学费。其分配及给与方法另定之。

本校设奖学金若干额以补助成绩优良、经济不裕之学生。其详章另定之。

大学专门科

一、入学

本校专门科于民国十六年起逐渐开办,须修毕本校普通科或在他校有两年以上之大学训练,经过入学考试者方能收录。

二、性质及期限

专门训练,即对于学生选就之终身职业或学术为专精的预备,如专习工程者之训练必令其在某种工程上得有切实之把握,专攻哲学者之训练必令其在某种哲学上得到精深之研究。专门训练之方法当采书院制或学徒式之精神为之,不令蹈自由选科制泛滥无归之故辙。对于学生离校后将就之事业,特别随时注意。

本校专门科大致分下列三类:

(甲)文理类

(乙)应用社会科学类　如商业、新闻业、教育及法政等。

(丙)应用自然科学类　如农业、工程等。

文理类当于十六年先开办数系,其他门类俟调查国内情形再行决定,此项调查当于十四年秋间着手。

文理类之修业期限大致为两年,其他门类届时另行公布。

三、学位及文凭

学生经过各门之训练确有成绩者,给与学位与毕业文凭。

四、免费额及奖学金

与普通科同。

重要声明:(一)学生在本大学部肄业完全与留美学额无关,但将来清华举行留学考试时,本校专门科毕业生均得报名应试,凡投考本大学之学生务须明了此项办法以免误会。(二)本校大学部暂不收录女生。

《清华一览》 1925[年]

清华大学校史研究室:《清华大学史料选编》一,清华大学出版社1991年版,第293—297页。

北京清华学校大学部暂行章程

　　注(一)清华学校暂分两部:(甲)留美预备部(旧有),(乙)大学部(新设)。

　　(二)留美预备部组织及一切章程均按清华学校原有章程办理。

第一章　学　制

　　第一条　本校大学部设普通科、专门科、研究院(以下研究院均简称科)。

　　第二条　普通科为大学之前二年或三年,以使学生知中国之已往与世界之现状,藉以明了中国在此过渡时代之意义,并鼓励学生使为择业之考虑为宗旨。课程标准另章规定。

　　第三条　专门科系大学之后二年(或数年),为已选就终身职业或学科之学生作专精之预备而设。由民国十六年起逐渐开办,详细办法另章规定。

　　第四条　研究院系为研究高深学术而设。先设国学一科,以后按照需要及经费情形添设他科。研究院章程另行规定。

第二章　校长及校长处

　　第五条　校长总辖全校事务。

　　第六条　校长处分机要、中文文案、英文文案三部。每部设主任一人,副主任、事务员、助理员及书记若干人。其办事细则另行规定。

第三章　校务会议

　　第七条　校务会议以下列人员组织之:

校长(主席)、普通科主任、专门科主任或筹备主任、研究院主任、大学部任课之教授互选四人、由校长选派之教授或职员二人。(附注:在民国十五年至十六年终了时,如校务会议认为必要时得更改会员名额。)

第八条 任期

由大学部互选之教授四人,其任期如下:

第一年选出之四人中二人任期一年,其余二人任期二年(任期以抽签法定之),第一年后每年选出二人,其任期均为二年。

由校长选派之会员任期一年。

第九条 校务会议之职权系拟定下列各事,拟定后由校长呈外交部核准施行。

(甲)教育方针。

(乙)每年之预算并经费之支配。

(丙)建筑及设备之计划。

(丁)教授以上教席上设置及各教席之人选。

附注:(一)每一教席之人选应专设一委员会决定之,该临时委员会以校长该科主任及由校务会议推举之教授三人组织之。(二)该临时委员会除讨论校务会议所提出之人外,并得讨论其他合格候补人。(三)该委员会对于人选有最后决定之权。

(戊)出版事件。

(己)大学推广等事。

(庚)民国十七年以后大学之组织。

第四章　教务会议

第十条 大学部普通科、专门科、研究院各设教务会议。

第十一条 各教务会议以下列之会员组织之。

(甲)本科主任(主席)及副主任。

(乙)本科教授。

(丙)注册部主任、课外作业部主任、图书馆主任、学监及校医,如讨论及该管事项时,得列席并有发言及表决权。

(丁)校长、他科主任可随时列席,但均不参与表决。

（戊）本科教员可列席但无表决权。

第十二条 会员均为永久会员。

第十三条 教务会议之职权系审定下列各事，审定后呈校长核准施行。

（甲）课程。

（乙）招收。

（丙）升学毕业及证书之授与。

（丁）奖金及免费额之规定。

（戊）图书仪器之购置。

（己）学生训育问题。

（庚）学生课外作业。

（辛）其他关于本科教育事件。

第五章　事务会议

第十四条 事务会议以下列之会员组织之：

（甲）校长（主席）。

（乙）各部主任。

（丙）各科主任如讨论及该管事项时得列席，并有发言及表决权。

（丁）各部副主任可列席，无表决权；但各该部主任缺席时，副主任得有表决权。

第十五条 会员均为永久会员。

第十六条 事务会议之职权系审议下列事项：

（甲）行政上应改良事项。

（乙）各部之互助及协作。

（丙）事务员、助理员及书记之住免。

第六章　行政组织

第十七条 本校大学部普通科、专门科、研究院各设主任一人，副主任、事务员、助理员、书记若干人分掌各科事务。

第十八条 本校注册部、庶务部、会计部、图书馆、医院、同学干事部、课外作业部、学监部各设主任一人，副主任、事务员、助理员、书记若干人分掌各部事务,其细则另章定之。(校长办事分部已见第二章第六条。)

第十九条 各科及各部职员由校长照章任用之。

第七章 附 则

第廿条 本章程经教授五人以上之提议,校务会议四分之三之同意,得由校长陈请外交部增删修改。

第廿一条 本章程有效期间定为三年。

第廿二条 本章程自公布之日实行。

注:本章程已于民国十四年四月二十三日由外交部批准试办。

《清华周刊》第 358 期　1925 年 4 月

清华大学校史研究室:《清华大学史料选编》一,清华大学出版社1991 年版,第 302—305 页。

研究院章程

缘　起

学问者一无穷之事业也。其在人类，则与人类相终始；在国民，则与一国相终始；在个人，则与其一身相终始。今之施高等教育专门教育者，不过与以必要之预备，示以未来之途径，使之他日得以深造而已。故东西各国大学，于本科之上更设大学院，以为毕业生研究之地。近岁北京大学亦设研究所。本校成立十有余年，今年即新设大学部，复以地处京师西郊，有交通之便，而无嚣尘之烦，故拟同时设立研究院。良以中国经籍，自汉迄今，注释略具，然因材料之未备与方法之未密，不能不有待于后人之补正。又近世所出古代史料，至为夥颐，亦尚待会通细密之研究。其他人事方面，如历代生活之情状，言语之变迁，风俗之沿革，道德、政治、宗教、学艺之盛衰，自然方面，如川河之迁徙，动植物名实之繁颐，前人虽有纪录，无不需专门分类之研究。至于欧洲学术，新自西来，凡哲理文史诸学，非有精深比较之考究，不足以挹其菁华而定其取舍。要之，学者必致其曲，复观其通，然后足当指导社会昌明文化之任。然此种事业，终非个人及寻常学校之力所能成就，此研究院之设所以不可缓也。本校有鉴于此，因念大学院之成立尚需四五年，乃设立研究院，先开办国学一门，延名师，拓精舍，招海内成学之士，凡国内外大学毕业者，与现任教育事业，或闭户自修，而有相当之学力者，入院肄业，分门研究，冀于世界文化有所贡献。事难责重，所不敢辞，亦本校尽力国家、服务社会之微意也。

章　程

一、宗旨　本院以研究高深学术,造成专门人才为宗旨。

二、组织　本院为清华学校之一部,经费及设备,均暂不另划分。清华学校校长总揽本院一切事务。

三、科目　本院拟按照经费及需要情形,逐渐添设各种科目。开办之第一年(民国十四年至十五年)先设国学一科,其内容约为中国语言、历史、文学、哲学等,其目的专在养成下列两项人才:

(一)以著述为毕生事业者。

(二)各种学校之国学教师。

四、教授及讲师

(一)本院聘宏博精深、学有专长之学者数人,为专任教授。常川住院,任教授及指导之事。

(二)对于某种学科素有研究之学者得由本院随时聘为特别讲师。

五、学员

(一)本院于每年七月,考收合格学生若干名,住院研究,其招考规程另定之。

(二)学员之资格如下:

(甲)国内外大学毕业生,或具有相当之程度者。

(乙)各校教员或学术机关服务人员,具有学识及经验者。

(丙)各地自修之士,经史小学等具有根柢者。

附注:清华学校旧制"大一"级毕业生,得学校推荐及专任教授许可者,得为本院特别学员。

(三)投考手续约分二步:第一步报名,听凭审查资格,合格者由本院发给准考证一纸。第二步持此证应考。考题分三部:第一部,经史小学,注重普通学识,用问答题;第二部,作论文一篇;第三部专门科学,分经学、中国史、小学、中国文学、中国哲学、外国语(英文,或德文,或法文)、自然科学(物理学,或化学,或生物学)、普通语言学八门。考生于其中任择三门,作出答案,即为完卷。

(四)学员经取录,须按期到院,常川住宿,屏绝外务,潜心研究,笃志学问,尊礼教授,并不得有逾越行检,妨害本院之行为。

（五）学员研究期限，以一年为率，但遇有研究题目较难，范围较广，而成绩较优者，经教授许可，得续行研究一年或二年。

（六）学员免交学费及宿费，但每学期入学时，应交膳费约三十五元，预存赔偿费五元。此外零用各项，均归自备。

（七）本院设奖学金，每名每年国币一百元，其名额及给与详章另定之。力学之士，研究成绩优越，而能以撰述文字证明者，得此可略补助生活所需。

（八）学员研究期满，其成绩经教授考核，认为合格者，由本院给予证书，其上载明该学员研究期限及题目，并由清华学校校长及教授签字。

六、研究方法

（一）本院略仿旧日书院及英国大学制度：研究之法，注重个人自修，教授专任指导，其分组不以学科，而以教授个人为主，期使学员与教授关系异常密切，而学员在此短时期中，于国学根柢及治学方法，均能确有所获。

（二）本院开学之日，各教授应将其所担任指导之学科范围公布；各学员应与各教授自由谈话，就一己志向兴趣学力之所近，择定研究之题目，限于开学后两星期内，呈报讲师，由其核定备案。核定后，应即随时受教授指导，就此题切实研究，大体不得更改，以免旷时杂骛［骛］之弊。

（三）教授所担任指导之学科范围，由各教授自定。俾可出其平生治学之心得，就所最专精之科目，自由划分，不嫌重复；同一科目，尽可有教授数位并任指导，各为主张。学员须自由择定教授一位，专从请业，其因题目性质，须同时兼受数位教授指导者亦可为之；但即择定之后，不得更换，以免纷乱。

（四）教授于专从本人请业之学员，应订定时间，常与接谈，考询成绩，指示方法及应读书籍。其学员数人所研究之题目全部或一部相同者，教授可将该学员等同时接见，或在教室举行演讲，均由自定。

（五）除分组指导、专题研究以外，各教授均须为普通演讲，每星期至少一小时。所讲或为国学根柢之经史小学，或治学方法，或本人专门研究之心得。此种普通演讲，凡本院学员，均须到场听受。

　　(六)特别讲师,专就一定之学科范围演讲一次或多次,学员研究题目与此有关者,均须到场听受。

　　(七)学员研究成绩,经教授认为确有价值者,亦得由该教授介绍,向本组学员或公众为一次或数次之演讲。

　　(八)教授讲师之讲稿及著作,又学员研究之成绩,经教授认为确实有价值者,得由本院出版。

　　(九)教授学员当随时切磋问难,砥砺观摩,俾养成敦厚善良之学风,而受浸润熏陶之效。

　　(本简章未尽妥善之处俟后随时修正)

　　　　　　　　　　　《清华周刊》第360期　　1925年10月20日

　　清华大学校史研究室:《清华大学史料选编》一,清华大学出版社1991年版,第375—379页。

清华学校组织大纲

第一章　学制总则

第一条　本校设立大学部及留美预备部。

第二条　凡留美预备部学生毕业后，一律资送赴美留学。该部至民国十八年停办。

第三条　大学部分本科及大学院（大学院未成立前暂设研究院）。

第四条　本校学程以学系为单位。

第五条　大学部本科修业期至少四年，学生毕业后给学士学位。

第六条　大学院未成立之前暂设研究院，先办国学一门，以后斟酌情形逐渐添办它门，至民国十九年大学院成立后，研究院即行停办。

第二章　校　长

第七条　本校校长统辖全校事务。

第三章　评议会

第八条　本校设评议会，以校长、教务长及教授会互选之评议员七人组织之。校长为当然主席。

第九条　评议会之职权如左（下）：

一、规定全校教育方针。

二、议决各学系之设立、废止及变更。

三、议决校内各机关之设立、废止及变更。

四、制定校内各种规则。

五、委任下列各种常任委员会。

　　甲、财务委员会　乙、训育委员会

　　　　丙、出版委员会　　丁、建筑委员会

六、审定预算、决算。

七、授予学位。

八、议决教授、讲师与行政部各主任之任免。

九、议决其他重要事件。

第十条　评议员之任期一年,于每年五月改选。

第十一条　评议会之细则另定之。

附注一:关于第九条第一、第二、第三、第六各项评议会在议决之前,应先征求教授会意见。

附注二:关于第九条第一、第二、第三、第六各项之事件,评议会之议决,经教授会三分之二之否认时,应交评议会复议。

第四章　教授会

第十二条　本校设教授会,以全体教授及行政部各主任组织之。由校长为主席,教务长为副主席。

第十三条　教授会之职权如左(下):

一、选举评议会及教务长。

二、审定全校课程。

三、议决向评议会建议事件。

四、议决其他教务上公共事项。

第十四条　教授会之细则另定之。

第五章　教务长

第十五条　本校设教务长一人(名誉职),综理全校教务。由教授会选举之,任期二年,于五月改选。

第十六条　教务长之职权如左(下):

一、召集各系主任会议办理左(下)列事项:

　　甲、编制全校课程。

　　乙、考核学生成绩。

　　丙、主持招考及毕业事项。

　　丁、汇审各系预算。

二、施行学生训育。

三、指导学生事业。

第六章　　学系及学系主任

第十七条　本校得依课程之性质设立若干学系。

第十八条　学系以本系教授、讲师、教员组织之。

第十九条　学系主任(名誉职),由该系教授教员于教授中推举之,任期二年,于五月改选。

第二十条　学系主任之权为召集学系会议,办理左(下)列事项:

一、编制本系课程。

二、编制本系预算。

三、推荐本系教授、讲师、教员及助教。

四、审定本系图书仪器之购置及其他设备。

五、保管本系一切设备。

六、讨论本系教学及学生训育问题。

第七章　　行政部

第二十一条　本校得依行政之需要设若干部。

第二十二条　每部设主任一人(或酌设副主任)、事务员及助理员等若干人,分掌各该部事务。概由校长委任之。

第二十三条　各部办事细则另定之。

第八章　　附　　则

第二十四条　本大纲之修正,得由评议会以三分之二之通过提出,于教授会讨论决定之。

第二十五条　本大纲自公布之日施行。

民国十五年四月十五日订

清华大学校史研究室:《清华大学史料选编》一,清华大学出版社1991年版,第297—300页。

国立清华大学条例

1928 年 9 月通过

第一章　总　纲

第一条　国立清华大学根据中华民国教育部宗旨,以求中华民族在学术上之独立发展,而完成建设新中国之使命为宗旨。

第二条　国立清华大学由中华民国大学院会同国民政府外交部管理之。

第二章　本科及研究院

第三条　国立清华大学设本科及研究院。

第四条　国立清华大学分为若干学系,其科目及课程标准另订之。

(国立清华大学附设留美预备班,于中华民国十八年夏最后一期学生派遣留美后裁撤之。)

第三章　董事会

第五条　国立清华大学设董事会,其职权如下:

(甲)推举校长候选人三人,呈请大学院会同外交部择一,转呈国民政府任命之(但在董事会未成立以前,大学校长迳[径]由大学院会同外交部呈请国民政府任命之)。

(乙)决议下列关于国立清华大学事项:

　　一、重要章制;

　　二、教育方针;

　　三、预算;

　　四、派遣及管理留学生之方针与留学经费之支配;

五、通常教育行政以外之契约缔结；

六、其他关于设备或财政上之重要计划。

(丙)审查下列关于国立清华大学事项：

一、决算；

二、校长之校务报告。

(丁)建议清华大学基金之保管办法于保管机关，并得商请该机关将基金数目及保管状况随时详晰通知董事会。

第六条 董事会置董事九人，由大学院会同外交部聘任之，并呈请国民政府备案。董事中至少有一人须为国立清华大学或前清华学校之毕业生。

第七条 董事任期三年，于任满后每年改聘三分之一。第一届董事之任期以抽签法决定之。

第八条 董事会董事不得兼任本大学校长或教职员。

第九条 董事会设常务董事二人，负责召集董事会议及处理例行常务。

第十条 董事会于每半年开常会一次，但遇特别事故发生时，得由常务董事召集临时会议，或于一月以前将议案附具详细说明书分发各董事，以通信方法表决之。

第十一条 董事会开会时校长得列席并提出议案。

第十二条 董事会议决事项应呈报大学院及外交部备案。

第十三条 董事会议事细则另定之。

第四章 校内组织

第十四条 国立清华大学置校长一人，总辖全校事务，由大学院会同外交部依第五条之规定，呈请国民政府任命之。

第十五条 国立清华大学置教务长一人，主持全校教务，由校长聘任之。

第十六条 各学系设主任一人，主持各系教务，由校长聘任之。

第十七条 各学系置正教授、教授、讲师若干人，由校长得聘任委员会之同意后聘任之。置助教若干人，由各学系主任商承校长、教务长同意后聘任之（但在聘任委员会未成立以前，迳[径]由校长聘任之）。

第十八条　国立清华大学设教授会,以本大学全体教授组织之,审议下列事项:

一、课程之编制;

二、学生之训育;

三、学生之考试成绩及学位之授与;

四、其他建议于董事会或评议会之事项。

第十九条　国立清华大学置秘书长一人,承校长之命处理全校行政事务,由校长聘任之。

第二十条　国立清华大学依行政及设备上之需要,得分设事务机关,分置主任及事务员若干人,由校长任命之。

第二十一条　国立清华大学依校务之需要,得分设委员会,其委员由校长就教职员中聘任之。

第二十二条　国立清华大学设评议会,以校长、教务长、秘书长及教授会所互选之评议员四人组成之,其职权如左(下):

一、制定大学各部分之预算;

二、审议科系之设立或废止;

三、拟订校内各种规程;

四、建议于本大学董事会之事项。

第五章　留美学生监督处

第二十三条　国立清华大学为监督本大学所派留学美国之学生起见,设留美学生监督处。

第二十四条　留美学生监督处置监督一人,承大学院院长、外交部部长及本大学校长之命,监督本大学留学美国或他国学生之求学事项,由校长呈请大学院院长会同外交部部长任命之。

第二十五条　留美学生监督处办事细则另定之。

第六章　学　生

第二十六条　国立清华大学本科学生入学资格,须在高级中学或同等学校毕业,经入学考试及格者。

第二十七条　国立清华大学研究院学生入学资格,须在大学或同等学校毕业,经考试合格者。

第二十八条　国立清华大学转学学生资格,须学科程度与本大学相同有原校修业证书,于学期开始时经试验及格者。

第二十九条　国立清华大学本科修业年限至少四年,修业期满试验及格,得依学位条例领受学士学位。

第三十条　国立清华大学研究院学生,修业期限无定,其学位之受与依学位条例办理之。

第七章　附　则

第三十一条　本条例自公布之日施行之。

清华大学档案,全宗号 1,目录号 2∶1,卷宗号 3

清华大学校史研究室:《清华大学史料选编》二(上),清华大学出版社 1991 年版,第 138—142 页。

国立清华大学规程

1929 年 6 月 12 日通过

第一章 总 纲

第一条 国立清华大学根据中华民国教育宗旨,以求中华民族在学术上之独立发展,而完成建设新中国之使命为宗旨。

第二条 国立清华大学,直辖于教育部。

第二章 本科及研究院

第三条 国立清华大学本科设文理法三学院。其分属之各学系如左(下):

(一)文学院

中国文学系、外国语文学系、哲学系、历史学系、社会人类学系。

(二)理学院

物理学系、化学系、算学系、地理学系、生物学系、心理学系、土木工程学系(附属)。

(三)法学院

法律学系、政治学系、经济学系。

第四条 国立清华大学,得设研究院,以备训练大学毕业生继续研究高深学术之能力,并协助国内研究事业之进展。

第三章 校内组织

第五条 国立清华大学,置校长一人,综理校务,由教育部部长提请国民政府任命之。

第六条 国立清华大学,置教务长一人,商承校长,管理关系大学全部之教务,并监督图书馆、注册部、军事训练部、体育馆等机关,由校长聘任之。

第七条　文理法三学院,各置院长一人,商承校长,会同教务长,主持各该院之教育实施计划,及其他仅涉各该院内部之教教[务],由校长就教授中聘任之。

第八条　各学系各置系主任一人,商承院长教务长,主持各该系教务,由校长就教授中聘任之。

第九条　研究院各研究所,得暂由各学系之主任兼管。

第十条　各学系置教授、副教授、讲师若干人,由校长得聘任委员会之同意后聘任之;置助教若干人,由各系主任,商承校长、教务长、院长同意后聘任之。

第十一条　国立清华大学,置秘书长一人,承校长之命,处理全校事务,管辖文书科、庶务科、会计科、医院等机关,由校长聘任之。

第十二条　国立清华大学,依行政及设备上需要而设之事务机关,得分置主任及事务员若干人,由校长任命之。

第十三条　国立清华大学,设校务会议,由校长、教务长、秘书长及各院长组织之,议决一切通常校务行政事宜。

第十四条　国立清华大学设评议会,以校长、教务长、秘书长、各院长及教授会所互选之评议员七人组织之。其职权如左(下):

一、议决重要章制;

二、审议预算;

三、依据部定方针,议决建筑及他项重要设备;

四、依据部定方针,议决各学系之设立或废止;

五、依据部定方针,议决本大学派遣及管理留学生之计划,与留学经费之分配;

六、议决校长交议之事项。

第十五条　国立清华大学设教授会,以全体中国教授组织之,外国教授,亦得同等参加。其审议事项如左(下):

一、教课及研究事业改进之方案;

二、学风改进之方案;

三、学生之考试成绩及学位之授与;

四、建议于评议会之事项；

五、由校长或评议会交议之事项。

第十六条　国立清华大学，依校务上之需要，得分设委员会，其委员由校长就教职员中聘任之。

第四章　留美学生监督处

第十七条　国立清华大学为监督本大学所派遣留学美国之学生起见，暂设留美学生监督处。

第十八条　留美学生监督处置监督一人，承教育部部长及本大学校长之命，监督本大学留学美国或他国学生之求学事项，由校长呈请教育部部长任命之。

第十九条　留美学生监督处，办事细则另定之。

第五章　基　金

第二十条　国立清华大学基金，委托中华教育文化基金董事会负责保管。

第二十一条　国立清华大学基金，无论何时，不得动用。其利息非至赔款终了之年，不得动用。

第二十二条　前项基金之详细账目，依照中华教育文化基金董事会基金办法，按期公布。

第二十三条　国立清华大学校长及评议会，得随时调查基金保管及其经理存放之实况，并得随时建议于中华教育文化基金董事会，请其酌采。

第六章　学　生

第二十四条　国立清华大学本科学生入学资格，须在高级中学或同等学校毕业，经入学试验及格者。

第二十五条　国立清华大学研究院学生入学资格，须在大学或同等学校毕业，经考试合格者。

第二十六条　国立清华大学转学学生资格，须得有国立、省立或经教育部立案之私立大学修业证书，其所习学科程度，与本大学相同，在学年开始以前，经入学试验及格者。

第二十七条　国立清华大学本科学生修业年限,至少四年,修业期满,试验及格,得依学位条例领受学士学位。

第二十八条　国立清华大学研究院学生修业期限无定,其学位之授与,依学位条例办理之。

第七章　附　则

第二十九条　本规程自公布之日施行。

按本规程曾由教育部指令一六八三号修正如后:

呈件均悉,查各大学组织编制章程,本部正在征集,俟到齐后,再行通盘计划,分别修定。惟该大学规程,系十八年六月颁布,核与同年七月国民政府公布之大学组织法,及同年八月本部颁布之大学规程,颇多未合,应先将第七条"就教授中"四字即行删去,第十条依照大学组织法第十三条改为"各学系置教授、副教授、讲师、助教若干人,由院长商请校长聘任之",第二十七条"得依学位条例领受学士学位",改为"得称某学士",第二十八条"其学位之授与,依学位条例办理之"一句,即行删去,除呈请行政院转呈国府备案外,仰即遵照施行,余再另令饬遵。附件存此令。

中华民国二十年五月十六日

兼理教育部部长职务　蒋中正

又遵教育部指令教字第一二一五号,自二十一年起,增设工学院,内设土木工程、机械工程及电机工程三学系。

又遵教育部指令教字第一〇〇八五号,自二十二年夏裁撤留美学生监督处,另托华美协进社,代理处务。

又遵教育部指令教字第一〇八九八号,自二十三年起,研究院裁撤社会学、地学、心理学三研究部;本科法学院裁撤法律学系。

《清华大学一览》　1937 年

清华大学校史研究室:《清华大学史料选编》二(上),清华大学出版社 1991 年版,第 142—146 页。

专任教授休假条例

1930 年 6 月 16 日通过

第一条　专任教授如按照契约及服务规程继续服务满五年,而本大学愿继续聘任其担任教授者,得休假一年。如在国内休假一年,而不兼职者,得支半薪;休假半年而不兼职者,得支全薪。如国外研究者,应准支半薪,并按学生条例给予月费学费及来往旅费,但不给他项费用。休假期过一年者,不得再支薪金月费及学费。凡不续聘者不得援例。

凡赴欧美研究者,出国时由本大学给予川资美金五百二十元,返国时由留美监督处给予川资美金五百二十元,月费每月美金八十元;留英者月费每月美金壹百元。由留美监督处按月发给,全年以十二个月计算。

凡专任教授,经特种契约聘定者,不得享受上项待遇。

第二条　凡赴国外研究之教授,应先将在国外研究之具体计划交由系主任、院长、校长,提交评议会核准后方得享受前条规定之待遇。

第三条　凡赴国外研究之教授,于休假期满后至少有服务本大学一年之义务。

第四条　凡遇本大学在课程或经费上有特种困难情形时,得由系主任、院长、校长提交评议会核定教授休假延期之年限,但该教授仍得保留其休假之权利于延期后享有之。

第五条　凡每学系教授休假,其所任功课应由该系教授分担,不得因此增加教授。

第六条　各学系每年休假人数,以不妨害前项规定之实行为限,但至多不得过二人。

第七条 如专任教授在校服务中途离职至一学年者,不得并离职以前之年月计算(离职半年者,其离职时期,必须补足)。

第八条 本规程自公布日施行。

清华大学校史研究室:《清华大学史料选编》二(上),清华大学出版社 1991 年版,第 181—182 页。

国立清华大学教授会议事细则

1931 年 4 月 2 日通过,7 月 10 日修改

　　一、本会根据本大学规程第十五条规定,以"全体中国教授组织之,外国教授亦得同等参加,其职权为审议:(一)教课及研究事业改进之方案;(二)学风改进之方案;(三)学生之考试成绩及学位之授予;(四)建议于评议会之事项;(五)由校长或评议会交议之事项",并选举评议员。

　　二、本会设主席一人,专司开会时主席职务,书记一人,司记录及通告之职务。

　　本会以校长为当然主席;校长缺席时,本会得推选临时主席。书记任期一年(自每年暑期放假之日起算),于每学年末次常会中选举之。

　　三、本会每月开常会一次,于第一个星期四举行之。如遇困难,得提早或延迟,但相差不得逾一星期。校长或校务会议或评议会或教授五人联名声叙理由函请开会时,书记应召集临时会。

　　四、常会通告,须于会期前二日送达全体会员。

　　校长、校务会议、评议会、或教授二人以上联名提出之一切议案,应列成议程,附入通告中。

　　五、以本大学教授总数三分之一(休假教授不计在总数之内),为开会法定人数。

　　六、普通议案,以投票总数之过半数之可票通过之;但校长、校务会议、或评议会提出或经会员五人请求认为重要之议案,以到会会员过半数之可票通过之。

　　七、投票方法,以举手为原则;但遇到会会员五人请求时,用不记名书面投票法。

八、本会一切选举,由到会会员提名推出候选人,再就候选人中,用不记名书面投票法举行之。以得票过到会人数之过半数者当选。如当选者不足额时,得于倍于余额之最多票者中,复选之,以产生足额为止。

九、本细则经到会会员三分之二之可决,得修改之。

十、本细则自到会会员三分之二通过之日起实行。

《清华大学一览》　1937年

清华大学校史研究室:《清华大学史料选编》二(上),清华大学出版社1991年版,第172—173页。

国立清华大学研究院章程

民国二十三年五月第七十七次评议会修正通过
同年十二月遵教育部教字第 10898 号指令修正

第一条　国立清华大学遵照教育部颁布大学研究院暂行组织规程,暨本大学规程第二章第四条,设立研究院。

第二条　研究院按照本大学所有各学院暂设文理法三科研究所。文科研究所设中国文学、外国语文、哲学、历史学暨社会学五部。理科研究所设物理学、化学、算学、地学、生物学、心理学六部。法科研究所设政治学、经济学二部。研究院院长、所主任、部主任暂以本大学校长、各学院院长、各学系主任分别兼任之。

第三条　研究院学生入学资格,以国立、省立或经教育部立案之私立大学,与独立学院毕业生,经入学考试,成绩及格录取者为限。

第四条　研究院学生投考报名时,须呈缴文凭及其原校所习科目及学分成绩之证明书。

第五条　研究院各部由所主任及部主任指定导师若干人,各担任指导研究之一范围。学生入校后,即商同部主任,选择导师,在校所习课程由部主任及导师审定,所研究论文由导师监督指导。

第六条　研究院学生在本大学研究期限,至少二年。在此二年内,须肄习学科至二十四学分。

第七条　研究院学生在本大学研究一年,成绩及格,中途自请退学者,得予研究院修业证书。

第八条　本大学研究院学生奖学金名额,至多一百名。每名每年三百二十元。凡入学试验成绩特优者,得给予此项奖金,以一学年为限。凡入学后一年所选学科之成绩至七十五分,及获有所在部之推荐者,得于下学年给予以上奖学金。此项奖学金,每学年分期发给,每人所得总额,以二年为限,但遇有特别需要时,得延长一年。

　　第九条　毕业初试用口试,考试范围,由各部规定。此项考试,须与学生完成毕业论文以前举行之。口试成绩以百分法计算之。以满七十分为及格,其不及格而在六十分以上者,得请补考。初试委员会之组织另定之。

　　第十条　毕业论文须先经研究导师认可,再由论文考试委员会举行口试,决定去取。论文成绩亦以百分法计算之,以满七十分为及格。委员会之组织另定之。

　　本条及前条考试委员会应有经教育部核准之校外人员参加。

　　第十一条　凡在本大学研究院研究满二年,其历年学分平均成绩、毕业论文,及毕业初试,皆及格者,给予研究院研究期满考试及格之证书,并依照教育部定章,授予硕士学位。

　　第十二条　本大学研究院毕业生,其学分成绩、毕业初试成绩、及论文成绩,均在八十分以上,及获有所在部之推荐者,由评议会特组审查委员会按照下列计算法,计算其总成绩,择优派遣留学。每年至多不得过十名。每部每年至多不得过二名。留学期间不得过二年。

　　总成绩用百分计算法,论文成绩占百分之五十,毕业初试,及学分成绩,各占百分之二十五。

　　第十三条　研究院学生之学年平均成绩不及六十五分者,即令其退学。

　　第十四条　研究院学生免交宿费。至于学费及其它应缴费用,依照本科章程交纳。如损坏图书仪器时,亦应照章赔偿。

　　第十五条　研究院学生应遵守本大学一切规程。

　　第十六条　研究院学生不得兼任职务。

　　第十七条　本章程自公布之日施行。

　　附录:社会学部地学部及心理学部从民国二十三年起暂停招生。

附录:

民国二十五年七月十八日研究院会议议决案:甲,主席交议,研究院学生留校年限过多,卒业无期,应如何加以限制案。通过办法如下:

一、从二十五年度起,凡肄业已满三年,而未能应初试或应而不及格者,取消学籍。

二、从二十五年度起,凡肄业已满二年,犹未应初试或虽应未能及格,而仍继续在院研究者,须经所属部主任之推荐与研究院会议之核准。

三、从二十五年度起,凡肄业满三年,初试已经及格,而论文尚未完成者,如欲继续在院研究,须经所属部主任之推荐与研究院会议之校准。

四、研究院肄业年限最多不得过四年。

研究院招考简章(另印)

《清华大学一览》 1937年

清华大学校史研究室:《清华大学史料选编》二(下),清华大学出版社1991年版,第564—566页。

国立清华大学教师服务及待遇规程

1934 年 6 月重印

第一章　总　则

第一条　本规程于本大学全体教师适用之。

第二条　本大学教师，分教授、合聘教授、讲师、专任讲师、教员及助教。

第三条　教授、专任讲师、教员及助教，为本大学专任教师，合聘教授及讲师，为非专任教师。

第二章　资　格

第四条　本大学教授及合聘教授，须具有左（下）列三项资格之一：

（甲）三年研究院工作或具有博士学位及有在大学授课二年或在研究机关研究二年，或执行专门职业二年之经验者。

（乙）于其所任之学科，有学术创作或发明者。

（丙）曾任大学或同等学校教授或讲师，或在研究机关研究或执行专门职业共六年，具有特殊成绩者。

第五条　本大学讲师，应具有左列三项资格之一：

（甲）曾在国内外大学任教授，著有成绩者。

（乙）于所任之学科，有学术创作或发明者。

（丙）于专门职业，有特殊经验者。

第六条　本大学专任讲师，须具有左（下）列三项资格之一：

（甲）二年研究院工作，或具有硕士学位者。

（乙）于所任之学科，有学术贡献者。

（丙）于专门职业，有特殊经验者。

第七条　本大学教员,须具有左(下)列二项资格之一:

(甲)大学毕业成绩特优,且曾在大学或同等学术机关授课,或研究二年者。

(乙)于所任之学科,有专门知识,或授课有特殊成绩者。

第八条　本大学助教,须具有大学毕业成绩特优之资格。

第三章　聘　约

第九条　本大学教授、合聘教授、讲师、及专任讲师之聘任,须经聘任委员会之同意。

第十条　本大学教授之聘约,首二次每次期限一年,以后每次二年。

第十一条　本大学合聘教授聘约之致送与解除,由本大学合聘之学校,共同订定之。

第十二条　本大学讲师、专任讲师、教员及助教之聘约,每年致送一次,每次以一年为限。

第十三条　本大学专任教师之续聘聘约,应于每年五月一日以前致送。

第十四条　本大学教师在聘约期内,若遇左(下)列事故之一,本大学得解除其聘约:

(甲)所服务部分,中途停办者;

(乙)因事或因病请假,超过本校所规定之期限者;

(丙)旷职或不称职者;

(丁)不遵守校章者;

适用(丙)(丁)二项时,须经评议会全体过半数之通过。

第十五条　本大学教授其聘约期限为二年者,如欲辞职,须在学年终了以后,方可解除职务,并须于解职三个月前,提出辞职书。

第十六条　本大学专任教师,接到续聘聘约时,须于五月十五日以前,将应聘书,送还本大学,否则作为辞聘。

第四章　薪　俸

第十七条　本大学专任教师及合聘教授之薪俸,每年以十二个月计算,讲师之薪俸,每年以十个月计算,由九月起至六月止。

第十八条 本大学新聘之教师,自八月起薪,但于学年始业后到校者,自到校之月起薪。

第十九条 本大学教师于聘约期内辞职,或因(第)十四条事故解除聘约者,其薪俸至离职之月止。

第二十条 本大学教授于初受聘时,其资格与本规程第四条正相符者,月薪三百元;其资格较高者,得超出此额。

第二十一条 本大学教授每服务满二年(休假之年除外)者,加月薪二十元;其于所任学科,有特殊学术成绩者,加月薪四十元。但每年受特别加薪之教授,不得过该年加薪教授总数十分之一。

第二十二条 本大学教授月薪,最高以四百元为限;但于所任学科有特殊学术贡献者,得超过此限,加至五百元。惟月薪超过四百元之教授,不得过全体教授总数五分之一。

第二十三条 本大学合聘教授之薪俸,由本大学与合聘学校,共同订定之。

第二十四条 本大学讲师之月薪,每学期授课一学分者,三十五元;授课一学分以上者,每多一学分,加二十五元。

第二十五条 本大学专任讲师之月薪,自一百六十元起,至二百八十元止。其增薪之年限及多寡,视其于所任学科之学术成绩定之。

第二十六条 本大学教员之月薪,最低一百二十元。每服务满二年者,加二十元,至二百元止。

第二十七条 本大学助教之月薪,最低八十元。每服务满一年者,加十元,至一百四十元止。

第五章 授课兼课及兼事

第二十八条 本大学专任教授,授课钟点,至少须每周八小时,或每学年十六学分;至多每周十二小时,或每学年二十四学分;惟受聘学院长或系主任者,得因公务繁重,酌量减少其授课钟点,但至多以减少每周三小时或每学年六学分为度。

第二十九条 本大学专任教师,授课时间,由注册部全权排列。

第三十条 本大学教授,在本校任课之钟点,不超过最低限度者,不得在外兼课或兼事,惟无报酬(薪金、车马费及其他一切收入皆在内)

之事，不在此例。

第三十一条　本大学教授在外兼课或兼事，须先得本校许可，其所兼课或兼事机关，应先函商本校。

第三十二条　本大学教授在外兼课，每星期至多以四小时（试验钟点与演讲钟点同样计算）为限。

第三十三条　本大学教授在外所兼之课程，以在本大学所授之课程为限。

第三十四条　本大学教授在外兼事，其所兼之事，必须与所授之课，性质相同，其办公时间，每星期不得过四小时。

第三十五条　本大学教授在外兼课，而又兼事者，其教课及办公时间之总数，每星期不得过四小时。

第三十六条　本大学教授兼课或兼事，区域以北平为限。

第三十七条　本大学专任讲师、教员及助教，不得在外兼课或兼事。

第六章　请　假

第三十八条　本大学教师，因病或因事请假，须先期通知注册部；其因事请假逾一星期者，须先得系主任同意。

第三十九条　本大学教师，因事请假，每学期不得超过授课钟点总数五分之一；但因特别事故，经校长先期许可者，得超过此限。

第四十条　本大学教师，因事请假，每学期逾授课钟点总数五分之一者，其请假期内之薪金，由本校扣除，但有由学校认可之人代课者，不在此限。

第四十一条　本大学教师，因事连续请假逾三星期者，其请假期内之薪金，由本校扣除，但因本校公事请假者，不在此例。

第四十二条　本大学专任教师，因病长期请假时，须具有本校所承认医生之证明书。

一次连续请假不逾两月者，得支全薪。

一次连续请假逾两月者，得自假期第三个月起，按其服务年数，每满一年，多支一个月全薪三分之二；但若第二次应用本条规定时，第一次已经适用之服务年限，不得并入计算。

一学年内数次请假，合计逾两个月者，与一次连续假期逾两月者，同样待遇。

第四十三条　本校非专任教师,因病连续请假过一月者停薪。

第七章　休　假

第四十四条　本章各条于本大学专任教师适用之。

第四十五条　本大学教授如按着本规程连续服务满五年而本大学愿续聘其任教授者,得休假一年,如不兼事支半薪,或休假半年如不兼事支全薪;但曾经休假一次者,须连续服务六年,方得再享休假权利。

第四十六条　本大学教授,如欲在休假期内,作研究工作者,应先填写教授请求休假研究单,详具研究计划,经评议会通过后,方得享受下列第四十七、四十八、四十九、五十各条之待遇。

第四十七条　本大学教授,在休假期内,赴欧美研究者,除支半薪外,由本大学给予来往川费,各美金五百二十元。此外给予在外研究费,每月美金一百元。

第四十八条　本大学教授,在休假期内,赴日本研究者,除支半薪外,由本大学给予来往川费,各日金一百五十元。此外给予在外研究费,每月日金一百五十元。

第四十九条　本大学教授,在休假期内,赴欧美或日本研究者,由出国日起,至起程回国日止,须满十个月,不满十个月者,其研究费,应按月减发。

第五十条　本大学教授,在休假期内,留国研究者,得支全薪;如赴远地调查者,其旅费得提出详细预算,经评议会核定支付,但其总数,不得过五百元。

第五十一条　本大学教授,曾享受本规程第四十七或四十八或五十条之权利者,于休假期满后,至少须返校服务一年,并须详具研究报告,至下次请求休假研究时,评议会应以上次研究成绩为参考。

第五十二条　本大学如在课程或经费上,有特殊困难情形,经评议会通过,得请已届休假期之教授,延期休假一年。其延期之一年,应计入下届休假前之服务年限以内。

第五十三条　本大学教授,已届休假时期而请求延期休假者,如继续在校服务,得保留其休假权利;但延期之年限,不得计入下届休假前之服务年限内。

　　第五十四条　本大学教授,每年休假人数,每学系教授人数在十一人以下者,不得过二人,满十二人者,至多不得过三人。

　　第五十五条　本大学各学系,不得因教授休假而增聘教授,但于必要时,得酌聘讲师。

　　第五十六条　本大学教授,经特种契约聘定者,不得享受本章权利。

　　第五十七条　本大学专任讲师、教员及(全时)助教,连续服务满五年,成绩优异,愿在国内专做研究,拟有具体计划,经评议会通过,而同时不兼他职者,得休假研究一年,支全薪;如须赴远地调查者,其旅费得提出详细预算,经评议会核定支付,但其总数不得过五百元。

　　第五十八条　本大学专任讲师、教员及(全时)助教,连续服务满五年,成绩优异,愿赴欧美或日本专作研究,拟有具体计划,经评议会通过,得支领学费,并照本规程第四十七、四十八条,按半数支给川资及研究费,但不得支薪。

　　第五十九条　本大学专任讲师、教员及(全时)助教,改任他种专任教师者,其未改任前在校服务年限,仍计入休假前服务年限内,且休假待遇,照改任后之地位办理。

　　第六十条　本大学专任讲师、教员及助教休假者,每年每学系共不得过一人。

　　第六十一条　本大学专任教师,在休假期内,作研究工作,得有本校津贴者,应于休假年终,将研究结束,报告本校。

　　第六十二条　本大学专任教师,因事连续请假二月以上,不过一年者,或因病请假二月以上者,须于休假前,补足服务年限,方得享受休假权利;其因事请假过一年者,其假前服务之年限,不得计入休假前服务年限内。

《清华大学一览》　1937年

　　清华大学校史研究室:《清华大学史料选编》二(上),清华大学出版社1991年版,第174—181页。

本科教务通则

1934 年 11 月 21 日修正通过

第一章　入学及转学

第一条　凡在公立或曾经立案之私立高级中学、或同等学校毕业，曾经参加会考准予升学之男女学生，经本大学审查合格准予参加入学考试，并经录取者，得入本大学本科一年级。

第二条　凡在其他公立或曾经立案之私立大学本科修业满一年或二年之男女学生，携有原校之修业证书，经本大学审查合格准予参加转学考试，并经录取者，得转入本大学肄业。

第三条　本大学于每学年始业前，招考新生一次，其招考规程另定之。

第四条　本大学得于招考一年级新生时，举行转学考试，其详细规则另定之。

第五条　已经录取之学生，须依限定日期，前来本大学注册部报到。逾期无故不到者，即取消其学籍。

第六条　新生入校时，须填写志愿书、履历表，并请常川在平津现有职业能负责者二人，为止副保证人，照式填具保证书，署名盖章，交本大学存查。

第二章　注册及选课

第七条　本大学学生，每学期开学时，须于规定注册日期内，来校注册。逾期注册而未请假者，每逾期一日，以无故缺课二小时论。

第八条　学生于开学后逾二星期，尚未注册而又未请假者，以退学论。

　　第九条　学生选修课程须遵照校历规定日期，办理完竣。改选功课，于每学期始业后二星期内行之。逾期不得增选或改选。

　　第十条　选修及增改课程，须得系主任之允许，除党义、体育及军事训练之学分外，每学期所选学分以十七学分为标准，不得少于十四，亦不得超过二十。（工学院另有规定。）

　　第十一条　退选学程，限于该学程始业之学期开学后十星期内行之。逾期退选者，以已经选修不及格论。

　　第十二条　凡选修全学年学程，已修毕一学期成绩及格而自愿退选者，得于第二学期增改课程期内，请求退选之。但该学程上学期之成绩不得学分。逾期取消者，上学期成绩不得学分，下学期成绩以已经选修不及格论。

　　第十三条　凡选修全学年学程，已修毕一学期而成绩未及格或因故请假，未受第一期大考者，若于第二学期改课期内，请求取消该课，其成绩以上学期不及格论。逾期取消者，以全学年不及格论。

　　第十四条　学生于开学时，请假满二星期者，其所选课程，不得超过十七学分，满三星期者，不得超过十四学分。满四星期者，即令休学一年。

第三章　选系及转系

　　第十五条　新生入学后，应就本大学各学院所设学系中，选择其一，以为主系。

　　第十六条　学生中途欲转入他系者，须于学年始业时，陈明理由，经相关之系主任及教务长核准，方为有效。

　　第十七条　学生转入某系后，应由该系主任按照该系规定课程，重行审核其原有学分，并决定其年级。

　　第十八条　转学学生入校后，第一年不得请求转系。

　　第十九条　学生毕业后，得继续留校转系肄业。其详细规则另定之。

第四章　学分及成绩

　　第二十条　本大学采用学分制，但学生毕业期限，至少四年。

第二十一条　本大学学程，由各系分别规定为必修、选修二种。除各系公同必修学程外，学生须按照其本系规定之学程，切实习完。

第二十二条　各学程按学分计算，每学期每周上课一小时，或实验二小时至三小时者，为一学分。

第二十三条　学生在修业期间，须修满一百三十二学分，及党义二学分，体育八学分，军事训练六学分。

第二十四条　第一年级以上之学生，其年级以所得之学分编定之。已得三十三学分者，编入二年级；已得六十六学分者，编入三年级；已得九十九学分者，编入四年级。党义、体育及军事训练之学分，不计在内。

第二十五条　转学生入二年级者，至少必须在本大学修业三年，修满九十九学分。入三年级者，至少必须在本大学修业二年，修满六十六学分，补习学分除外；此项学分之支配，由本大学各系主任，按照各该系课程之标准，及该生等在原校已习学程之成绩，审核定之。

第二十六条　凡一年级学生，在其他大学习过与本大学相同之学程，成绩及格者，经本大学系主任之承认，得免习该项学程，但不给予学分。

第二十七条　本校计分采用百分法，学生学业成绩以满六十分为及格。不及格者不给学分，并不得补考。

第二十八条　学业成绩计算方法如下：

（一）以学程之学分数，乘该学程所得之百分数为学分积。

（二）学生所选各学程学分之总和，为学分总数。

（三）各学程学分积之总和，为总学分积。

（四）以学分总数，除总学分积，为成绩总平均。

（五）总平均之计算，包括不及格（六十分以下）学程在内。

第五章　缺课及请假

第二十九条　学生缺课，无论曾经请假与否，均由教师填写缺课报告单，送交注册部。

第三十条　因事不能上课者，须先期亲到注册部，填写请假单，注明所缺学程及时数；如有未经准假而缺课者，以无故缺课论，事后不得补假。

第三十一条　因病请假者,须得校医之证明。

第三十二条　凡请假满二日者,须经教务长之允准。

第三十三条　学生一学期内,无故缺课(体育及军事训练在内)满十六小时者,由注册部予以警告;满二十小时者,由注册部报告教务长,酌予训诫;训诫后而仍无故缺课满五小时者,即令休学一年。

第三十四条　一学期中因任何事故于某学程缺课逾三分之一者,不得参与该学程之学期考试。该学程成绩以零分计。

第三十五条　无故不参与学期考试者,其成绩以零分计,并不得补考。

第三十六条　学生因病不能应学期考试者,须得校医先期之证明,并经教务长核准,始得补考。

第三十七条　学生因重要事故在学期考试期间请假者,须经教务长先期核准,始得补考。

第三十八条　补考于每学期始业前一星期内举行之。逾期不得再补,成绩以零分计。

第六章　休学及退学

第三十九条　在校学生,因不得已事故得按照教务处所订休学及退学细则,陈述理由,向教务长请求休学及退学,其因病请求休学者,须有医生之证明书。

第四十条　学生休学以一年为限,逾期不到校者,作为退学。但因特别理由,经教务长准许者,得延长休学期间,至多一年,并只得延长一次。

第四十一条　学生休学期内,如在他校得有学分,不得作为转学学分。

第四十二条　学生全年成绩,于所修学分有二分之一不及格者,即令退学。

第四十三条　学生全年成绩,于所修学分有三分之一不及格者,作为留校察看。如次年成绩,仍有三分之一不及格者,即令退学。

第四十四条　学生如有品行不端,或违犯章者,即分别记过或令退学。凡记过积满大过三次者,令其退学。

第四十五条 自愿退学之学生,须在校肄业已满一年者,始得发给修业证明书。

第四十六条 学生如患慢性病症,至一学期尚未痊愈照常上课者,即令其休学。离校医治过第四十条规定休学之期间者,即令退学。

第七章 毕业及学位

第四十七条 学生在第四年上学期始业时,应商承本系主任及教授选定题目,并受其指导,撰作毕业论文一篇,至迟须按校历规定日期,呈请审核。

第四十八条 凡学生曾在本校肄业满四学年,修满本校规定课程及学分,而党义、体育、军事训练亦均及格,并交清一切规定校费,经教授会审查通过后,准予毕业。

第四十九条 本大学依照教育部定章,得授予毕业生学士学位。

第五十条 学位之授予,每年以暑假前一次为限。

第五十一条 本通则自公布之日施行。

附:各会议关于教务之议决案:

一、学生于考试时作弊(如夹带、枪替、抄袭、传语等),一经查出,着记大过两次。(二十二年度教授会通过议案)

二、凡有必修学程不及格者,须于次年该课开班时补习之,隔年补习者,不给学分。(同上)

三、本校学生欲旁听课程者,须得该课教授及该生所属系主任许可。(第一年级未分系须得教务长许可)(同上)

四、凡一年级应修课程,不准中途退选,如必须退选者,以零分计。(二十二年度一年级课程指导委员会议案)

五、本校一年级课程,除工学院各系别有规定外,文、理、法三院各系,亦有公拟规则,为三院各系学生选课时所应遵守。兹将民国二十三年度教授会所修正之规则,列举如下:

一年级课程表

(文、理、法三院各系适用。外有党义、军事训练及体育,亦照章为

必修,共三十六—三十八学分)

  (一)国 101、102 大一国文　　　　　　　　六学分

  (二)外 101、102 第一年英文　　　　　　　八学分

  (三)史 101、102 中国通史　　　　　　　　八学分

  史 103、104 西洋通史　　　　　　　　　　八学分

  以上两学程任选一门。

  (四)哲 111、112 逻辑　　　　　　　　　　六学分

  算 101、102 高级算学　　　　　　　　　　六学分

  算 105、106 微积分　　　　　　　　　　　八学分

  以上各学程任选一门。

  (五)物 103、104 大学普通物理　　　　　　八学分

  化 101、102 普通化学及定性分析甲　　　　八学分

  地 121、122 地质学　　　　　　　　　　　八学分

  生 101、102 普通生物学　　　　　　　　　八学分

  以上各学程任选一门。

《清华大学一览》　1937 年

清华大学校史研究室:《清华大学史料选编》二(上),清华大学出版社 1991 年版,第 164—171 页。

国立清华大学清寒奖学资助规则

1936 年 7 月 2 日通过

第一条　本大学为资助家境清寒学行优良之学生起见,特设下列各种学额:

甲、公费生每年十名(民国二十三年度起);

乙、助学金额四十名(民国二十三年度起);

丙、免费额六十名,二、三、四年级各二十名(民国二十五年起遵教育部令增设)。

第二条　公费生办法另有规定。

第三条　助学金额每名每年给予至多国币八十元;免费额得免缴学费、体育费及实验费。

第四条　凡领受助学金额或免费额之学生须具备左(下)列之条件:

甲、家境清寒品行端正。

乙、在校肄业已满一学年。

丙、初次请求时前一学年平均成绩须达七十分。以后继续请求时前一学年平均成绩须达七十五分。各该年所修学分总数应在三十以上。

丁、体育及军事训练及格。

具备上列条件之学生应得助学金额或免费额,视条件甲与丙之程度,由奖学资助委员会决定。

第五条　凡学生欲得下学年助学金额或免费额者,应于本学年终了以前具函呈送经济困难之确实证据,并填写家庭状况调查表,向奖学资助委员会陈请之。

第六条　凡学生应得助学金额或免费额者经奖学资助委员会审定于七月底以前公布助学金数,于开学后分两学期分发,但于发款时,不在校肄业者,不得领受,以后亦不得请求补领。

第七条　助学金额与免费额之给予,以本大学本科正式学生为限。

第八条　凡本大学公费生不得领受助学金额或免费额。

第九条　凡经准给助学金额之学生,须照章缴纳应交一切校费。

第十条　凡未领受校内外任何奖金或津贴者,对于本项助学金额或免费额有优先权。

第十一条　凡领受校内外他项奖金或津贴者,其所领金额连同本项助学金额每学年合计不得过二百元。

第十二条　本规则有未尽事宜,得由评议会修订之。

第十三条　本规则自公布之日起施行。

《清华大学一览》　1937 年

清华大学校史研究室:《清华大学史料选编》二(上),清华大学出版社 1991 年版,第 192—193 页。

国立清华大学军事训练部暂行规则

1936 年 9 月 9 日公布

第一章　总　则

第一条　本大学军事训练,根据教育部及训练总监部会颁《高中以上学校军事教育方案》办理。

第二条　军事训练之目的,在锻炼学生心身涵养、纪律、服从、负责、耐劳诸观念,并提高献身救国之精神与准备。

第三条　本大学一二年级学生,除女生外,均以军训为必修科,军训不及格者,不得毕业。

第四条　凡学生因残废痼疾不能修习军训术科者,须于每学期开始时,由医生验明呈由校长核准后,呈报教育部备案,但仍须修习学科,并得以学科成绩,作为军训成绩。

第五条　一二各年级军训,务须于各该年级期内修习之,不得请求展缓或延期。

第六条　从他校转学学生,于入校时,应缴呈各原在学校军训成绩,方准免修。

第七条　军训时间每周三小时,计学科一小时,术科二小时,全年野外演习至少四次,射击若干次。野外演习时间,得利用假日,斟酌增益之。

第八条　凡受军训学生,每学期至低限度须受足全学期军训实施次数五分之四以上,不及此数者,作为成绩不及格。(其他检阅会操之缺席,依照平时缺席加倍计算。)

《清华大学一览》 1937 年

清华大学校史研究室:《清华大学史料选编》二(上),清华大学出版
社 1991 年版,第 196—197 页。

国立清华大学本科教务通则

三十五年十二月二十六日第三次评议会修正通过

第一章　入学及转学

第一条　凡具有教育部规定有应试大学资格之学生，经本大学审查合格，准予参加入学考试，并经录取者，得入本大学本科一年级。

第二条　凡在其他公立或曾经立案之私立大学，本科修业满一年或二年之学生，得有原校之修业证书及成绩单，经本大学审查合格准予参加转学考试，并经录取者，得转入本大学肄业。

第三条　本大学于每学年始业前招考新生一次，其招考规程另定之。

第四条　本大学得于招考一年级新生时，举行转学考试，其招考规程另定之。

第五条　已经录取之学生，须依限定日期前来本大学报到，逾期无故不到者，即取消其学籍；如有特殊情形不能到校者，得于注册期内，声述理由，请予保留学籍一年，以一次为限。

第六条　新生入校时，须填写志愿书履历表，并请常住在平津而能负责者二人，为正副保证人。（本校教职员个得任保证人）

第二章　注册及选课

第七条　学生每学期开学时，须于规定注册日期内，来校注册，逾期注册，须经教务长核准。

第八条　学生于开学后，逾该学期上课日期总数三分之一，尚未注册，而又未经呈准休学者，以退学论。

第九条　学生选习学程,须受系主任之指导(但一年级新生由一年级课业指导主任之指导),并遵照校历规定日期,办理完竣。

第十条　学生所选学程,如须改动,应得系主任之允许。改选功课每学期始业后二星期内行之;退选学程,限于该学程始业之学期上课后八星期内行之,逾期退选者,以已经选修不及格论。

第十一条　凡学生于所选学程,发生时间冲突时,应优先选习公同必修学程,次及本院系必修学程,再次及选修学程。

第十二条　凡一年级学程,不得中途退选,否则该学程成绩以零分计。

第十三条　学生每学期所选学分,以十七学分为标准,不得少于十四,亦不得超过二十(法律学系及工学院各系另有规定),体育学分除外。

第十四条　凡选习全学年学程,已修毕一学期,成绩及格而自愿退选者,得于第二学期增改课程期内,请求退选之,但该学程上学期之成绩,不给学分;逾期取消者,上学期成绩不给学分,下学期成绩以已经选修不及格论。

第十五条　凡选习全学年学程,已修毕一学期,而成绩未及格,或因故请假未受第一学期大考者,若于第二学期改选学程期内,请求取消该学程,其成绩以上学期不及格论,逾期取消者,以全学年不及格论。

第十六条　凡有必修学程不及格者,须于该学程次一年度开班时补习之,否则不给学分。

第十七条　学生于上课后请假迟到二星期以上者,其所选学程不得超过十七学分,逾该学期上课日期总数三分之一者,即令休学一年。

第三章　选系及转系

第十八条　一年级新生,除经一年级课业指导主任核准者外,不得更改报考时所填志愿院系。

第十九条　学生有下列情形之一者,得自行申请,或由系主任劝导其转系:

(一)学习志趣改变。

(二)拟转学系之专门学程,成绩优异。

（三）本系主要学程成绩欠佳。

（四）原系认为不宜修习该系课程。

第二十条 学生转入某系后，应由该系主任按照该系规定课程，重行审核其原有学分，并核定某年级。

第二十一条 学生转系以一次为限。

第二十二条 转学生第一年不得请求转系。

第二十三条 凡学生请求转系，须于学年开始规定选课日期前二星期内，向教务处书面申请，逾期不再受理。

第二十四条 凡转系未经核准者，仍留原系。

第二十五条 学生毕业后，如拟继续留校转系肄业，须参加转学考试。

第四章 学分及成绩

第二十六条 本大学采用学分制，但学生毕业期限至少四年。

第二十七条 本大学学程，由各系分别规定为必修选修二种，除各院共同必须学程外，学生须按照其本系规定之学程习完。

第二十八条 各学程，按学分计算，每学期每周上课一小时，或实验二小时至三小时者，为一学分。

第二十九条 学生在修业期间，除法律系及工学院各系，另有规定外，须修满一百三十二学分，及体育八学分。

第三十条 第一年级以上之学生，其年级依所得之学分编定之，已得三十三学分者编入二年级，已得六十六学分者编入三年级，已得九十九学分者编入四年级，体育学分不计在内。

第三十一条 转学生入二年级者，至少必须在本大学修业三年，修满九十九学分；入三年级者至少必须在本大学修业二年，修满六十六学分；补习学分除外。此项学分之支配，由本大学各系主任，按照各该系课程之标准，及在原校已习学程之成绩审核定之。

第三十二条 本校计分采用百分法，学生学业成绩以满六十分为及格，不及格者，不给学分，并不得补考。

第三十三条 学业成绩计算方法如下：

（一）以学程之学分数，乘该学程所得之百分数，为学分积。

(二)学生所选各学程之学分总和,为总学分数。

(三)各学程学分积之总和,为总学分积。

(四)以学分总数,除总学分积,为成绩总平均。

(五)总平均之计算,包括不及格学程在内。

第三十四条 学生所修某项学程,平时成绩太劣,即使未参与学期或学年考试,教师亦得给予不及格之成绩。

第三十五条 学生学期或学年成绩,经教师交入注册组后,无论任何情形不得更改。

第三十六条 学生于考试时作弊(如夹带、枪替、抄袭、传语等),一经查出记大过两次,该学程以零分计。

第五章 缺课及请假

第三十七条 学生请假,分事假病假两种,病假须由校医出具证明。

第三十八条 学生请假在两日以内者,到注册组填写请假单;在两日以上者,须携带证明文件到训导处申请,经训导长核准方为有效。

第三十九条 凡未经准假所缺之课,均作旷课论,每旷课一小时作请假二小时计算。

第四十条 凡请假日期数,超过该学期上课总日期三分之一者,该学期作休学论,不得参与学期考试。

第四十一条 请假日期,虽未超过该学期上课总日期三分之一,而某一学程请假次数,超过该学程上课总时数三分之一者,不得参与该学程学期考试,该学程之成绩以零分计。

第四十二条 无故不参与学期考试者,其成绩以零分计,并不得补考。

第四十三条 学生因病不能应学期考试者,须得校医先期之证明,并经教务长核准,始得补考。

第四十四条 学生因重要事故在学期考试期间请假者,须经教务长先期核准,始得补考。

第四十五条 补考,每学期始业前一星期内举行之,逾期不得再补,成绩以零分计。

第六章　休学及退学

第四十六条　学生因不得已事故拟请休学或退学者，应陈述理由，向教务长申请，其因病者须有医士证明书。

第四十七条　学生休学以一年为限，逾期不到校者，作为退学，但因特别理由呈经教务长准许者，得延长休学期间，至多一年，并只得延长一次。

第四十八条　学生休学期内，如在他校得有学分，本校不予承认。

第四十九条　新生在校未满一年者，除因重病或重要事故经教务长准许者外，不得请求休学。

第五十条　学生全年成绩，于所修学分二分之一不及格者，即令退学。

第五十一条　学生全年成绩，于所修学分有三分之一不及格者，作为留校察看；如次年成绩仍有三分之一不及格者，即令退学。

第五十二条　自愿退学之学生，须在校肄业已满一年者，始得发给肄业证明书。

第五十三条　学生患慢性病症，经校医证明，不能继续肄业者，应休学离校。

第五十四条　本大学学生所缴证明文件，如有伪造假借涂改等情事，一经查明，应即开除学籍，并不予发给转学证明书、或修业证明书；如于毕业后始发觉，或经告发经查明有上项情事者，除勒令缴销其毕业证书外，并公告取消其毕业资格。

第七章　毕业及学位

第五十五条　学生在第四年级上学期始业时，应商承本系主任及教授选定题目，并受其指导，选作毕业论义，按规定日期呈请审核。

第五十六条　凡学生曾在本校肄业满四学年，修满本校规定课程及学分，并缴清一切规定校费，经教授会审查通过后，准予毕业。

第五十七条　本大学依照教育部定章，授予毕业生学士学位。

第五十八条　学位之授予，每年以暑假前一次为限。

第八章　附　　则

第五十九条　本通则除与本科特殊有关之各条外,亦通用于本大学附设之各科部。

第六十条　本通则经评议会通过后公布施行。

第六十一条　本通则有未尽事宜,由教务会议建议评议会修正之。

清华大学校史研究室:《清华大学史料选编》四,清华大学出版社1994年版,第 239—245 页。

国立清华大学规程

遵照教育部历次指令修正

民国三十六年五月

第一章　总　纲

第一条　国立清华大学根据中华民国教育宗旨,以求中华民族在学术上之独立发展,而完成建设新中国之使命为宗旨。

第二条　国立清华大学,直辖于教育部。

第二章　本科及研究所

第三条　国立清华大学本科设文、理、法、工、农五学院,其分属之各学系如下:

(一)文学院　中国文学系、外国语文学系、哲学系、历史学系、人类学系。

(二)理学院　数学系、物理学系、化学系、生物学系、地学系、气象学系、心理学系。

(三)法学院　法律学系、政治学系、经济学系、社会学系。

(四)工学院　土木工程学系、机械工程学系、电机工程学系、航空工程学系、化学工程学系、建筑工程学系。

(五)农学院　农艺学系、植物病理学系、昆虫学系、农业化学系。

第四条　国立清华大学,得设研究所,进行研究工作并训练大学毕业生从事高深学术之研究。

第三章　校内组织

第五条　国立清华大学,置校长一人,综理校务,由教育部部长提请国民政府任命之。

第六条　国立清华大学,置教务长一人,商承校长,管理关系大学全部之教务,并监督图书馆、注册组及体育音乐等部门,由校长聘任之。

第七条　文、理、法、工、农五学院,各置院长一人,商承校长,会同教务长,主持各该院之教育实施计划,及其他仅涉及该院内部之教务,由校长就教授中聘任之。

第八条　各学系各置系主任一人,商承院长、教务长,主持各该系教务,由校长就教授中聘任之。

第九条　各研究所主任由相关学系主任兼任之。

第十条　各学系置教授、副教授、讲师若干人,由校长得聘任委员会之同意后聘任之。置教员、助教若干人,由各系主任商承校长、教务长、院长同意后聘任之。

第十一条　国立清华大学,置训导长一人,商承校长处理学生训导事宜,由校长聘任之。

第十二条　国立清华大学,置秘书长一人,承校长之命,处理全校事务,管辖文书组、事务组、出纳组、校医室等部门,由校长聘任之。

第十三条　国立清华大学,依行政及设备上需要而设之事务部门,得分置主任及事务员若干人,由校长任命之。

第十四条　国立清华大学,设校务会议,由校长、教务长、训导长、秘书长及各院长组织之,议决一切通常校务行政事宜。

第十五条　国立清华大学,设评议会,以校长、教务长、训导长、秘书长、各院长及教授会所互选之评议员十人组织之,其职权如下:

一、议决重要章制;

二、审议预算;

三、依据部定方针,议决建筑及他项重要设备;

四、依据部定方针,议决各学系之设立或废止;

五、依据部定方针,议决本大学派遣及管理留学生之计划与留学经费之分配;

六、议决校长交议事项。

第十六条　国立清华大学,设教授会,以全体教授及副教授组织之,其审议事项如下：

一、教课及研究事业改进之方案；

二、学风改进之方案；

三、学生成绩之审核及学位之授与；

四、建议于评议会之事项；

五、由校长或评议会交议之事项。

第十七条 国立清华大学,依校务上之需要,得分设委员会,其委员由校长就教职员中聘任之。

第四章 基 金

第十八条 国立清华大学基金,委托中华教育文化基金董事会,负责保管。

第十九条 国立清华大学基金,无论何时,不得动用,其利息非至赔款终了之年,不得动用。

第二十条 前项基金之详细账目,依照中华教育文化基金董事会基金办法按期公布。

第二十一条 国立清华大学校长及评议会,得随时调查基金保管及其经理存放之实况,并得随时建议于中华教育文化基金董事会请其酌采。

第五章 学 生

第二十二条 国立清华大学本科学生入学资格,须具有教育部规定有应试大学资格之学生,经入学考试及格者。

第二十三条 国立清华大学转学学生资格,须得有国立、省立或经教育部立案之私立大学修业证书,其所习学科程度,与本大学相同,在学年开始以前,经转学考试及格者。

第二十四条 国立清华大学研究所学生入学资格,须在国立、省立或经教育部立案之私立大学与独立学院及本校承认之外国大学毕业,经入学考试及格者。

第二十五条 国立清华大学本科学生修业年限,至少四年,修业期满,考试及格,准予毕业,并依照教育部定章授予学士学位。

第二十六条　国立清华大学研究所学生修业期限，至少二年，各种考试及格者，给予研究毕业证书，并依照教育部定章授予硕士学位。

第二十七条　国立清华大学设留美公费学额若干名，其考试遣派及管理办法另订之。

第六章　附　则

第二十八条　本规程自公布之日施行。

清华大学校史研究室：《清华大学史料选编》四，清华大学出版社1994 年版，第 168—171 页。

国立清华大学教师服务及待遇规程

民国三十六年五月修正

第一章　总　则

第一条　本规程于本大学全体教师适用之。

第二条　本大学教师,分教授、副教授、合聘教授、讲师、专任讲师、教员及助教。

第三条　教授、副教授、专任讲师、教员及助教,为本大学专任教师,合聘教授及讲师,为本大学非专任教师。

第二章　资　格

第四条　本大学教授及合聘教授,须具有下列三项资格之一:

(甲)三年研究院工作、或具有博士学位及有在大学授课二年、或在研究机关研究二年、或执行专门职业二年之经验,及于所任学科有重要学术贡献者。

(乙)于所任学科,有学术创作或发明者。

(丙)曾任大学或同等学校教授或讲师、或在研究机关研究或执行专门职业共六年,具有特殊成绩者。

第五条　本大学副教授,须具有下列三项资格之一:

(甲)三年研究院工作得有博士学位或有特殊成绩者。

(乙)于所任学科有重要学术贡献者。

(丙)曾任大学或同等学校教授、副教授、或讲师、或在研究机关研究或执行专门职业共四年,具有特殊成绩者。

第六条　本大学讲师,须有下列三项资格之一:

（甲）曾在国内外大学任教授者，有成绩者。

（乙）于所任学科有学术创作或发明者。

（丙）于专门职业有特殊经验者。

第七条　本大学专任讲师，须具有下列三项资格之一：

（甲）二年研究院工作得有硕士学位而成绩特优者。

（乙）于所任学科有学术贡献者。

（丙）于专门职业有特殊经验者。

第八条　本大学教员须具有下列二项资格之一：

（甲）大学毕业成绩特优，且曾在大学或同等学术机关授课或研究四年者。

（乙）于所任学科有专门知识、或授课有特殊成绩者。

第九条　本大学助教须具有大学毕业成绩特优之资格。

第三章　聘　约

第十条　本大学教授、副教授、合聘教授、讲师及专任讲师之聘约，于聘任委员会通过后，按期致送。

第十一条　本大学专任教师之聘约暂定均一年为期。

第十二条　本大学合聘教授聘约之致送与解除，由本大学与合聘之机关共同订定之。

第十三条　本大学专任教师之续聘聘约，应于每年五月内致送。

第十四条　本大学专任教师，接到续聘聘约后，须于两星期内将应聘书送还本大学，否则作为辞聘。

第十五条　本大学教师在聘约期内，若遇下列事故之一，本大学得解除其聘约。

（甲）所服务之部分，中途停办者。

（乙）因事或因病请假，超过本校所规定之期限者。

（丙）旷职或不称职者。

（丁）不遵守校章者。

适用（丙）（丁）两项时，须经评议会全体过半数之通过。

第四章　薪　俸

第十六条　本大学教师各级薪俸由本大学准照教育部规定标准酌

定之。

第十七条　本大学专任教授及合聘教授之薪俸,每年以十二个月计算;讲师之薪俸每年以十个月计算,每学期以五个月计算。

第十八条　本大学新聘之教师,自八月起薪,但于学年始业后到校者,自到校之月起薪。

第十九条　本大学教师于聘约期内辞职或因第十五条事故解除聘约者,其薪俸发至离职之月止。

第二十条　本大学合聘教授之薪俸由本大学与合聘机关共同订定之。

第五章　授课兼课及兼事

第二十一条　本大学专任教授、副教授、专任讲师授课钟点,至少须每周九小时或每学年十八学分,至多每周十二小时或每学年二十四学分,惟兼任本校行政职务者其授课钟点得酌量减少。

第二十二条　本大学专任教师授课时间由注册组全权排列。

第二十三条　本大学教授、副教授,在本校任课之钟点不超过最低限度者,不得在外兼课或兼事,惟无报酬(薪金车马费及其他一切收入皆在内)之事,不在此例。

第二十四条　本大学教授、副教授在外兼课或兼事,须先得本校许可,其所兼课或兼事机关,应先函商本校。

第二十五条　本大学教授、副教授在外兼课,每星期至多以四小时(试验钟点与演讲钟点同样计算)为限。

第二十六条　本大学教授、副教授在外所兼之课程,以在本大学所授之课程为限。

第二十七条　本大学教授、副教授在外兼事,其所兼之事,必须与所授之课性质相同,其办公时间,每星期不得过四小时。

第二十八条　本大学教授、副教授在外兼课而又兼事者,其授课及办公时间总数,每星期不得过四小时。

第二十九条　本大学教授、副教授兼课或兼事,区域以北平为限。

第三十条　本大学专任讲师教员及助教,不得在外兼课或兼事。

第六章　请　假

第三十一条　本大学教师,因病或因事请假,须先期通知注册组,其因事请假逾一星期者,须先得系主任同意。

第三十二条　本大学教师,因事请假,每学期不得超过授课钟点总数五分之一,但因特别事故,经校长先期许可者得超过此限。

第三十三条　本大学教师,因事连续请假逾两星期者,其代课办法须预先商得本校之同意。

第三十四条　本大学专任教师,因病长期请假时须具有本校所承认医生之证明书。

一次连续请假不逾两月者,得支全薪。

一次连续请假逾两月者,得自假期第三个月起,按其服务年数,每满一年,多支一个月全薪三分之二,但若第二次应用本条规定时,第一次已经适用之服务年限,不得并入计算。

一学年内数次请假,合计逾两个月者,与一次连续假期逾两月者同样待遇。

第三十五条　本大学非专任教师,连续请假过一月者停薪。

第三十六条　本大学教师请假,不得连续过二年。

第七章　休假及研究补助

第三十七条　本章各条于本大学专任教师适用之。

第三十八条　本大学教授、副教授如按照本规程连续服务满七年而本大学愿续聘其任教授、副教授者,得请求休假一年,休假期间如不兼事得支全薪。

第三十九条　本大学教授、副教授,如欲在休假期从事研究工作,而须于薪金外请求本校之研究补助者,得详具研究计划另行申请,经评议会通过后,方得享受下列第四十、四十一、四十二、四十三各条之待遇。

第四十条　本大学教授、副教授,在休假期内拟赴欧美研究,其计划经评议会通过者,除支全薪外,由本大学给予川资及研究补助费美金共三千元,但如在国外另有收入在美金二千元以上者其超出二千元之数,由本校补助费减发。

第四十一条　本大学教授、副教授,在休假期内赴欧美以外区域研究者,其补助办法由评议会临时酌定。

第四十二条　本大学教授、副教授,在休假期内受本校研究补助赴国外研究者,由出国日起至起程回国日止,须满十个月,不满十个月者,其研究费应按月减发。

第四十三条　本大学教授、副教授,在休假期内,留国研究或赴远地调查者,其旅费或研究费得提出详细预算,经评议会核定支付。

第四十四条　本大学教授、副教授,曾享受休假或并受研究补助之权利者,于休假期满后,至少须返校服务一年。

第四十五条　本大学如在课程或经费上有特殊困难情形,经评议会通过,得请已届休假期之教授、副教授延期休期,其延期之年数,应计入下届休假前之服务年限以内。

第四十六条　本大学教授、副教授,已届休假时期而请求延期休假者,如继续在校服务,得保留其休假权利,但延期之年限,不得计入下届休假前之服务年限内。

第四十七条　本大学教授、副教授,每年休假人数,每学系最多二人,但每年之享受国外研究补助者每系最多一人;其教授、副教授人数在十人以上者得增为最多二人。

第四十八条　本大学各学系,不得因教授、副教授休假而增聘教授、副教授,但于必要时,得酌聘讲师。

第四十九条　本大学教授、副教授,经特种契约聘定者,不得享受本章权利。

第五十条　本大学专任讲师、教员及(全时)助教,连续服务满七年成绩优异,愿在国内专作研究,拟有具体计划,经评议会通过,而同时不兼他职者,得休假研究一年,支全薪,如须赴远地调查者,其旅费得提出详细预算经评议会核定支付。

第五十一条　本大学专任讲师、教员及(全时)助教,连续服务满七年成绩优异,愿赴欧美或国外其他区域专作研究拟有具体计划、经评议会通过者,得休假研究一年,支全薪,并照本规程第四十、四十一条按三分之二支给川资及研究补助费。

第五十二条　本大学专任讲师、教员及(全时)助教,改任其他种专任教师者,其未改任前在校服务年限,仍计入休假前服务年限内,且休假待遇,照改任后之职任办理。

第五十三条　本大学专任讲师、教员及助教休假者,每年每学系共不得超过一人。

第五十四条　本大学专任教师,在休假期内作研究工作,得有本校补助者,应于休假年终将研究结果,报告本校。

第五十五条　本大学专任教师,因事连续请假二月以上、不过一年者,或因病请假二月以上者,须于休假前补足服务年限,方得享受休假权利;其因事请假过一年者,其假前服务之年限,不得计入休假前服务年限内。

清华大学校史研究室:《清华大学史料选编》四,清华大学出版社1994年版,第403—409页。

★燕京大学

燕京大学是近代中国著名的教会大学之一,由美英两国基督新教差会联合在华创办。学校前身是美英两国教会在北京创办的三所教会学校,即 1889 年美国教会创办的汇文大学、1867 年创办的通州协和大学和 1864 年创办的华北协和女子大学;1919 年前两校合并,初名北京大学,后又三校合并,称燕京大学。1919 年在南京金陵神学院任教的司徒雷登被任命为新成立的燕京大学校长。

1928 年,燕京大学和哈佛大学开展国际学术合作,成立哈佛燕京学社,提高大学学术地位,扩充燕京大学的经济来源。1929 年起,燕京大学设立了文学院、理学院、法学院等,近 20 个系。大学在体制、机构、计划、课程、方法乃至规章制度诸多方面,直接引进西方近代教育模式,对中国大学产生颇为深刻的影响。1942 年迁成都,1946 年迁返北平。

1949 年中华人民共和国成立之后,1951 年燕京大学由政府接管。燕京大学在香港部分并入香港中文大学的崇基学院。1952 年,政府对高等学校进行院系调整,燕京大学被拆分,大部分文理科并入北京大学,工科并入清华大学,新闻系及一些社会学科并入中国人民大学。燕京大学校址燕园在院系调整后成为北京大学校园。

私立燕京大学组织大纲

民国十九年六月修改

第一章　名　称

第一条　本大学定名为私立燕京大学。

第二章　宗旨与校训

第二条　本大学以教授高深学术,发展才、德、体、力,养成国民领袖,应中华民国国家及社会需要为宗旨。

第三条　本大学校训为"因真理、得自由、以服务"。

第三章　学　制

第四条

(甲)本大学学制分二部,(一)研究院,(二)本科。

(乙)本大学得设(一)各专修科补习科及推广部,(二)附属学校。

(丙)本大学分设女部。

第五条　研究院

(甲)本院为研究高深学术而设,共分若干所,每所设教授、讲师、导师若干人。

(乙)本院学生分二种:(一)大学毕业生,入院为正式生;(二)有同等程度,研究特别问题者。得选课为特别生。

(丙)正式生入学,修业,毕业,及审定研究成绩,各项规程另定之。

第六条　本科

(甲)本科收录高级中学毕业生,或具有同等资格者,本科修业年限四年。

(乙)本科共分若干学院,每院设立若干学系。

(丙)本科学生修业完毕,试验及格者,授以毕业证书。得称学士。

(丁)本科各院学生入学,修业及毕业,各项规程另定之。

第七条 各专修科补习科及推广部

(甲)本大学于相当时期,得斟酌情形,设立专修科、补习科及推广部,以应社会之需要。

(乙)入各专修科、补习科及推广部修业者,毕业时得领各专修科、补习科及推广部证书。

(丙)各专修科、补习科及推广部入学,修业,毕业,各项细则另定之。

第八条 附属学校

(甲)本大学为教育学系学生实习训练,设立附属中学校、小学校及幼稚园。

(乙)各附属学校组织及学则另定之。

第四章 行政组织

一、校长

第九条 本大学设校长一人

(甲)校长由董事会聘任之。

(乙)校长总辖校务,并对外一切关系,代表全校负责。

(丙)校长得出席董事会讨论校务。

(丁)校长为大学总会议、校务会议、行政执行委员会议,及各种正式大会当然主席。

(戊)校长得选派本校教授一人,兼任校长办公室秘书长,掌埋机要文件,及对内外接洽事项。

二、校务长

第十条 本大学设校务长一人

(甲)校务长,由董事会得设立者同意推选,由校长聘任之。

(乙)校务长协助校长管理校务,校长如不在校,得代行其职权。

（丙）校务长为董事会当然会员。

（丁）校务长筹划本校财政,对本校之设立者及本校董事会负责。

三、研究院职员

第十一条　研究院各所,各设所长一人,管理各该所事务。研究院未成立以前设研究院委员会,办理关于研究院事务。

四、本科各学院院长

第十二条　本科各学院设院长各一人

（甲）各院院长,管理该院教务及其他事项。

（乙）各院院长遵照校章,管理收录升黜学生事务。惟关于女生事务,须与女部主任或其代表商酌办理。

（丙）各院院长视察本院教职员工作,求各系学术工作之妥协及效率。

（丁）各院院长为本院教职员会会议当然主席,并预备议事日程。

（戊）各院院长为本院常设及临时各种委员会当然委员。

五、女部主任

第十三条　大学女部设主任一人

（甲）女部主任,经女部教职员会提名,得女部管理委员会与设立者同意,由校长聘任之。

（乙）女部主任管理女部事项。

（丙）女部主任视察女部教职员工作,求其妥协及效率。

（丁）女部主任管理女部一切财产,及聘请女部教职员,对于女部管理委员会直接负责。

（戊）女部主任为董事会及女部管理委员会当然会员,及女部教职员会当然主席。

六、研究院各所及本科各学院职员之聘任及任期

第十四条

（甲）研究院各所所长。由各该所教授会议提名,由校长聘任之。

（乙）本科各院院长,由本院教授会议提名,由校长聘任之。

（丙）上列各会议,均由大学校长召集之,校长为当然主席。

（丁）上列各职，其任期均为二年，得连任。

七、大学行政执行委员会

第十五条 大学行政，由行政执行委员会议执行之。

（甲）本会委员为大学校长、校务长、校长办公室秘书长、研究院各所所长（研究院未成立以前，研究院委员会主席）、本科各院院长、女部主任、辅导委员会主席、总务处主任、会计处主任、注册部主任，及由校务会议所选之代表五人，其中三人，须为女部代表。

（乙）大学行政执行委员会之职权如下：(1)担负全校行政上各种责任。(2)督察各事务机关之进行。(3)讨论教职员之聘任升黜，并决定各项职员薪俸问题。及委派与更改各项职务。(4)决定全校经费预算及审查决算。(5)讨论每年大学校历及各种大学布告。(6)执行大学总会议及大学校务会议所议决之议案，并报告各该会议。(7)执行董事会议决在校内施行之各种议案。(8)执行教育长官命令。

八、辅导委员会

第十六条 本大学设辅导委员会，管理学生训育事项。

（甲）辅导委员会，以校长、校务长、研究院委员会主席、本科各学院院长、女部主任，及由校长选任教职员三人组织之。

（乙）辅导委员会办事细则另定之。

九、大学常设委员会

第十七条 本大学为规划推行各部事务，设各种常设委员会。

（甲）各常设委员会委员，由校长提名，经大学总会议通过后，由校长委任。

（乙）各委员会设委员长。由校长于委员会中指定之。

（丙）校长与校务长，可随时出席各委员会，为当然会员，有必要时，得为当然主席。

（丁）各委员会，须向大学总会议或校务会议报告会务，至少每年一次，此外有必要时，得随时报告。

（戊）委员会之职务，委员之任期及连任，各规则另定之。

十、大学临时委员会

第十八条　大学临时委员会,以所任事务定其名称,其委员由大学总会议或校务会议公推,或由校长或校务长委任,事毕即行撤销。

第五章　学　系

第十九条　大学学术组织之单位为学系。

(甲)各学系设主任一人,由本学系教授互选,经大学行政执行委员会议通过后,由校长聘任之,其任期为二年,连选得连任。

(乙)大学各教员经大学行政执行委员会指定隶属于某学系后,若兼任他学系功课,须得本学系之许可。

(丙)各学系得随时开学系会议讨论该学系事务,凡遇重大事务议决后,须报告本院教职员会议,或大学校务会议,或大学行政执行委员会议,通过后实行。各学系得讨论事项如下:(1)本学系所授之学科,(2)本学系选修学科与必修学科之计划,(3)本学系学科程度之标准,(4)本学系各种布告说明书之计划,(5)本学系预算,(6)本学系与他学系之协作,(7)本学系推广维持及其余事项。

(丁)学系之增设归并废止及转移,须由本系,或本系所隶属之学院,或校务会议提议,经校务会议讨论议决后实行。

(戊)各学系办事细则,由该学系自定之。

第六章　教　员

第二十条　本大学教员,依个人资格,分定等级如下:

(甲)教授

(乙)副教授

(丙)讲师

(丁)助教

第二十一条　各教员之等级,由校长商同大学行政执行委员会议订定,于聘书中证明,每岁若有改订,亦照此办理。

第二十二条　本校专任教员,非由本系及大学执行委员会许可,不得在校外兼任有薪职务。

第二十三条　本大学各学系得延聘兼任之讲师、助教,但其总数,不得超过全体教员三分之一。

第七章　事务组织

第二十四条　本大学事务之组织,分设各机关如下:

(甲)总务处管理本大学文牍、庶务、购置、技术、印刷。及凡不属于他部之事务。

(乙)会计处管理本大学一切收支款项,及编制预算决算等事务。

(丙)注册部管理本大学学生入学、注册、考试、毕业,及保管学生成绩,编制统计报告等事务。

(丁)图书馆管理本大学购置及保存图书,并馆内一切事务。

(戊)校医处管理本大学公共卫生,及诊治疾病等事务。

(己)上列各机关,各设主任一人,并得视事务之繁简,酌设副主任,及事务员、助理、书记。

(庚)各机关得审察事务之类别,分设各课。

(辛)各机关之规则另定之。

(壬)为谋各部分事务之联合与协作,组织事务委员会。除各主任及副主任为当然委员外,并由校长于本大学教授中选派三人为委员,其会议规则另定之。

第八章　大学总会议

第二十五条　本大学总会议,为本大学总务机关。

(甲)会员。

(1)大学校长为主席;

(2)大学校务长为副主席;

(3)研究院各所所长(研究院未成立以前,研究院委员会主席);

(4)本科各院院长;

(5)女部主任;

(6)辅导委员会主席;

(7)教授、副教授、讲师、助教,非专任之讲师及助教无表决权;

(8)各事务机关正副主任。

(乙)职权。

大学总会议职权如下：

(1)规定全校各种学则；

(2)规定大学行政及事务各机关之职务；

(3)审查及规定各种惩戒事项。由校长、校务长、研究院各所所长、本科各学院院长、女部主任，及辅导委员会，代表执行各种惩戒议案；

(4)审查及规定一切学生校中生活及课外事业规程；

(5)大学总会议。得选举代表三人为董事会会员，选举细则另定之；

(6)讨论各种有关全校教职员生活事宜。

(丙)会议时期。

(1)本会每年开例会四次，由校长召集之，时间由细则另定之。

(2)临时会议，由校长随时召集，或由大学教职员七人以上之请求，得召集之。

(丁)每次会议，以有表决权之全体会员三分之一为法定人数。

(戊)本会议事细则另定之。

第九章　大学校务会议

第二十六条　大学设校务会议。

(甲)大学校务会议会员以下列诸人组织之：

(1)大学校长为主席；

(2)大学校务长为副主席；

(3)研究院各所所长(研究院未成立以前，研究院委员会主席)；

(4)各学院院长；

(5)女部主任；

(6)辅导委员会主席；

(7)大学各学系主任；

(8)由大学总会议选举教员十人，其中须有女部教员五人；

(9)各事务机关正主任；

(10)女会员人数不足三分之一时，女部得添派代表；

(11)凡大学教授均得与会，并有发言权。

(乙)大学校务会议职权如下：

（1）为大学总会议之临时议会，办理总会议交与办理事项；

（2）议决大学教务及事务各种计划；

（3）议决研究院及本科所提出毕业生给与证书事项；

（4）讨论校长、校务长、研究院、本科，及女部交议事项。

（丙）大学校务会议一切议案，应报告于大学总会议。

（丁）大学校务会议，每月开例会一次。

（戊）临时会议，由校长随时召集，或由本会议会员四人以上之请求，得召集之。

（己）无论例会与临时会议，以全体会员三分之一到会为法定人数。

（庚）校务会议，得设立各种委员会，研究各项问题，对本会议负责，委员由本会议公推，或请主席委派。

（辛）本会议事细则另定之。

第十章　教职员会议

第二十七条　研究院各所、本科各学院及大学女部，各设教职员会。

（甲）各种职员会，处理各该部分事务，若有关于他部分之事务，须提交大学总会议或大学校务会议议决之。

（乙）各教职员会，可由校长或校务长介绍，向董事会，及董事会所设各委员会，或大学中其他各部分，直接商酌有关于本部之事宜。

（丙）各教职员会组织法及会议细则，由各教职员会另定之。

第十一章　附　　则

第二十八条　本组织大纲，由董事会议决通过，呈请教育部核准。

第二十九条　本组织大纲须修改时，须得本大学总会议全体会员过半数之通过，提交董事会通过，并呈报教育部。每逢此种修止议案提出时，须于开会前至少一星期通告本大学总会议全体会员。

王学珍、张万仓：《北京高等教育文献资料选编（1861—1948）》，首都师范大学出版社 2004 年版，第 624—628 页。

燕京大学本科教务通则

第一章　入　学

第一条　本大学于每学年之始，招考各学院一年级学生及编级生，其考试日期及科目另订之。

第二条　凡在公立或曾经立案之私立高级中学毕业，或同等学校毕业，经过本大学试验及格者，得入本大学为一年级生。

第三条　凡在公立或曾经立案之私立大学修业一年以上之学生，持有原校之修业证书，及学科详细成绩书，经本大学认为合格，准予参加编级试验，并经录取者，得入本大学为编级生，但学分编级，须经本大学审查后酌定之，如审查有疑义时，得分别学科另予试验。

第四条　录取新生，须照章觅妥保证人，填具保证书，并经医生检验身体合格，方准入学。

第五条　新生经本大学录取后，如因故不能于本学年到校，经本校认为理由充足，同时本校招生办法亦无变更时，得于下学年免试入学。

第六条　新生入学后，其第一学年为试读期，如有成绩不及格者，本大学得随时令其退学。

第七条　凡请求入学或已经录取之学生，如经发现有伪造证明文件或入学试验时有舞弊情事，或有其他不端之行为者。本大学得随时取消其投考或入学资格。

第二章　注册及改课

第八条　每学期开学后，学生须于本校规定注册日期内，来校注册选课。

第九条　在规定注册期内不能前来注册者,须依照请假规则请假,否则不准补行注册。

第十条　凡曾经请假补行注册者,在逾期第一星期内,须缴补注册费三元,第二星期内五元。

第十一条　补注册之期间,以开课后两星期为限,逾期不再补与注册。

第十二条　学生秋季开学两星期内春季开学十日内,得经系主任或班导师及院长之许可,并注册主任之同意,增减或更改其所选之学科,但开课一星期后改课,每门(增加或减少)须交费五角。

第三章　纳费及退学

第十三条　本大学学生,每学期须于注册时,依照下列费用表纳费:

项目	每学期
本科正式生学费	五十五元
特别生附习生学费每学分	五元
幼稚师范专修科学费	五十五元
制革专修科学费	六十元

学生以学分为交学费标准者,每学期至少须交学费十五元,至多六十元。

宿舍费(电、炉、水等)	二十元
医术费(药费另计)	二元
体育费	二元
杂费	二元

实验费及音乐费按所习科目规定之。

第十四条　学生缴费后,秋季于九月十五日前春季于二月十五日前,因病或其他特别事故不得不离校者,准予退还学宿费四分之三。

第十五条　学生缴费后,秋季于十月一日前春季于三月一日前,因病或其他特别事故不得不离校者,准予退还学宿费之半。

第四章　选院及选系

第十六条　本大学学生于一年级入学时,即须选定学院,于二年级始业时,即须选定学系。

第十七条　各学院学生,凡欲转院或转系者,须于每学期开学前或开课一星期内,请得有关两学院院长,及两学系主任之许可,并须补修所转入学院或学系之必修课程。

第十八条　转院及转系,俱以一次为限。

第五章　学分成绩及编级

第十九条　本大学采用学分制,每学期每周上课一小时,或实验调查三小时者,为一学分。

第二十条　学生在第一第二年级,每学期应修十八学分,在第三第四年级,应修十六学分。但如前学期成绩在五·八以上者,每学期得多修一学分,前半成绩在七·〇以上者,每学期得多修二学分。

第二十一条　学生成绩,以下列各等级登记之。

成绩	百分数
十	九十六——一百
九	九十一——九十五
八	八十六——九十
七	八十一——八十五
六	七十六——八十
五	七十一——七十五
四	六十六——七十
三	六十一——六十五
二	五十六——六十
一	五十一——五十五
〇	五十一——以下

第二十二条　凡学科成绩为"三"或"三"以上者可得学分,惟全年之平均成绩为"五"方为及格。

第二十三条　凡学科修习时间,未足指定期限者,无学分。

第二十四条　凡学生学年成绩，平均不是四·二绩点者，或连有两学年成绩，平均不足五绩点者，即认为学力拙劣，令其退学。

第二十五条　学生编级，于每学年结束后，以各学生所得学分，依照下列学分表编订。

年级	学分
一年级生	○——一八
二年级附级生	一九——三五
二年级生	三六——五四
三年级附级生	五五——七一
三年级生	七二——八八
四年级附级生	八九——一○三
四年级生	一○四——一三六

第六章　缺课及旷课

第二十六条　学生于授课时间不能上课者，应请领准假单。

第二十七条　学生因事请假，男生应向各院长呈请，女生向女部主任呈请，因病请假者，应向校医呈请，所令准假单，须分别交与教员及注册课查阅。

第二十八条　学生于授课时间不能上课，其曾经请假者为缺课，未请假者为旷课。

第二十九条　学生每旷一课，教员于计算该学科学期总成绩时，得酌量降低其成绩等级。

第三十条　学生每学期某学科旷课总量逾三星期时，教员对该生之此科得以不及格计。

第三十一条　学生每学期缺课或旷课总量至三星期，或占上课日十六天半者，其所读课程，得不给与学分。

第三十二条　学生旷课缺课，由教员自行记录之。

第七章　休学及退学

第三十三条　本大学学生因病或他种事故呈请休学者，须取得其学院院长之许可。

第三十四条　休学期间以三年为限,凡未经其学院院长特许者,逾期即作为退学。

第三十五条　未经取得学院院长同意,自行休学者,以退学论。

第三十六条　学生如有身体赢弱,成绩欠佳,或性质不良,难望成就者,本大学得斟酌情形,令其于指定期限内休学,或命其退学。

第三十七条　学生自请退学及休学者,得请领修业证书,及成绩报告书,但为本大学斥退之学生,不得请领修业证书。

第三十八条　已经退学之学生如欲复行入学,其手续悉与新生同,但学生因违犯校规或品行不端为本大学所斥退者,不得复行入学。

第八章　毕　业

第三十九条　本大学新生入学后,至少须修业八学期,其曾在他校修业之转学生,亦必须至少在本大学肄业四学期,始得毕业。

第四十条　本大学学生,至少须修毕一百三十六学分,始得毕业。

第四十一条　本大学学生须于一百三十六学分之外修习党义,军事训练,体育训练,成绩及格,始得毕业。

第四十二条　本大学学生成绩,总平均须在五·○○绩点以上,始得毕业。

第四十三条　本大学各学系主修学程,由各学系自订,至多六十八学分,至少三十二学分,该系学生必须修满,始得毕业。

第四十四条　本大学毕业学生,由本大学给与毕业证书。

毕业论文格式规则

(一)本大学毕业论文应以大学采用之论文纸誊录之,论文纸可由大学售书室购置。至于图表,照像等件,于必要时可用他项纸料;但篇幅须与论文纸张划一,或能折叠一律。

(二)如无特殊理由经导师认可者,论文一篇应订为一卷。

(三)中文论文应以墨笔楷书誊录,并加标点;西文论文应以打字机誊录之。

(四)论文封面应写明论文题目,著者姓名,毕业学位,等项。封面样张可向教务处注册课索取参考。

（五）论文每页均应标明页数。其目录所列各项，亦应将页数注出。

（六）论文应交两份，其正本由大学图书馆收藏，其副本由本学系收存之。副本可在图书馆用蓝图纸晒印。

（七）论文正本格式须经教务处审查认可，然后论文得呈交学系请与接受。凡待位生论文未经接受者，其毕业证书，即不发给。

旁听规则

（一）学生欲旁听某课，须先得该课教员及该生所属学院院长之允许，并依照注册手续办理。一年级生于第一学期内一概不准旁听。

（二）旁听生无须随班工作。亦无须应试。其学分，成绩，注册课亦不保留。旁听生之不能随班听讲，讨论，因而妨及全班之工作者，得令其退出。

（三）学生已修读学分至应修限度者，不得旁听功课。

（四）旁听课程之工作按正式课程半数计算之。例如某二年级生已选读十七个学分，则旁听生不得过二个学分。

（五）研究学科及实验学科班中不收旁听生。

（六）教职员或教职员之夫人欲旁听某课时，取得该课教员及院长之允许即可。惟欲读得学分时，则须按照普通学生办理入学注册等手续。

转学他校须知

本校学生欲转入他校时，须注意下列之各项手续：

（一）学生欲转入某校时，须详阅该校简章及课程一览，并注意其必需条件。

（二）呈寄报名书及通信处（如计算该校回信须于本人离校后方能寄到时，则须书明离校后之通信处）。

（三）学生应请其系主任或班导师写保荐书一封，寄至其所欲转入之学校。已离校生，并须将其离校后之履历呈寄。

（四）请求注册课寄成绩表及修业证书。其前校转来之成绩，本校注册课概不负责抄录转寄。如学生需用该项文件时，须迳［径］向其前校注册课请领。报名书，保荐书，备妥即交注册课，以便与成绩表一同寄出。

（五）学生成绩表一经寄交他校，该生除经其系主任及院长特许外，即不得再行来校注册。

（六）学生成绩表除第一份不取费外，每份须交费一元。

（七）转学报名手续须早日办理。如系转学国外，办理报名手续需时约四月之久。

（八）游学外国学生须先领得外国某大学准许入学证，而后始能进行办护照，订船票。备办护照手续，教务处编有说明，可向教务处领取。

（九）学生请求发给成绩表或修业证书时，均应各附相片二张。是后每请发给一份应相片一张。

学生离校规则

一、凡学生于学期中因故欲离校者，男生须得院长许可，女生须得女部主任许可。

二、已经上条核准离校之学生，男生须至教务处注册课，女生至女部主任办公室，办理离校手续。

三、离校手续包括下列各项。

1.清理各实验室赔偿费。

2.退还图书馆书籍。

3.清偿会计课各项欠款。

4.至学生自治会舍务部登记。

5.男生须至总务处庶务课退还宿舍钥匙。

四、凡完毕上条所列各项手续者，注册课或女部主任办公室即给与离校凭证。

五、学生领得离校凭证后，方可向教务处换取休学书。

六、凡学生于学期完了时离校者，亦须依照上述各条，办理离校手续。

七、凡不遵照本规则所述各条办理之学生，本大学得不准其返校续学。

八、凡休学退学完毕离校手续之学生，其姓名于校刊内宣布之。

《北京私立燕京大学一览》，第 42—50 页，其他不详，见"百万册数字图书"，http://www.cadal.zju.edu.cn/book/trySinglePage/09003670/1。

私立燕京大学校董会简章

第一章　名　称

第一条　本校董会遵照国民政府教育部颁布之私立学校规程组织成立,定名为私立燕京大学校董会。

第二章　组　织

第二条　本校董会以左(下)列十五人组织之：

甲、由本校之设立者选派代表四人。

乙、于全国负有声望之领袖中推选十一人。

第三条　于全体校董十五人之中,外国人至多不得过三分之一,又至少须有五分之一为妇女。

第四条　本校校长,校务长,及女部主任得列席校董会会议,但无表决权。

第五条　校董之任期及补选规则另定之。

第三章　职　权

第六条　本校董会之职权如左(下)：

甲、制定或修改本校组织大纲。

乙、选聘本校校长,及校务长。

丙、受设立者之委托,负责保管本校之基本财产,及永久投资。

丁、为本校筹募捐款,并保管及支配所募得之款项。

戊、核定本校每年预算,决算。

第四章　职　员

第七条　本校董会设主席一人,第一副主席一人,第二副主席一人,书记一人,均于年会时推选之。

第五章　常设委员会

第八条　本校董会设立下列之常设委员会:

甲、执行委员会

乙、财政委员会

丙、女部管理委员会

丁、法学院顾问委员会

第九条　前条各常设委员会,均于年会时选举之。如补选委员,可于特别会议时,或由执行委员会举行之。遇必要时,得增加常设委员会,或特别委员会。

第十条　执行委员会,以校董会之主席或副主席,书记,及其他校董三人组织之(校董会之主席,或副主席及书记,即为本委员会之当然主席及书记)。本校校长,校务长,及女部主任,亦为本委员会委员,但无表决权。执行委员会执行校董会所议决之事件,并于校董会休会期内,代行校董会一切职权。

第十一条　财政委员会以校董五人组织之。本校校长,校务长,及总务主任,亦为本委员会会员,但无表决权。本委员会,监视本校财政。凡本校存款之银行,须先经本委员会认可,本校预算,须经本委员会通过并请校董会予以认可。本委员会并须每年聘请查账专家检查本校一切账目。

第十二条　女部管理委员会,以女校董,本校校长,校务长,校董会主席,及女部主任为当然委员,并由当然委员于校董会及女校友会内或外,推选委员五人。本委员会,编制女部每年之预算,监督女部一切支出用途,并处理关于女部之各种问题。

第十三条　法学院顾问委员会向校董会发纾关于法学院人员,预算,及政策之意见;并居于中间地位,为本校与所有协助该院之机关,担任联络及传达两方意见之工作。

第六章　会　期

第十四条　本校董会年会,于学年已终或将终时举行之,特别会议,有校董三人以上之请求,或即由主席动议,随时召集,但须于五日前将开会之时间及地点,通告各校董。

第十五条　无论年会与特别会,均以全体校董过半数出席,为法定人数。

第七章　修改会章

第十六条　本校董会简章,得于年会或特别会时提出修改,但至少须于开会前一月,将所拟修改之点,通知各校董,并须得全体校董三分之二之通过,方可修改。

《北京私立燕京大学一览》,第9—11页,其他不详,见"百万册数字图书",http://www.cadal.zju.edu.cn/book/trySinglePage/09003670/1。

私立燕京大学校董会会章附则

第一章　校董会会员

第一条　会员之任期

甲、本校与协助本校之四个教会（即华北公理会，美以美会，长老会，及伦敦会）议定，每一个教会得有权利于各该教会之教友中，或由全国之领袖中推选一人为校董会会员。惟望各教会于推选此项会员时，先与本校当局商议，求其最能有利于本校之进展。

乙、由全国领袖中所推选之会员，分为四人，四人，三人，三组。每组任期三年。在校董会组织之初，第一组校董之任期至民国二十七年之年会闭会日，第二组至二十六年之年会闭会日，第三组，至二十五年之年会闭会日。此后各组之任期均为三年，或任期至继任者选定时止。

丙、会员任满时仍得被选连任。

丁、校董会休会时间，会员如有出缺者，得由执行委员会选补，提交下届大会追认之。

第二条　会员之至要惟一宗教的资格为公认皈依耶稣，信仰福音。

第二章　职　权

第三条　本校董会于行使职权时，得随时制定规则与条例并施行之。

第四条　校董会选任校务长，但此项选任必须经驻美之托事部认可后，方为有效。校董会应与校务长分担责任，协同维护本校之一切动产及不动产。校董会并经由校务长对托事部负责，保管及支配由托事部拨来之一切款项。

第三章 执行委员会之职务

第五条 执行委员会遵校董会之意志,执行会务,并由校董会休会期间,代校董会处理一切不及等下届开会解决之事项,但如依照本附则之规定应由其他常设委员会主管之事项,执行委员会于执行时,必须得该委员会之同意。

第四章 财政委员会之职务

第六条 财政委员会应详细监察本校所有之钱财,并辅助校务长及总务主任处理关于财务之事项。本校所有之基金,及助款均须有单独详明之账单。凡关于一切基金之投资,卖买,及签订契约等事,必须先得财政委员会之许可,方得进行。并许于规定时期,将所有收入基金之数目,及其存款之处所,与存储之种类等项,开具清单报告本委员会审核。

第五章 会 议

第七条 在一切会议中之议案均须以出席校董过半数投票赞成,方为有效。

第八条 所有会议之记录,以及常设委员会与本校行政当局之报告书,均须于会后,尽先抄录,送交托事部之书记存查。

第六章 开会程序

第九条 校董会年会须依照下列程序举行之:

一、开会祈祷;二、点名;三、通过上届会议之记录;四、各常设委员会之报告;五、特别委员会之报告;六、各学院院长报告;七、校长校务长报告;八、讨论未完之事件;九、讨论其他杂项事件;十、选举会员;十一、选举下届职员与各委员会委员;十二、散会。

第七章 修改附则

第十条 本附则得于年会或特别会时修改之,但修改以前须将拟修改各点,最迟于开会前三十日,用书面通知各校董,并经出席校董三分之二之多数投票赞成。

《北京私立燕京大学一览》,第 12—14 页,其他不详,见"百万册数字图书",http://www.cadal.zju.edu.cn/book/trySinglePage/09003670/1。

燕京大学研究院章程

第一条　本大学遵照教育部颁发大学研究院暂行组织规程,暨本大学组织大纲第三条第一款,设立研究院。

第二条　研究院以招收大学本科毕业生,研究高深学术,并供给教员研究便利为宗旨。

第三条　研究院分文理法三研究所,文科研究所设历史学部,理科研究所设化学部,生物学部,法科研究所设政治学部。

本研究院所属各研究所章程另定之。

本研究院各所依经济师资与设备情形,得陆续呈请教育部核准添设其他学科研究部。

第四条　本研究院设院长一人,得由本大学校长兼任,各研究所及所属各部各设主任一人,得分别由有关之院长系主任兼任之。

第五条　本研究院及各研究所,为讨论研究事务之进行及研究工作之规划指导等项,得设院务及所务会议,其规则另定之。

第六条　研究院学生须具左(下)列资格:

一、对于所选习之专门学科,有充分之准备,能用中文作明确畅达之文章,并对于与所研究学科有密切关系之外国文有相当造诣,至少能阅读所习学科之外国文原本书籍。

二、曾在国立省立或立案之私立大学与独立学院毕业。

三、经公开考试,并审查其在原毕业学校之功课成绩,均认为合格。

四、如无上述第二款之资格,但在经教育部认可之国外大学毕业者,亦得应前项之考试。

第七条 研究生入学时应缴纳学费及其他各费如下：

一、学费至多不得超过本科学生应缴纳之数额。

二、其他各费与本科学生同。

第八条 研究生应习学科之程序，由各该部主任分别酌定，其研究期限，至少二年，至在研究期间修习课程，实验考察与撰述论文时间上应如何支配，由各部另行规定。

第九条 研究论文须先经各部认可，再由院长聘请本校教授若干人，及校外委员二人，组织论文审查委员会审查之。研究论文须用中文撰作，但得提出用外国文撰作之副本。

第十条 研究生于研究期满，考试成绩及格，其所作研究论文亦经审查及格者，得为硕士学位候选人，参加硕士学位考试。

第十一条 硕士学位考试分左(下)列二种：

一、学科考试；二、论文考试。

学科考试，由考试委员就候选人所修学科中指定与论文有关系之科目二种以上，以笔试行之，必要时并得在实验室举行实验考试。

论文考试，由考试委员就候选人所交论文中提出问题，以口试行之，必要时并得举行笔试。

第十二条 硕士学位考试委员会，由本大学延聘，经教育部核准之校内外委员若干人(各占半数)组织之，由教育部指定一人为委员会主席。研究所主任暨负责指导候选人研究工作之教授一人为当然委员。

第十三条 凡候选人考选合格之论文，试卷及各项成绩，于考试完竣后一月内，由校呈送教育部复核无异者，由本大学授予硕士学位。

第十四条 本章程由本大学制定，呈请教育部核准后公布施行。

《北京私立燕京大学一览》，第36—38页，其他不详，见"百万册数字图书"，http://www.cadal.zju.edu.cn/book/trySinglePage/09003670/1。

燕京大学研究院学则

参看本院章程及教育部公布硕士学位考试细则

第一条　研究期限

(一)研究生之研究期限,至少为二年。

(二)在研究期间,应用全部时间在校内研究,如由导师指定在校外地点作实地研究,须先得本研究院执行委员会之许可。

第二条　修习课程

(一)研究生在研究期间,得自动选修各项课程,或由负责指导之导师指定修习各项课程。

(二)研究生在修习某种课程时,如缺课至三星期即不得继续到堂上课。

第三条　基本考试

(一)研究生于第一学年修业完毕时,得由各部举行该生所研究学科之基本考试。

(二)此项考试须在第一学年结束后一星期之前举行。

(三)此项考试之成绩报告书,须由各导师于第一学年结束后一星期之内送交本院秘书存案。

(四)此项考试不及格者不得继续为本院研究生。

第四条　退学休学

(一)研究生因故中途自动退学或休学者,应呈请院长认可,休学年限以三年为限。

(二)凡自动退学或休学者,得请领研究院修业证书及成绩报告书。

第五条　研究论文

(一)研究论文须用中文撰作,并附中文提要。

（二）研究论文完成后，须先经各该部认可，始能提出论文审查委员会审查之。

（三）研究论文完成后，至迟须于五月一日以前，交由各部导师转交本研究院院长，咨送论文审查委员会审查。

（四）研究论文及提要，须呈教育部复核，应依照规定之格式缮写缴呈誉清者各一份另缴副本各两份，一份存本校图书馆，一份存主修部。

（附注）研究论文须经审查委员会及考试委员会各委员评阅，故必须缴呈三份，以资便利，其规定式样可向教务处索取。

（五）研究论文经论文审查委员会审查不及格者，得由本研究院执行委员会议决不予接受。

（六）论文撰著完成后，即为本大学所有物。

　　（甲）凡关于刊印论文或其主要部份之各项问题，均须经研究院院长，会同各该主修部之主任，或该主任所推定之代表，或论文导师，决定之。

　　（乙）论文之著作者，如欲将其论文付印，须先呈明各该部主任或论文导师。

　　（丙）论文刊印本，须述明著作者与本大学研究院之关系，其方式由研究院院长会同该生主修部核定之。

（七）凡研究院学生，在其撰著论文之时期中，不得将任何一部分材料刊印出版，但经本规则第四条所规定之手续核准者不在此限。

（八）研究院学生，如于应缴论文期限以前，早将论文撰著完毕，并经依照本规则第四条之规定，取得研究院院长及主修部之同意将论文交付印出版者，其应缴之论文得以刊印本替代抄本。

第六条　学位考试

（一）学位考试分学科考试及论文考试二种。

（二）学科考试由考试委员以笔试或口试行之。

（三）论文考试由考试委员以口试行之。

吴惠龄、李壑：《北京高等教育史料》第一集（近现代部分），北京师范学院出版社 1992 年版，第 197—199 页。

燕京大学哈佛燕京学社奖学金简则

民国二十五年六月

（一）奖学金每年若干名，每名约给国币五百元，年分四期发给。

（二）请求奖学金者须：

（甲）得燕京大学研究院许可入学为研究生（研究院另有入学简章），其所选研究范围以下列七门为限：（子）中国文学；（丑）中国文字学；（寅）中国历史学；（卯）中国哲学；（辰）中国宗教学；（巳）中国美术学；（午）中国考古学。

（乙）得本社教授社员一人许可，指导其研究工作（此项可由本社代商）。

（丙）送交研究范围之说明及已出版或未出版之研究著作若干篇，以便本社考核（请求者如欲此类著作退还本人，交时应附写明通信处之纸袋）。

（丁）凡已得本社奖学金之研究生，如再得其他奖学金或薪金者，须先得本社之许可，否则本社即行停止给予该生奖学金。

（三）本社奖学金之给予，每年于本校毕业典礼后一星期内选定之，凡请求书应于毕业典礼前寄交本社委员会（请求书封面书寄北平海淀燕京大学哈佛燕京学社北平办公处干事收）。

（四）奖学金以一年为限，成绩优良者得继续请求本社，斟酌续给一年。

《北京私立燕京大学一览》，第 64 页，其他不详，见"百万册数字图书"，http://www.cadal.zju.edu.cn/book/trySinglePage/09003670/1。

★北洋大学

北洋大学最初源于 1895 年 10 月创建的天津北洋西学学堂。1896 年更名为北洋大学堂，是中国第一所命名为"大学堂"的高等学校。因八国联军入侵，学校一度停办，至 1903 年北洋大学堂在西沽正式复课，分设法律、土木工程、采矿冶金三个学门，后应外交需要附设法文班、俄文班，1907 年开办师范科。

1912 年，北洋大学堂改名为北洋大学校。1914 年，改为国立北洋大学。1917 年中华民国教育部对北洋大学与北京大学进行科系调整，法科移入北京大学，北京大学工科移入北洋大学；北洋大学进入专办工科时代。1928 年，北平大学区成立，改北洋大学为北平大学第二工学院；大学区制结束后又改名为国立北洋工学院。1937 年卢沟桥事变爆发，北洋工学院与北平大学、北平师范大学和北平研究院等院校一起，设立西安临时大学。1938 年 3 月，西安临时大学改称国立西北联合大学。7 月，西北联合大学改组为国立西北大学、国立西北工学院、国立西北师范学院和国立西北医学院。

抗日战争结束后，泰顺北洋工学院、北洋工学院西京分院、国立西北工学院和北平部四校师生先后返津复校。1945 年 10 月，国立北洋大学复校开学，茅以升任校长，设两院十二系。复校后的国立北洋大学，在原来工学院的基础上，增设了理学院。工学院之初下设土木、水利、采矿、冶金、电机、航空、机械、化学工程学系八系，后增设建筑工程学系和纺织工程学系；理学院设置与工学院关系密切的物理、化学、数学、地质学四个基础学科系。

1951 年 9 月，北洋大学与河北工学院合并后改称天津大学，校址设在天津老城南的七里台。

盛宣怀先生请奏设立本院章程

1895 年 9 月 19 日

拟设天津中西学堂章程,请奏明立案,禀北洋大臣王。

敬禀者,窃于光绪二十一年闰五月二十九日,奉宪台札开:光绪二十一年闰五月二十八日,承准军机大臣字寄,奉上谕:"自来求治之道,必当因时制宜。况当国事艰难,尤宜上下一心,图自强而弭隐患。朕宵旰忧勤,惩前毖后,惟以蠲除痼习力行实政为先。叠据中外臣工条陈时务,详加披览,采择实行。如修铁路,铸钞币,造机器,开矿产,折南漕,减兵额,创邮政,练陆军,整海军,立学堂,大抵以筹饷练兵为急务,以恤商惠工为本源,皆应及时举办。至整顿厘金,严核关税,稽查荒田,汰除冗员各节,但能破除情面,实力讲求,必于国计民生两有裨益。各直省将军督抚将以上诸条,各就本省情形与藩臬两司暨各地方官悉心筹划,酌度办法,限文到一月内分晰复奏。当此创巨痛深之日,正我君臣卧薪尝胆之时,各将军督抚受恩深重,具有天良。谅不至畏难苟安,空言塞责,原折片均著抄给阅看,将此各谕令知之。"钦此钦遵,寄信前来。合行恭录谕旨抄录原奏,札饬悉心筹议,札到,该司道等即便钦遵,迅速妥筹议后,以凭酌核具奏等因。奉此。伏查自强之道,以作育人才为本。求才之道,尤宜以设立学堂为先。光绪十二年,前任津海关道周馥禀请在津郡设立博文书院,招募学生,课以中西有用之学,嗣因与税务司德璀琳意见不合,筹款为难,致将造成房屋抵押银行。蹉跎十年,迄未开办。可见创举之事,空言易,实行难,立法易,收效难。

况树人如树木,学堂迟设一年,则人才迟起一年。日本维新以来,援照西法,广开学堂书院,不特陆海军将弁皆取材于学堂,即今之外部出使诸员,亦皆取材于律例科矣。制造枪炮开矿造路诸工,亦皆取材于机器工程科地学化学科矣。仅十余年,灿然大备。

中国智能之士,何地蔑有,但选将才于俦人广众之中,拔使才于诗文帖括之内,至于制造工艺皆取材于不通文理不解测算之匠徒,而欲与各国絜长较短,断乎不能。

职道之愚,当赶紧设立头等二等学堂各一所,为继起者规式。惟二等学堂功课,必须四年,方能升入头等学堂。头等学堂功课,必须四年,方能造入专门之学。不能躐等,即难免迟暮之憾。现拟通融求速办法,二等学堂本年拟由天津、上海、香港等处先招已通小学堂第三年功夫者三十名,列作头班;已通第二年功夫者二[三]十名,列作二班;已通过第一年功夫者三十名,列作三班;来年再续招三十名,列作四班。合成一百二十名为额。第二年起,每年即可拔出头班三十名升入头等学堂。其余以次递升,仍每年挑选三十名,入堂补四班之额,源源不绝。此外国所谓小学堂也。至头等学堂,本年拟先招已通大学堂第一年功夫者,精选三十名列作末班。来年即可升列第三班,并取二等之第一班三十名,升补头等第四班之缺。嗣后按年递升,亦以一百二十名为定额。至第四年底,头等头班三十名,准给考单挑选出堂。或派赴外洋,分途历练;或酌量委派洋务职事。此外国所谓大学堂也。

职道与曾充教习之美国驻津副领事丁家立考究再三,酌拟头等二等学堂章程,功课必期切近而易成,大约头等学堂每年需经费银三万九千余两,二等学堂每年需经费银一万三千余两,共需银五万二千两左右。现值国用浩繁,公款竭蹶,事虽应办,而费实难筹,职道查津海钞关近年有收开平煤税,每年约库平银一万四五千两,为从前所无之税款,似可尽数专提,以充学堂经费。又天津米麦进口自光绪十九年禀明每石专抽博文书院经费银三厘,每年约收捐银三四千两,拟每石改收银五厘,亦不为多。又电报局禀明由天津至奉天借用官线递寄海蓝泡出洋电报,每字津贴洋银一角,电线通时,每年约计应交洋三四千元。营口一带线断之后,已经停止。嗣后锦州至奉天改造商线,仅借用天津至锦州官线一段,贴费更微。拟令电报局以后不计字数,每年捐交英洋二万元。又招商局运漕由沪至津轮船,向系援照沙宁船成案,装运土货例准二成免税,藉以抵制洋商。拟令招商局以后在承运漕粮运脚免税项下,每年捐交规银二万两。以上合计每年捐银五万二千两左右,全数解交津海关道库存储,专备天津头等二等学堂常年经费。通筹扯算,似可有盈无绌。

所有头等学堂,应即照前北洋大臣李批准周前道原拟以博文书院房屋为专堂。现经胡臬司顾全大局,由粮台设法筹款,向银行赎回,作为公产。其房价内,原有总税务司赫德及津海关税务司德璀琳捐款在内,如仍作学堂,税务司亦必乐从。

所需购办格致化学器具书籍等项,及聘请教习川资,创办应用之款,不在常年经费之内。查光绪十九年起,至二十一年四月止,米捐存银八千余两,拟即在此款内核实动用。二等学堂应觅地另行盖造,拟在开办初年教习学生尚未齐全应余经费之内提用,毋庸请发公款。其房屋未造成之先,应即借用头等学堂,房屋甚宽,足可敷用。

所有学堂事务,任大责重,必须遴选深通西学体用兼备之员总理,方不致有名无实。头等学堂拟请宪台札委二品衔候选道伍廷芳总理,二等学堂拟请札委同知衔候补知县蔡绍基总理,并拟订请美国人丁家立为总教习。该堂延订中西教习,考取学生,购办机器书籍等事,均由职道会商伍道蔡令及总教习于年内妥速开办,以免因循虚旷岁月。向来学堂有会办提调监督各名目,今拟一概删除,藉省开销而杜纷杂。谨缮呈章程清折,是否有当,伏乞宪台俯赐鉴核迅赐批示遵行,并请奏明立案以垂久远,实为公便,肃此敬请勋安伏乞垂鉴。

谨将拟设天津头等二等学堂章程功课经费与总教习丁家立酌议各款,分缮清折,恭呈钧鉴。

计　开

头等学堂章程

——头等学堂,因须分门别类,洋教习拟请五名,方能各擅所长。是以常年经费甚巨,势难广设。现拟先在天津开设一处以为规式。

——房屋必须宽大,拟即就天津梁家园南围墙外前津海关周道所议造之博文书院作为北洋头等学堂,以期名副其实。

——头等学堂,以选延教习、挑取学生两大端最为紧要。总教习不得稍有宽徇,致负委任。

——头等学堂,以四年为一任,是以总分教习,均订四年合同。任满去留,再行酌定。

——头等学堂第一年功课告竣后,或欲将四年所定功课全行学习,或欲专习一门,均由总办总教习察看学生资质,再行酌定。然一人之精力聪明,只有此数,全学不如专学,方能精进而免泛骛。如学专门者,则次年所学功课与原定功课稍有不同。至第三、四年所学功课,与原定功课又相径庭,应俟届时再行酌定。

——头等学堂常年经费,应照第四年教习学生足额,酌定数目。其第一年至第三年,学生未能足额,教习无庸多请,所节省之经费,除另造二等学堂及每次考试花红外,其余积存生息,以备四年后挑选学生出洋川资经费。

——格物学、化学机器等房,创办时均须预备机器式样,以备各学生阅视考据,并学堂置办书籍各图,所有经费应在常年经费外开支。

——学生将来由二等学堂挑来者,汉文自可讲究。现由粤沪等处挑来者,恐汉文不能尽通。是以汉文教习必须认真防延,不可丝毫徇情。

——汉文不做八股试帖,专做策论,以备考试实在学问经济。大约小学堂内《四书》古文均已读过,此外经史皆当择要讲读。

头等学堂功课

历年课程分四次第

第一年(几何学,三角勾股学,格物学,笔绘图,各国史鉴,作英文论,翻译英文)。

第二年(驾驶并量地法,重学,微分学,格物学,化学,笔绘图并机器绘图,作英文论,翻译英文)。

第三年(天文工程初学,化学,花草学,笔绘图并机器绘图,作英文论,翻译英文)。

第四年(金石学,地学,考究禽兽学,万国公法,理财富国学,作英文论,翻译英文)。

专门学分为五门

——工程学（专教演习工程机器，测量地学，重学，汽水学，材料性质学，桥梁房顶学，开洞挖地学，水力机器学）。

——电学（深究电理学，讲究用电机理，传电力学，电报并德律风学，电房演试）。

——矿务学（深奥金石学，化学，矿务房演试，测量矿苗，矿务略兼机器工程学）。

——机器学（深奥重学，材料势力学，机器，汽水机器，机器绘图，机器房演试）。

——律例学（大清律例，各国通商条约，万国公法等）。

洋人教习五名

——工程学算学教习一名。

——格物学化学教习一名。

——矿务机器学地学教习一名。

——机器学绘图学教习一名。

——律例学教习一名。

华人教习汉文二名

——讲读经史之学。

——讲读圣谕广训。

——课策论。

华人教习洋文六名

——华人洋文教习，视其所通何学，则由洋文总教习调度，帮助洋人教习。

头等学堂经费

第一年

——华总办一员（每月薪水公费银二百两），每年计银二千四百两。

——洋人总教习一名（每月薪水银二百两），每年计银二千四百两。

——格物学化学洋教习一名（每月薪水银二百两），每年计银二千四百两。

——汉文教习一名(每月薪水银四十两),每年计银四百八十两。

——华人洋文教习二名(每人每月薪水银一百两),每年计银二千四百两。

——学生膏火(三十名,每名每月四两),每年计银一千四百四十两。

——司事二名(每月共薪水银三十两),每年计银三百六十两。

——总办教习学生司事共三十六人,膳费每年计银一千二百六十两。

——书籍纸张笔墨等费,每年约计银二百两。

——听差灯油炭火杂款等费,每年约计银六百两。

共约计银一万三千九百四十两(遇闰按月照加)。

(第一年比较第四年经费,约省银二万五千五百四十四两。)

第二年

——华总办一员(每月薪水公费银二百两),每年计银二千四百两。

——洋人总教习一名(每月薪水银二百两),每年计银二千四百两。

——格物学化学洋教习一名(每月薪水银二百两),每年计银二千四百两。

——工程学算学洋教习一名(每月薪水银二百两),每年计银二千四百两。

——汉文教习二名(每人每月薪水银四十两),每年计银九百六十两。

——华人洋文教习三名(每人每月薪水银一百两),每年计银三千六百两。

——学生膏火(三十名,每人每月四两。三十名每人每月五两),每年计银三千二百四十两。

——司事二名(每月共薪水银三十两),每年计银三百六十两。

——总办教习学生司事共六十八人,膳食费每年计银二千三百七十六两。

——书籍纸笔墨等费,每年约计银四百两。

——听差油灯炭火杂款等费,每年约计银六百两。

共约计银二万一千一百三十六两(遇闰按月照加)。

（第二年比较第四年经费约省银一万八千三百四十八两）。

第三年

——华总办一员（每月薪公费银二百两），每年计银二千四百两。

——洋人总教习一名（每月薪水银二百两），每年计银二千四百两。

——洋人分门教习五名（每人每月薪水银二百两），每年约计银一万二千两。

——汉文教习二名（每人每月薪水银四十两），每年计银九百六十两。

——学生膏火（三十名每月四两，三十名每月五两，三十名每月六两），每年计五千四百两。

——司事二名（每月共薪水三十两），每年计银三百六十两。

——总办教习学生司事共九十九人，膳费每年计银三千四百九十二两。

——书籍纸张笔墨等费，每年约计银六百两。

——听差灯油炭火杂款等费，每年约计银八百两。

共约计银三万三千二百十二两（遇闰按月照加）。

（第三年比较第四年经费，约省银六千二百七十二两。）

第四年

——华总办一员（每月薪水公费银二百两），每年计银二千四百两。

——洋人总教习一名（每月薪水银二百两），每年计银二千四百两。

——洋人分门教习五名（每人每月薪水银二百两），每年约计银一万二千两。

——汉文教习二名（每人每月薪水银四十两），每年约计九百六十两。

——华人洋文教习六名（每人每月薪水银一百两），每年计银七千二百两。

——学生膏火（三十名每月四两，三十名每月五两，三十名每月六两，三十名每月七两），每年计银七千九百二十两。

——司事二名（每月共薪水银三十两），每年计银三百六十两。

——总办教习学生司事共一百三十一人，膳费每年计银四千六百四十四两。

——书籍纸张笔墨等费,每年约计银八百两。

——听差灯油炭火杂费,每年约计银八百两。

共约计银三万九千四百九十四两(遇闰按月照加)。

计　开

二等学堂章程

——二等学堂即外国所谓小学堂,日本一国不下数百处,西学之根底,皆从此起。现拟先在天津开设一处,以后由各省会推而至于各郡县,由各通商口岸推而至于各镇市,官绅商富皆可仿照集资开办,轻而易举。

——凡欲入二等学堂之学生,自十三岁起至十五岁止。按其年岁,考其读过《四书》,并通一二经,文理稍顺者,酌量收录。十三岁以下十五岁以上者俱不收入。

——二等学堂之学生,照章须学西文四年,方能挑入头等学堂。现因头等学堂亟须挑选,不得已本年先选已通西文学生九十名,以充头二班之额。至来年起,每年挑选三十名,以补四班之额。

——房屋必须另造。现因头等学堂人未齐集,尚可暂借博文书院房屋,以一院分作两堂,足敷布置。来年另行择地购造,须能容学生一百二十名之用。

——二等学堂必须谙习西学之员一人为驻堂总办。所有学堂一切布置及银钱各事,均归总办管理。所有学堂考核功课,以及教习勤惰,学生优劣,均归总教习考核。遇有要事,总办总教习均当和衷商办。

——二等学堂以选延教习,挑取学生两大端最为紧要,总教习不得稍有宽徇,致负委任。

——二等学堂洋文教习均用华人,每班须用英文正教习一名,帮教习一名,必须学业充足,故不得不酌宽薪水。如四年任满,所教学生堪胜头等之选,准由总办详情从优保奖。

——二等学堂汉文教习,每班须用一名,必须认真访延品学兼优精神充足者方能讲学得力,不得丝毫徇情。

——汉文不作八股试帖,专作策论,以备考试实在学问经济。第一年现选学生九十名,皆自外来,汉文必浅,尤应认真讲诵以立造就根基。

——二等学堂之学生,每月贴膳银二两。第一年学生每人每月膏火银一两,第二年学生每人每月一两五钱,第三年学生每人每月二两,第四年学生每人每月二两五钱。俟风气大开,中西学咸有进身之阶,渐推渐广,膏火或酌减。

二等学堂功课

历年课程分四次第

第一年(英文初等浅言,英文功课书,英文拼字,朗诵书课,数学)。

第二年(英文文法,英文字拼法,朗诵书课,英文尺牍,翻译英文,数学并量法启蒙)。

第三年(英文讲解文法,各国史鉴,地舆学,英文官商尺牍,翻译英文,代数学)。

第四年(各国史鉴,坡鲁伯斯第一年,格物学,英文尺牍,翻译英文,平面量地法)。

洋文华教习八名

——四班,每班英文正教习一名,帮教习一名。

汉文华教习四名

——讲读四书经史之学。

——讲读圣谕广训。

——课策论。

二等学堂经费

以第二年核算

——华总办一员(每月薪水银六十两),每年计银七百二十两。

——汉文华教习四人(每人每月薪水银二十两),每年计银九百六十两。

(第一年少一人,可节省二百四十两。)

——洋文华教习四人(每人每月薪水银五十两),每年计银二千四百两。

(第一年少一人,可节省银六百两。)

——洋文帮教习四人(每人每月薪水银二十五两),每年计银一千二百两。

(第一年少一人,可节省银三百两。)

——学生膏火一百二十名,每年计银二千五百二十两。

(第一年少第四班三十名,可节省银三百六十两。)

——司事人(每月薪水银十五两),每年计银一百八十两。

——总办教习学生司事共一百三十四人,膳费每年计四千八百二十四两。

(第一年少三十三人,可节省银一千一百八十八两。)

——书籍纸张笔墨等费,每年约计银六百两。

——听差灯油炭火杂费,每年约计银六百两。

自第一年起二年经费,共约计银一万四千四百两。

(第一年计可节省银二千六百八十八两。)

凡头等二等历年经费,只能约核银数。此外如有额外用款实难节省者,应在开办初年节存经费之内禀请批准开支。所有收支各款,按月由堂申报北洋大臣一次。并咨津海关道衙门招商局电报局一次。至第一年期满将学生功课,等第及收支经费刊布一次,以备中外考核。

以上头等二等学堂章程功课经费各条,皆就目前拟议具陈,深恐未尽确当。如开办后须有变通之处,应准随时随地商禀补定,以期精益求精合并声明。

《北洋周刊》1935年第79期,第9—16页。

天津大学堂新订各规则(选录)

总办规则

——总办有总理全学之权,当尽热心教育之义。诸生有未开通者启导之;能够学者奖励之;不率者董戒之。

——学堂大事必关总办。凡学务事宜当随时与总教习详议商办。

——总办于监督教习行宾主礼。监督教习有事谒总办,不拘时刻。总办有缺失,教习皆得规劝之,以合公理为断,应时更定,再不能决,则以占三从二之法决之,毋执己见,毋护前非。

——堂中七日一休沐。非休沐日,总办非有故有病,不得不到堂。

——诸生来谒具名不具,赘一揖必答揖。

——诸生有事或请业,不拘时刻接见,通名就坐,有疑难就问,务尽其意所欲言,答必以诚。有不中理者,诲正之,毋疾言,毋厉色,使之悔悟,不追既往。

——学务有当改良者,集总教习、监督、教习于研究室,提议互相质难,折衷贵。当意有不同,各抒己见,毋偏徇,毋执拗,惟其当。

——监督缺人,由总办择学行优长、深通管理法者,照会延订。

——教习缺人,由总办择学行优长者,慎为延订,戒徇情,戒阿好。不称职者,据公论谢退之。

——堂中办事各员,由总办慎选札派,随时查核,有不谨者,易置之。

——来学者由中学高等学递升,具读书姓名、年藉,总办会同总教习分日试中西学,因其程度所及定班之高下,其不及格者则屏之。

——学生学业不进，积分不及格，由总教习核定，商之总办，高班者降班，无可降者许留一月以观后效，又不及格则退之，总办当详加析核以定去留。

——月考中文课卷由本班教习阅定呈总办评定甲乙榜示给奖。西学课卷由西教习阅定呈总教习评定甲乙，汇送总办查验。

——年终大考，总办会总教习、监督、教习以中西文分日试验之。试日请于北洋大臣派员监试。

——每届领款之期，由总办派员赴领银据存总办处，候收支委员开列应领某款，分别发给。

——堂中额支、活支各款册籍，随时稽核，分别准驳。

教习规则

——分科教授教习各有专责而受成于总教习。

——西学教习缺人，当由总教习妥商总办慎择延聘，订立合同照章办理。

——西学教员受成于总教习，总办有随时稽查之权。

——学科增减时刻由总教习酌定。

——中学教习专归总办延聘，学科增减由总办决定告知总教习。

——教习授课当循循善诱，使学生领悟，不得厌烦。

——学生犯规当正言告诫，不得呵斥。

——教习到堂时刻由监学官记注，每星期汇呈总教习查核。

——教习告假须函知监学官，传知学生停课，若未告假以旷课论。

——教习请假每日授课三小时者，每学期不得过三十时，如逾此限，呈请总教习办理或按日扣除薪资，倘有大事不在此例。

——教员请假在半月以外者或自行请代或由本堂派人代理，其自请代者仍由总办总教习查核合格方可定议。

——教习因私事告长假，在半月以外者，其自行请代薪资应归代理人或本人与代理人订明薪资者，仍由本教员自领。由本堂派充代理者薪资仍由学堂发给。

——教员如未经告假，随时旷课者，或有意紊乱规则，或确系不能胜任者，由总办总教习据实查明辞退。

——学生分数须秉公详记，不得以爱憎为增减。

监学官规则（教习兼充）

——监学官所以稽查教员勤惰，每星期列教员到堂时刻表二份送总办总教习查核。

——每打上堂钟点后五分种，按堂查核各教习曾否上堂，随时记注。

——监学官派教习兼充。

——教员有事请假须告知监学官传知学生。

——教员逾时不上堂者，由本班班长呈知监学官，由监学官查明详注册内。

检查官规则（教习兼充）

——检查官所以查验学生品行，实行立品规则，当随时随地留心查验，不得玩忽。

——检查官派教员兼充而受成于监督。

——学生立品分数由监督会同检查官秉公酌定。

——斋舍内为斋务官专则，检查官随时查验，有事互相知照。

——斋务官有事告假，请检查官代理，检查官有事告假亦请斋务官代理。

［下略］

——评定考试分数以五十分为及格，以百分为满格，各科分数定后，通计均数核算，必得五十分方为及格。

北洋大学—天津大学校史编辑室：《北洋大学—天津大学校史资料选编》（一），天津大学出版社1991年版，第21—29页。

国立北洋大学校办事总纲

第一章 职 任

第一条 本校事务分由下列各主任商承校长处理之。

甲、教务主任;乙、学监主任;丙、庶务主任;

丁、斋务主任;戊、图书主任;己、文牍主任。

第二条 教务主任所掌事务如下:

甲、襄助校长计划各门课程之进行;

乙、襄助校长规定教员之延聘及解约;

丙、规定授课时间表;

丁、计划添购图书仪器及其他关于学术上之设备;

戊、采定各科课本;

己、考察教员授课情形;

庚、凡关于教务上与教员接洽事宜。

第三条 学监主任所掌事务如下:

甲、办理各试验并核算宣布试验结果;

乙、教员及学生每日上堂及下堂事务;

丙、登记教员与学生请假;

丁、排定教室及实验室学生位次;

戊、登记学生入学退学及休学事项;

己、保管学生证书、愿书及保证书;

庚、布告教员请假;

辛、保管学生成绩簿册;

壬、保管各种试验之试题与试卷；

癸、管理印刷讲义。

第四条　庶务主任所掌事务分属三课如下：

甲、属于会计课者：

（一）经理银钱出入登记并保存关于银钱出入之一切簿据；

（二）保存本校一切现款有价证券及其他重要物件；

（三）编制预算决算；

（四）编制每月报销表册；

（五）经理各学生津贴并寄存款项。

乙、属于杂务课者：

（一）校具之设备整理及修缮；

（二）管理全校仆役并稽查其勤惰；

（三）稽查门禁及校内消防；

（四）掌管校内家具库及学生储藏室；

（五）校内各项杂具之购置及分配；

（六）管理全校清洁事务。

丙、属于资产课者：

（一）登记本校各种资产；

（二）保存本校各种资产之簿据；

（三）稽查本校各种资产有无亏损及遗失；

（四）计划本校各种资产之整理与发展。

第五条　斋务主任所掌事务如下：

甲、编定学生住号；

乙、管理斋舍内秩序及卫生；

丙、预防斋舍内火灾及其他危险；

丁、稽查学生在斋舍内有无不规则行动；

戊、凡斋舍内有应备修缮及整理事项，商同庶务主任办理；

己、管理讲室、食堂、浴室及病室、盥洗室之清洁及秩序。

第六条　图书主任所掌事务如下：

甲、学校所有图书之整理及保存；

乙、商同教务主任购置应添书籍及杂志；

丙、编订各种书目；

丁、征集本国、外国新出版书籍目录；

戊、经理本校职教员生借用书籍事务；

己、管理本校学生用或转购各科教科书及参考书；

庚、管理图书阅览室及阅报室之秩序与清洁。

第七条　文牍主任所掌事务如下：

甲、起草各种函牍送校长阅看后缮发；

乙、缮写宣布本校布告；

丙、管理收发文件；

丁、保存各种卷宗及函件；

戊、编制本校统计及报告。

第八条　本校学监及中外文牍员辅助其主任设事务员，辅助各该主任办理所掌一切事宜。

第九条　庶务主任所属事务员应分课配置之。

第十条　本校聘有校医，中西各一人，办理全校检查诊治及卫生等一切事宜。

第二章　会　议

第一条　本校会议分下列三种：

甲、校务会议；

乙、教务会议；

丙、事务会议。

第二条　校务会议由校长各主任及在本校连续任职二年以上之本国教员组织之，以校长为议长，所议事项如下：

甲、各学门之设立及废止；

乙、各项规则之增删及修正；

丙、学生纳费增减问题；

丁、本校应行兴革问题；

戊、其他重要事项。

校长有故障由教务主任代充议长。

前项校务会议议长认为必要时得临时邀请本校其他教员列席。

第三条　教务会议由教务主任及全体教员组织之,以教务主任为议长,其所议事项如下:

甲、规定各门课程之进度;

乙、商订授课时间表;

丙、商定各科课本;

丁、商定各种试验之时间;

戊、商定购置图书仪器及其他关于学术上之设备;

己、各科成绩考察法之实施及变更;

庚、其他关于教授上一切事项;

辛、审查学生各项成绩,决定每学年终学生之升级、留级、毕业及退学。

前项辛款会议,须请校长与学监主任一同列席。

第四条　关于一学门或一学科之教务,得由教务主任召集有关系之教员开局部教务会议。

第五条　事务会由庶务主任及各课事务员组织之,以庶务主任为议长,其所议事项如下:

甲、预算决议之编制;

乙、学校各项资产之清查与保管;

丙、校内各处之清洁与整理;

丁、校舍与校具之修理;

戊、购置重要物品;

己、其他关于庶务上一切事项。

第六条　事务会议议案如与斋务或医务有关,应请斋务主任或校医列席,如需款在三百元以上,应请校长列席。

第七条　教务或事务会议有校长列席时,应以校长为议长,但校长得使教务主任或庶务主任代理。

第八条　会议不拘定次数,于议长认必要或过半数会员提议时召集之,但校务会议至少每学期一次。

第九条　各会议均设书记一人或二人,由会员互选之,司登记每次议事概要及议决案。

第十条 校务会议非得三分之二以上会员列席;教务及事务会议非得过半数会员列席,(否则)不得开议。

第十一条 会议议决事项,由校长酌定,施行以后,开会时校长得使主办人员报告办理情况。

第三章 附 则

第一条 本校办事有应加定细则者,依其事项之性质,另定单行之。

第二条 本总纲以后,如须变更,应由校务会议修正。

北洋大学—天津大学校史编辑室:《北洋大学—天津大学校史资料选编》(一),天津大学出版社 1991 年版,第 70—75 页。

国立北洋工学院院务会议规程

第一条　本学院依据本院组织大纲第十七条之规定,设院务会议,以院长、总务长、秘书、教务长、各系部主任、图书馆馆长、军事教官及由全体教授、副教授互推五人组织之。

第二条　本会议无定期,每学期至少举行两次,由院长召集之。

第三条　本会议以院长为主席,遇院长不能出席时,由总务长或教务长代为主席。

第四条　本会议之职权如下:

一、议定本院进行计划。

二、议定重要章制。

三、审议预算。

四、审查各处、馆、系、部、课报告事项。

五、讨论出席会员之提议事项。

第五条　本会议议事日程,须于开会前一日印发出席会员。

第六条　本会议所有提案,须于开会前二日送请院长核定,编列议事日程。

第七条　本会议开会时,由主席依议事日程逐项报告讨论,但遇必要时,得临时变更其程序,并得临时动议。

第八条　本会议非有法定会员过半数出席不得开会,须有出席会员过半数之同意方为议决。

第九条　本会议会员遇特别事故缺席时,得请其他会员代表,但会员一人只得代表一人。

第十条　本会议由主席于会员中指定秘书，担任记录及其他文书事务。

第十一条　本会议议决事项，由秘书录案，送请院长执行。

第十二条　本会议除第二条规定外，于必要时院长得临时召集，或经法定会员三分之一以上之提议，请院长召集之。

第十三条　本规程如有未尽事宜，院长得随时提出院务会议修正之。

第十四条　本规程经本院务会议议定后施行。

中华民国二十二年二月二十七日

北洋大学—天津大学校史编辑室：《北洋大学—天津大学校史资料选编》（一），天津大学出版社1991年版，第134—135页。

指导学生委员会工作大纲

一、指导学生之思想

甲、原则：

1.使学生的思想正确化。提倡明敏的观察，以养成学生的判断能力。

2.使学生的思想科学化。提倡科学的方法，以养成学生的科学习惯。

乙、实施：

1.由本会敦请各教授随时依本会指导学生思想之原则，遇事指示责勉。

2.其他。

二、指导学生课外之作业

甲、原则：

1.养成学生正当利用余暇的习惯。

2.培养学生研究理工学术的兴趣及发挥的能力。

乙、实施：

1.指导学生课外运动及游艺。

2.指导学生刊物之编辑、出版及发行。

3.指导各系学会的进行。

4.其他。

三、指导学生个人之性行

甲、原则：

1.养成学生忠、孝、仁、爱、信义、和平的习性。

2.养成学生实事求是的习性。

3.养成学生忍苦耐劳的习性。

乙、实施：

1.举行个别谈话。

2.奖励品行优良学生。

3.纠正不良性行。

4.其他。

四、指导学生之团体活动。

甲、原则：

1.养成学生亲爱精诚的精神。

2.养成学生遵守纪律的精神。

乙、实施：

1.举行运动会。

2.举行球类比赛。

3.参加校外竞赛。

4.注重军事训练。

5.其他。

五、指导学生日常生活之卫生

甲、原则：

1.使学生明了正确之健康观念。

2.使学生养成善良之卫生习惯。

乙、实施：

1.调查学生日常生活状况。

2.视察学生衣、食、住之实际状况。

3.举行清洁运动。

4.调查学生之嗜好及习惯。

5.举行学生身体检查。

6.其他。

北洋大学—天津大学校史编辑室:《北洋大学—天津大学校史资料选编》(一),天津大学出版社 1991 年版,第 177—179 页。

国立北洋工学院学则

民国二十四年五月十一日修正通过

第一章 入 学

第一条 本学院第一年级新生入学资格：

一、公立及已立案之私立高级中学毕业，经入学考试及格者。

二、公立及已立案之大学理工各院旧设预科毕业，经入学考试及格者。

三、公立及已立案之私立高级工科职业学校毕业，经入学考试及格者。

四、公立及已立案之私立师范学校（与高级中学程度相等者）毕业服务一年后，经入学考试及格者。

第二条 本学院第二、三年级插班生及研究所研究生入学资格，于招生简章另行规定之。

第三条 本学院招考新生，每年暑假分地举行，其地点及日期，均临时登报通告。

第四条 投考手续：

一、填写履历书，其通讯报名者须期前函索履历书，并附回函邮资五分。

二、附缴最近四寸半身像片三张，后面须注明姓名、籍贯，录取与否概不发还。

三、缴验毕业证书。验后发还，入学时再行呈验。

四、缴报名费及检验体格费各一元，录取与否概不发还。以上各种手续完备者，给予准考证。

第五条　一、第一年级新生入学考试科目：党义（或公民）、国文、英文、历史、地理、军事学、高大代数、解析几何、物理、化学。

二、第二、三年级插班生及研究所研究生入学考试科目，于招生简章中另行规定之。

第六条　已经录取之新生，须依限期来院报到，逾期不到者即取消其入学资格。

第七条　已经录取之新生，须填具入学愿书邀同保证人填具保证书，缴纳各项费用后，方得注册上课。

第八条　已经录取之新生，不得无故更名或改变籍贯。

第九条　已经录取之新生，如有资格像片或其他情事不符者，无论何时，一经查出，即令退学。

第二章　纳　费

第十条　本学院学生须纳费如下：

甲、入学时一次缴纳者：

一、赔偿费十元，毕业后发还（每学期结算一次），如有不足十元时，须于下学期开学时补足。

二、军训制服费二十元（有余发还，不足照补）。

乙、每学期缴纳者：

一、学费十元。

二、体育费一元。

第十一条　本学院学生之膳食、书籍、讲义、绘算仪器材料及报告纸张等费概归自备。

第三章　注　册

第十二条　本学院学生，每学期开学时，须在规定注册日期内来院注册，其手续如下：

一、先向会计课或在院之银行办事处缴清各费。

二、凭缴费通知单，向注册部注册。

第十三条　凡逾期限尚未注册者，以旷课论。逾限三星期者，以退学论。

第四章   转系、转学、休学、复学、退学

第十四条   本学院学生,在第一年级受课最末之一星期,得向教务长请求在第二年级转系肄业。经核准后方得转系。

第十五条   本学院学生有正当理由,得请求转学其他院校,经核准后发给转学证书及成绩表。

第十六条   本学院不收转学生与旁听生,但如有特别情形者,得专案办理。

第十七条   本学院学生,有下列情形之一者,经院务会议通过后,令其休学一年。

一、在一学期内缺席逾授课时间三分之一者。

二、身患病症,经校医诊断认为必须长期医治者。

三、院务会议认为有休学之必要者。

第十八条   本学院学生因不得已事故,得陈述理由,向教务长请准后休学,其因病请求休学者,并须有医生之证明。

第十九条   本学院学生休学,以一年为限。逾限不复学者,作为退学。但因特别事故,得声请继续休学一年,惟事先每年须缴纳学费二十元。

第廿条   本学院休学学生,非经请准退学后,不得请求发给修业证明书。

第廿一条   本学院休学学生,须于休学期满前,备具声请书,向教务长请准后,方得复学。

第廿二条   本学院学生犯下列各项情事之一者,得随时令其退学。

一、资格像片或其他情事核与报名时不符者;

二、曾经记大过三次者;

三、扰乱本院秩序或毁坏本院名誉者;

四、违背院章屡戒不悛者;

五、连续两次留级者。

第廿三条   本学院学生自愿退学者,须备具退学声请书,经家长或保证人署名后,送请教务长核准,方得退学。

第五章　请假、缺课、旷课

第廿四条　本学院学生如因事或因病不能上课,须于事前亲向训育处声明缺课事由及起讫时间,填写假单请假,倘因急事或急病不及填写假单时,得持家长或保证人之函件或医生之证明书,补行请假手续。否则以旷课论。

第廿五条　学生因事离院在一日以上,一星期以内者,须于离院前亲向训育处声明请假事由及起讫日期,取得假单方得离院。

第廿六条　学生因事离院,在一星期以上者,须于离院前亲持家长或保证人来函,向训育处声明请假事由及起讫日期,方得离院。如因病离院调养者,须得校医之证明。

第廿七条　如请假期满,仍须续假者,依照请假手续继续请假,否则以旷课论。

第六章　学业成绩

第廿八条　学生学业成绩,由教师就平时考查及学期考试定之。

第廿九条　平时考查包括逐日记分及平时考试两种。

逐日记分包括课堂口试、习题成绩、作文成绩、笔记成绩、绘图成绩、报告成绩等。

平时考试次数,以授课钟点多寡为标准。每星期授课二小时及二小时以下者,至少须举行平时考试一次。三小时及四小时者,至少须举行平时考试二次。五小时至六小时者,至少须举行平时考试三次。

凡平时考试缺席者,不准补考,应按照缺席次数之多少,由各主管教师在该门平均分数内酌量减分。

第卅条　学期考试于每学期终举行之,须考一学期之功课。凡每星期讲授一小时至二小时者,学期考试时间定为二小时。每星期讲授三小时以上者,学期考试时间定为三小时。

第卅一条　评定成绩分甲、乙、丙、丁四种,八十分至一百分者为甲等。七十分至不满八十分者为乙等。六十分至不满七十分者为丙等。四十分至不满六十分者为丁等。甲、乙、丙等为及格,丁等为不及格。凡列丁等之学科,如系第一学期考试,应在下学期考试前举行补考。如系第二学期考试,应在下学年开始前补考。补考日期由本学院规定之。

第卅二条 凡一学科因学期成绩列入丁等或未与学期考试而补考者,如经补考及格,该学科成绩分数概以六十分计。补考以一次为限。补考不及格之学生应留级重习。但如学生第一学期补考功课只有一门不及格,而其他成绩平均在七十分以上者,经教务会议审查核准后,得随班试读,再与补考一次。

第卅三条 学生成绩于一学期中有下列情形之一者,须留级重习,连续留级两次者,应令退学。

一、三学科以上不及格者;

二、学期平均分数列丁等者;

三、学期考试未经请假核准,擅自离考者;

四、三学科以下补考仍未及格者(参看第卅二条)。

第卅四条 各学科均及格者,得升级及毕业。

第卅五条 学年成绩之评定法如下:

一、一学科之学期成绩以逐日分数、平时考试分数及学期考试分数三者平均计算之。

二、凡无逐日分数之学科,其学期成绩以平时考试分数及学期考试分数平均计算之。

三、一学期授毕之学科,以学期成绩为该科成绩。

四、连续两学期授毕之学科,以两学期及格分数之平均为该科之成绩。

五、一学期成绩之平均以各学科分数乘各该学科之学分数,由所得之和再以各学科学分之和除之,即为一学期之平均成绩。

六、第一学期与第二学期平均分数之和以二除之,即为一学年之平均分数。

第卅六条 学生遇学期考试,而临时因不得已事故,不能与试,并经请假核准者,得依照第卅一条之规定补考。

第卅七条 学生逾补考期限到院者,不准请求补考,但因病或特别事故,或因路阻逾请限求补考者,由主管教授酌量情形,提请教务会议决定之。

第卅八条　应留级之学生，如无原级可留者应令休学。

第卅九条　各项试场规则另定之。

学生有违背试场规则者，其成绩以零分计。除依照第卅一条规定办法补考外，其情节较重者，并提请院务会议议处。

第四十条　学生上课及缺席，由教师切实逐时点查登载。

第四十一条　学生因病缺席，每四十小时扣学期平均分数一分，旷课每二十小时扣总平均分数一分。

第四十二条　学生无论以何理由，于一学期内缺席时数达该学期共有时数三分之一以上时，不得参与学期考试。

第七章　奖　惩

第四十三条　学生学年成绩总平均在八十五分以上，品行敦笃，向未记过者，次学年免学费一年，并布告其姓名以资鼓励。

第四十四条　依前条免学费之学生，如不敦品励行或学业荒废时，得随时责令补缴。

第四十五条　学生惩戒办法分下列三种：

一、训戒；

二、记过；

三、退学。

第四十六条　学生犯下列各款之一，情节尚轻者，训育长训戒之，命其悛改。

一、违犯校规者；

二、对于职教员无礼者；

三、屡次缺席者；

四、与同学交恶者；

五、骂夫役人等不顾行检者；

六、凡不正当行为与院内风纪有关者。

第四十七条　学生犯下列各款之一者，应予记过。

一、曾经训戒仍不悛改者；

二、犯第四十六条各款之情节较重者；

三、在院内或斋舍滋生事端破坏秩序者。

第四十八条 学生犯下列各款之一者,即令其退学。

一、行为不端,经院长核与本院秩序有重大关系者;

二、身染重病,经院医检验认为不宜求学者;

三、性情乖戾,经院务会议出席会员之多数认为不堪造就者;

四、开学后两星期以内未缴学费者;

五、请假期满,未经续假,已逾一月者;

六、曾经记过三次者。

第四十九条 凡学生已受退学或记过处分者,即将详情在院内布告,并函告该生家长及保证人。

第七章 毕 业

第五十条 本学院学生肄业期满,习足规定之学科及学分考试成绩及毕业论文及格,经教育部复核无异者,方准毕业。

第五十一条 本学院毕业生,视其所属学系,依照学位授予法,授予某种工程学士学位,并颁给学位证书。

第八章 附 则

第五十二条 本学则如有未尽事宜,得提出院务会议修正之。

第五十三条 本学则自院务会议通过之日施行。

北洋大学—天津大学校史编辑室:《北洋大学—天津大学校史资料选编》(一),天津大学出版社 1991 年版,第 209—217 页。

修正本学院暂行组织规程

廿十五年三月五日第五十四次院务会议修正通过

第一章　总　则

第一条　本学院设于天津西沽,定名为国立北洋工学院。

第二条　本学院遵照十八年四月二十六日国民政府公布之中华民国教育宗旨及其实施方针,以研究工科高深学术、养成工科专门人才为宗旨。

第三条　本学院直辖于教育部。

第二章　学系及研究所

第四条　本学院暂设下列各学系:

(一)土木工程学系。本学系于第四学年得酌分为铁路道路工程组、构造建筑工程组、市政卫生工程组及水利工程组。

(二)矿冶工程学系。本学系于第四学年得酌分为采矿工程组、冶金工程组及应用地质学组。

(三)机械工程学系。本学系于第四学年得酌分为机械制造工程组、热力工程组及特别机械工程组。

(四)电机工程学系。本学系于第四学年得酌分为电力工程组及电信工程组。

第五条　本学院于必要时得添设建筑工程学系、化学工程学系、航空工程学系及工程管理学系。

第六条　本学院课程,于不背部章之限度内,由院长、教务长或各学系主任拟定提出,教务会议议决施行。

第七条　本学院设研究所,招收国内外大学或独立学院理工科毕业生，研究高深学术，并供给教授研究各项工程问题之便利及代外界解决各项工程实际技术问题。其组织章程另订之。

第三章　组　织

第八条　本学院设院长一人综理院务，由教育部聘任之。

第九条　本学院设秘书及英文秘书各一人，办理院长交办事宜，由院长聘任之。

第十条　本学院置总务处，设总务长一人，由院长聘任之。承院长之命综理全院事务，并指挥监督文书组、会计组、事务组、出版组、卫生组等。

第十一条　本学院置教务处，设教务长一人，由院长就教授中聘请兼任之，商承院长综理关系学院全部之教务及学术设备事宜，并指挥监督图书馆、注册部等。

第十二条　本学院各学系各设主任一人，由院长就教授中聘请兼任之，商承院长、教务长办理各该系教务事宜。

第十三条　本学院教员，分教授、副教授、讲师、教员、助教五种，各置若干人，由院长聘任之，教员聘任、服务及待遇规程另定之。

第十四条　本学院得聘兼任教授或合聘教授，但其总数连同讲师不得超过全体教员五分之一。

第十五条　本学院置训育处，设训育长一人，由院长聘任之，承院长之命，综理全院训育，并指挥监督斋务部、体育部、军事训练部等。

第十六条　本学院总务处、教务处、训育处所属各馆、部、组分置主任、训导、舍监、办事及司事等各若干人，由院长任用之。

第十七条　本学院总务处、教务处、训育处及所属各馆、部、组之组织规程及办事细则另订之。

第十八条　本学院设院务会议，以院长、总务长、教务长、训育长、秘书、各学系主任、体育主任、军事教官及全体教授、副教授所选出之代表五人组织之，院长为主席。

第十九条　前项会议，院长得延聘专家列席，但其人数不得超过全体人数五分之一。

第二十条　院务会议规程另订之。其审议事项如左（下）：

（一）本学院预算；

（二）本学院学系之设立及废止；

（三）本学院各种规则；

（四）关于学生试验事项；

（五）关于学生训育事项；

（六）关于各处、系、馆、部、组报告事项；

（七）出席会员之提议事项；

（八）院长交议事项；

（九）其他重要院务进行事项。

第二十一条　本学院设教务会议，以院长、教务长、训育长、各系主任、全体教授、副教授、注册部主任、体育部主任及军事教官组织之。院长或教务长为主席。教务会议规程另订之。其审议事项如左（下）：

（一）课程之编订及修改事项；

（二）学系增废之建议事项；

（三）各项教材之审定事项；

（四）各学系学术设备计画事项；

（五）各项教务报告之审查事项；

（六）学生学业及操行成绩之考核及改进事项；

（七）教课及研究事业之改进事项；

（八）院长交议事项；

（九）其他重要教务事项。

第二十二条　本学院设训育会议，以院长、训育长、教务长、总务长、各系主任、秘书及训育处各部主任组织之。院长或训育长为主席，训育会议规程另订之。其审议事项如左（下）：

（一）关于斋舍事项；

（二）关于体育事项；

（三）关于军训事项；

（四）各学会之监督事项；

（五）学生思想行为之指导事项；

（六）学生奖惩事项；

（七）其他训育事项。

第二十三条 本学院设事务会议，以院长、总务长、训育长、秘书、各馆、部、组主任组织之。院长或总务长为主席。事务会议规程另订之，其审议事项如左（下）：

（一）各处、馆、部、组报告事项；

（二）各处、馆、部、组提议事项；

（三）院长交议事项；

（四）其他重要事务事项。

第二十四条 本学院各学系设系教务会议，以系主任及本系教授、副教授、讲师、教员组织之，系主任为主席。前项系教务会议审议左（下）列事项：

（一）本学系各教授拟定之各项课程标准；

（二）各学科教授上之联络事项；

（三）本学系学术设备计划请款及选购事项；

（四）院长交议事项；

（五）本学系其他重要事项。

第二十五条 本学院得组设下列各种委员会，各委员会委员除各学系咨询委员会委员外，由院长就本院教职员中聘任之。

（一）预算委员会；

（二）图书委员会；

（三）体育委员会；

（四）出版委员会；

（五）招生委员会；

（六）建筑委员会；

（七）职业介绍委员会；

（八）各学系咨询委员会。

本学院于必要时得增设其他委员会。

第二十六条 各委员会规程另定之。

第四章 学 生

第二十七条 本学院学生入学资格须在公立或已立案之私立高级

中学毕业,经入学试验合格者。

第二十八条　本学院研究所研究生入学资格,须在国内外公立或已立案之私立大学或独立学院毕业或同等学校毕业,经入学考试合格者。

第二十九条　本学院转学学生资格,须得有公立或已立案之私立大学或独立学院修业证书,其所习学科程度与本学院相同,在学年开始以前呈经许可,并经入学试验及格者。

第三十条　本学院学生修业年限,定为四年。修业期满,考试合格,并经教育部复核无异者,依学位授予法,授予学士学位。

第三十一条　凡已受有学士学位,在本学院研究所继续研究两年以上,经考核成绩及研究论文合格者,得由该所提出为硕士学位候选人,再经考试合格,并经教育部复核无异者,依学位授予法授予硕士学位。

第三十二条　凡已受有硕士学位,在本学院研究所继续研究两年以上,经该所考核成绩及研究论文合格,提出于教育部审查许可者,得为博士学位候选人,再经博士学位评定会考试合格者,依学位授予法由国家授予博士学位。

第五章　附　则

第三十三条　本规程如有未尽事宜,由院务会议议决修正之。

第三十四条　本规程自院务会议议决日施行。

《北洋周刊》1936年第99期,第3—5页。

国立北洋大学组织大纲（草案）

第一章　总　纲

第一条　本大纲依大学法之规定订定之。

第二条　本大学定名为国立北洋大学。

第三条　本大学以研究高深学术、培养专门人才为宗旨。

第四条　本大学设理学院、工学院、管理学院，并得呈准教育部添设文、法、农、医、师范等学院。

第五条　本大学理、工、管理各学院设置之学系如下：

理学院：数学系，物理系，化学系，地质学系，气象学系。

工学院：建筑工程学系，土木工程学系，水利工程学系，采矿工程学系，冶金工程学系，机械工程学系，航空工程学系，电机工程学系，化学工程学系，纺织工程学系。

管理学院：交通管理学系，工程管理学系，工业管理学系，矿业管理学系。

第六条　本大学各学系得设研究所，其组织规程另订之。

第七条　本大学各学院学生入学资格，须在公立或已立案之私立高级中学，或同等学校毕业，或同等学力，经入学考试及格者。

第八条　本大学各学院学生修业年限至少四年，修业期满考试及格，并经教育部复核无异者，授予学士学位。

第二章　组　织

第九条　本大学置校长一人，综理校务。校长室设秘书一人或二人,由校长聘任之。

第十条 本大学各学院各置院长一人,综理院务,由校长聘任之。院长办公室得视事务之繁简,设事务员或书记一二人,由院长商请校长任用之。

第十一条 本大学各学系各置主任一人,办理系务,由院长商请校长聘任之。

第十二条 各学系设教授、副教授、讲师及助教各若干人,由院长、系主任商请校长聘任之。

第十三条 本大学设教务、训导、总务三处,置教务长、训导长、总务长各一人,秉承校长分别主持全校教务、训导和总务事宜,由校长聘请教授兼任之。各处办公室得视事务之需要,设事务员或书记一、二人,由主管人商请校长任用之。

第十四条 本大学教务处设注册组、出版组及图书馆;训导处设生活管理组、课外活动组及体育卫生组;总务处设文书组、出纳组、事务组及保管组。各组、馆各置主任一人,办理各组、馆事务,由各处主管人商请校长任用之。

第十五条 本大学设会计室,置会计主任一人,依法办理岁计、会计事宜。

第十六条 本大学各室、组、馆得设置组员、佐理员、馆员、书记、校医及护士,办理各室、组、馆事宜,由各室、组、馆主任商请上级主管人转请校长任用之。其员额由各处室主管人依工作需要,提请校务会议决定之。

第十七条 本大学因教学、实习及研究之需要,得经校务会议通过设置各种实验或实习机构。

第三章　会议及委员会

第十八条 本大学设校务会议,以校长、教务长、训导长、总务长、各学院院长、各学系主任及教授代表组织之,校长为主席。教授代表之人数较上项其它人员之总数多一名。

第十九条 本大学校务会议设秘书一人,负责整理会中各项议案及其它联络事宜,由出席该会议人员互选之。

第二十条 校务会议审议下列事项：

(一)预算及各项经费之支配；

(二)学院、学系、研究所及附设机构之设立、变更与废止；

(三)教务、训导及总务上的重要事项；

(四)大学内部之重要章则；

(五)校长交议及其它重要事项。

第二十一条 本大学设行政会议，以校长、教务长、训导长、总务长及各学院院长组织之；校长为主席；会议协助校长处理有关校务执行事项。

第二十二条 本大学设教务会议，以教务长、各学院院长及各学系主任组织之。教务长为主席。讨论教务上重要之事项。

第二十三条 本大学各学院设院务会议，由院长、各学系主任及各学系教授、副教授之代表一人组织之。院长为主席。讨论本院学术、设备及其它有关院务事项。各学系设系务会议，由系主任及本系教授、副教授、讲师组织之。系主任为主席。讨论本系教学研究及其它有关事项。

第二十四条 本大学各处分设处务会议，以该处主管人及各组、馆主任组织之。各处主管人为主席。讨论各该处主管重要事项。

第二十五条 本大学设训育委员会，以校长、教务长、训导长、各院院长为当然委员，并由校长聘请教授三人至十五人组织之，校长为主席，训导长为秘书。规划有关训导重要事项。

第二十六条 本大学设经济稽核委员会、教员升等审查委员会、校舍建筑委员会。并得视事之需要，经校务会议通过，设置购置、图书、员工福利及其它各种委员会。

第二十七条 本大学各种会议规程及各处、室、组、馆办事细则另订之。

第四章 附 则

第二十八条 本大纲如有未尽事宜，由校务会议修正之。

第二十九条 本大纲经校务会议通过，呈准教育部备案后施行。

北洋大学—天津大学校史编辑室：《北洋大学—天津大学校史资料选编》(一)，天津大学出版社1991年版，第421—424页。

国立北洋大学校务会议规程

三十五年十一月三十日第一次校务会议通过

第一条　本会议依大学组织法第十五条之规定组织之。

第二条　本会议由本校全体教授、副教授所选出之代表,及校长、各学院院长、教务长、训导长、总务长和各学系主任、会计主任组织之,以校长为主席。

第三条　本会议校长得延聘专家列席,但其人数不得超过全体人数五分之一。

第四条　本会议审议下列事项:

(一)本校预算;

(二)本校院系之设立及废止;

(三)本校课程;

(四)本校学历;

(五)本校各种规则;

(六)关于学生试验事项;

(七)关于学生训导事项;

(八)校长交议事项;

第五条　本会议得设各种委员会。

第六条　本会议每月举行一次。遇必要时得由主席召集临时会议。

第七条　本会议非有过半数法定人员之出席不得开会。议案之表决,以出席人员过半数之同意,行之可否同数时,取决于主席。

第八条　出席人员之提案,应于会议前二日送交主席,排定于议事日程内提出会议。

　　第九条　出席人员得于议事日程所列之议案外提出临时动议,但须有一人以上之附议。

　　第十条　本会议法定人员缺席时,得请其它法定人员为代表,但以代表一人为限。

　　第十一条　本规程自本校校务会议通过之日施行。

　　第十二条　本规程如有未尽事议,得由本会议随时修正之。

　　北洋大学—天津大学校史编辑室:《北洋大学—天津大学校史资料选编》(一),天津大学出版社1991年版,第425—426页。

国立北洋大学限制教员校外兼职兼课办法

第十六次校务会议通过

1948 年 6 月

一、本大学为提高研究及教学效率起见，特订本办法。

二、本大学专任教员不得在校外兼职。

三、本大学专任教授兼任各处主管人、各院院长及各系主任者，不得在校外兼课。

四、本大学专任教授、副教授及讲师有下列各情形者，不得在校外兼课。

甲、已在校内兼负其它部门之职责者；

乙、已在校内兼授课程超过规定积重而领受额外钟点费者；

丙、其直系亲属已经在本大学任以职务者。

五、本大学专任教授、副教授及讲师无第四条所列各情形者，得在天津市内其它各院校兼任与在本校所授科目相同之课程，至多四小时，并须事前通知本大学取得校长、教务长、院长及系主任之同意。

六、本大学助教不得在校外兼课。

七、本大学专任教授、副教授、讲师及助教与第二条、第三条、第四条或第五条有抵触者，本大学得斟酌情形随时作下列之处理：

甲、解除聘约；

乙、解除其在校内所兼职务；

丙、修改聘约原定之专任待遇为兼任待遇；

丁、解除其直系亲属在本大学所任之职；

戊、不续聘。

八、本办法如有未尽事宜,得随时由校务会议修正之。

九、本办法自校务会议通过后于 1948 年度施行之。

北洋大学—天津大学校史编辑室:《北洋大学—天津大学校史资料选编》(一),天津大学出版社 1991 年版,第 434—435 页。

★南开大学

南开大学由著名教育家张伯苓和严修创办于 1919 年,初设文、理、商三科,1920 年增设矿科。1923 年 8 月,南开大学迁入八里台校址。学校设文、理、商、矿四科外,增设预科。1927 年成立社会经济研究委员会(后改称经济研究所)和满蒙研究会(后改称东北研究会),经济研究所趋重实地调查和以物价指数为主的经济统计工作,其出版的《经济周刊》《南开指数年刊》等多为国内外学术界关注。1928 年,张伯苓提出以"土货化"为南开发展的基本方针。1929 年改科为院,设有文学院、理学院、商学院及医预科,共 13 个系。1931 年,商学院与文学院经济系及社会经济研究委员会合并成立经济学院;创办化学工程系和电机工程系,附属于理学院。1932 年设立应用化学研究所。早期的南开大学作为私立大学,其经费除政府少许补贴和学费及校产收入外,基本依赖于基金团体和私人捐赠。学校规模较小,师资力量较强。1937 年卢沟桥事变爆发,同年 8 月,南开大学与北京大学、清华大学合组长沙临时大学。1938 年 4 月,长沙临时大学迁往昆明,改称西南联合大学。1946 年,南开大学复校北归。

1946 年 4 月,教育部宣布南开大学改为国立,张伯苓任校长。复校后设文学院、理学院、政治经济学院和工学院,计 16 个系,另设有经济研究所、应用化学研究所及边疆人文研究室。

1949 年中华人民共和国成立,取消"国立"二字,改名南开大学。1952 年政府对高等学校进行院系调整,南开大学工学院并入天津大学,由一所学科比较齐全的大学变成了一所有文理学科的综合性大学。

南开大学评议会章程

一、本会定名为南开大学评议会。

二、本会以校长、大学主任、各科主任及教授会议公举教授一人,校长于教职员中指派二人组成之。

三、本会之职权如下:

甲、评议本校大政方针;

乙、规划本校内之组织;

丙、根据本校进款及各科、各系、各课之预算支配用途;

丁、承受及评议一切建议案;

戊、评议本校其他重要事件。

四、本会职员:校长为当然会长,并设书记一人,由会员互选,任期一年,得连举连任。

五、除校长及大学主任、各科主任为当然会员外其他会员任期一年,得连举连任。

六、本会每两月开常会一次。特别会由会员三人或三人以上之提议,由会长召集或会长自行召集。

七、本章程由教授及主要职员总数五分之一之提议,及其过半数之通过,得修改之。

《南开周刊》第 86 期　1924 年 3 月 15 日

王文俊等:《南开大学校史资料选 1919—1949》,南开大学出版社1989 年版,第 122 页。

私立南开大学章程

1932 年

第一章　总　纲

第一条　本大学定名为天津私立南开大学。

第二条　本大学遵照中华民国教育宗旨,以阐扬文化,研究学术,造成建设国家之中坚人才为目的。

第二章　行政组织

第一节　校董会

第三条　校董会以校董九人组成之。

第四条　校董会校董,每年由校董会更选三分之一,但得连任。

第五条　校董会具有下列之职权:

(一)聘任校长;

(二)筹募本校经费;

(三)议决预算及审查决算;

(四)对于本校章程之制定、变更或撤废,予以同意。

第二节　校长

第六条　校长总理全校一切校务。

第七条　校长办公室得设秘书若干人,襄助校长办理校务。

第三节　评议会

第八条　评议会以下列各员组成之:

(一)校长;

(二)教务长；

(三)秘书长；

(四)各院院长；

(五)教务会议选举教授二人；

(六)校长于教职员中指派二人。

前项第五款及第六款会员之任期均为一年,但得连任。

第九条　校长为评议会常任会长。

第十条　评议会设书记一人,由会员互选之。其任期为一年,但得连任。

第十一条　评议会具有下列之职权：

(一)评议本校校政设计方针；

(二)规划本校内部之组织；

(三)根据本校岁入款项及各院各系各课之预算,支配用途；

(四)制定变更或撤废本校章程,但须得校董会之同意；

(五)承受及评议一切建议案；

(六)评议本校其他重要事件。

第四节　教务处

第十二条　本大学设教务处,由校长聘任教务长一人,处理本大学教务方面之事宜。

第十三条　校长不在校时,由教务长代行职权。

第十四条　教务处设注册课、图书馆、体育课,分掌该处各项事务。

第五节　注册课

第十五条　注册课设主任一人,课员若干人。

第十六条　注册课具有下列之职务：

(一)公布并执行教务会议议决事项,但有特别规定者不在此限；

(二)规定授课时间表；

(三)办理学期考试,并核算及宣布考试成绩；

(四)掌理学生告假事项；

(五)襄助入学委员会办理入学考试；

(六)保管关于注册事务之各种表册、证书及文件等；

(七)编制关于教员及学生之各种统计图表等。

第六节　图书馆

第十七条　图书馆设主任一人,馆员及事务员各若干人。

第十八条　图书馆主任具有下列之职务：

(一)执行图书馆委员会议决事项；

(二)图书杂志之定购；

(三)编辑目录及装订书报；

(四)图书杂志之出纳与保管；

(五)阅览人及阅览图书杂志之统计。

第七节　体育课

第十九条　体育课设主任一人,课员若干人。

第二十条　体育课具有下列之职务：

(一)公布并执行教务会议关于体育之议决事项；

(二)检验学生身体；

(三)联络他校,组织各种运动竞赛事项；

(四)组织校内体育竞赛事项；

(五)保管一切体育用品；

(六)掌理其他关于体育事件。

第八节　教务会议

第二十一条　教务会议以下列各员组成之：

(一)校长；

(二)教务长；

(三)专任教授；

(四)注册课主任；

(五)图书馆主任；

(六)体育课主任。

第二十二条　教务会议之职权如下：

(一)决议学生入学之资格；

(二)决议全校学生之修业通则；

(三)决议全校学生之毕业通则；

(四)审定各学院优等生奖学金之受奖人；

(五)审定学生毕业之资格及等第；

(六)审定各学院共同之课程；

(七)议决关于各学院共同之教务事项；

(八)委托图书馆委员会议定图书馆之政策规章,并督促图书馆事务之进行；

(九)委托入学委员会办理学生入学事宜；

(十)委托各检选委员会,办理各项奖学金受奖人之检选事宜。

第二十三条　教务会议以校长或教务长为主席,并负责召集之。

第九节　图书馆委员会

第二十四条　图书馆委员会以下列各员组成之：

(一)教务长；

(二)各院教授会议各选举一人。

第二十五条　教务长为当然主席,负责召集会议。

第二十六条　图书馆委员会开会时图书馆主任得列席以备咨询。

第二十七条　图书馆委员会具有下列之职权：

(一)议定图书馆之政策及规章；

(二)督促图书馆事务之进行。

第十节　入学委员会

第二十八条　入学委员会以下列各员组成之：

(一)教务长；

(二)各院院长；

(三)注册课主任。

第二十九条　入学委员会受教务会议之委托,具有下列之职权：

(一)执行教务会议关于入学考试之议决事项；

(二)办理入学考试。

第三十条　入学委员会以教务长为主席,负责召集之。

第十一节　各种奖学金委员会

第三十一条　各种奖学金委员会,以下列各员组成之:

(一)校长;

(二)教务长;

(三)本校教授由校长指定者。

第三十二条　各奖学金委员会受教务会议之委托,具有下列之职权:

(一)负责举行受奖学金者之特种入学试验,及审查在校试验成绩;

(二)审查请求奖学金者之资格;

(三)决定奖学金之授予与停止。

第三十三条　各奖学金委员会以校长为当然主席,负责召集之。

第三十四条　各奖学金委员会之详章另定之。

第十二节　秘书处

第三十五条　本大学设秘书处,由校长聘任秘书长一人,秉承校长处理本大学事务方面之事宜。

第三十六条　秘书处设秘书若干人,分担校长临时分派之事务,及专任之常务事宜。

第三十七条　秘书处设文牍课、会计课、庶务课、建筑课、学生指导委员会,分掌该处各项事务。

第十三节　文牍课

第三十八条　文牍课设主任一人,课员及事务员各若干人。

第三十九条　文牍课具有下列之职务:

(一)关于拟选文件及布告事项;

(二)关于编纂"学校一览"及其他出版事项;

(三)关于收发及保管文件事项;

(四)关于学生贷金、津贴、免费等文稿,及其他证明文件事项;

(五)关于编制各项事务报告及登记事项。

第十四节　会计课

第四十条　会计课设主任一人,课员若干人。

第四十一条　会计课具有下列之职务：

(一)编造每年决算；

(二)经理银钱之出纳；

(三)保管一切账簿及财务合同等。

第十五节　庶务课

第四十二条　庶务课设主任、副主任各一人，课员及事务员各若干人。

第四十三条　庶务课具有下列之职务：

(一)物件之添置及保管；

(二)校舍之保管与修缮；

(三)学校卫生之监督；

(四)讲义及文件之缮写；

(五)校役勤惰之考核。

第十六节　建筑课

第四十四条　建筑课设主任一人，课员及事务员若干人，

第四十五条　建筑课具有下列之职务：

(一)计划各项校舍之添盖及改修事宜；

(二)布置校园校景事宜。

第十七节　学生指导委员会

第四十六条　学生指导委员会以下列各员组成之：

(一)教务长；

(二)秘书长；

(三)斋务指导员；

(四)校长由本校教授中指定三人。

第四十七条　学生指导委员会具有下列之职务：

(一)辅助学生养成优美之品格；

(二)辅助学生造成良好之校风；

(三)辅助学生发展组织之能力。

第四十八条　学生指导委员会由校长指定委员之一为委员长，负

召集该委员会之责任。

第四十九条 学生指导委员会得设男女斋务指导员各一人,维持学生宿舍内之公共秩序及卫生。

第十八节 事务会议

第五十条 事务会议以下列各员组成之:

(一)秘书长;

(二)各课主任;

(三)图书馆主任;

(四)斋务指导员。

第五十一条 事务会议议决关于校内各处事务方面之一切事项。

第五十二条 事务会议议决事项,依照其性质由各事务机关分别执行之。

第五十三条 事务会议以秘书长为当然主席,并负召集之责。

第三章 学制组织

第十九节 院系制

第五十四条 本大学现设文学院、理学院、商学院、经济学院,每学院各设院长一人。

第五十五条 文、理两学院院长,由各该学院教授互选之。商学院及经济学院之院长,由校长于各该学院教授中聘任之。

各学院院长任期均为一年,但得连任。

第五十六条 各学院院长具有下列之职权:

(一)会同教务长及各系主任编定及支配各该学院之课程;

(二)商承校长会同教务长及各学系主任,聘请各该学院之教授、教员及助教等;

(三)会同系主任指导各该学院学生选课事宜;

(四)审定各该学院拟购之图书及其他设备,并监督各该学院经济之支配;

(五)编造各该学院之预算。

第五十七条 各学院分设之学系,各设系主任一人,由校长聘任之。

第五十八条　各学院教授会议以各该学院专任教授组成之,议决关于各该学院之事项。校长或教务长得出席此项会议发表意见。

第五十九条　各学系教授会议以各该学系之教授组成之,议决关于各该学系之事项。各该学系所属之学院院长得出席此项会议,发表意见。

第二十节　文学院

第六十条　文学院现设各学系如下:

(一)英文学系;

(二)政治学系;

(三)哲学教育系。

第二十一节　理学院

第六十一条　理学院现设各学系如下:

(一)算学系;

(二)物理学系;

(三)化学系;

(四)生物学系;

(五)先期医学系;

(六)电机工程系;

(七)化学工程系。

第二十二节　商学院

第六十二条　商学院现设各学系如下;

(一)会计学系;

(二)银行学系;

(三)普通商业系。

第二十三节　经济学院

第六十三条　经济学院现设各学系如下:

(一)农业经济系;

(二)工业管理系;

（三）运输学系；

（四）经济史学系；

（五）统计学系。

《天津南开大学一览》1932 年

王文俊等：《南开大学校史资料选 1919—1949》，南开大学出版社 1989 年版，第 127—136 页。

私立南开大学学则

第一节　入学资格

第一条　男女学生具有下列资格之一者得入本校各学院一年级肄业：

（一）公立或已立案之私立高级中学毕业生应本校入学考试及格者。

（二）本校高级中学毕业生合乎免试条件者。

（三）国内外公立或已立案之私立大学学生依照第五条及第十二条之规定应本校入学考试及格者。

第二条　入学考试章程另订之。

第二节　入学手续

第三条　依照第一条第一款之规定应入学考试者，应于应考前交验毕业证书或毕业证明书。

第四条　依照第一条第二款之规定请求入学者，得免去入学考试；唯须事先报名，其报名之手续与应入学考试者同。

第五条　依照第一条第二款之规定请求入学者，须将其所习各学程之成绩送验后，始得报名。

第六条　依照第十二条规定应本校入学考试者，须于报名应考前，由该校校长或教务长将其所习各学程成绩直接送交本校审查。

第七条　学生依照第一条各款之规定已取得入学资格者，须于入学前，经本校校医检验身体，检验不合格者不得入学。

第八条　学生入学前须得在天津之有职业之成年为保证人，照式填写保证书并署名盖章交本校存查。

第九条　每学期开学前一日为报到期，学生于此期内，须亲自来校报到，报到手续临时公布之。

第十条　学生逾期报到，在开学后第一个星期内者交迟到费壹圆，第二星期内者交迟到费五圆，第三星期内者交迟到费十五圆，若迟至三星期后仍不报到者即认为退学。

第十一条　自第七条至第十条之规定，于旧生在开学时报到者适用之。

第三节　转学规则

第十二条　曾在国内外公立或已立案之私立各大学、各学院修业一年以上之学生，应本校入学考试及格者得转入本校肄业。

第十三条　由他校革除之学生不得转学，其已入学者一经查出，即令退学。

第十四条　转学学生至少须在本校肄业二年始成毕业。

第四节　修业通则

第十五条　院系之改修应照下列之规定：

(一)学生就其所入学院各学系中选定一系为专修学系。

(二)学生欲中途改入他学院者，须经该学院院长之许可。

(三)学生中途改入他学院者，须于每年之第一学期开学前行之。

(四)学生甫入学校即改入他学院者，该学院入学考试之特试科目须行补习。

(五)学生中途改入他学院者，该学院之必修学程须行补习。

(六)学生中途改入他学院者，其改修前所得成绩经该学院院长审查后，得予以相当之承认。

(七)学生中途改入同一学院之其他学系者，须得该学系主任之许可并须补习该学系之必修学程。

第十六条　学程之改选及增减应照下列之规定：

(一)各年级学生每学期所习课程至多不得超过二十学分。

（二）学生在开学后三星期内如欲改选或增减学程者，须至注册课填写改课单并须得其本学院院长及有关系教授之许可。

（三）学生于开学三星期后不得改选或增加学程，但得于开学后六星期内减少已选之学程。

（四）学生依照前款规定减少学程者，须于前款期限内报告注册课。

（五）学生于开学六星期后减少学程者，减去之学程成绩认为戊等。

第十七条　关于学生考试之限制如下：

（一）正生未分班及旁听生概须应学期、学年考试。

（二）学生在一学期内于某学程之缺席时间超过第二十四条第一、三两款之限制者，不得参与该学程之学期考试。

第十八条　每学期每学程之成绩分为下列五等：

（一）甲等：九十分以上；

（二）乙等：八十分至八十九分；

（三）丙等：六十分至七十九分；

（四）丁等：五十分至五十九分；

（五）戊等：五十分以下。

第十九条　考试成绩之评定方法如下：

（一）学程成绩在丙等以上者为及格。

（二）学程成绩在丁等者为不及格。

（三）学程成绩在戊等者为不及格，全年学程第一学期得戊者，第二学期即不能继续学习。

（四）凡不及格之学程无学分。

第二十条　补考及重习应照下列之规定：

（一）正生所习学程成绩列丁等者得补考一次，补考成绩如列丙等以上即认为及格。

（二）旁听生学程成绩列丁等者不得补考。

（三）全年学程第一学期列丁等，第二学期列丙等或丙等以上时，第一学期之丁等即作为及格勿庸补考。

（四）全年学程第一学期列丙等或丙等以上，第二学期列丁等或戊等者，该全年学程须全部补考或重习。

（五）各学院及各学系之必修学程，经补考后仍不及格者须重习。

（六）学生按照本校告假规则，经注册课准假，因而未能参与学期或学年考试者，其未参与考试之各学程得各补考一次。

第二十一条　学程学分之计算方法除临时有特别规定者外，应照下列之规定：

（一）一学程在一学期内每星期授课一小时并自习二小时者，为一学分。

（二）试验或实习每星期三小时者，为一学分。

第二十二条　每学程成绩之优劣另以名誉学分表明之，其计算方法如下：

（一）考试成绩列甲等者，每一学分得三名誉学分。

（二）考试成绩列乙等者，每一学分得二名誉学分。

（三）考试成绩列丙等者，每一学分得一名誉学分。

（四）考试成绩列丁等者，无名誉学分，虽经补考及格亦同。

（五）考试成绩列戊等者，每一学分扣除一名誉学分。

第二十三条　学业之奖励

（一）各学院学生于一学年内，其学业成绩在各该学院中最优者，免除其下学年之学宿费。

（二）凡家境清寒、天资优秀、有志深造之学生，经本校特种入学考试及格后，得领受特种奖学金，其章程另订之。

（三）凡以有奖学科为主修学程之学生，其成绩经该学科奖金委员会审查合格后，得领受该学科之奖学金，其章程另订之。

第二十四条　旷课及告假应照下列之规定：

（一）学生于一学期内每学程之旷课时间不得超过三星期。

（二）旷课时间不论中断或继续者一并计算。

（三）学生如遇疾病或亲丧者，前条期限得延长至四星期，但在第十条之情形下不适用之。

（四）学生如遇疾病或亲丧而旷课者，须到注册课告假，如因病告假者须交验校医证书。

（五）学生告假经注册课允许后发给准假单，学生持此假单关系交由各教授查验毕,仍须交还注册课存查。

(六)学生未经准假而旷课者,虽未超过本条第一、第三各款之期限,其学程成绩亦得由各教授酌量扣减。

第二十五条　退学及休学应照下列之规定:

(一)学生一学期内之成绩有六学分列戊等者,令其退学。

(二)学生一学年内之成绩有十八学分不及格者,令其退学。

(三)学生第一学年之成绩有六学分列戊等者,而第二学年又有六学分列戊等并六学分列丁等者,令其退学。

(四)学生有品行不良者,令其退学。

(五)学生因疾病或其他事故得声明理由请求休学,休学期限自一学期至二学年止,逾二学年不回校者,认为退学。

(六)学生退学或休学,其已缴各费概不发还,但预偿费不在此限。

第五节　毕业通则

第二十六条　各学院学生于四年内具备下列各条件者准予毕业:

(一)须习毕各学院各学系规定之学程并满足该学院学系规定之条件。

(二)须得足一百三十二学分。

(三)须得足一百三十二名誉分。

(四)须习毕三年规定体育课程。

第二十七条　凡在本校各学院毕业者,遵照部章给予学士学位。

学　生

第六节　学生之类别

第二十八条　正生:凡依照第一条第一、二两款规定入学者,得为本校正生。

第二十九条　未分班生

(一)凡依照第一条第三款之规定入学者,为未分班生。

(二)未分班生肄业满一年后考试及格者,得改为正生。

(三)未分班生改为正生时,其在他校所得之成绩经本校教务长及其所属学院院长审查后,得予以相当之承认。

第三十条　旁听生

（一）学生曾在公立或已立案之私立高级中学毕业，其国文、英文之程度经本校考验认为合格者，得为本校旁听生。

（二）本校旁听生经补应大学考试及格后，得改为正生。

第七节　学生之费用

第三十一条　凡本校正生、未分班生每学年应缴纳下列各费：

（一）学费：六十元

（二）宿费：三十二元

（三）体育费：三元

（四）印刷费：二元

（五）普通预偿费：十元

（六）膳费：每月约八元

第三十二条　前项各费分两期交付，每学期上课前各交半数，但膳费按月交付。

第三十三条　学生不寄宿者免缴宿费，不用本校所备膳食者免缴膳费。

第三十四条　学生如有毁灭或损坏本校财产者，其损失应由普通预偿费内扣偿。如有不足仍应由该生补偿。

无前项情形者普通预偿费于学期终了时原数退还，如经赔偿损失尚有剩余时，退还其剩余部分。

第三十五条　学生所习学程有试验者，应于开学前缴纳试验费及试验预偿费；试验费及试验预偿费之金额临时公布之。前条规定于试验预偿费准用之。

第三十六条　旁听生每学年应缴之学费、宿费、试验费均照正生所缴数目加倍，其余各费与正生同。

第三十七条　第三十二条至三十五条之规定，于旁听生均适用之。

附　则

第三十八条　本章程经本校评议会通过，校董会同意后施行之。

第三十九条　本章程有不适处，得由评论会提议修改之。

第四十条　本章程之解释权属于本校评议会。

《天津南开大学一览》1932 年

王文俊等:《南开大学校史资料选 1919—1949》,南开大学出版社 1989 年版,第 140—147 页。

国立南开大学学则

1947 年 12 月修正

第一章　入　学

第一条　本大学每学年招考新生一次，入学考试规程另定之。

第二条　本大学每学年招考新生时，酌招转学生，转学考试规程另定之。

第三条　已经录取之新生，须依限定日期，前来本大学办理入学手续，逾期无故不到者，即取消其学籍。惟因病或其他事故不能入学肄业，预经呈准者，得保留学籍一年，以一次为限。凡欲保留学籍之新生，应于规定入学日期前，呈缴学业证明文件及本人最近相片三张，书面向教务处申请。学生入校时须填缴志愿书、保证书及履历表，并请现有职业而能负责者一人，为保证人（本大学教职员不能当保证人）。

第四条　学生入学时，每人分发学生证一纸，为证明学籍之用。

第二章　纳　费

第五条　本大学学生须于注册前，缴纳下列各费：学费、宿费、体育费，讲义费、科学试验费、医药费、预存赔偿费，以上各项费用，于每学期开始时规定之。

第三章　注册及选课

第六条　本大学学生于每学期开学时，须于规定日期内，来校注册，逾期注册而未请假者，每逾期一日，以无故缺课三小时论（注册手续另订之）。

第七条　学生于升学后逾二星期，尚未注册而又没请假者，均以退学论。

第八条　学生选习及改选课程,须遵照学校历规定日期办理完毕,除体育之学分外,每学期所选学分以十七学分为准,不得少于十四,多于二十。

第九条　选习及改选课程,须得系主任之允许,改选课程限于每学期上课后二星期内行之。

第十条　退选课程,限于每学期上课后四星期以内行之,否则该课程以零分计。

第十一条　凡一年级必修课程,不准中途退选,如自行退出者,该课程以零分计。

第十二条　本大学课程,除各院系共同必修者外,由各系分别规定为必修、选修二种。学生必须习完其本系所规定之课程。每年之必修课程,以不得提前或移后修习为原则。

第十三条　自开学日起,凡请假之学生迟到二星期以上者,其所选课程,不得超过十七学分;迟到满三星期者,不得注册,即令休学一年。

第四章　学分及成绩

第十四条　本大学采用学分制,学生须修满一百三十二学分(工学院另定之),体育十六学分,其修业期限,至岁须满四年。

第十五条　各课程按学分计算,每学期每周上课一小时,为一学分;实习或实验二小时至三小时,为一学分。

第十六条　凡必修课程不及格者,必须于次年该课开班时重习之,隔年重习者,不给学分。

第十七条　凡全年之课程,必须修满一年始给学分。

第十八条　第一年级以上之学生,其年级依所得之学分编定之,已得三十三学分者,编入二年级,已得六十六学分者,编入三年级,已得九十九学分者,编入四年级,体育学分不在内。

第十九条　转学生入二年级者,至少必须在本大学修业三年,修满九十九学分;入三年级者,至少必须在本大学修业二年,修满六十六学分。补习课程学分除外,此项学分之核计,于必要时得令其增加补习课程。补习课程过多者,应降低其年级。

第二十条　凡一年级新生,曾在其他大学所习过之课程,本大学概不承认。

第二十一条　本大学学生成绩,分操行成绩与学业成绩两种。

第二十二条　学生操行成绩,分为甲、乙、丙、丁四等。丁等为不及格。其不及格者,应令退学或不予毕业。

第二十三条　本大学学生学业成绩之计算,采用百分法,以满六十分为及格;不及格者不给学分,并不得补考。凡未参加学期考试者,概作零分计。

第二十四条　学业成绩计算方法如下:

(一)以课程之学分数乘成绩之百分数为学分积。

(二)学生所选各课程学分之总和,为学分总数。

(三)各课程学分积之总和,为总学分积。

(四)以学分总数除总学分积,为成绩总平均。

(五)总平均之计算,包括不及格课程在内。

第二十五条　各学程考试,分平时、学期、学年三种。平时考试次数及时间,由各教师自行酌定;学期及学年考试,须在学校规定时间举行之。

第二十六条　学生所修课程,平时成绩太劣,未参与学期或学年考试,教师得拒绝其补考。

第二十七条　学生考试时作弊(如挟带、枪替、抄袭、传语等),一经查出,除该课程以零分计外,并记大过两次。

第二十八条　学生学期或学年成绩,经教师交入注册组后,无论任何试者,须先请领补考申请书,并须呈缴家长或医生之证明函件,经教务长核准后,得参加补考。

第二十九条　凡有下列情形之一者,应予留级,其在校修业年限,酌予延长半年或一年。

一、学年成绩有三分之一不及格者。

二、转院转系后,某一年内所承认之学分,不足二十二学分者。

第五章　转院转系

第三十条　一年级新生不得更改报考时所填之院系。

第三十一条　学生欲转院系者,须于学年始业前选课期间,向注册组填写转院系申请书,经所欲转入学系主任及教务长核准后,送交注册组登记,方为有效,转院或转系以一次为限。

第三十二条　学生转入某系后,应由该系主任,按照该系规定课程,重行审核其原有学分,并决定其年级。

第三十三条　转学学生入校后,第一年不得请求转系。

第六章　请假及缺课

第三十四条　学生如因事不能上课者,须先期亲到注册组填写请假单注明课程及时数,如未经准假而缺课者,以无故缺课论,事后不得补假,无故缺课一小时,以请假二小时论。

第三十五条　学生缺课,无论曾经请假与否,均由教师填写缺课报告单,送交注册组。

第三十六条　学生因病请假,须得校医或其他医生之证明。

第三十七条　学生一学期内,无故缺课(体育在内)满十小时者,由注册组予以警告;满二十小时者,由注册组报告教务长,酌予训诫,训诫后而仍无故缺课者,由教务长酌令休学一年(或一学期)。

第三十八条　每学期学生请假日数,超过总日数三分之一者,该学期以休学论。

第三十九条　每一学期学生于某课程请假时数超过上课时数三分之一者,不得参与该课程之学期考试,该课程成绩以零分计。

第四十条　学生因不得已事故(如疾病亲丧),不能应学期考试者,须先请领补考申请书,并须呈缴家长或医生之证明函件,经教务长核准后,得参加补考。

第四十一条　学生无故不参与学期或学年考试者,不得请求补考。其所缺考各课程成绩,皆以零分计。

第四十二条　补考于每学期始业前,规定时期内举行之,逾期不得再补。

第七章　休学退学及复学

第四十三条　在校学生因不得已事故,必须休学或退学者,得陈述理由向教务长请求休学或退学。其因病请求休学者,须缴验医生之证明书。

第四十四条　学生休学以一年为限,逾期不到校者,作为退学,但因特别理由,经教务长准许者,得延长修学期间,但只得延长一年。

第四十五条　学生全年成绩,于所修学分有二分之一不及格者,即令退学。

第四十六条　学生全年成绩,于所习学分有三分之一不及格者,下学年作为留校察看(全年选习学分不得超过三十三),如下年仍有同样情形者,即令退学。

第四十七条　学生如有品行不端,或违反规章者,给予小过、大过或开除学籍之处分。小过三次作大过一次算,积满大过一次者,于一年内不得当选为学生会社职员,及享受公费待遇,积满大过二次者,休学一年,积满大过三次者,开除学籍。其开除学籍者,概不发给转学证明书或修业证明书。

第四十八条　自愿退学之学生,须在本大学肄业已满一年,始得发给转学证明书。

第四十九条　学生如患慢性病症,在一学期内不能痊愈者,即令休学离校医治。

第五十条　本大学学生所缴证明文件,如有伪造、假借、涂改等情事,一经查明,立即开除学籍,并不发给转学证明书或修业证明书;如予毕业后,始查明有上项情事者,除勒令缴销其毕业证书外,并公告取消其毕业资格。

第五十一条　学生休学期满,申请复学时,应先将原休学证明书一并呈缴,经教务长核准后,方能复学。

第八章　毕业及学位

第五十二条　学生第四年级上学期始业时,应商承本系主任及教授,选定题目,并受其指导,撰作毕业论文一篇,并按照校历规定日期,呈请审核。

第五十三条　凡学生曾在本大学肄业满四年,修满所入院系所规定之课程及学分,并交清一切规定费用,经教授会议审查合格后,准予毕业。

第五十四条　本大学依照教育部定章,授予毕业生以各科学士学位。

第九章　附　章

第五十五条　本通则除与大学本部特殊有关之各条外,亦适用于本大学附设之各部分。

第五十六条　本学则经教务会议通过后,公布施行之。

王文俊等:《南开大学校史资料选 1919—1949》,南开大学出版社 1989 年版,第 154—160 页。

国立南开大学教授会会章

1947年10月20日第三次全体大会修正通过

一、名称

本会定名为国立南开大学教授会。

二、宗旨

本会以促进教学效率,协助学校发展并与学术界作应有之联系为宗旨。

三、会址

本会设于本大学内。

四、会员

本校专任教授、副教授均为本会会员。

五、理事会

本会理事会为本会执行机构,以理事九人组织之,由理事互推三人分任理事会主席、秘书、总务之职。

六、集会

甲、全体大会每学期举行二次,由理事会召集,但经会员十人以上之提议,得召集临时大会。凡大会以全体会员半数为法定人数,其主席临时推定之。

乙、理事会每月开会二次,由理事会主席召集,以出席五人为法定人数。

七、选举

理事由每学年第一次全体大会选举之,连选得连任一次。但每次连任人数不得超过三人。

八、特种委员会

大会或理事会认为必要时,得设特种委员会,其组织临时决定之。

九、附则

本会章经大会通过发生效力,必要时大会得修改之。

王文俊等:《南开大学校史资料选 1919—1949》,南开大学出版社 1989 年版,第 163 页。

★中央大学

中央大学在近代肇始于 1902 年筹办的三江师范学堂。1905 年，三江师范学堂易名为两江师范学堂。1914 年，在两江师范学堂的基础上筹办南京高等师范学校。高等师范学校章程规定学校以培养中等学校师资为目的，设国文、理化两部以及数个专修科。1920 年，以南京高等师范各专修科为基础筹办大学，定名为国立东南大学。1921 年，国立东南大学正式开办，成立中国国立大学第一个董事会。东南大学成立时，以南京高等师范学校的 4 个专修科改建，设教育科、农科、工科、商科。1921 年 10 月，学衡社创立，开展中国文化复兴运动。1923 年 6 月，南京高等师范学校正式并入东南大学。此时全校设文理、农、工、商、教育五科，共 30 个系，为学科齐备的综合大学。

1927 年，国民政府成立，实行大学区制，国立东南大学、河海工科大学、上海商科大学、江苏法政大学、江苏医科大学等合并，在南京改组易名为国立第四中山大学。1927 年 9 月，中华自然科学社在校始创。1928 年 2 月，改名为江苏大学。同年 5 月，改称国立中央大学。1932 年，以弘扬中华文化和昌明世界最新学术为任的国风社成立。1937 年卢沟桥事变爆发后，学校西迁入川。1946 年返回南京开学，全校设文、法、理、农、工、医、师范 7 个学院 41 个系科。

1949 年 5 月，南京市中国人民解放军军管会接管国立中央大学。8 月，国立中央大学更名为国立南京大学。1950 年 10 月，去"国立"两字，改为南京大学。1952 年，政府对高等学校进行院系调整，南京大学的工学、农学、师范等院系分别成立南京工学院、南京农学院、南京师范学院等院校以及组建有关院校相关系科；南京大学的文、理学院，合并入金陵大学文、理学院，迁至原金陵大学鼓楼校址，南京大学成为文理综合性大学。

张之洞创办三江师范学堂折(节录)

1903 年 2 月 5 日

　　窃照江宁省城,遵旨改设高等学堂及府县中小学堂各一所,业经前督臣刘坤一,护督臣李有棻将筹办情形先后奏陈在案。惟学堂一事体大思精,其中等级繁多,而次第秩然,不可紊越,必须扼要探源,方有下手之处。查各国中小学堂教员,咸取材于师范学堂,是师范学堂为教育造端之地,关系尤为重要。两江总督兼辖江苏、安徽、江西三省。此三省各府州县应设中小学堂,为数浩繁,需用教员何可胜计,若未经肄业师范学堂,延访外国良师,研究教育之理,讲求教授之法及管理之法,遽任以中小学堂教员,必致疏漏凌躐,枝节补救,徒劳鲜功,且详略参差,各学堂学派学程终难划一。经督臣同司道详加筹度,惟有专力大举,先办一大师范学堂,以为学务全局之纲领。则目前之力甚约,而日后之发生甚广,兹于江宁省城北极阁前,勘定地址,创建三江师范学堂一所,凡江苏、安徽、江西三省士人皆得入堂受学。

　　查直隶督臣袁世凯,奏建师范学堂,定全省学额为 800 名,延聘日本师范教习 12 人。兹为三省予储师范学额自宜酌量从宽。现拟江苏省宁属定额 250 名,苏属定额 250 名,安徽省定额 200 名,江西省定额 200 名,共定额为 900 名。其附属小学堂一所,定学额为 200 名。所有师范生及附属小学生均由地方官出具印结,取具本生族邻甘结,保送考选入学。开学第一年,先招师范生 600 名,三年后,再行续招足额,前三年教小学堂之师范生,约分三级:一年速成科、二年速成科、三年本科。以便陆续派赴各州县,充小学堂教员。第四年,即派置高等师范本科,精研教育学理,以教中学之师范生,备各属中学堂教员之选。现已延聘日本高等师范教习 12 人，专司讲授教育学及理化学、图画学各科，并选派举贡廪增出身之中学教习 50 人，分授修身、历史、地理、文学、算学、体操各科。学堂未造成以前，暂借公所地方，于本年先行开办练习教员之法，令东教习就华教习学中国语文及中国经学，华教习就东教习学日本语文及理化学、图画学。彼此名为学友，东教习不视华教习为弟子。在日本语此法名为互换知识。俟一年后，学堂造成，中国教习东文、东语、理化、图画等学，通知大略，东教习亦能参用华语以教授诸生，于问答无虞扞格，再行考选。师范生入堂开学，则不必借翻译传达，可免虚费时刻，误会语气诸弊，收效尤速。

其购地建堂经费，已据江宁藩司筹拨应用。其常年学堂经费，如华洋教习、各学生饭食、冬夏讲堂，及操场、衣冠、靴带、卧具、纸笔、灯火、奖赏、监督、提调、监学、庶务各委员、司事、人役薪工及一切杂用之属，每年需款甚巨，已议定由江宁藩司于本年先协拨银 1 万两，以后每年协筹银 4 万余两，拟令安徽、江西两省，各按学生额数，每名年协助龙银 100 元不过，稍资津贴，不敷尚多，所有全堂三省学生学费，自应专筹的款济用。查江宁银元局铸造铜元，最便民要政，行纳颇畅，甚有盈余。现已由该司详请添购机器，增建厂屋，大加扩充。即以岁获盈余，专供该学堂经费之用。此举为三省学堂根本、教员得人起见。虽江南财力支绌，不敢不设法筹措，勉为其难。

至学堂建造规模，及一切课程办法，经臣专调曾赴日本考察学校，熟悉教育情形之湖北师范学堂长，来宁精绘图式，详定章程，总期学制，悉臻完备合法。并于省城设立两江学务处，所派委司道等员，会同综理，加意讲求，督促兴办，以仰副圣朝兴办学堂，造就人材之至意。

（下略）

《南大百年实录》编写组：《南大百年实录》上卷（中央大学史料选），南京大学出版社 2002 年版，第 5—6 页。

南京高等师范学校简章

1915 年 6 月

第一章　宗　旨

第一条　本校以养成师范学校、中学校职教员为宗旨。

第二章　组　织

第二条　本校除设预科、本科、研究科外，增设专修科及选科，并附设中学校及小学校。

第三章　学　科

第三条　预科科目为伦理学、国文、英文、数学、论理学、图画、乐歌、体操。

第四条　本科共分六部：曰国文部、英文部、历史地理部、数学物理部、物理化学部、博物部。

各科主要科目如下：

国文部：伦理学、心理学及教育学、国文及国文学、英文、历史、美学、古语学、体操。

英文部：伦理学、心理学及教育学、英文及英文学、国文及国文学、历史、哲学、美学、言语学、体操。

历史地理部：伦理学、心理学及教育学、历史、地理、法制经济、国文、英文、考古学、人类学、体操。

数学物理部：伦理学、心理学及教育学、数学、物理学、化学、天文学、气象学、英文、图画、手工、体操。

物理化学部：伦理学、心理学及教育学、物理学、化学、数学、天文学、气象学、英文、图画、手工、体操。

博物部：伦理学、心理学及教育学、植物学、动物学、生理学及卫生学、矿物学及地质学、农学、化学、英文、图画、体操。

各部随意科目为德文、世界语、乐歌、英文部可加授法文。

第五条　研究科于本科各部中择二三科目研究之。

第六条　专修科科目另定之。

第七条　选科除习伦理学及心理学、教育学外可任选本科专修科中一科目或数科目习之。

第四章　学额及修业期限

第八条　本校共设六部，每部预科一班、本科三班。每班学生自20人至40人。研究科、专修科、选科学生无定额。

第九条　修业期限预科一年、本科三年、研究科一年或二年、专修科、选科二年或三年。

第五章　学年学期及休业日

第十条　一学年分为三学期。

第十一条　元月1日起至3月31日为一学期，4月1日起至7月31日为一学期，8月1日起至12月31日为一学期。

第十二条　暑假、年假、寒假、春假、夏节、秋节、冬节、孔子诞日、民国纪念日、本校纪念日、日曜日均为休业日。

第六章　入学退学休学及惩诫

第十三条　各科入学资格如下：

预科学生，须身体健全，品行端正，在中学校毕业或与有同等学力者，由省行政长官（或中等以上学校校长）保送来校试验。于考取入校时，由家长（或监护人）具保证书，并缴保证金10元（所存之保证金俟毕业后发还）。其试验科目为国文、英文、数学、地理、历史、理化、博物等科。本科学生即由预科毕业学生升入。

研究科学生由校长在本科及专修科毕业学生中志愿研究者选取之，专修科学生与选科学生之资格另定之。

第十四条　学生有身体羸弱、品行不良、学力劣等者，校长得命其退学,预科学生学年试验不及格者亦如之。

学生不得中途申请退学。

学生违背校规斥退或中途退学者,应偿还本校所给各项费用(每月学费 3 元,膳宿费 5 元),但校长得酌量情形或免一部或全免之。

第十五条 学生因疾病或事故旷课过多,校长认为必须休学时,得命其休学。其期限由校长定之。

休学之学生于休学期限届满时,应使插入后一年之学级,若无相当班次,则由校长酌量情形送入他校相当班次肄业或命其退学。

第十六条 学生有违背校规行为时,校长得酌量轻重施以下列之惩诫:一、劝诫,二、记过,三、斥退。

第七章 试验升级留级及毕业

第十七条 试验分为学期试验,学年试验,毕业试验。

学期试验于学期之终行之。学期成绩参照学期试验分数及本学期平时成绩于教务会议评定之。

学年试验于学年之终行之。但行学年试验时,得免去本学期试验。学年成绩,预照学年试验分数及本学期平时成绩与上二学期成绩合计之教务会议评定之。

毕业试验于毕业时行之。但行毕业试验时,得免去本学年试验。毕业成绩参照毕业试验分数及本学期平时成绩与上二学期成绩并以前学年成绩合计于教务会议评定之。

第十八条 学年试验成绩在 60 分以上或升级,在 60 分以下或留级。

第十九条 毕业试验成绩在 60 分以上者给予毕业证书,60 分以下者留级或给予修业证书。

学生因故未与试验于试验期后请补试者,必须校长之许可。

第八章 学 费

第二十条 预科、本科、研究科及专修科选科公费生不收学费,并由本校支给膳宿费。其制服费、课业用品费及杂费等,概由自给。

预科、本科、研究科及专修科 选科自费生除学费外,一切费用概由自给,应缴各费由校长定之。

第九章　服　务

第二十一条　本校各科毕业学生服务期限悉照部章。

第十章　附　则

第二十二条　本校评章及各种细则另定之。

《南大百年实录》编写组:《南大百年实录》上卷(中央大学史料选),南京大学出版社2002年版,第75—78页。

全体教务会提议:改良课程案

1919 年

改良课程案　全体教务会议提议

(一)本校适用选科制,但须含下列四项之要素:

1.学生所习学程,一部分为必修,一部分为任选;

2.一科之学生可以选择他科之学程;

3.学生成绩以学分计算;

4.学程之统附以学科为根据。

附注:学科者,如国文、英文之类;学程者,如英文中之作文文法,国文中之字形学、字音学之类。

(二)学生所习学程,有属于主科者,有属于旁科者,此两种内容分必修及任选两种。各种分量按各种情形而定。

(三)各学程之内容,大纲应行规定程性质分别规定,至于教科书或参考书应否写出,可按学程性质分别规定。

(四)每学程每周上课钟点均须注明。

(五)凡某学程与某学程有连带关系者,须注明学习之次第。

(六)每周上课及自修合 3 小时,历半年者为 1 学分。每学生每学期以学习 15 学分为标准,若遇特殊情形,可减少至 12 学分,可加多至 20 学分。满 120 学分者毕业,惟各科认有加增毕业学分者,得另行改订。

(七)学生学习学分之多寡,第一学期以 15 学分为标准,第二学期以后须参考上学期之成绩而定。

(八)各班应否规定最多人数及最少人数,须视教员经济设备与学程之性质而定。

（九）本校选科制至早于民国 9 年 9 月实行。

《南大百年实录》编写组:《南大百年实录》上卷(中央大学史料选),南京大学出版社 2002 年版,第 84—85 页。

南京高等师范学校校务会议章程

1920 年 10 月 20 日

第一条　校务会议为本校议事机关,以校长各处各部各科中小学代表组织之。

各处部科中小学代表各二人,一人以主任充之,一人由各教职员分别选举之,但校长办公处副主任与校长同为当然代表,其代表除主任副主任外,应再选一人充任之。

任期一年于每学年始改选之中途缺额补选之。

第二条　议事范围列举于下:

(1)本校教育方针;

(2)全部及局部之计划;

(3)关于经济之建议事项;

(4)重要之建筑及设备;

(5)部科之增减及课程编制之基本更动;

(6)招考毕业及进退学生;

(7)卫生;

(8)其他重要事件。

第三条　会议时由校长主席,如校长因事不能到会,由校长委托会员一人为主席。

第四条　代表之外有提案者,由主席通知提议者出席陈述意见。

第五条　会议书记由校长委托之。

第六条　议案提出之手续:

(1)各处部科中小学提议之案,于会期前三日交由书记列入议事日程。

(2)个人提议之案,除校长外,凡提议者,均须于会议前三日以议案送至校长办公处。校长认为应行提议时,交书记列入议事日程。

第七条 会议之时期:

(1)常会:每月二次,第一、三星期之星期三日下午四时至六时。

(2)临时会:遇必要时由校长召集,或会员五人以上之同意请校长召集之。

第八条 有全体会员三分之二出席方始开议,得出席人数四分之三之表决方为决议。

第九条 议决案如遇有不能执行时,由校长交复议或否决之。

第十条 本简章如有未尽事宜,须经五人以上之提议、四分之三以上之决议修正之。

《南大百年实录》编写组:《南大百年实录》上卷(中央大学史料选),南京大学出版社 2002 年版,第 71—72 页。

南京高等师范学校校务会议细则

1920 年 10 月 20 日

第一条 本会议分常会及临时会两种,常会每月二次,于一、三星期之星期三日下午四时至六时举行,临时会遇必要时由校长召集,或会员五人以上之同意请校长召集之。

第二条 凡议事之日,如至开会时间而到会会员尚不满全体会员三分之二,得由校长酌量延长。惟至多不得过 20 分,如仍不满定数时,即由校长宣告散会。

第三条 凡在开会时间,因会员有中途退席致不满法定人数者,除仍继续报告或讨论外,所有议案均不得付表决。

第四条 凡本会议应议事件,由会议书记将其次序及开会日时编定议事日程,先期(或一、二日)通知各会员。

第五条 除议事日程所定之事件外,如有紧急事件,得由校长或经会员五人以上提议,临时加入议事日程。

第六条 本会议因事务重要,酌设各项委员会,其类别如下:

学校组织系统委员会;

学生自治委员会;

运动委员会;

图书馆委员会;

游艺委员会;

出版委员会;

校舍建筑委员会;

校景布置委员会;

办事方法研究委员会；

招生委员会。

第七条　各委员会委员均由校长指任之。

第八条　议案提出手续共分二条：

（一）各处、部、科及中、小学提议之案，于会期前三日，交由书记列入议事日程。

（二）个人提议之案，除校长外，凡提议者均须于会议前三日以议案送至校长室内，校长认为应行提议时，交书记列入议事日程。

第九条　凡发言必起立，每人一次发言，不得过 5 分钟。

第十条　凡报告或讨论均须简单明白，并不得涉及议题以外，不得有二人以上同时发言。

第十一条　校长确认发言之人已尽，或经会员二人以上要求，并得到会会员多数赞成者，即宣言讨论终局。

第十二条　凡表决之际，由校长先将应行取决可否之问题明白布告，已经校长布告以后，无论何人不得再就议题发言。

第十三条　凡表决用举手表决法，计算举手之多少宣告可否之结果，惟至少必须得到会数四分之三之表决方为决议。

第十四条　凡表决之际，经校长认为必要，或有会员五人以上之要求，不得用举手表决法，而用投票表决。

第十五条　本会议应设议事录，其应载事项如下：

一、关于开会闭会之事项并其日时；

二、每会议会员到会之数及缺席者之姓名；

三、校长或委员会报告事件；

四、应行会议之议题；

五、临时提议之议题并提议及赞成者姓名；

六、决议之事件；

七、表决可否之数。

第十六条　凡会员因有事故不能于会议时到会者，得由该机关临时推定代表赴会。

第十七条　本细则由会员五人以上之提议，经全体会员三分之二之同意,得修正之。

《南大百年实录》编写组:《南大百年实录》上卷(中央大学史料选),
南京大学出版社 2002 年版,第 72—74 页。

南京建设国立大学计划

一、大　纲

本大学拟先设教育、农、工、商四科，即以南京高等师范学校之教育、农业、工艺、商业各专修科分别归并扩充之。

二、进行顺序

进行顺序自民国十年度起，南京高等师范学校各专修科停止招收新生，改招大学预科生 300 人，至南京高等师范学校各本科照常进行。

三、名　称

本大学定名为国立东南大学。

四、地　址

以南京高等师范学校校址之一部及南洋劝业会场地址为根基，就两处范围逐年扩充之。商科大学因人材与环境关系，拟在上海择地建设。

五、组　织

（一）设校长一人，由中央政府任命之。

（二）各科设主任一人及教职员若干人。由校长聘任之。

（三）设董事会对于校内负辅助指导之责，以下列各种人组织之：

教育部代表；

南高原有评议员；

曾捐巨款于本校者；

教育界素有声望而对于本校曾尽力者;

曾在本校尽力有年者。

六、学制、毕业证书、学位

(一)预科修业年限约二年。本科修业年限三年或四年。用单位制,以各科所定之单位,学习满数为毕业。

(二)在预科毕业者,得受预科毕业证书。在本科毕业者,得受大学毕业证书及学士学位。在预科或本科未毕业而他去者,得受所修习及格之学程证明书。

(三)各科之研究科及硕士、博士之给授办法,俟各科成立时再订。

七、经　费

(一)开办及筹备费:校地校舍校具图书仪器等,除大部分借用南京高等师范学校外,应添置如下:

1.教室一座　计2万元

2.学生寄宿舍一座　计25000元

3.教员宿舍一座　计1万元

4.购置家具　计5000元

5.购置书籍　计5000元

6.购置仪器　计1万元

7.筹备处办公费　计6000元

总计81000元。由南京高等师范九年度预算临时项下搏节移充。

(二)经常费:除自十年度起将南京高等师范学校预算内之教育、农、工、商各专修科经费移充外,仍俟届时另行编制呈核。

《南大百年实录》编写组:《南大百年实录》上卷(中央大学史料选),南京大学出版社2002年版,第103—104页。

改南高为东南大学计划及预算书

第一　大　纲

东南大学拟先设六种：（一）各科就南高之文史地部及英文专修科归并为扩充之；（二）理科就南高之数理化部扩充之；（三）教育科就南高之教育专修科、体育专修科及附属中小学归并而扩充之；（四）农科就南高之农业专修科扩充之；（五）工程科就南高之工艺专修科扩充之；（六）商科就南高之商业专修科扩充之。

第二　进行顺序

进行顺序可分三层：（一）南高自民国 10 年度起不另招新生，所有旧生 16 班仍照南高学课修学；（二）东南大学自民国 10 年度起分配预科生约 300 人；（三）大学本部各理科先设文学、哲学、史学、心理学、物理学、化学、数学，各系专门于先设教育、农、工程、商各科，均应于两年内物色及预备相当人才。

第三　定　名

东南大学与南京高等师范并存，俟南高旧有学生全体毕业后即将南高名称取消。

第四　地　址

以南高校地及劝业会场地址为根本，就两处范围逐年扩充之。商科大学，因人材与环境关系，拟在上海择地建设。

第五　组　织

甲　校长及教职员：

（一）东南大学设校长一人，由中央政府任命之。

(二)各科及附属中小学各设主任一人,及教职员若干人,由校长聘任之。

(三)设理事会　对于校务负辅助指导之责,以下列各种人组织之:

(1)教育部代表。

(2)南高原有评议员。

(3)曾捐款给本校者。

(4)教育界素有声望向对于本校曾尽力者。

(5)曾在本校尽力有年者。校内组织系统如下表。

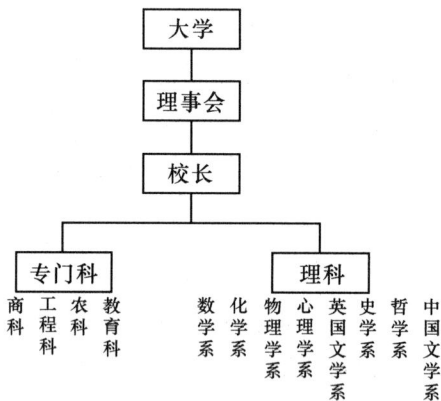

第六　学　制

一、预科　修业年限约二年,本科修业年限约三年,用单位制,以各科所定之单位,学习满故为毕业。

二、在预科毕业者及受该科毕业证书在本科毕业者及受该科毕业证书及学士学位,在预科或本科未毕业而他去者及受所修习及格之学程证明书。

三、各科之研究科硕士、博士之给授办法,俟各科成立时再订。

第七　经　费

甲　经费之来源可分为三:

一、国帑请就南高预算稍增加之。

二、机关或私人捐助,近来海内外人士捐金助学者实不乏人,是在主事者振作有为勤慎将事,不负捐助者之望,则将来此项来源正无穷耳。

三、学费此项所入甚微，为广播学术起见，定费似不宜过高，拟依北大规定数目行之。

乙　经费之支配可分为二：

一、南京高师维持之经费。

二、东南大学进行之经费。

上两项支配之实行另制预算表，呈核至东南大学筹备处，经费不在此例。

第八　预　算

甲　维持南高之预算：

一、南高九年预算经常门合计 350482 元，临时门合计 148927 元，总计 899409 元，维持南高经费即依此预算暂不增加。

乙　东南大学预科之预算：

一、预科学生以 300 人计，约添教员 24 人，每人年俸 2500 元，共计每年 6 万元。

二、助教及助理 18 人，每人平均月薪 60 元，共 12960 元。

三、文牍二人，书记五人，事务员八人，注册管理员一人，仪器管理员一人，庶务员一人，会计员一人，共 20 人，平均每人每月薪水 60 元，共计每年 14400 元。

四、校工约 20 人，每人每月平均工食 7 元，每年共计 1680 元。

五、教室实验一座　　　　计 3 万元

六、学生处宿舍一座　　　计 3 万元

七、教员宿舍一座　　　　计 1 万元

八、购置家具　　　　　　计 6000 元

九、购置书籍　　　　　　计 7000 元

十、购置仪器　　　　　　计 2 万元

十一、筹备处　　　　　　计 14000 元

总计预算　　　　　　　　206040 元

《南大百年实录》编写组：《南大百年实录》上卷（中央大学史料选），南京大学出版社 2002 年版，第 104—106 页。

东南大学组织大纲之议定

中华民国十年二月五日

东南大学前此组织董事会，详情已见本报。现该大学筹建会经讨论已将全部组织大纲议定，其特点在以各学系为主体，而以有关系之学系分别性质先行组成文理、教育、农、工、商五科，五科之下并设预科以为组织本科之基础。此种组织之一点在使教授上有完全之独立得以充分发展而同时又有各科以总持行政之事务也。兹将所议定之组织大纲记载如下：

国立东南大学校组织大纲。

第一章　校　　长

第一条　校长　总管全校事务。

第二章　　校董会

第二条　依据呈准设立国立东南大学计划书第五条第三项之规定，设立校董会，其简章另订之。

第三章　　教　授

第三条　本校教授以学系为本位先设下列各系：

一、国文系

二、英文系

三、哲学系

四、历史系

五、地学系

六、政法系

七、经济系

八、数学系（天文附）

九、物理系

十、化学系

十一、生物系（生理、动物、植物、解剖附）

十二、心理系

十三、教育系

十四、体育系

十五、农机系（作物、土壤、农具附）

十六、园艺系

十七、畜牧系

十八、病虫害系

十九、农业化学系（农产制造附）

二十、机械工程系

二十一、会计系

二十二、银行系

二十三、工商管理系

第四条 以有关系之学系，分别性质，先行组成下列各科：

一、文理科

二、教育科

三、农科

四、工科

五、商科

第五条 设预科以立本科之基础。

第六条 设附属中学校、附属小学校，为教育科研究用（即以南京高等师范附属中小学兼充之）。

第七条 各科设主任一人，由校长延聘之。

第八条 各系设主任一人，由校长延聘之。

第九条 各系设教授若干人，由校长延聘之。

第十条 各系于必要时得设讲师、助教或助理，由校长延聘之。

第十一条　设教授会会议关于全校教授上之公共问题。

第十二条　教授会以校长暨各科及各系之主任及教授组织之。

第十三条　教授会会议时以校长或其代表人为主席。

第十四条　教授会之议事细则另订之。

第四章　行　政

第十五条　本校行政设下列各部:

一、教务部

二、事务部

三、会计部

四、文牍部

五、图书部

六、出版部

七、体育部

八、女生指导部

九、医药卫生部

十、建筑部

十一、介绍部

第十六条　各部设立主任一人,由校长延聘之。

第十七条　各部议员由校长延聘之。

第十八条　各部之办事细则另订之。

第十九条　设行政委员会,为全校行政之总枢,其委员由校长就各部、各科主任中委任若干人充之。

第二十条　行政委员会以校长或其代表人为主席。

第二十一条　附属中学校、附属小学校之行政组织,由附属中学校、附属小学校另订之。

第五章　议　事

第二十二条　设校务会议,议决关于全校之重大事项。

第二十三条　校务会议以下列各项之人组织之:

一、校长

二、各科代表

三、各系代表

四、行政各部代表

五、附属中学校代表

六、附属小学校代表

第二十四条 各科代表以各科主任充之。

第二十五条 各系代表名额,凡每系教授有五人或不及五人者,以等[系]主任充之;五人以上不过十人者,于主任外,再由教授互选一人;十人以上不过十五人者,于主任外,再由教授互选二人,余类推。

第二十六条 教授所任功课不止在一系者,只可于一系中有选举及被选举推荐。

第二十七条 行政各部代表名额,除一人由主任充任外,余由职务较重者互选若干人充之,其数视各系之比例。

第二十八条 附属中学校、附属小学校代表名额各二人,一由主任充任,余一人由附属中学校、附属小学校教职员互选之。

第二十九条 校务会议以校长或其代表人为主席。

第三十条 校务会议议事细则另订之。

第六章 附 则

第三十一条 本组织大纲、呈请教育部核准施行,如有应行修正之处,得由校长斟酌修正、呈请教育部核定之。

《南大百年实录》编写组:《南大百年实录》上卷(中央大学史料选),南京大学出版社 2002 年版,第 120—124 页。

国立东南大学大纲

中华民国十年三月十六日

第一章　定　名

第一条　本大学定名为国立东南大学。

第二章　校　址

第二条　本大学以就南京高等师范学校之一部加以扩充并得设分部于其他适宜地点。

第三章　目　的

第三条　本大学以研究高深学术培养专门人才为目的。

第四章　学　制

第四条　本大学以学制为主体暂设下列各系：

一、国文系

二、天文系

三、哲学系

四、历史系

五、地学系

六、政治经济系

七、数学系（天文附）

八、物理系

九、化学系

十、生物系（生理、动物、植物、解剖附）

十一、心理系

十二、教育系

十三、体育系

十四、农艺系(作物、土壤、农具附)

十五、园艺系

十六、畜牧系

十七、病虫害系

十八、农业化学系(农业制造附)

十九、机械工程系

二十、会计系

二十一、银行系

二十二、工商管理系

第五条　本大学以有关系之学系分别性质,先行组成下列各科:

一、文理科

二、教育科

三、农科

四、工科

五、商科

第六条　本大学设预科、本科、研究科分年办理。

第七条　除上设各科外另设推广部其类别如下:

一、校内特别生

二、通信教育

三、暑期学校

第八条　本大学设附属中学校、附属小学校,为教育科研究之用(即以南京高等师范附属中小学校兼充之)。

第九条　本大学学程采用学分制,以每学生每周上课及自修合三小时历半年者为 1 学分,每半年以学习 16 学分为标准,若遇特别情形可减少至 12 学分,增多至 20 学分,满 160 学分者毕业,惟各科以有加增毕业学分者得另行改之。

第十条　本大学毕业生得授学士学位至研究科学位,俟该科开办时另订之。

[第五章　行　政]

第十一条　本大学设校长一人，总管全校事务，由教育部呈请大总统任命之。

第十二条　本大学依据呈准设立国立东南大学计划书第五条第三项之规定，设校董会其简章另订之。

第十三条　大学各科设主任一人，由校长延聘之。

第十四条　各系设主任一人，由校长延聘之。

第十五条　各系设教授若干人，由校长延聘之。

第十六条　各系于必要时得设讲师、助教或助理，由校长延聘之。

第十七条　大学设教授会其职权如下：

一、建议系与科之增设废止或变更于评议会

二、赠予名誉学位之议决

三、规定学生成绩之标准

四、关于其他教务上公共事项

第十八条　教授会以校长暨各科各系之主任及教授组织之。

第十九条　教授会议时以校长或其代表人为主席。

第二十条　教授会之议事细则另订之。

第二十一条　大学除教授会外，设科教授会及系教授会，以一科或一系之教授组织之会议关于一科或一系之事件会议时以科主任或系主任为主席。

第二十二条　大学行政设下列各部：

一、教务部

二、事务部

三、会计部

四、文牍部

五、图书部

六、出版部

七、体育部

八、女生指导部

九、医药卫生部

十、建筑部

十一、介绍部

第二十三条 各部设主任一人,由校长延聘之。

第二十四条 各部职员由校长延聘之。

第二十五条 各部于必要时得设事务员若干人,由校长函聘之。

第二十六条 各部之办事细则另订之。

第二十七条 设行政委员会为全校行政之总枢,其委员与校长就本校教职员中委任若干人充之。

第二十八条 行政委员会以校长或其代表人为主席。

第二十九条 行政委员会之职权如下:

一、规划全校公共行政事宜

二、审查行政各部事务

三、执行临时发生之各种行政事务

第三十条 各科各系行政事宜由各科各系商承校长处理之。

第三十一条 附属中学校、附属小学校之行政组成另订之。

第三十二条 设评议会会议。关于全校之重大事项,凡下列各事项经评议会之解决。

一、本校教育方针

二、用于经济之建设事项

三、重要之建筑及设备

四、系与科之增设废止或变更

五、关于校内其他重要事项

第三十三条 评议会以下列各项之人组织之:

一、校长

二、各科代表

三、各系代表

四、行政各部代表

五、附属中学校代表

六、附属小学校代表

第三十四条 各科代表以各科主任充之。

第三十五条　各系代表名额,凡每系教授有五人或不及五人者,以系主任充之;五人以上不过十人者,于主任外再由教授互选一人;十人以上不过十五人者,于主任外再由教授互选二人,余类推。

第三十六条　教授所任功课不止在一系者,只可于一系中有选举及被选举权。

第三十七条　行政各部代表名额除一人由主任充任外,其余由各部职员依照各系推选代表方法互选之。

第三十八条　附属中学校、附属小学校代表名额各二人,一人由主任充任,余一人由附属中学校、附属小学校教职员互选之。

第三十九条　评议会会议时以校长或其代表人为主席。

第四十条　评议会议事细则另订之。

第四十一条　评议会为商榷校务便利起见,酌设各项委员会,其常设者如下:

——学生自治委员会

——运动委员会

——图书委员会

——出版委员会

——校舍建筑委员会

——招生委员会

——游艺委员会

——推广教育委员会

第四十二条　本会遇临时事务发生时,得设临时委员会。

第四十三条　各委员会设主任一人、委员若干人,由校长于评议会会员中指任之。

第四十四条　各委员通则另订之。

第六章　经　费

第四十五条　本大学经费以国款、学费暨其他捐款充之。

第七章　附　则

第四十六条　本大纲呈请教育部核准施行。

此项大纲系由组织系统股依照历届职员会议决案订定油印。

《南大百年实录》编写组:《南大百年实录》上卷(中央大学史料选),南京大学出版社 2002 年版,第 127—131 页。

国立东南大学校董会简章

奉中华民国十三年六月二十五日教育部指令修正

第一章　组　织

第一条　本校校董会依据教育部核准之开办东南大学计划书组织。其校董除当然者外，由校董会选举（第一次之校董由筹备处推举）呈请教育总长函聘之。

第二章　资　格

第二条　校董资格分二类，如下：

（一）当然者

甲、教育总长指派之部员一人。

乙、校长。

（二）选聘者

甲、声望卓著、热心教育者。

乙、以学术经验或经济赞助本校者。

第三章　职　权

第三条　校董之职权如下：

（一）决定学校大政方针；

（二）审核学校预算决算；

（三）推选校长于教育当局；

（四）决定学校科系之增加，废止或变更；

（五）保管私人所捐之财产；

(六)议决学校其他之重要事项。

第四条　校董会议决事项应由校长呈请教育总长核准施行。

第四章　名额及任期

第五条　校董名额除当然校董外,定为 15 人,任期 5 年为满,连举连任,但第一次校董任期一年、二年、三年、四年、五年者,各三人;于第一次校董会抽签决定。

各校董如有因特别事故缺额时,由校董会选补,任期至原任校董任满之日为止。

第五章　会　议

第六条　会议细则由校董会自行订定。

第六章　附　则

第七条　本简章呈报教育部核准施行,如有未尽事宜应行修改者,可由校董会提议,经校董四分之三通过修改,呈请教育部核定。

《南大百年实录》编写组:《南大百年实录》上卷(中央大学史料选),南京大学出版社 2002 年版,第 116—117 页。

国立东南大学教授会议事细则

　　第一条　凡议事之日,如至开会时,而到会会员尚不满在校会员之过半数,得由主席酌量展延,惟至多不得过 20 分钟,如仍不满定数,即由主席宣告散会或改为谈话会。

　　第二条　凡本会应议事件,应由本会书记将其次序及开议日时编定。议事日程于开会前一日通知各会员。

　　第三条　如有紧要事件,经主席或会员五人以上提议,得由会员公决临时加入议事日程。

　　第四条　凡会员在开会时间,如有因不得已事故中途退席,致不满法定人数时,本会除仍继续报告或讨论外,所有议案均不得付表决。

　　第五条　凡已发布之提议案,各会员对于同一问题发表意见、动议修正者,其决议顺序,修正案先于原案。

　　第六条　凡发言必起立。每人一次发言不得过 5 分钟。

　　第七条　凡报告或讨论均须简单明白,不得涉及议题以外,且不得有二人以上同时发言。

　　第八条　主席对于各议题欲自与于讨论之列,应退居会员席,而由他人代为主席。主席既与于讨论,非至该议题表决,不得复为主席。

　　第九条　主席确认发言之人已尽,或经会员二人以上之要求、并得多数赞成者,即宣告讨论终局。

　　第十条　凡表决时,应由主席先将应行取决之问题明白布告,已经主席布告后,无论何人不得再就议题发言。

　　第十一条　凡表决应用举手表决法,惟至少必须得到会人数过半数之赞成,方为通过。

第十二条　本会应设议事录,其应载事项如下:

一、关于会议事项,并开会散会之月日时;

二、每次会议到会会员姓名;

三、主席或委员会报告之事件;

四、临时提议之议题,并提议及附议者姓名;

五、表决可否之数。

第十三条　到会会员于开议后不得无故退席。

会员于开议后续到者,须向书记报到,然后入席。

第十四条　凡会员因有事故,不能于会议时到会者,应具函推请代表到会,并通知本会书记。

第十五条　本细则由会员五人以上之提议,经在校到会会员过半数之同意,得修正之。

《南大百年实录》编写组:《南大百年实录》上卷(中央大学史料选),南京大学出版社 2002 年版,第 137—138 页。

修正国立东南大学组织大纲

1926 年 8 月 1 日

第一章　名　称

第一条　本校定名为国立东南大学。

第二章　宗　旨

第二条　本大学以研究学术、发扬文化、培养通材，以应社会需要为宗旨。

第三章　学　制

第三条　本大学现设预科、本科，分为文科、理科、教育科、农科、商科。

第四条　本大学各科现设下列各系：

文科：一、国文系　二、外国语文系　三、哲学系　四、历史系　五、政治系　六、经济系

理科：一、数学系　二、物理系　三、化学系　四、地学系　五、心理系　六、植物系　七、动物系

教育科：一、教育系　二、心理系　三、乡村教育系　四、体育系

农科：一、植物系　二、动物系　三、农艺系　四、园艺系　五、畜牧系　六、蚕桑系　七、病虫害系

商科：一、普通商业系　二、会计系　三、工商管理系　四、银行理财系　五、国际贸易系　六、保险系　七、交通运输系

第五条　本大学为研究高深学术起见，得增设研究院。

第六条　本大学为推广教育起见，得设暑期学校及各种专修科。

第七条　本大学为研究中小学教育起见,设附属中学、附属小学。

第四章　学　位

第八条　本大学本科毕业生称为学士。

第五章　行政组织

一、校长

第九条　本大学设校长一人,总理校务,由教务会投票选举,呈请教育部聘任之。

第十条　校长选举法另订之。

二、总务处

第十一条　本大学总务处设立主任一人,协助校长执行校务,由校长于教授中聘任之。

第十二条　总务处设下列各部:

(一)教务部,(二)群育部(附斋务股及医药卫生股),(三)图书部,(四)文牍部,(五)事务部(附工程股),(六)会计部。

第十三条　各部设立主任一人,职员若干人,由校长延聘之。

三、各科系

第十四条　本大学各科各设主任一人,由校长于教授中聘任之。

第十五条　本大学各系主任一人,由校长于教授中聘任之。

第十六条　各科系得设正教授、教授、讲师、教员助理,由校长聘任之。

第十七条　各科行政事宜,由科主任商承校长处理之。

第十八条　各系行政事宜,由各系主任会商科主任处理之。

第六章　会　议

一、评议会

第十九条　本大学设评议会,其职权如下:

(一)议决本校教育方针;

(二)提议科与系之变更;

(三)议决行政各部之增设、废止或变更;

（四）议决重要之建筑及设备事项；

（五）审查经费出纳事项；

（六）审订本校通则；

（七）议决本校训育事项；

（八）议决本校其他对内对外重要事项。

第二十条　评议会为商榷校务便利起见，得设各种委员会。

第二十一条　各委员[会]设主任一人，委员若干人，由主席于教授中指任之。

第二十二条　评议会以下列各人组织之：

（一）校长；

（二）总务处主任；

（三）各科主任；

（四）教授会推选五人；

（五）科教授会各推选一人。

以上会员除校长、总务主任及各科主任外，其余会员任期均为一年，但连选得连任。

第二十三条　评议会开会时，以校长为主席；校长因故缺席时，由总务处主任代理之。

第二十四条　评议会遇有不能解决之重要问题，得提出于教授会议决之。

第二十五条　评议会议事[细]则另订之。

二、教授会

第二十六条　本大学设教授会，其职权如下：

（一）选举校长；

（二）议决评议会提议事项；

（三）议决教务上一切公共事项；

（四）议决其他重要事项。

第二十七条　教授会以校长、总务处主任、教[务]部主任、图书部主任、群育部主任暨各科、各系之主任及教授组织之。

第二十八条　教授会开会时以校长为主席，校长因故缺席时，由总务处主任代理之。

第二十九条　教授会得设各种临时委员会。

第三十条　各种临时委员会设主任一人，委员若干人，由主席于教授中指任之。

第三十一条　教授会议事细则另订之。

三、科教授会

第三十二条　本大学各科设科教授会，其职权如下：

（一）议决本科教育方针；

（二）规划本科发展事业；

（三）建议本科各系预算于校长；

（四）建议本科各系之变更于评议会；

（五）编订本科之课程及其他规程；

（六）审定本科学生毕业资格；

（七）决定给予免费学额；

（八）协助群育部处理训育事宜；

（九）建议赠予名誉学位于教授会；

（十）其他关于本科之重要事项。

第三十三条　科教授会以本科主任及教授组织之。

第三十四条　科教授会议以科主任或其代表人为主席。

第三十五条　科教授会议事细则另订之。

四、预算委员会

第三十六条　本大学设预算委员会，审定全校预算。

第三十七条　预算委员会以下列各人组织之：

（一）校长；

（二）教授会推选三人；

（三）科教授会各推选一人。

以上会员除校长外，任期均为一年，但连选得连任。

第三十八条　预算会［委］员会细则另订之。

五、聘任委员会

第三十九条　本大学设聘任委员会,审查教职员资格及规定聘任条件。

第四十条　聘任委员会以下列各人组织之:

(一)校长;

(二)总务处主任;

(三)各科主任;

(四)教授会推选五人,任期一年,但连举得连任。

第四十一条　聘任委员会细则另订之。

第四十二条　本大学设行政会,其职权如下:

(一)规划全校行政各部事务;

(二)审查行政各部事务;

(三)执行评议会及教授会之议决案;

(四)执行临时发生之各种事务。

第四十三条　行政会以下列各人组织之:

(一)校长;

(二)总务处主任;

(三)各科部主任。

第四十四条　行政会以校长为主席,校长缺席时,以总务处主任代理之。

第四十五条　行政会议事细则另订之。

第七章　附　则

第四十六条　本大纲如有应行修改之处,得由校长或教授五人提出建议案,经教授会总人数过半数之出席,并经出席人数四分之三通过,随时修正,呈报教育部备案。

《南大百年实录》编写组:《南大百年实录》上卷(中央大学史料选),南京大学出版社 2002 年版,第 164—168 页。

研究院简章

中华民国十五年十一月十八日教授会修正通过[①]

（一）本大学根据本校组织大纲第五条设研究院。

（二）研究院设高等学位委员会，委员为七人。先由各科科教授会各举二人，为候选员，再由全体教授会于候选员中选出七人，每科至少须有一人，任期三年，每年改选三分之一（第一、二年每年改选二人，第三年改选三人）。七人中互选一人为主席，其职权如下：

（甲）总持研究院行政事务，每年汇报各系研究生之应得学位者于校长，以便授与学位。

（乙）聘定各系所推举之研究指导员。

（丙）聘定各研究生之考试委员。

（丁）审查研究生入学及毕业之资格。

（三）本大学本科毕业生，或其他大学毕业生，经本校系教授会推荐及高等学位委员会认可者，方得为本院研究生。

（四）研究生除国文必须通畅外，兼须能以英、德、法或他国文字之一种作通顺流畅之论文，但英、德、法或三国文字以外，须经委员［会］认可。

（五）研究生必须在院继续从事二学期以上之研究。

（六）研究生每学期除研究学科外，必须修习 9 学分本系或辅系课程。

---

① 另有取名"国立东南大学研究院简章"，见中国第二历史档案馆：《中华民国史档案资料汇编》第三辑教育，江苏古籍出版社 1991 年版，第 256 页。

（七）研究生须将其研究所得作一优良之论文，表明其有独立研究之能力，而与学术上有确实之贡献。

（八）研究生除所选 18 学分课程与所作论文外，必须经一度口试，有必要时，可再加笔试。各研究生之考试委员会，除该生之研究指导员外，再由高等学位委员会委定同数之教授组织之。

（九）研究生成绩不及格，得继续研究一学期或二学期，再经考试，倘仍不及格，应令退学。

（十）研究院学费与本科同，实验、考查等费由各系规定之。

（十一）研究生成绩及格者，得分别称为文科、理科、教育科、农科或商科硕士。

（十二）研究生须遵守本校一切普通规则。

（十三）关于博士学位之规程，另定之。

《南大百年实录》编写组：《南大百年实录》上卷（中央大学史料选），南京大学出版社 2002 年版，第 211—212 页。

第四中山大学本部组织大纲草案

第一章　名　称

第一条　依据大学区制设立第四中山大学于江苏,其大学各学院之总称,定名为第四中山大学本部。

第二章　校　址

第二条　大学本部各学院设于南京,但得酌量情形分设于本大学区内其他各地。

第三章　宗　旨

第三条　遵依总理三民主义及国民政府颁行大学条例,阐扬文化讲求学理,达之实用,以造成新中国之学者及建设人才。

第四条　本部各学院为第四中山大学区之高级学府,对于全区学术教育之进步及各级学校之相互衔接,应负倡导协助之责。

第四章　学　制

第五条　大学本部但设本科不设预科(为补救目前各地中学生升学之程度不齐计,得暂设预科,其年限暂定为一年)。

第六条　大学本部设若干学院,院设若干系或科(凡同性质之课目,在学术上能构成系统者为系;合适当之课目,在应用上能构成课程者之科;综合性质相近应行联合设立之各系各科为学院)。

第七条　全校各学院,以学术独立,平均发展,教课错综,调剂精神物质,而收互助之效为原则。各系各科之联合关系如表(原文缺)。

第八条　本大学课程由各学院拟定,惟三民主义学程,凡大学学生均须学习。

第五章　学　年

第九条　采取学分制。视各院学术之性质,分别订定学生毕业年限,以四年至七年为度。

第六章　学　位

第十条　大学学生毕业得称学士,其学士经研究教授会之许可者,得入研究院(研究院制另订)。

第十一条　毕业学生之学位,按照毕业条例(毕业条例另订),经本学院会议审定,呈请校长给予之。

第七章　制　职

第十二条　大学各学院隶属于第四中山大学校长及高等教育部长,每学院设院长一人,由校长聘任。每学院之系或科,各设主任一人,均由院长商承校长聘任。

第十三条　各学院教授、副教授、讲师、助教均由院长商承校长依据大学教员条例聘任之。其各学院助理及事务员或技术员,由院长及系科主任商承校长分别聘委。

第十四条　大学本部设事务主任一人,注册主任一人,由高等教育部长商承校长聘任。会计主任一人,文书主任一人,由秘书处会计课课长、文书课课长兼任。每主任得酌量情形商承高等教育部长聘委员司若干人。

第十五条　大学本部之公共图书馆,设馆长一人,由高等教育部长商承校长聘任。

第八章　会　议

第十六条　采取会议制,设下列各会议。

一、教务会议　以校长、秘书长、高等教育部部长、各学院院长、图书馆馆长及教授代表组织之(教授代表由教授大会选出,其人数暂定13人)。其会议之权限如下:

1.教育方针。

2.全校风纪。

3. 系与科之增设及变更。

4. 各学院相关之课程事项。

5. 考查学生成绩事项。

6. 提出各学院之总预算于评议会。

7. 复核各学院之决算。

8. 建议于评议会之议案。

9. 提交教授会之议案。

10. 其他关于各学院共同事项。

二、教授会　以全体教授及教师组织之，其权限如下：

1. 选举评议会及教务会议代表。

2. 建议于评议会及教务会议。

3. 讨论评议会及教务会议交议事项。

4. 关于教授全体之重要事项。

三、学院会　以本院院长、系科主任、教授、讲师及有关系之系科教授、讲师组织之。其权限如下：

1. 提出本学院之预算。

2. 核计本学院之决算。

3. 协议本学院之课目及课程。

4. 为本学院事建议于评议会及教务会议之议案。

5. 审定本学院学生毕业事项。

第十七条　各项会议之细则，集会之始制定之。

第九章　委员会

第十八条　教务会议得设各项委员会，除临时委员会外，设常务委员会如下：

1. 党务委员会。

2. 卫生委员会。

3. 体育委员会。

4. 群育委员会。

5. 出版委员会。

6. 校闻委员会。

7.招生委员会。

第十九条　委员会会议规程自订之。

第十章　附　则

第二十条　本大纲未尽事项,得由教务会议或教授会提议于评议会修正。

《南大百年实录》编写组:《南大百年实录》上卷(中央大学史料选),南京大学出版社 2002 年版,第 248—251 页。

第四中山大学本部校务会议章程

1927 年 12 月 25 日

第一条　组织

本大学校务会以校长、秘书长、高等教育部长、各学院院长、图书馆馆长及教授代表组织之。

第二条　选举

校务会议教授代表须为本大学之专任教授或专任讲师,于每学年开学后两星期内投票选举之。其选举方法分二种:

一、每学院各选举一人。若学院内专任教授与专任讲师之总数逾 15 人者,得加选一人;逾 25 人者,得加选二人,余类推。

二、教授会就本部全体大学专任教授与专任讲师中不分院别投票选举十人。各学院选出之代表,若在教授会共同投票时再当选者,其本学院之代表应由该学院选人替补。

第三条　任期

本会会员除当然会员外,其任期为一年,连举得连任。

第四条　主席及书记

本会开会时,以校长或其代表人为主席,秘书长为书记。

第五条　职权

校务会议之职限如下:

1.教育方针。

2.全校风纪。

3.系与科的增设及变更。

4.各学院相关之课程事项。

5.考查学生成绩事项。

6.提出各学院之总预算于评议会。

7.复核各学院之决算。

8.建议于评议会之议案。

9.提交教授会之议案。

10.其他关于各学院共同事项。

第六条　法定人数

本会以会员总数二分之一以上列席为法定人数,以列席会员过半数之同意表决一切事项。

第七条　代表

本会会员不能在南京列席者,须用书面正式委托代表,其代表人须为本大学专任教授或专任讲师。惟临时决席委托之代表,以本会会员为限,一人同时不得代表二席。

第八条　开会

本会每两星期开常会一次,若有临时待议之事或有会员七人以上之联名提议,得由校长召集临时会。

第九条　委员会

本会遇有调查、审核、规划、起草及执行等事项,得设各项委员会,除临时委员会外,设常设委员会如下:

1.政治训育委员会。

2.群育委员会。

3.招生委员会。

4.图书委员会。

5.出版委员会。

6.卫生委员会。

7.体育委员会。

8.校景委员会。

9.稽核委员会。

各委员由本会于全校教职员选出。

各委员会之规程另定之。

第十条　提案

凡提案均须于开会前 3 日送交书记列入议事日程。

第十一条　议事日程

校务会开会之议事日程,由本会书记排定,于开会前一日印送各会员。非有列席会员过半数之同意,不得临时提案或变更议事日程。

第十二条　会议记录

每次开会之记录,均须于开会后 3 日内印发。如有不符之处,候下次开会时提出更正。

第十三条　附则

本章程未尽事项,得由本会会员七人以上之提议,经出席会员三分之二之同意,表决修正。

《南大百年实录》编写组:《南大百年实录》上卷(中央大学史料选),南京大学出版社 2002 年版,第 252—254 页。

中央大学本部组织大纲

1928 年 11 月 15 日

第一章　名　称

第一条　国立中央大学各学院及各事务机关,统名为国立中央大学本部。

第二章　校　址

第二条　大学本部设于首都,但得酌量情形分设学院于本大学区内其他各地。

第三章　宗　旨

第三条　遵依总理三民主义及国民政府颁行大学条例,教授并研究高深学术,以养成党国需要人才,阐扬世界文化。

第四条　大学本部各学院对于全区学术教育之进步及各级学校之相互衔接,负倡导协助之责。

第四章　学　院

第五条　大学本部设理学院、文学院、法学院、教育学院、医学院、农学院、工学院、商学院。

第六条　理学院设算学系、物理学系、化学系、地学系、生物学系、心理学系。文学院设中国文学系、外国语文系、哲学系、史学系、社会学系。法学院设政治学系、法律学系、经济学系。教育学院设教育学系、师资科、艺术专修科、体育专修科。医学院设基本系(内分解剖科、生理化学科、生理科、药理科、病理科、细菌及寄生虫学科、卫生科(附言语科、医文科))、临床系(内分内科科、外科科、小儿科科、归[妇]科及产科）。农学院设植物农艺科、动物农艺科、农产制造科。工学院设机械工程科、电机工程科、土木工程科、化学工程科、建筑工程科、矿冶科、染织科。商学院设银行科、会计科、工商管理科、国际贸易科。

第五章　教职员

第七条　本大学教职员之设置及聘任规定如下：

一、每学院设院长一人，由校长聘任之。

二、每系或科设主任一人，由校长聘任之或由各该系或科所隶属之院长提出，会同高等教育处长荐请校长酌核聘任之。

三、各学院设教授、副教授、讲师、助教若干人，由校长聘任之或由各该管院长提出，会同高等教育处长荐请校长酌核聘任之。

四、各学院得设助理及事务员或技术员若干人，由校长聘任之或由院长根据各系或科主任之推荐，会同高等教育处长荐请校长酌核聘任。

大学本部教职员服务规程另定之。

第八条　大学本部设注册、文书、会计、事务、出版五组，每组设组长各一人，组员及书记若干人，均由校长聘任之或由高等教育处长荐请校长酌核聘任。

第九条　大学本部图书馆设馆长一人，由校长聘任，商承校长、高等教育处长处理本馆一切事务。设图书、编目、事务三课，每课设主任一人，管理员、助理员、书记若干人，由校长聘任或由高等教育处长、图书馆长荐请校长酌核聘任。

第十条　大学本部设校医一人或二人，由校长聘任之，商承校长，高等教育处长处理校内卫生及治疗事项。设药剂师、事务员、看护若干人，由校长聘任或由高等教育处长荐请校长酌核聘任。

第六章　会　议

第十一条　大学本部设行政会议，以校长、秘书长、秘书、高等教育处长、各学院院长、本部图书馆馆长及教授会议选出之代表每院一人组织之。以校长为主席，校长缺席时，以高等教育处长为主席。其会议事项如下：

一、依据评议会决议之教育方针，拟订其实施方案。

二、议定系与科之增设、废止或更变,提交评议会。

三、审核本部预算决算,提交评议会。

四、议定建筑设备事项。

五、议定本部各种委员会之设立与废止。

六、议定向评议会建议事项。

七、核定教授会议、教务会议、事务会议、院务会议之建议案及决议案。

八、议定学生奖惩事项。

九、议定其他重要行政事项。

第十二条　大学本部设教授会议,以校长、秘书长、秘书、高等教育处长、各院院长、教授、副教授及讲师组织之,以校长为主席,校长缺席时,以高等教育处长为主席。其会议之事项如下:

一、议决向评议会及本部行政会议之建议事项。

二、议决关于全校风纪事项。

三、议决关于赠予名誉学位事项。

四、选举出席行政会议之代表。

第十三条　大学本部设教务会议,以高等教育处长、各学院院长、各系科主任组织之,以高等教育处长为主席。其会议之事项如下:

一、商议各学院课程之联络事项。

二、拟订各学院教务通则。

三、审定学生成绩事项。

四、议定其他教务上重要事项。

第十四条　各学院设院务会议,以院长为主席,其会议规程由各学院自行拟订,送请校长、高等教育处长核定。其议决案分别建议报告于本部行政会议。

第十五条　各学系(或科)设学系(或科)会议,以系(或科)主任任主席,其会议规程由各学系(或科)自行拟订,送请高等教育处长、院长核定。其议决案分别建议报告于院务会议。

第十六条　大学本部设事务会议,以高等教育处长、各组组长组织之,以高等教育处长为主席。遇必要时,得请有关之院长出席。其会议之事项如下：

一、各组事务上之联络。

二、各组事务上之改进。

三、本部行政会议议决案之实行。

四、其他事务上之重要事项。

第十七条 本章各条会议之细则，由各会议自行拟订，送请本部。

第七章 委员会

第十八条 大学本部得设各项委员会，由本部行政会议议决后组织之。

第十九条 各委员会之议决案，分别报告或建议于本部行政会议。

第八章 附 则

第二十条 本部大纲经评议会议决，由校长出席实行并函报教育部备案。

《南大百年实录》编写组：《南大百年实录》上卷（中央大学史料选），南京大学出版社 2002 年版，第 273—275 页。

中央大学导师制试行办法

1938 年 6 月 17 日

一、本大学遵照教育部训令试行导师制。

二、导师对于学生之训导,应以自己身心的表率扶助学生品德之培养。

甲、导师应尽量以自己的学识提高学生的学识,不但使各学生对于专科、修学科能有更深刻的研究,并且使学生具有丰富的常识,对于立身处世各种问题,能有正确的判断。

乙、导师应尽量与学生生活接近,以认识学生的个性,随时随地施以不同的训导,而增进其人格的修养。

丙、导师应尽量与学生思想以正确的指示,提高其民族意识,使其认识自己对于国家民族的责任。

丁、导师应随时指导学生集会讨论事宜。

三、对于各院系学生之训导,除一般者外,应酌量实际情形,加以特殊的训导。

四、一年级男女生之分组,不分院系,由校长聘请本校专任教师若干人担任一年级生导师。

五、二、三、四年级男女生之分组,以院为原则,由校长聘请本校专任教师若干人担任导师。

六、导师对于每组学生之指导,应则继续为原则。

七、设主任导师一人,由校长聘请之,主持全校训导事宜。

设副主任导师若干人,由各院长兼任之,协同主任导师主持各院二、三、四年级生之训导事宜。各系设首席导师一人,由校长聘请本校专任教师任之,主持一年级生之训导事宜。

八、各院每月举行训导会议一次,讨论本院各组训导实施情形,并研究各种共同及特殊问题。院导师会议开会时,主任导师亦须出席。

九、一年级生导师会议,每两周举行一次,以首席导师主席,主任导师及院首席导师亦须出席,讨论各组训导实施情形,并研究各种共同及特殊问题。

十、由校长聘请助理导师若干人,凡一年级生之学行成绩不佳者,主任导师得酌量情形指定助理导师予以特殊指导。

十一、按照上列办法将全校学生分为若干组,各组学生以二十人为最高限度,每组设导师一人。

十二、全校导师会议应每月举行一次,会报各组训导实施情形,并研究关于训导之共同问题。全校导师会议由校长主席,校长因故不能出席时,得由主任导师代表出席。

十三、各组导师对于本组训导情形及各生学行实况,应依照格式每月报告院首席导师,由院首席导师汇陈学校;一年级生由各组导师报告首席导师,由首席导师汇陈学校。

十四、本办法经校务会议通过施行。

《南大百年实录》编写组:《南大百年实录》上卷(中央大学史料选),南京大学出版社 2002 年版,第 464—465 页。

中央大学教员新聘及升等资格审查办法

1947 年 4 月 2 日

本办法经聘任委员会修正通过——36 年 2 月 13 日

第一条 本办法根据大学教员聘任及待遇规程第四条之规定订定之。

第二条 新聘教员之等别,应由各系科主任查照本办法之规定,将拟聘教员之资格详细开明,必要时附具证明文件及著作,并根据各该系科等教员规定名额及工作分配情形附具意见,由各院院长及教务长复核转呈校长交付聘任委员会审查拟具意见报请校长核定之。

第三条 具备下列资格之一者得聘请为本大学助教:(一)国内外大学毕业得有学士学位,其主科成绩在 75 分以上并经各该系教授通过推荐者;(二)专科学校或同等学校毕业,其主科成绩在 75 分以上,曾在学术机关研究或服务二年,著有成绩并经各该系科教授通过推荐者。

第四条 具备下列资格之一者得聘请为本大学讲师:(一)在国内外大学或研究院所研究得有硕士学位,或同等学历证书而成绩优良者;(二)曾任助教五年以上著有成绩并有专门著作经专家审查合格者;(三)曾任高级中学或同等学校教员七年以上,著有成绩并有专门著作经专家审查合格者;(四)具有第三条所规定之助教资格,继续从事研究五年以上,对于所任学科有特殊研究,其专门著作经专家审查合格者或具有第三条所规定之助教资格,从事于所任学科性质相同之专门职业七年以上,具有特殊成绩者。

第五条 具备下列资格之一者得聘请为本大学副教授:(一)国内外大学研究院所研究有博士学位或同等学历证书而成绩优良者;(二)

曾任讲师五年以上,对于所任学科有特殊贡献,其专门著作经专家审查合格者;(三)具有第四条所规定之讲师资格,继续从事研究五年以上,对于所任学科有特殊贡献其专门著作经专家审查合格者;(四)具有第四条所规定之讲师资格,从事于所任学科性质相同之专门职业七年以上,具有特殊经验并对所任学科有学术贡献者。

第六条　具备下列资格之一者得聘请为本大学教授:(一)任副教授五年以上,著有成绩并对所任学科有重要学术贡献,经专家审查合格者;(二)具有第五条所规定之副教授资格,继续从事研究五年以上,对于所任学科有重要学术贡献,经专家审查合格者;(三)具有第五条所规定之副教授资格,从事于与所任学科性质相同之专门职业七年以上,具有学术创作或发明,经专家审查合格者。

第七条　助教、讲师、副教授服务满五年方得申请升等。

第八条　教员之升等应由各系科主任召开各系科教授会议通过提名,并将应备之证明文件、专门著作、各系科教员工作分配情况及拟请升等者之服务及研究成绩附具意见书,经各院院长及教务长复核,转呈校长交付聘任委员会审查拟具意见,报请校长核定之。

第九条　关于升等之审查,每年 6 月间办理一次以后不再补办。升等之请求,至迟须于每年 4 月底以前提出。

第十条　凡在学术上有特殊贡献而其资格不合于本办法第四五六各条规定者,得由聘任委员会指聘专家审查其专门著作或经验,然后根据专家审查意见拟定其等别,报请校长聘请为讲师副教授或教授。

第十一条　本办法经聘任委员会审查送校长核定后公布施行。

《南大百年实录》编写组:《南大百年实录》上卷(中央大学史料选),南京大学出版社 2002 年版,第 509—510 页。

★金陵大学

金陵大学的前身是美国教会 1888 年在南京成立的汇文书院(The Nanking University)。美国教会基督会和长老会分别于 1891 年和 1894 年在南京创立了基督书院(Christian College)和益智书院(Presbyterian Academy),1907 年合并为宏育书院(Union Christian College),1910 年宏育书院并入汇文书院,成立私立金陵大学(Private University of Nanking)。首任校长是美国传教士包文。私立金陵大学成立时在美国纽约州教育局立案,毕业生可同时接受纽约大学的学位文凭。

早期金陵大学的教材、图书杂志、教学仪器等大都来自美国,校长、教务长、各系主任、教授以外国人为主。课程设置偏重于西方科学与文化,日常教学用语除国文和经史等课程外都用英语。国民政府在南京成立后,发起收回教育主权运动,要求外国在华大学须由中国人担任校长。1928 年,金陵大学在国民政府教育部呈请立案,成为第一个向中国政府请求立案并获批准的教会大学。陈裕光出任校长后,增聘中国教职,加强中文、地理、历史的教学,并将宗教课由必修课改为选修课,尊重信仰自由。大学扩充为文、理、农三学院。1937 年卢沟桥事变爆发后,金陵大学迁至四川成都华西坝。抗战结束后于 1946 年返迁回南京。

中华人民共和国成立后,在 1951 年 9 月,私立金陵大学与私立金陵女子文理学院合并为公立金陵大学。1952 年,政府对高等学校进行院系调整,金陵大学取消建制。金陵大学文理学院与南京大学文理学院合并成为南京大学,校址设于金陵大学鼓楼校园。金陵大学教育系、农学院、农学院林学系、理学院电机系、化工系等系科和南京大学等相关院系分别组建成为南京师范学院、南京农学院、南京林学院、南京工学院等校。

美国纽约州立大学院向本校颁赠毕业学位

本校在合并汇文、宏育二书院(民国前两年)之翌年,为求毕业生留学方便,需要国际通行之证书起见,由本校校长之介绍,承经美国纽约州立大学之大学院区之暂时认可,颁赠国际各大学通行之毕业证书及学位,同学升学国外者,赖以此项维系,获得国际大学间之优遇者殊多。近者,本校毕业生留学成绩极佳,而本校进展,亦深得纽约大学院区之信任,日前接到该大学区颁赠毕业学位之永久认可(Absolute chartct)公文一件,此后无需介绍手续,即可由本校直接授予国际认可之证书或学位,按美邦哥伦比亚及康乃尔两大学,亦曾取得该大学院区此项永久认可公文。是本校学术地位,得与国际间各大学相平衡,将由此始。闻国内各私立大学,亦曾努力于获取此项认可者,本校恐为先声,是不特本校之荣誉,亦我国整个教育界之荣誉也。

《南大百年实录》编辑组:《南大百年实录》中卷(金陵大学史料选),南京大学出版社2002年版,第61页。①

---

① 金陵大学的文献大多无时间标注,编者按照原有文献分类排序。

金陵大学"托管会"(创建人会)细则①

第一条　会　议

1.定期会议:托管会(创建人会)的定期会议,每年举行两次。一次在9月。另一次在4月或5月。

2.特别会议:托管会的特别会议由主席或者托管会两名以上成员的书面要求,由主席召集,主席不在期间,由托管会的秘书召集。

3.会议召集:托管会的每一次会议,至少要在开会前五天,书面通知到托管会的每一位成员。

4.法定人数:托管会会议形成的决议的法定人数为5人,但是选举行政管理人员、修改章程和细则的法定人数须托管会半数以上成员通过。

5.决议程序:处理托管会的事务,必须根据托管会规章所限定的一般议会程序。

6.财政年度:学校的财政年度从7月1日至下一年的6月30日。

第二条　行政人员

1.选举:托管会的行政人员在托管会成员的要求下于每年4月份或者5月份的会议上投票选举产生。托管会行政人员包括一名主席、一名副主席,一名秘书、一名司库,任期为一年,或者到他们的后任胜任

①　在本细则的现行形式上用"托管会"和"理事会"的名称,分别代替细则草案上的"创建人会"和"校董会。"

为止。也可增设一名助理司库。

2.特别选举:在托管会上述行政人员中一名或者全体人员犯有过失的情况下,不管产生这种过失的原因是什么,或者在托管会上述人员中出现任何原因的空缺,就要再举行托管会会议或者特别会议,重新选举托管会行政人员。托管会的大多数成员必须出席会议,选举的通知必须在会议通知上注明。

3.主席:主席主持托管会的各个会议,履行通常和这个职务有关的职责。在秘书在场的情况下签订托管会授权的各项协定,签署托管会发布的各项文件。

4.副主席的职责:副主席在主席缺席或者不能工作的情况下行使主席的职权。在主席和副主席同时缺席或不能工作的情况下则由财务、财产及投资委员会主席或代理主席行使托管会主席的职权。

5.司库职责:托管会司库是学校所拥有的基金和证券的保管人。学校所有的证券均应放在托管会指定的地下保险金库里保存。

进入存放学校证券的地方须按下列方式,在不少于 2 人的情况下进行,不得用其他方法:

(1)由司库(或者他的代表)在助理司库在场的情况下;

(2)由司库(或者他的代表)在财务及投资委员会主席或者代主席在场的情况下;

(3)由司库(或者他的代表)在托管会主席或者代主席在场的情况下。

但是不能认为按上列方式进入证券存放地点时本规定不允许有其他人同时在场,也不能认为本规定不允许托管会和一个可信赖的信托公司签订合同,委托该公司保管这些证券的安全。并在上述有权接近证券的两个人的命令下送递证券。

托管会司库应向秘书交纳一笔保证金以保证忠于司库的职守,保证金的数目由托管会规定。他还应与托管会指定的一家名声好的保险公司签订合同,保险费由托管会支付。依照职权,托管会司库是财政、校产及投资委员会的当然成员。在司库缺席、不能工作或者司库一职出现空缺时则由财政、校产和投资委员会主席或代理主席行使司库职权。

6.秘书职责:秘书履行通常和这个职务有关的职责。他将参加托管会会议、各常务委员会会议以及需要他参加的特别会议,将会议情况详尽真实地记录下来。他将负责保管文件,负责将托管会及其委员会的各次会议记录的副本及时送交托管会各位理事。他将负责将托管会所作的有关任命、提升、任期、对某系或者某工作的拨款通知给大学校长、校董会或者其他有关人员。他负责学校教职员在他办公室签订的忠于职守的合同,保管托管会印鉴,并在所有需盖章证明的文件上盖章。

7.助理司库职责:助理司库是负责托管会经济事务的主要行政人员,他负责审查托管会就学校经济事务的管理而制定的各项规章制度的执行情况,主动为学校基金寻求投资并及时向司库和财政及投资委员会报告投资情况。他负责学校在美国购买的各种物资器材,审查托管会签订的各个合同的履行情况。

助理司库还将募集和接受捐赠给学校的礼物、赠款或其他东西以及属于托管会(创建人会)的款项。收集的所有的款项应立即以学校的户头开存折存入州立或国家银行,具体银行由托管会(创建人会)指定。

他将保管各种账簿,全面地公布学校的财政状况和收支情况,负责检查学校的行政人员和启用有关基金和证券的收支的账簿,听取上述人员就学校基金和证券的收支所作的详尽真实的报告,这些行政人员和雇员应保管好自己的账簿,以便答复助理司库经常的查询,正确地反映学校及各系的财政状况。助理司库在托管会、司库、各委员会和校长要求时也应呈上账簿,或者在需要时正确地反映学校以及各个部门的财政状况。

助理司库将审核所有在美国提出的不利于校方的账目、要求等,在他或者司库根据预算的拨款或者条款调整和决定钱的数目之前,不能从校托管会(创建人)的财务部门提走任何款项。如果助理司库在审查账目时怀疑它的正确性或者发现拨款数目和供给物资数目不符,他将把账簿呈交财政、校产和投资委员会决定。

在财务部门提取现金须持证明支票,支票上须写明提取的金额和提取人姓名并要有以下人员中的两个人的签名:司库、助理司库以及托管会(创建人会)指定的两名理事。

　　助理司库应向校方递交一份保证书,保证忠于职守,并缴纳一定数目的保证金。保证金数目由托管会决定。在托管会没有明确规定保证金数目时,保证金为 2.5 万元,交给一家托管会指定的负责任的保险公司,赔偿费由托管会支付。

　　助理司库还负责校长或者托管会(创建人会)不时分配给他的工作。

　　在助理司库一职无人担任、缺席或者不能工作的情况下,由执行委员会主席或者副主席行使他的职权。

第三条　托管会各委员会

　　1.常务委员会:托管会(创建人会)将设立六个常务委员会,即:

　　(1)由 7 名理事组成的执行委员会;

　　(2)由 5 名理事组成的财政、校产和投资委员会;

　　(3)由 5 名理事组成的教育委员会;

　　(4)由 3 名理事组成的审计委员会;

　　(5)由各委员会主席组成的财政预算委员会;

　　(6)金陵大学委员会。

　　2.各委员会的任命:除财政预算委员会外,各常务委员会均由托管会主席在托管会同意下于每年 4 月或者 5 月或者尽可能接近上述日期的会议上任命。各常务委员会的任期直到它们的后任上任为止。在任命时,除执行委员会和财政预算委员会以外,其余各委员会的主席由托管会主席指定。

　　3.各委员会的组成:按上述方法任命的各委员会的上述成员外,托管会主席和大学校长依照职权也是各委员会的当然成员。

　　4.各委员会的记录:各委员会的活动情况记录均由托管会秘书统一保管,并以书面形式呈交托管会下一次会议批准。各委员会活动情况记录的副本应及时送交到托管会(创建人会)各理事。

　　5.各委员会的法定人数:各委员会的法定人数必须超过该委员会成员的半数。各委员会会议在委员会主席、托管会主席或者大学校长的要求下召开,由秘书召集。会议地点应在通知中注明。

　　6.执行委员会职权:在托管会休会期间,执行委员会负责执行托管会的一般命令和决议。在托管会休会期间教职员中如出现空缺,执行委员会可安排人员接任,并且根据托管会的总政策安排和指导与学校利益有关的事务,特别是处理托管会不时交给它的事务。并在下一次托管会会议上呈交工作报告。托管会主席是执行委员会的当然主席。在他认为担任此职不方便或者不妥当的情况下,执行委员会可自己选举一名主席。在必要的情况下,执行委员会可处理其他委员会的事务。

7.财政、校产和投资委员会职权:财政、校产和投资委员会在校托管会的指导下,按照托管会制定的总政策用学校的基金促使投资或者进行投资。在托管会(创建人会)和执行委员会休会期间,该委员会有权改变投资形式,投资额总计达10万元,不超过这个数字时事先不须经托管会批准。财政、校产和投资委员会的这些活动将在下一次托管会会议上作正式报告。该委员会负责学校基金的使用,司库、助理司库只有在取得该委员会的正式批准后才能用学校的基金进行投资、买卖。

财政、校产和投资委员会负责保管和监督学校的财产,听取和审查校董会关于学校场地,房屋设备状况的报告,以及维修这些场地、房屋和设备措施的报告。在托管会指示下,该委员会还可办理该校的房屋和校产的保险。

需建新房屋时由该委员会调查并决定,同时将情况向托管会详细汇报。在托管会决定营建新房屋时,由该委员会负责绘制图纸,制定计划,并向托管会推荐施工的公司。在房屋施工时代表校托管会(创建人会)负责图纸的设计和房屋的建造。

该校的基金分为下列几类:

①捐赠基金;

②特别基金;

③房屋基金;

④流动基金。

捐赠基金不可用完,也不可抵押为现金使用,但可以保留或者存放在不动用基金的情况下用捐赠基金投资,如前所述,由财政、校产和投资委员会进行。在任何情况下用作抵押的数目不可超过50%。

该基金不贷给学校任何理事、行政管理人员或者学校的其他雇员,也不贷给任何友好团体,宗教或者慈善机构。

特别基金包括为了某一用途而捐赠的款项、赠送的财产、礼物等。特别基金的本金和利息都可使用,并且根据捐赠的要求,该基金可用完或者用于投资。

房屋基金包括用于房屋建设和设备更新而捐赠的款项和礼物,以及托管会(创建人会)的拨款和分配的资金和物资。

流通基金包括捐款利息、学费和其他投入,用于流通目的的捐款、遗赠等,学校的商务和经济收入以及用于流通的资金。

● 草案形式

8. 财政预算委员会职权

财政预算委员会由上述四个委员会的主席、大学校长、主席和司库,创建人会秘书以及助理司库组成。它负责监督学校的簿记工作和财政记录工作。它负责将制定下一年度的财政预算提请创建人会在 4 月或者 5 月召开的会议上批准。提交审核的预算包括:学校可能获得的收入和消费情况的详细说明,获得收入的来源。逐条列举下一年度的预计支出项目,应付的工资数目,和领取工资人员的详细情况。并将各系、科室用于购买书籍、仪器设备的开支和其他现金开支区别,将用于学校内基地和田间基地的基金区别开来。创建人会主席为该委员会的当然主席。

校董会司库根据财政预算委员会制定的关于预算的规章,有权提取创建人会拨给校董会的预

● 现行形式

8. 财政预算委员会职权

财政预算委员会由上述四个委员会主席,加上校长、托管会主席、司库、托管会秘书和助理司库组成。它将负责审查该校的簿记和账册,制定下一年度财政预算,提请托管会在 4 月或者 5 月召开的会议进行审查,以便在 7 月 1 日开始的新的财政年度执行。提请审查通过的财政预算包括:学校所能得到资金开支情况的详细说明,包括说明资金的来源;列举下一年度预定的开支项目、工资支付的详细情况,领取工资人员的详细情况,并将各系、科室用于购买书籍、仪器设备的开支和其他现金开支区别开来,将用于学校内的基地和田间基地的基金区别开来。托管会主席为该委员会的当然主席。

由校托管会批准的财政预算对学校各部门具有权威性。校董会司库根据财政预算委员会制定

算收入。学校内基地的资金支出一般不能超过拨款的数目，其预算拨款由财政预算委员会和助理司库负责分配。

学校各系订购设备器材等物品在助理司库处报销，但要出示由校董会司库或者助理司库签字的证明，报销的数目不能超出该系的拨款范围。如超过拨款的数目，须将申请提交给财政、校产和投资委员会审查，否则不予批准。如对超出的数目准予报销，则托管会（创建人会）应追究理事会（校董会）的责任。

9. 教育委员会职责：教育委员会负责考虑校长提出的更换教师的提议，考虑各布道使团派往学校教师的任命，并根据已获准的预算，对聘用教师的任期问题向托管会（创建人会）提出建议，在托管会（创建人会）休会期间，该委员会有解决上述问题的权力，但是不能超出财政委员会预算的范围。

该委员会的职责还包括检查教学体制、教学安排、规章、纪律以及其他和学校教学工作有关的问题，并向托管会汇报。

10. 审计委员会职责：审计委员会由托管会的三名理事组成，司库和财政、校产及投资委员会成员不能参加。它每年将安排一公共会计事务所对学校的证券和账簿进行审计，并监督这项工作的进行。审计结果由该委员会书面呈报每年9月召开的托管会例会。

第四条　理事会

校董会按照该会的章程和细则规定的方式组成。

理事会按该会细则所规定的方式组成，这些细则须经托管会批准。

第五条　学校的行政管理

1. 校长的职责：依照职权，校长是创建人会的当然理事，并且是校董会的行政人员。他是学校的负责人，监督和指导各系的工作，以

1. 校长的职责：依据职权，校长是托管会的当然理事，并且是校理事会的主席。他是学校负责人，监督和指导各个系的教学工作，以

以提高教学效率。并主持教员会召开的各种会议,充当全体教员、校董会与创建人会以及学生和校董会之间行政联系的媒介。

他负责把校董会关于教员的任命、提升、任期的决定,以及对各系工作拨款的决议通知给创建人会和其他有关人员。负责将校董会的各次会议记录的副本送交创建人会。并负责保管有关文件,负责与学校的行政人员、教师在他办公室里签订忠于职守的合同,负责保管学校的公章,并在需要证明的文件上盖章。向校董会提出教员的任命和提拔的建议。在和顾问委员会工作人员协商以后,有权暂令学校行政人员、教师和其他雇员停职,并将情况在校董会的会议上报告。

他负责执行学校的纪律,就校董会下达的事项在取得全体教员同意后采取行政措施,并负责执行校董会为学校内部管理而制定的措施。

提高教育质量。并主持教员会召开的各个会议,充当教员、理事会与托管会以及学生与校理事会之间行政联系的媒介。

他通过理事会和托管会的教育委员会,把教员的任命和提拔,向托管会推荐。

他负责执行学校的纪律,负责就托管会下达的事项在取得全体教员同意后采取行政措施。并负责执行校理事会和托管会为学校的内部管理而制定的措施。

2.校长的年度报告:校长每年须向校董会和创建人会汇报学校工作情况和学校状况,不定期地向校董会汇报学校的状况并提出他认为对学校有利的或者必须的措施供校董会考虑。

3.校长外国事务助理的职责:校长的外国事务助理将协助校长处理有关外国教员的事务。在校长需要时,处理与创建人会之间的事务。

依照职权,校长的外国事务助理是校董会和财务执行委员会的成员,毋需经过选举。

4.副校长:设立一副校长,其职责由校董会和校长制定。

5.代校长:在校长一职出现空缺时,或者校长不在以及不能工作时,校董会可任命一个代理校长。

6.系主任职责:系主任主持系教师会议,主管系里的教学和行政工作,维持系里纪律和秩序,在和教师会磋商后可接受或开除本系的学生,系里发生的所有重要事件及时向校长汇报。

7.全体教员:包括校长、各系主任以及所有教员。

由校董会或创建人会任命。

各系的教员会应提出有关本系开设课程的建议,并将建议通过校长呈交校董会。

由理事会任命。

各系的教员会在理事会的指导下,对其职责的执行情况负责。提出本系开设的课程的建议,并将建议呈交理事会执行委员会。再由执行委员会送交理事会。

被任命的各系教员,要履行职责,任何教员只有在校长或系主任的允许下,才能做份外工作,但是,由创建人会委派的、仅对创建人会负责的教员例外。

第六条　修　正

本细则在托管会①的任何一次会议上只要大多数理事出席,就可在四分之三投票赞成的情况下修正。修改案须在会议召开的 30 天前书面通知托管会各理事。

《南大百年实录》编辑组:《南大百年实录》中卷(金陵大学史料选),南京大学出版社 2002 年版,第 125—132 页。

---

① 1927 年,时局变动,金陵大学由临时校务委员会主持校务,组织新校董会,旧校董会改建为创建人代表大会代替托管会行使职权。

金陵大学校董会章程[①]

一、名　称

该委员会命名为金陵大学校董会。

二、会　址

该委员会设在江苏省南京市。

三、宗　旨

金陵大学校董会的宗旨是,在南京保持一所由基督教会主办的、宗教信仰完全自由的私立高等学校。该校须提供最高水平的教育质量,促进社会福利事业,提高公民的理想和服务社会的能力,按照本校的基督教精神造就人才。

四、校董会的组成

校董会由下列各方面人员组成:

(1)从中国的宗教团体中选出:

浙江—上海浸礼会分会选派 2 名;

美以美会华中分会选派 3 名;

中华基督教会华东分会选派 3 名;

中华基督教会 3 名(和中华基督教布道团有联系)。

(2)金陵大学校友会选派 4 名。

(3)从有合作关系的布道使团中选出:

---

① 　本章程系 1927 年学校改组后制订的校董会章程。

卫理公会、圣公会华中布道团 2 名；

美国长老会江岸布道团 2 名；

中华基督教布道团 2 名；

美国浸礼会国外布道团华东教区 2 名。

(4)增选委员：本会增选委员 5 名，由以上当选的校董会董事公推（增选的董事和校董会其他董事具有同样权力）。

(5)金陵大学校长为校董会当然董事。

校董会中的大多数成员以及增选的校董会成员中的大多数必须是中华民国的公民。

金陵大学的教学行政人员、学校所雇用的其他人员和学生不能当选为校董会董事。校董会的所有成员必须对上述办学的宗旨持赞同的态度。

校董会的首届成员将分为人数大体相等的 3 组。第 1 组任期 1 年，第 2 组任期 2 年，第 3 组任期 3 年。如果某个组在规定的任期期满之前出现空缺，则依照上述条款另增补 1 名成员，新增补成员的任期为前任所剩余的任期。

除了首届当选的校董会成员外，以下各届校董会董事的任期均为 3 年。校董会任何成员在任期期满以后皆可连选连任。

五、校董会职责

校董会根据其宗旨指导金陵大学方针政策的制定，加强对学校的管理。目的是要在南京保持一所由基督教主办的、有充分宗教信仰自由的私立高等学校，该校将提供最高水平的教育质量，促进社会福利事业，提高公民的理想和服务社会的能力，根据本校的基督教精神造就人才。

校董会有权批准建立新的系科；批准学校开设的课程；选举任命校长和司库；任命学校行政人员和教学人员；决定由创建会支付工资的人员以外的其他教职工的工资数目；提供合适的校舍和办公教学设备；根据学校的财政预算，决定学费的金额，并通过学校的行政管理机构按预算收纳和分配学费；负责为学校提供足够的师资力量和办学经费以及执行有利于提高学校管理效率的其他职责。

校董会有权和创建者委员会签订协议，包括进行校产租赁问题的谈判。在校长和教员会的推荐下，校董会可根据中华民国的有关条例授予学位，并向创建者委员会推荐获得美国学位的人选。它有获得和掌握校产的权利，包括在中国募集的捐款。

六、校董会会议

校董会每年举行两次会议，一次为校董会年会，会议通知于会议召开前1月发出。在校董会年会上将由校长作学校工作情况报告，将任命学校教师和行政人员，审查各委员会的报告，制定下一年度财政预算。

校董会的各个特别会议由校董会主席或者大学校长召集。在校董会5名董事的要求下，也可召开特别会议。特别会议的通知应以书面形式在会议召开的前10天函寄或者电报通知校董会各个董事，通知应写明特别会议的议题。

在校董会的任何一次会议上，形成决议的法定人数必须占校董会董事的半数以上。

七、校董会行政人员

校董会行政人员包括1名主席，1名副主席，1名司库和1名秘书，他们将分别行使有关的职权。上述行政人员在校董会年会上投票选举产生。

八、财务执行委员会

校董会每年从董事中选出7人组成财务执行委员会。该委员会负责处理校董会休会期间的日常事务，但是特别重要的问题以及须改变方针政策的问题除外。对日常事务的处理决议只要委员会4个成员同意就可生效。然而，对于呈交给校董会并业经校董会作出的决议案，财务执行委员会不得推翻。该委员会议决问题的法定人数须超过委员的半数以上。财务执行委员会的工作要向下次校董会会议汇报并接受校董会的审查。

九、细　　则

在年会或者特别会议上，校董会在取得三分之二成员同意的情况下有权制定或者修改细则。所提出的修改意见应在会议召开前一个月通知到每个校董会成员。

十、修　正

对本章程的修正可在校董会例会或者为此而召开的特别会议上提出。但是修正案需在会议召开前 3 个月通知到每个校董会董事。

《南大百年实录》编辑组:《南大百年实录》中卷(金陵大学史料选),南京大学出版社 2002 年版,第 132—135 页。

金陵大学校董会与创建者
委员会协议书（初稿）

一、历史的陈述

金陵大学是在 1910 年 2 月成立的基督教南京高等教育工作联合会同时诞生的。这个联合会由美以美英国国教国外传教委员会、联合基督教传教教士协会、美利坚合众国圣公会国外传教委员会组成。在这联合会成立之前，这 3 个传教团体 22 年来曾独立地创建与发展了学校。在查理斯·H. 傅罗主教领导下的美以美英国国教华中传教会在 1888 年创立了汇文书院，第一任院长为约翰·O. 福开森，任职到 1897 年为止。乔治·A. 师图尔继任，任职到 1908 年为止。此后由 A. J. 包文担任校长。在 1891 年，国外基督教传教会在鼓楼附近建立了基督书院和预备学校，E. E. 美在中任校长。1894 年，北方圣公会传教会将一所已有十多年历史的全日制学校发展成为一所高中，T. W. 贺了夏任校长，后由 J. E. 文怀恩继任，这些学校联合的第一步骤是国外基督教和北方圣公会传教会的合作，联合成立了宏育书院。这一书院又与汇文书院联合，结为一体，于是在 1910 年成立了金陵大学，A. J. 包文选为校长，J. E. 文怀恩选为副校长。1911 年，纽约州立大学董事会给金陵大学颁布了特别认可证。

1911 年，美国浸礼教国外传教协会作为一个部分又加入了这一联合会，合作办了师范学校、校医院和语言学校。1920 年，又开始合作管理农林科的工作，目前他们的合作仅限于学校这一行政管理单位。1917 年，美利坚合众国圣公会国外传教会的执委会又加入合作管理大学医院。

　　起初，合作的基础是三个全力合作的协会，提供价值＄4万金的财产或资金，提供3名教师的薪水，每年捐助费＄0.24万金。以后，教师增为4名，每年捐助费为＄0.3万金。1920年，教师数增为5名，第五名确定分配给农林科。1922年，年捐款增为＄0.4万金。这些捐款，不包括给校医院的人员和资金的资助。目前是一名医生，年现金拨款为＄750.00金。美国圣公会国外传教会执行委员会仅提供一名医生，不提供现金拨款；美国浸礼教国外传教协会仅提供现金拨款，到1926年为止总计＄500.00金。

　　东方医科大学是1910年组织成立的，1912年该大学成为我校的附属大学，1914年正式合并于本校，成为本校的本科之一，它由下列7个传教协会组织和支持这个医科：美以美英国国教国外传教委员会、美利坚合众国圣公会国外传教委员会、国外基督教传教委员会、南美以美英国国教传教会、美国浸礼教国外传教协会、美国圣公会国外传教会执行委员会和南方浸礼会国外传教会。R.T.谢尔德为医科的科长。在1917年，为了按中华医学会规划的在医学教育上进行更大的合作，本校的医科停办，但鼓楼医院作为学校的一个行政单位继续办理。并由下列团体支持：美以美英国国教国外传教会、美国圣公会国外传教会、国外基督教传教士协会、美国圣公会国外传教会执行委员会以及美国浸礼会国外传教协会（后在1926年退出）。

　　1917年按中国教育部的规定，形成学校的主要组成部分。主要变化在于有一个三年制的文理科，一个三年制的农林科和一个两年制的预科。同时在这期间，一个商业专科在波士顿大学南京协会的合作和支持下成立了。后来因为资金不足和日益增加的更多创建工作的要求，商业专科于1923年6月停办。

　　教育系，开始时称为师范科，在1912年开办。师范科包括预科所属的一个教师高级班，以及附属中学所属的一个教师中级班。在本校所属模范学校进行实习。1923年秋，归并教育学系，成为文理科的一个系。教授教育学方面的课程，包括为中学和大学本科提供公共课程。

　　1925年，由于条件的变化，两年制的预科恢复为大学本科。但第一年继续作为预备部。由文理科管理。所以在目前的重组之前,学校就像现在这样划分为行政管理单位,每个单位有各自的科长或相应官员以及各自的教职员。共有8个这样的行政单位,排列次序如下:

1.目前的文理科,是原来的文科的后继。它位于鼓楼西坡的一组建筑群中,化工班、医学预科均受文理科的管理。

2.农林科,是1914年成立的农科和1915年春季成立的林科的联合。它是1914年本校约瑟夫·裴义理教授在义赈工作中发展起来的。1921年,本校农林科通过北京的教育部在政府注了册,并进一步得到了北京农商部和各个地方政府的支持,1918年成立了一个试验站。并在暑期学校(离鼓楼西北约半英里的农耕区的一种农村师范学校)组织了一个特别农业班和林业函授班。

3.大学图书馆:在学校开办时即成立。于1922年成为学校独立的一个行政管理单位。主楼在鼓楼的 Severance 厅,在乾河沿的琥珀厅和语言学校的金厅有分馆。

4.校医院和护士学校:位于鼓楼南面,学校建筑群的东面,由联合基督教传教士协会的 W.E.马林博士创立。他在1914年前的20年间做了大量工作。1914年它成为医科的一部分。1917年在华东和华北教会医学教育重组时,校医院从医科中划分出来。因而,这个医院已连续服务了30多年。1918年9月,开办校医院附属护士学校。

5.教士培训部或语言学校:1912年成为我校的一部分。它是在1911年革命期间由上海的27个不同的传教协会组织的临时语言学校发展而来的,语言学校位于鼓楼和乾河沿之间。

6.暑期学校:主要为牧师、教师和农村工人进行培训。自1921年起,学校每年举办一次。它或在大学的教学楼或者在乾河沿的中学校舍中举办。根据当时是否方便而定。

7.附属中学,位于乾河沿,为了与国家的教育体系相一致,初等学校于1924年关闭,附属中学按六年制中学进行组织。然而,现在的高中的最后一年作为大学预备班一起上课。

8.模范学校,包括小学(六年制)和幼儿园(自1927年9月开始,幼儿园和初小班不再连续上,而高小班则成为附属中学的预备部)。

二、校董会宪章

校董会宪章成为校董会和创建者委员会的协议的一部分。一致同意对校董会宪章的修正案在生效前须经创建者委员会的同意。

三、财产租借

由创建者委员会将学校的地产、建筑和设备租给校董会,租期自1928年7月1日起共5年,名义租金为1美元的中国货币。这个租借可以在双方同意的情况下继续一段时期,条件在1933年7月1日或以前确定。但不早于1932年7月1日。根据校董会和创建者委员会的双方协议、这一租借在这一时期受下列条件约束:

(1)如果由于任何原因,创建者会认为,按照上述的作为协议一部分的校董会宪章,校董会不再成为金陵大学的管理者,创建者委员会有权立即重新占有这些财产。

(2)如果创造者认为租借的财产或任何重要的部分没有用于金陵大学制定的目标:即在南京保持一所在基督教赞助下具有充分宗教信仰自由的私立高等学府,并将遵照教育效率的最高标准,鼓励社会福利以及为公民服务的崇高理想,按基督精神来造就人才。在任何一学年结束时校董会或创建者委员会将有权取消这一租借,但必须有一年期限。

(3)在校董会的书面请求或书面同意的情况下,创建者委员会可以增加他们对金陵大学土地、房产和设备的投资。

(4)校董会须将租借给金陵大学使用的财产保管得与过去一样好。即:土地、房产、设备(注:细节尚未制订好)。为了这一目的,他们必须每年从学校总收入中拿出不少于房产费用的……％和设备费用的……％的资金,总计大约为＄……中国货币用于修理、替换和保险(注:细节尚未制订)。

(5)校董会可以通过建立附加建筑或增加附加设备或扩大改善土地,在创建者委员会书面同意的情况下改善财产。但须符合下列条件:即与已采纳的总的规划和建筑类型一致,而且校董会必须改善所需的费用,除非在校董会的请求下,事先进行了特别拨款,双方一致同意关于学校准备增加房屋的位置、外部形式和形状,并由创建者委员会最后决定。

(6)学校的住房由校董会租给教职员。根据双方已通过的一份分配表,并且规定以前占有者首先申请。以后按工作时间作为决定选择优先权的标准(分配表尚未制订)。

在出现取消租借或其他财产处理时,利益冲突的解决,通过双方会议,如果有必要,则通过仲裁。

四、职　员

在校董会的请求或同意下,创建者委员会将继续支持作为学校职员的教会人员。

在教会人员休假的 6 个月前,校董会必须给创建者委员会写信,以及向与该人员重新任命的有关团体写信。在需要重新任命他或任命新人员的情况下,必须说明要填补的职位、所设的课程和教学时间,该人员工作的所在单位行政长官的姓名,以及向人员提供的住房单元等情况。

由创建者委员会任命的用于填补指定职位的教师不应被校董会或任何行政官员用来做他份外的事情,除非经过他的书面同意。

五、创建者委员会代表

校长应是创建者委员会的官方代表。

校长的外籍助理:

在校长同意的情况下,校董会将任命一名外籍教职员或校董会委员帮助校长处理有关外籍教职员的事宜或在校长希望的情况下,处理与创建者委员会有关的其他事宜。

六、财　政

创建者委员会将对由他们分配的教会职员负责。

在可能的情况下,创建者委员会将继续进行有关的现金拨款。这些款项,除非由创建者委员会特别指派,将由校董会用于如下方面:(1)提供上述有关财产那一项中要求的保管、修理和保险资金;(2)包括为由创建者委员会指派的人员提供住房所需的房租;(3)其余由校董会决定用于学校的一般开支。此外创建者委员会将每年捐献与上述财产一项中有关财产租金相等的钱款。

　　创建者委员会仅对由他们指派的教会人员的支持和该年需交纳的拨款,包括价值等于财产租金的一笔钱款负责,在任何情况下对学校当年管理中出现的任何赤字不负任何责任。

　　租金表:

　　在校园中的住房将租给教师和职员,年租金如下。(注:这一租金表还未制订)。

　　《南大百年实录》编辑组:《南大百年实录》中卷(金陵大学史料选),南京大学出版社 2002 年版,第 135—139 页。

金陵大学总章程

第一部分　行政人员职责

校长　校长由校董会提名由学校基金托管会任命，只要基金托管会对他的工作满意，他将一直担任此职务。他是学校的最高行政人员，在学校的各种事务中代表校方，对学校的财产和事务行使一定的监督权，对学校的正常工作向基金托管会负责。他提出学校各科的教员、教育和行政管理人员的人选，由校董会任命，并要求上述人员圆满地完成他们的职责。他是学校所有教员会的成员，出席各教员会的会议时将主持这些会议。在理由充足并和校顾问委员会商议过的情况下，他可暂令他所负责的学校行政人员和公务员停职，并将处理情况在下一次校董会会议上报告。和副校长、司库和各学院院长商议制定年度收入和支出的预算供学校基金托管会审核批准并将预算向校董会介绍。他将准备年度报告，汇报学校的状况和工作情况。

副校长　副校长在校长缺席和不能工作期间行使校长的职权，履行学校行政管理中校长可能同意的其他事务。

科长　由校长提名校董会任命。他在校长的领导下，是科的最高行政人员。在校长和副校长缺席的情况下，主持全体教员和行政人员大会。他对本科学生的进步和行为负责，对正确执行本科规章制度负责，制定本科事务计划供全体教员行政人员考虑并提出建议。他管理本科的教育工作，根据本科的规章制定学习的日程和科目，在必要时随时向校长报告本科的状况和工作情况。

大学医院的最高行政人员叫总管，其职责如上规定。中学和模范学校的最高行政人员叫校长。

司库　校董会司库在学校基金托管会的领导下负责基金的收入和支出工资，他同时担任学校的司库。他将负责大学在当地的所有基金收入，包括学费、学生交纳的其他费用、学校果园和实验室产品的收入以及其他类似的收入。对收入的所有资金必须详细登记入账，付出现金时须看是否符合当年的财政预算，证明凭单是否齐全。他将根据学校的预算在购买物资的清单上签字，所有购买的物资和劳务没有他的签字校方不予承认。

他将对捐献给学校的各种特别基金分别建立账目，并保证这些基金只用于它所捐赠的项目上。

在校长、校董会和校基金托管会了解学校财政的有关情况时，司库应如实汇报。所有经过他的手的资金以及这些资金的用途要每年汇报一次。为正确执行其职责，司库应签订一个契约，契约的条款由校基金托管会制定。

行政秘书　校董会行政秘书将在和校长磋商之后，或者在校长的指示下代表校方和中国政府、中国官员办理交涉。将负责校基金托管会、校董会以及对该校有投资的几个布道使团之间就关系以外的问题进行通讯联系。将在募集基金、购买和变卖校产方面代表校方，将和校长合作制定年度计划。

在被推选为校基金托管会的行政秘书时，他将在美国和校长、校董会保持通信联系。如果授权的话将在和各传教使团、中国医学会、各教堂和各捐赠人的交涉中代表校方和校基金托管会。

校长秘书　校长秘书由校长提名，校董会任命。其职权是：帮助校长处理一般信件；准备校长的发言讲话稿，作会议记录；通过合适的渠道公布学校普遍感兴趣的问题；帮助校长拟定并送发报告、大学学年行事一览表、公告以及在校长需要的情况下给予其他文书工作上的帮助。

房屋和场地总管　房屋和场地总管负责学校所属的所有房屋的建造和维修工作。在新的房屋建造工程中，他将严格按施工要求施行监督，并注意必要的修补和装饰。他将负责各大楼的冬季取暖，在需要时购买燃料。他将负责雇用工友以使他所负责的部门的工作能够顺利开展。学校的花园和其他属于学校的场地,只要不是分给实验室或者作为实验基地,只要不和私家花园连接均由其负责。房屋和场地总管应对校长负责,以便正常行使其职权。

学监　各学监均由校长委任。他们的职责是:保持学生宿舍良好的纪律和秩序;分配学生房间,使宿舍保持清洁卫生状态;管理学生食堂,对伙食的数量和质量负责;管理食堂炊事人员。

第二部分　机　构

学科和系　为便于学校的行政管理,金陵大学分设科、学校和系。各科、学校和系都有各自的负责人和行政人员,都有一套教学人员。这些行政单位由下列图表所示,按等级和先后次序排列:

1. 文理科——本科。
2. 农林科——本科(包括蚕桑系)。
3. 预科:包括:(a)师范科;(b)商业专科。
4. 金陵大学图书馆。
5. 金陵大学医院(包括护士学校)。
6. 传教士培训学校(或称华语科)。
7. 暑期学校。
8. 金陵大学附中。
9. 模范学校。

金陵大学附属中学和模范学校属于中学教育,可组成一个行政单位,由一名校长根据大学校长和顾问委员会的意见领导。

师范科和商专开设的课程应包括它们各自的领域中所提供的课程,不管这些课程是在预科生院,金大附中还是其他地方开设。在经校董会批准后,这两所学校都可上升为本科,成为一个独立的行政单位,它们的地位也将上升到预科生院之上。

金陵大学图书馆　金陵大学图书馆收藏属于学校的所有的书籍、小册子、地图和海图等等,作为实验室设备之一的图书除外。图书馆由馆长领导。在他的管理下,图书馆应在学校成员的教学和学习发挥最大的作用。他负责管理所有的图书阅览室、各科和学校图书馆以及其他书库,并对所藏图书的管理和安全负责。订购图书和图书馆用设备须经图书馆馆长批准。依照职务,图书馆馆长是校图书管理委员会的当然秘书,图书馆长应根据校图书管理委员会的决定分配购买图书的专用基金,制定图书馆一般规章制度。

教员会 各科的教员会由大学校长、副校长以及该科由校董会任命的助教以上的教学人员组成。各教员会对本科的教学标准和教学大纲负责,制定入学、升级和毕业的标准,制定学生操行手则。在有充分理由的情况下开除或者调动某一学生。任何一个教员会制定的规章制度只有经校长批准后方可生效;同时,涉及到两个以上科的规章制度,则应与有关科的教员会共同商定。

金陵大学图书馆馆长是文理科教员会和预科教员会的成员。在各科和学校担任助教的本校毕业生可参加教员会会议和参加事务管理,但无表决权。

校顾问委员会 为和校长及其他行政管理人员商议学校一般事务政策、学校的机构编制、财政和管理问题,特设立校顾问委员会。该委员会由校长、副校长、各科的科长、图书馆馆长、大学医院总管、金大附中和模范学校校长以及大学校长指定的其他7人组成。

咨询委员会应注意对整个学校有影响的事情,如开学、学期和节假日的规定,新科系的成立,涉及到几个单位的注册问题等等。在处理特别问题时,该委员会可在校长的要求下成立特别委员会。在处理紧急问题时,该委员会可行使任何一个教员会的职权,但需将其处理情况向有关教员会报告。

财政预算 每年的财政预算由校长会同副校长、司库、各科科长制定。在财政预算中应详细报告新的财政年度各资金来源预期的收入,详细报告学校的管理和教学工作正常进行和维修校产必须的费用支出。

在预算经校董会和校基金托管会批准后,各系主任和其他经正式手续任命的人员可提出不同的意见,购买必要的物品和支付必要的费用,但费用只能接近拨款的数字。准备定货时须将申请交司库批准才能发出订单。未经司库同意则任何购买货物的订单、预定的劳务和其他维修保养业务均无效。在任何情况下,事前未得到校长的特别同意,一次购货的金额不能超过规定的拨款。

第三部分　常务委员会的职权

一、大学各委员会

友好关系委员会　该委员会成员由校长指令中国教员担任。其职责是:向中国人民宣传学校的工作,与有影响的中国人士建立友好关系,促进各教员会之间以及各教员会和中国朋友之间的社会交往。

一般会议委员会　一般会议委员会由校长指命的五个成员组成,负责安排各学校教堂的执事、星期日礼拜的演讲者以及一般讲座。它还负责准备毕业典礼仪式的各项内容,包括对毕业班的布道讲话,以及考虑大学教堂的组织计划。

图书管理委员会　图书管理委员会由校长、图书馆馆长以及校长指定的其他教职员组成。在决定图书馆的基金分配,扩大图书馆的活动范围、制定图书馆房屋的建筑规划以及图书馆设备的种类等一般政策问题上,该委员会宛如一管理委员会。在细节问题如购买什么样的图书上它则行使顾问职权。

博物馆管理委员会　该委员会每年由校长指定的 7 人组成。它对学校博物馆行使一般的管理权;将接收标本,安排展出、征求有教学价值,既对学校任何一个系有用又对整个社会有用的展品。

出版委员会　出版委员会由图书馆馆长和校长指定的其他 7 人组成。它将征集学校出版的各种出版物的副本交图书馆保存。在需要时,它将对学校的出版物行使编辑的职权,照看出版物印刷的整个过程包括校对。它将和学生自治会合作负责学校所编杂志的发行。各出版物如以学校的名义出版或声称代表学校,须经该委员会许可,在该委员会不在的情况下须经校长批准。

体育运动和体育锻炼委员会　金陵大学设立一体育运动和体育锻炼委员会。该委员会每年由校长任命的 7 个成员组成,代表金陵大学的各个单位。除了上述 7 人之外,体育教练和负责学生保健的校医依照职权也是该委员会的当然成员。该委员会负责学生的体育运动、体育锻炼以及学生的医疗保健。它将审核批准各个单位之间的比赛日程安排,并承担开展体育运动和体育锻炼的全部费用。申请这些费用须经该委员会专管此项工作的几个成员批准,然后呈交司库。未经该委员会批准,任何一个体育代表队不得代表学校或者学校的任何一个系和其他院校开展比赛。

招生委员会 金陵大学设立招生委员会,成员由校长任命。其职责是负责各科和学校招收新生的工作。该委员会下设三个委员会,分别负责大学招生,附中的招生和模范学校的招生。每个委员会都设一个主席。

大学招生委员会按照教员会的规定决定:(1)举行入学考试的日期、地点和方法;(2)新生报到入学的日期;(3)交纳入学考试费用的日期;(4)申请入学的标准;(5)学生在其他院校如获有学分的话,其最高学分的数目;(6)各本科和中学录取新生的基础标准。

附属中学招生委员会和模范学校招生委员会同样地运用考试或其他方法决定考生是否适合进入它们学校学习,并负责和新生有关的其他工作,具体工作由这些学校的教员会决定。

招生委员会每年至少召开一次全会,由校长召集,讨论委员会共同感兴趣的问题,决定与招收新生有关的共同政策。

二、科的各委员会

纪律委员会 该委员会由科长、各系主任和学监组成。它将处理学生在学习、道德意识和社会生活方面所犯的过失和错误,处理各系主任、科的行政人员所汇报的涉及校纪方面的事件。该委员会拥有教员会具有的停课、开除或者制定颁布其他纪律措施的权力。但是在上述情况下,它须将处理措施呈报相应的教员会。

课外活动委员会 该委员会由一名主席和若干成员组成,主席由校长每年指定一人担任,其他成员由校长随时任命。该委员会的职责是指导通常不属于其他委员会和个人负责的各项课外活动。所谓指导,指的是鼓励、引导、激励这些学生完成组织课外活动的主要目的。

学生功课委员会 该委员会由校长任命的三个成员组成,配合各系主任和注册干事执行教员会有关学生在校内功课的数量和质量的规定。在规章制度没有明确条文规定的情况下,它将向教员会建议合适的条文。

三、小学和中学各委员会

纪律委员会　该委员会由附中校长和模范学校校长、学监以及 4 名教职员组成。4 名教职员由每个学校选派 2 名,由各校校长委派。该委员会将考虑学生在学习和言行方面的过失行为,全权处理有关校纪的问题。

校外活动委员会　该委员会由一名主席和数名其他成员组成。主席由附中校长任命,其他成员由附中校长和模范学校校长随时任命。其职责是:负责文学协会和辩论学会的工作,在学生集会上表演文学或音乐节目,负责学生的社会活动。

提名委员会　该委员会由附中校长指命的 4 名教员和从初、高中 7 个班级中选出的 7 名学生组成。该委员会的职责就是推选附中 3 名学生担任体育干事。

宗教活动委员会　该委员会和青年基督徒协会合作,安排福音传教的各个特别集会,安排星期日学校的祈祷和晨礼拜,以推动个人对基督教的信仰。

学生功课委员会　该委员会在安排学生的功课和帮助注册干事调整复杂的教学大纲时,应注意学生的特别需要。功课不认真的学生应予以特别注意。

《南大百年实录》编辑组:《南大百年实录》中卷(金陵大学史料选),南京大学出版社 2002 年版,第 139—145 页。

金陵大学教务简则

民国三十一年十一月教务处编印

第一章 注 册

(一)姓名

学生在校,须用入学时注册之姓名,苟无法律上之理由,不得要求更改,其所用英文姓名,亦应按照本校规定拼法拼写。

(二)注册期限

学生应在学校规定注册日期内,亲自到校注册,其有特别原因不能在规定注册日期来校注册者,须预先具函请假,详述理由,挂号寄本校教务处。经核准后,至迟可延至开学上课后第二星期第六日上午 12时,逾期不得注册。

(三)注册手续

学生注册须依照下列手续:

1.新生

(1)凭体格检查及格证到教务处领取报到号码及填写状况调查表。

(2)凭报到号码持中学毕业证书或大学修业证书及转学证明书或大学毕业证书至教务长办公室领取新生准许注册证及选课单。

(3)持选课单赴各院选课指导处选课。

(4)凭准许注册证及已经选课指导签准之选课单,至教务处填写上课证注册,领取缴费单及礼堂座位号码。

(5)持缴费单至会计室缴费。

2.旧生

(1)在教务处领取选课单。

(2)持选课单及成绩簿至选课指导处选课。所选课程,须由选课指导填入选课单,并在旁签字。

(3)持已经选课指导签准之选课单,至教务处填写上课证注册,领取缴费单,及礼堂座位号码。

(4)持缴费单至会计室缴费。

(四)编级

学生应属何级,于每季开学时,由教务处编定之。凡已修毕中学课程,得有本科学分在 31 个以下者(三民主义、军事训练学分除外)为本科一年级学生。修毕本科学分 32 个至 63[个]之间者(军训、三民主义学分除外,电工及化工两系学生为 32 个至 67[个]之间)为本科二年级学生。修毕本科学分在 64 个至 95 个之间者(军训、三民主义、体育学分除外,电工、化工两系学生为 68[个]至 103 个之间)为本科三年级生。修毕本科学分在 96 个以上(电工、化工两系学生为 104 个学分以上),预算可于两学期内,按照本规则第三章第二条修毕 140 个学分(三民主义、军训、体育学分在内,电工、化工为 152 个学分),并一切规定课程者,为本科四年级学生。转学学生在转学本校之第一学期内,未算清本校所承认转学学分时,暂以原校所得学分数目为标准,编列相当年级。

第二章　选　课

(一)每学期选修学分数

普通学生,每学期应选读学分,均照第三章第八条规定办理。但选课时,如无适当学程可选足规定学分时,得多选或少选一学分,但不得多选读一学分以上,作为一学分计算。

(二)选读 12 学分以下之条件

普通学生,每学期所选学分数目,不得在 12 个以下,但下列情形之一者,不在此例。

1.距毕业时所差学分在 12 个以下者。

2.在校外有定期工作,此工作之量,与校内学业工作量相加,与 12

学分相等经教务处核准者。

3.体质不强,经校医证实者。

4.其他特别情形,经教务处允许者。

（三）改课手续

1.规定开学上课后两星期内为改课日期,过期任何情形不得更改。

2.在规定改课期内先至选课指导处领取改课证,将（1）改课证,（2）退去课程之上课证,（3）自填之上课证,一并装入信封（信封上填明自己姓名,勿封口）,投入改课箱内。次日至信箱中领取新上课证,不得临时要求更改。

3.改课除前三日免费外,每改一次,纳手续费2元。

4.改课以前所有缺席,扣减学分。

5.其因课程变动,由教务处指定改课者,免收手续费,所有缺席作自由缺席,不扣减学分。

（四）退课手续

退课有两种,其手续分别规定如下:

1.在开学上课后两星期内退课者,先具函详述理由经选课指导核准后领取改课证连同原函一并至教务处退课。

2.在开学两星期后退课者先至教务处取退课单,请担任该课教师签字后,交选课指导,由选课指导,径交教务处退课。

退课以前之缺席,算至选课指导签字日为止,但不照此项手续办理者,退课概作无效,所有缺席,均扣减学分。

第三章　学　分

（一）学分释义

每学分约等于校内50小时,或校外75小时之工作。在一学期内,1学分约合普通学生每星期3小时之工作（合自修、上课、实验时间而言）。

（二）毕业所需学分数

学生修毕本科142学分（电机工程、化学工程两系各为152学分）,

即三民主义4学分,体育2学分,军事训练4学分及其他必修选修课程共132学分(电工、化工142学分),并与各院规定之必修学程,及主系、辅系学分符合者,准予毕业(各研究所各专修科另订)。

(三)主系

学生以某系为主系者,须在该系修毕教育部规定之必修课程。

(四)辅系

为便利将来工作计,学生得院长或选课指导之许可,得选与主系学程性质有密切关系之学系为辅系。惟至少须选读该学系学程12学分,应修学程,由各系规定之。

(五)公共必修学程

文、理、农学院之基本功课,均列为公共必修学程,学生须尽先选读。

(六)选修学程

学生除修毕公共必修、主系及辅系必修学程外,得商诸选课指导,随意选修其他学程。

(七)修业期限

学生入学时为本科一年级者,至少须在校修业历八学期,方准毕业。转学学生,视原校肄业年限,及本校所承认学分数,减少在本校修业学期数,惟至少须在本校修业历四学期,并修毕64学分(三民主义、军事训练、体育学分除外,电机工程及化学工程两系,须修毕70学分),方准毕业。

其已在大学本科毕业之学生申请另修其他学院学系者部定修业期限至少二年半方准毕业(同一学院至少二年)。

(八)各年级应修学分

本校各院各年级学生,应修本科学分数目(三民主义、军事训练、体育学分均在内)规定如下:

1.一年级,每学期连三民主义2学分,军训2学分,共应修22学分。

2.二年级,每学期连体育 1 学分,共应修 17 学分(电工及化工应修 19 学分)。

3.三年级,每学期应修 16 学分(电工及化工应修 18 学分)。

4.四年级,每学期应修 16 学分(电工及化工四年级第一学期应修 18 学分)。

入学后因学分不足而年级降低者,其每学期应修学分数,仍以原定学期为准,即入学后第一第二两学期每学期除三民主义、军事训练而外,应修 18 学分,自第三学期起(化工、电工两系学生自第八学期起),除体育而外每学期应修 16 学分。

(九)多选学分提早毕业

学生距毕业所缺学分在 20 个以内,如前一学期成绩无 C、D、F,得在最后一学期中,得多选学分补足之,不受本规则前条规定限制。

(十)转渝肄业手续

电机工程学系学生修毕公共必修课程及在蓉应修必修主系学程,电化教育专修科、汽车工程专修科学生修毕在蓉应修学程得转渝本校肄业,但须于转渝前一学期规定期内至教务处登记,领取准许单以凭注册。

第四章　考　试

(一)平时考试

各学程每月应由教员举行考试,至少一次。至临时考试次数及方法,由各教员视各学程之需要而定。第二次月考用纸,由教员发给。

(二)学期考试

各学程应于每学期最后一星期内,按照教务处派定日期、时间、地点举行笔试一次。此项学期试验,教员不得随意免除及提前举行。试验用纸,由教员发给,学生除带笔墨外,凡书籍、讲义及笔记等,概不准带入试场。

(三)甄别考试

各补习课程,于开学上课后两星期内,举行甄别考试,其成绩优异者，准其免读。改选一年级课程。

第五章　记分法

等级分配　本校用等级记分法，各学程成绩分 1、2、3、4、5 五等，用整数记之。在普通情形下，每等内人数之百分率，均有一定。1 等 5 等内人数。应占该学程全体上课人数 5％。2 等 4 等内人数，应占该学程全体上课人数 20％。3 等内人数，应占该学程全体上课人数 50％。其详细分配方法，详见下表：

每人班数	等级分配					每人班数	等级分配					每人班数	等级分配					每人班数	等级分配				
	1	2	3	4	5		1	2	3	4	5		1	2	3	4	5		1	2	3	4	5
1	1	1	1	1	1	11	1	2	5	2	1	21	1	4	10	4	2	31	2	6	15	6	2
2	1	1	1	1	1	12	1	2	6	2	1	22	2	4	10	4	2	32	2	6	16	6	2
3	1	1	2	1	1	13	1	2	6	2	1	23	2	4	11	4	2	33	2	6	16	7	2
4	1	1	2	1	1	14	1	3	6	3	1	24	2	4	11	4	2	34	2	7	16	7	2
5	1	1	3	1	1	15	1	3	7	3	1	25	2	5	11	5	2	35	2	7	17	7	2
6	1	1	3	2	1	16	1	3	8	3	1	26	2	5	12	5	2	36	2	7	18	7	2
7	1	2	3	2	1	17	1	3	8	3	1	27	2	5	13	5	2	37	2	7	19	7	2
8	1	2	4	2	1	18	1	3	9	4	1	28	2	5	14	5	2	38	2	7	9	8	2
9	1	2	4	2	1	19	1	4	9	1	1	29	2	5	14	6	2	39	2	8	19	8	2
10	1	2	5	2	1	20	1	4	10	4	1	30	2	6	14	6	2	40	2	8	20	8	2

1 等至 5 等，如无英文字母（C、D、F）等字附于旁者，均为及格成绩。

第六章　成绩记录

（一）总均分

总均分计算法，就各生所修各学种之学分数，乘所得成绩，将积数相加，再用学分总数除之。

（二）不及格成绩之标记

不及格之成绩，除记明属何等级外，须附记下列英文字母之一，以表示其缺点：(1)B. (Breakage)损失费在学期结束时未缴清，须缴清后始准及格者；(2)C. (Conditioned)成绩不佳须补考后始能定及格与否者；(3)D. (Deficient or Incomplete)为工作之一部分未完毕，须补足后，始能定及格与否者；(4)F.(Failed)不及格者，不给学分；(5)L.(Left)中途退班。(注)得 B、C、D 者可按照下条规定手续更改，得 F 或 L 者，无学分。凡上课两星期后退班者，除得 L 外，并将所得成绩，加入总均分内均之，但因病中途退班而得 L 者除外。

(三)B、C、D 之更改法

1.B 之更改法：凡得 B 字成绩者一律于得 B 字后一学期注册前，全部付清，并须加缴更改成绩费二元，否则不得注册，如得 B 成绩之后一学期，因故休学或毕业离校者，所有损失费须付清后始准休学或毕业。于学期中途离校者，所有损失费一律于请求休学时付清或着保证人负责清偿。

2.C、D 之更改法：凡得 C 或 D 之学生，于补考及格后，或将未完毕之工作缴进，经教员评阅，认为及格后，即可将 C、D 除去，给予学分，但须还照下列各条规定办理：(1)所有补考补足未完工作等手续，应于得 C、D 成绩后一学期之第一星期第六日以前行之，逾期则 C、D 应即改为 F。(2)须于规定期内至会计处纳费二元，领取更改成绩证。持证至教员处接洽。(3)补考及格或将未完工作补足，即由教员在更改成绩证上，将学生在该学程应列等级填交教务处。(4)教务处根据教员报告，即在教务处记录中及学生成绩簿内更正，并填明应给学分。

3.离校学生更改，C、D 成绩法：学生在得 B、C、D 成绩之后一学期，如因事不能在校补考或补足未完工作等手续，可延至复学之学期第一星期内行之。如至该学期第一星期内，仍未将手续办妥，即将上学期所得 C、D 一律改为 F 不给学分。

(四)补考成绩计算法

学生于平时考试，或学期考试时，凡因故准假未能如期应试者，以后补考，成绩须降低二等计算。惟有下列情况者，得免予处分或降等：

1.疾病：须将校医或校方认可之医生证明书，于病愈上课日，即缴至教务处者。

2.家中发生重大变故：须有充分证据，于事前(即缺课或缺考前)向教务处声明，经教务委员会审查认可者。

凡准免降等者,由教务处将"补课或补考免降等级证",直接送至教员处,请教员查明办理。学生不得当面要求。

（五）月份成绩报告

教员应于每学期之第五、第九、第十三星期内,将其所授各学程之学生成绩报告教务处。如学生在各学程之月份成绩不佳,经选课指导认为须少修学程时,得令其放弃一学程。

（六）学期成绩报告

各教员应于学期之终,将其所授各学程学生在该学期之总均分,报告教务处,每等人数,应照第五章第一条内所列之表支配。

（七）成绩登记

学生各学程之学期成绩,由教务处根据教员报告,分别登入教务处记录簿,及学生成绩簿内。学生成绩簿于登载成绩后,即交学生保存,但教务处或选课指导,得随时令学生将成绩簿缴入。倘有遗失,重给新簿须纳费三元并以一次为限。

（八）更改记录

学生每学期应负责检查自己之成绩簿,如有登载错误情事,须尽一学期内,至教务处要求更改。

（九）填写转学成绩

1.学生如欲转学他校,须先照第十章第一条手续办清后,再请求教务处填发转学成绩单。

2.请求填写转学成绩单时,须亲至教务处填写转学学校校名校址,以便填就后,直接寄往该校。同时须交进最近二寸半身像片一张及邮费。

3.前项手续于必需时得用书面委托在校同学负责代办,凡用书函请求者,须先交邮挂号寄至教务处并附人像片及开列转学校校名校址。由教务处按照前述手续办理转学手续。

4.凡赔偿费尚未付清者,教务处得通知该生付清后,始能填写成绩,凡用书函请求者,其中所费时日致延误发出日期,教务处概不负责。

5.凡学期成绩有一、二学程成绩尚未交来者,教务处得尽先将已有者填入,一俟报告交齐后再行补填。

6.此项成绩单每人只准填写一份,并须纳费6元。

7.填写转学成绩概自该生请求日起,于二星期内由教务处交邮挂号寄出,该生不得临时请求填写。

（十）舞弊行为

学生在考试时,或在平日,均不得有舞弊行为。（在自修、实验、考试或课室问答时,凡抢［枪］代、夹带、抄袭、传递或私阅他人文稿等情,均在舞弊行为之列。）其有被人抄袭无法防御者,须立即报告教员,否则施受二方,同等处罚。处罚方法:第一次,由教务处书面警告,并将事实用铅笔记入教务处成绩簿存案借查。第二次,则除再予警告外,将事实用墨笔登入教务处成绩记录中,及该生成绩簿内。该生如需要本校介绍书时,本校均将舞弊情形据实报告。第三次,即永远开除学籍。

第七章　缺　席

（一）自由缺席

在一学期中,学生在每一学程内,得自由缺席若干次,不扣学分。每学程内,可有之自由缺席次数,等于此学程每星期上课之次数。凡每星期内,上课无一定次数之学程,自由缺席次数,不得超过一学期上课总数之百分之五。学生须出席星期一之纪念周。在一学期内可自由缺席一次。

（二）准假缺席

学生因正式代表学校,参加竞赛,或因进行教职员指定工作而有之缺席,如由指导工作之教职员,事前将学生姓名,及缺席日期,开送教务处。得教务处同意者,得以准假缺席,及自由缺席总数,均不得超过一学期该学程上课总次数之百分之二十。

（三）不准假缺席

凡超过自由缺席规定次数以外之缺席,均为不准假缺席。

（四）注册前之缺席

开学时,学生告假迟到,在规定日期外注册者,其注册前在各学程之缺席,一律不得作自由缺席计算,照章扣减学分。

(五)缺席处分

学生如有不准假缺席,自1～15次者,须于一学期所得学分总数内,扣减半学分,自16～30次者,扣减一学分,自31～45次者,扣减一个半学分,余类推。

凡在一学程内,缺席次数,超过该学程在一学期内上课次数三分之一者,概不给与该学程之学分。

(六)假期前后两日之缺席

假期前后两日缺之席,均双倍计算。

(七)缺席之公布

学生在各学程之缺席次数,均由教员按周报告教务处。教务处根据各教员报告,每星期将学生缺席次数公布一次。学生须各自负责检查自己所有缺席次数,遇有错误,该生须在公布后一星期内,亲至教务处申明,逾期无效。倘学生请假离校,在一星期以上,其更改离校前一星期缺席错误之时期,可延至该生返校后一星期内,逾期无效。

(八)迟到

纪念周时,仪式开始后始就座者,即以缺席论。上课时学生过五分钟后始到者,认为迟到;凡迟到者,须于下课时至教员处报到。迟到三次者,以缺席一次论。

(九)早退

学生在教室内,不得于下课前退席。如有特别事故,必须退席者,须先得教员同意。早退三次者,以缺席一次论。

(十)教员迟到

教员迟到时,学生须在教室内静候15分钟,过时始可下课。凡未满15分钟,即行退席者,以缺席论。

(十一)请假

学生因故请假必须至教务处填写请假单,经教务处核准后始能离校,其因重病或急务而不克办理是项手续者,得于请假之第一日委托他人办理之,凡不办理请假手续而擅自缺课者,除自由缺席外加倍减扣学分。

<h2 style="text-align:center">第八章　转院改系</h2>

(一)转院改系之限制

1.各院系学生以不转院改系为原则。

2.除文学院政治经济系经济组,理学院电机工程系,化学工程系及农学院农业经济系暂不准转入外,其他各系学生有下列特殊情形之一者,得照章申请之。

(1)选读主系或与主系有关之学程成绩过差经该系主任或指导教授认为有改入他系之必要者。

(2)因身体孱弱或其他疾病经医生证明改入他系者。

3.转院改系均限于入学后二年内请求之,转学生不得转院改系。

4.转院改系各以一次为限。

(二)转院手续

1.请求转院者在教务处领取申请表,填明原委,经原在学院院长之认可,于教务处规定期内具函申请,经教务处核准后,参加转院考试。

2.转院考试规定与新生入学试验同时举行。

3.转院考试科目规定如下:

(1)由理或农转文学院者:考国文,英文,中外史地,公民。

(2)由文或农转理学院者:考国文,英文,数学,化学,物理。

(3)由文或理转农学院者:考国文、英文、数学、化学、生物。

4.参加转院考试应缴试验费(数与新生报名费同)。

5.转院考试成绩经教务委员会审核合格公布后始准转院。

6.转院后其在原在学院所有学分,能抵充转入学院之必修课程者照抵,其余经审查后得作为选修学分。

(三)修改手续

1.请求改系手续须于教务处规定期内办理之。

2.请求改系者填写改系申请书时须附缴原系系主任之核准函件或正式医生证明书。

3.改系申请书由教务处汇集分送各院院务会议审核,通过并经教务委员会备案,教务处公布后,始准改系。

4.改系既经核准公布后,不得再回原系。

（四）转院系后其因补修学分而降低年级者,应照部令及校章办理

（五）凡转院系学生均应修毕转入院系之必修课程,不得任意以其他课程代替之

第九章　战时借读办法

（一）借读限制

本校学生,如因交通困难或其他原因,不能即行返校肄业者,经教务处核准,得在他校借读,惟至多以一年为限。

（二）借读手续

欲在他校借读者,须于开学前一月具函详陈情由,拟借读之学校名称地点及最近二寸半照片一张,一并寄本校教务处申请,经准领得借读证明书后,应即遵照证明书上附录细则,分别办理。

（三）借读成绩

借读学生,一俟注册后,应即将所选课程名称学分数及内容,详细函告教务处存查。至学期结束时,由借读学校将成绩单,径寄本校,以凭核给学分。

第十章　转学及休学

（一）转学及休学手续

凡学生欲转学他校,或自请休学者,须先具函向教务处申请,领取学生转学或休学请求单,再至院长室、教导处、图书馆、会计室、事务组将一切手续办清。取得各该处证明,由教务处核准后方可填发转学证书(须缴费六元)或准许休学证。休学学生除应照上项规定外,并须照下列办法办理:

1.因事请求休学者,须由家长或保证人来函申明原因。

2.因病请求休学者,须经校医证明(离校学生,除经医生证明外,并须附有家长来函)。

如不遵照上项办法,而中途擅自离校者,以自动退学论,休学期满因故而不复学者,仍须具函陈述原由连同原准许休学证向教务处续办休学手续,休学期以一年为限。其有特殊情形者须经教务处之许可,但不得超过二年。

(二)复学办法

1.转学:本校学生转学他校肄业,在一学期以上者,该生如欲回校肄业,须一律照新生入学手续。凡不满一学期(无成绩带回者),得照休学学生复学办法。

2.休学:本校学生,因事自请休学,经学校核准,欲回校继续肄业者,须于回校学期前备函连同准许休学证向本校教务处报告。此项函件,至迟须于开学前一月递到。函内说明离校后状况,并须附相当证明书,本校接到此函件后,当提交教务委员会分别审查答复,准予复学者,在注册时,须携带准许回校函备验。如拟寄宿校内,须另函本校事务组,请留宿位。

第十一章　毕　业

(一)毕业论文

1.选修时期

凡各院学生在第四学年第一学期开始时,均须选修毕业论文,函向教务处注册。

2.注册手续

(1)于规定注册内,先向教务处领取论文注册证。

(2)持论文注册证至选课指导处接洽负责指导教授,在注册证上并须先经指导签字。

(3)持选课指导签字后之注册证。至负责指导教授选定拟做之论文题目,并请其签字。

(4)论文题目选定后,须得系主任及院长之同意并签字。

(5)论文题目一经选定后,不得任意更改。

(6)论文注册证经各处签字后,亲自交存教务处。

3.学分

毕业论文定为 2～4 学分,不及格者不给学分,并仍须在校注册重选。

4.论文材料

毕业论文:(1)须有创作性,不能抄袭陈文。(2)材料须根据独立研究或实地调查结果,不得尽发空论。(3)须详列参考资料来源。

5.工作进行

学生在著作论文期间,须常与负责指导教授接洽,及商讨一切困难问题,指导教授按月报告教务处该生工作情形。

6.论文体例

论文以用国文著述为原则,并须依照校定格式(印存本处)加以标点符号。在特殊情形下,如欲用英文著述者,须得指导教授之同意(无论用国文抑用英文著述,其论文节略必须备中英文各一份)。

7.填写册数

论文及其节略,至少须用楷书填写两册,如用英文著述者,则须用打字机打成二份,送交指导教授批阅。

8.卷纸及封面

卷纸及封面须用本校制定之毕业论文纸章[张]及封面,以昭一律。

9.交卷期限

毕业论文交卷期限在秋季学期注册者,至迟须于 1 月 1 日以前交卷,在春季学期注册者,至迟须于 6 月 1 日以前交卷。

10.审查手续

论文完成卷后,由指导教授及系主任审查评定(于必要时得由院长指定教授 3 人复加审查),评定及格者,由审查教授加以具体评语,送交各院院务会议考核,其结果应由院长于 1 月 10 日(秋季)及 6 月 10 日(春季)以前,将及格各生名单送交教务处,以便转呈校务会议,其不及格者,或逾期不交卷者,不得毕业,并不得请求发给证明书。

11.装订

毕业论文完卷,并经院务会议审查合格后,由教务处汇送图书馆装订保存,装订费二元,于注册时缴清。

（二）总考

应届毕业学生,必须加总考,考试科目由各系于主要学程中选择三门,总考成绩不及格者不得毕业。

（三）毕业考试

应届毕业学生,须于规定期间,参加毕业考试,非有特殊事故经教务处核准者,不得缺席,成绩不及格者不得毕业,其最后一学期仍在他校借读者,经本校教务处核准,得在借读学校举行总考及毕业考试。

（四）校外补修学分毕业

凡毕业学生,缺少4学分以内者,倘所缺并非必修课程,亦无实验工作等,可在校外补足之。此项学分,须于事先由学生请教员将工作纲目,详细开明,填入教务处所备补读学分表格内,得选课指导及院长之许可,并在会计处缴费（每学分10元）后,往教务处注册。此项工作,须于五个月内完毕。学生于工作完毕后,应将工作报告及文卷等件,挂号寄至教务处。由教务处交教员批阅,经教员报告及格,院长审查认可后,始准毕业。但总考及毕业考试,须在在校最后一学期举行之。

（五）留校补足学分毕业

学生距毕业所需学分,缺少在4个以上,或所缺系必修课程,或有实验者,均须留校一学期,补足所缺学分,始得毕业。

第十二章　特别生及补习生

（一）特别生

1.资格:大学二年级以上或同等学力之学生。

2.名额:视各系各班人数多寡得随时停止招收。

3.手续:应于每学期开学前半个月内具函申请并填明保证书（应有校外及本校教职员各1人负责担保）,本人学历经验及现在状况,缴足证件必要时得经口试最后交教务委员会审核通过方能入学,入学后应遵守一切校规。

4.选课:所选课程须为本校二年级以上学程。

5.待遇:学费以学分计算每 1 学分暂定为 10 元,杂费照缴,并须自备膳宿。

(二)补习生

资格须为高中毕业以上之程度。所选课程以本校补习课程为限,其余各条与特别生同。

附　录

教育部借读生改作本校正式生规则

(一)教育部分发本校借读学生除原属本校之学生外有志改作本校正式学生者一律须参加编级试验。

(二)编级试验日期与春秋二季新生入学试验日期同。

(三)编级试验科目:(1)国文,(2)英文,(3)数学,(4)生物,(5)化学,(6)物理,(7)中外史地。

(四)请受编级试验学生应在规定期内具函申请,经教务处核准后报名应试。报名手续与新生同。

(五)请受编级试验学生其原校证明文件不全者不得参加考试。

(六)请受编级试验学生考试成绩经审查合格者得改为正式生,其在原校学分得酌量核给之,又其在本校选修分,系必修课程得照抵充其余作选修学分。

(七)请受编级试验学生不得在规定期限外要求考试。

《南大百年实录》编辑组:《南大百年实录》中卷(金陵大学史料选),南京大学出版社 2002 年版,第 157—170 页。

金陵大学导师制暂行细则修正草案

　　（一）本细则根据部颁中等以上学校导师纲要订定之。

　　（二）本校按正辅系或相近系将学生（不分性别及年级）分为若干组，人数以 5～7 人为度，每组设导师 1 人，由校中就各系专任教授或讲师中聘请之为义务职。

　　（三）本校设总导师 1 人，综理全校学生训导事宜，由校长聘请之。

　　（四）本校设训导委员会，每学期举行会议二次，研究训导上之共同问题及报告各组训导实施情形。由校长、三院院长、总务长、教务长及各组导师组织之。主席由校长担任，遇校长因故不能出席时，得由其指定一人代表主席。

　　（五）本校设训导常务委员会，由委员 9 人组织之，校长、三院院长、总务长、教务长（总导师）为当然委员，其余委员 3 人，由每院推选 1 人，主席由校长担任，在训导委员会休会期间，处理全校一切训导事宜。

　　（六）本校设训导专门委员会，其委员由训导常务委员会聘请之。并由校长指定主席一人，负责接收各种关于训导上之特殊问题及召集各组委员开会讨论研究等事宜。该委员会暂分六组：

　　（1）课外活动组；

　　（2）人生问题组；

　　（3）社会问题组；

　　（4）职业问题组；

　　（5）女生生活组；

　　（6）设计组。

每组设委员 3～5 人。

(七)导师对于学生之学业、思想、行为及身体状况,应依照格式详密记载,每月及每学期终了,按期报告总导师,由总导师汇集报告本校训导处,转教务处登记存案,作为操行成绩,一并报告学生家长,并作为奖学金、荣誉奖、学生团体代表资格等考查之,根据各种报告格式,由训导处、教务处会同拟具交训导常务委员会通过分行。

(八)学生在校时其学业思想及行为均应由导师负责指导,出校后,原任导师仍应与学生间保持密切接触。

(九)导师认为学生不受训导时,可以请总导师准予返训,其受返训之学生,得呈请总导师另行指定导师一人受其训导,如再经返训,即予除名。

(十)学生不得要求更换导师,但因转院改系或其他特殊原因,而具有充分理由时,得请求原任导师转商总导师,另行指定导师一人受其训,但此项请求仅限一次。

(十一)学生毕业时由本校发给训导证书,并由导师在该证书上详加考语签名盖章,并加盖校印,以资证明。

(十二)本细则遇有未尽事宜,得由训导委员会修改之。

(十三)本细则经本校训导委员会通过施行。

《南大百年实录》编辑组:《南大百年实录》中卷(金陵大学史料选),南京大学出版社 2002 年版,第 172—173 页。

学生仪节

此仪节系按西国之风俗人情而作,然其大意亦不外尊重他人之权利与思想耳。当兹社交公开之际,礼仪尤为必需。斯篇虽短,设想颇周。课余有兴翻阅一过亦可,以为交际之一助也。个人事项,个人清洁,乃君子之表。衣当净,发当短,面当常修,耳牙与指甲当洁净,切不可用生发油、香水、香粉等件。

卧室当清洁而有秩序,起时须铺床,睡时当关窗。

帽子除绒缎帽外均须进门时脱去。

公共地点切忌吐痰、咳嗽、唾涕、按骨、食杂食或抛弃废纸、废物等恶习。当常常用手帕作唾涕之用。咳嗽或伸欠如于不能忍时,须用手或手帕掩口或掉首他方作之。

不可于群众中撞挤,如大意碰人须即时谢罪;途窄或门狭当让他人先行。

他人于失败或错误时,不可讥笑;向仆役切勿使气待之,当如尔所欲他人待你一样。

好奇心:对于他人私事,切勿动好奇心。他人耳语不可偷听,他人房间不可窥探,私信不能拆,他人读信或写信亦不能看。

非知己切勿询以衣值几何,帽值几何,年龄若干及其他私事。不可凝睛注视生客,须预备引导或帮助之,然不可由是而生好奇心。

公共聚会:于公共聚会时,无论坐立不可垂头,不可伸手,过头不可看书,不可开表,不可睡觉,不可猛力,放读美诗或圣经不可作怪声,因诸事均系示无礼于演讲者。

于礼堂或其他会集时,切不可回首窥后面声响,因此事,不但对于尔所窥探者为无礼,即对于演讲者亦不敬。

运动比赛:如尔系运动者之一,当竭诚竭力运动以至终结。

如尔系旁观者,当作汝队之后盾,胜勿骄败勿馁。

敌队失败切勿喝彩或鼓掌,敌队违法不可作声嗤之。

比赛中之精美处须鼓掌,但不必拘于任何方面。

切勿与公正人争闹,当听其判断。

于母校常居人为客,于友校毋欺人为主。

尊重妇女:妇女须格外尊重,无论何事当与以选择权。与相识之妇女相遇,须脱帽以示敬。于拥挤之室内,当让座妇女,进门当起立,时时须存扶助的意念。

称呼:平时与友人相值,当呼其名,请早安或晚安,不然则鞠躬。

教员进课堂,当起立,非教员点头,不得坐下。

与人谈话,如不甚了解其所说,当请其解释。在课室答书,如不能答,可直说,切勿站立不言。

介绍:朋友相遇,如有不认识者,当为之介绍。介绍时,可说某某先生,我深情愿介绍某某先生。或说某先生,我很愿意你认识我的朋友某某先生,或简单说某某先生。年幼者须介绍与年长者,男子须介绍与女子,但必先得年长者或妇女之允许。

经介绍后,当说几句钦仰的话。如被介绍与妇女,须先俟其伸手,然后方可与之握手,不然只须鞠躬。

如戴呢帽,当于被介绍时脱去;如戴手套,当于握手前除去。

拜访:拜访有两种:一为公务拜访,一为酬酢拜访。

若因公而访教授,须先叩门或按铃,不奉召不得遽进,如无答复,非教员不在房内,即有事不欲召见,可即回,俟第二次之拜访。

晤面时,即将公务简单说明,事毕可即告辞,无需客套。拜访时,当站立,如请坐则坐,但坐时不可以身倚桌。

私人造访,当于午后4时至6时行之。造访时,亦须叩门或按铃,如仆役开门,即询以所欲拜访之人在家否。如在家,即将己之名片与之,或将己之姓名告之,随时将帽子、大衣、手套等件,放于前厅或甬道,即至仆役所指定之房间。无论何人进房时,当起立,接谈时,须竭力使谈话有趣。若敬茶,当将匙子放于碟内,须俟搅茶时,方能用之。饮茶须举杯就口,但不可作声。面包与饼干等等,须放手旁盘子内。

酬酢拜访,多不得过半点钟。如有事,亦不妨延长,出表看时刻之习惯须除去。于告辞时,当出自天然,不可露局促态。

宴会:入席即就主人所指定之地位而坐,不必客气。坐时不可以手扶桌,或坐椅边,或离桌太远,须加入群众谈话。

饮汤时,以右手持匙,不可有声,更不可以匙深探盘底。

割肉时,用左手持叉,右手持刀(吃肉,美人多用右手持叉,英人多用左手持叉)。割肉须碎,然后以叉送肉入口,食毕即将刀叉作平行线,放于盘内,刀叉柄须向右手。

手巾须放在膝上,只可用以揩口与手指。离席时将手巾置盘边。如于仪节有疑惑时,可仿主人而行之。

《南大百年实录》编辑组:《南大百年实录》中卷(金陵大学史料选),南京大学出版社 2002 年版,第 188—190 页。

金陵大学教职工的职称分类和薪水等级条例

（一）这些条例是根据国民政府教育部颁布的关于高校教师条例（注：参考教育部的报告——大学院公报——1928 年 1 月），并考虑到本校的经济条件和传统而制定的。将从 1928 年 9 月开始生效。

（二）金陵大学的教师，分成四个等级，即教授、副教授、讲师和助教。这些组成了教员的选举投票成员。

职员中非教课人员也按教师的方式分类，但增加了一个第五级别，即助理。在职员中，学历低于助教所要求的人员被定为助理。

教职员中新成员的分类视他们的资格和经验而定。

教职员中老成员的晋职视他们的勤务和成绩而定。

1. 助教所需要的资格为：

（1）具有大学学士学位的大学毕业生，并能完成交给他的工作；

（2）对国学有研究。

2. 讲师所需的资格为：

（1）大学毕业得有学士学位，对于研究有贡献者；

（2）对于国学研究有贡献者；

（3）充任助教三年以上，或同等工作并有其突出成绩者。

3. 副教授的资格为：

（1）得有硕士或博士学位，并在某一学术领域有相当之研究成绩者；

（2）在国学上作出特殊贡献者；

（3）充任讲师五年以上或同等工作，并有特殊成绩者。

4.教授资格为：

充任副教授五年以上,或同等工作中作出特殊成绩者。

(三)在新教职员聘任以前,他们的资格由校长指派的聘任委员进行审查。

(四)教职员聘任后,校长将向董事会提出报告,得到认可,然后根据国民政府关于高等学校教师资格要求的第15号条例,报请中央教育行政机关发给证书。

(五)在每一年董事会年会召开之前,关于教员的晋职问题将由校长指派升级审查委员汇集教职员于前次升级以后之工作成绩,并加具意见,由校长转交董事会会议议决。

审查时,必须注意以下几点:(1)研究工作之成绩;(2)教授之学程及其内容;(3)担任之职务和课外活动;(4)工作缺席次数和告假之时数;(5)著作;(6)社会工作之成绩。

(六)学校的政策是鼓励教员从事研究工作,为达到这一目的,只要财政状况许可,对于那些在自己从事研究领域中显示着有前途的教员,将给休假年或特殊奖励,以便进一步进行学习研究或旅行访问。但这一政策在学校财政状况许可时才有效。

助教允许每学期免费选读不超过5个学分的大学课程。

(七)这些条例,可以在任何时候经由董事会议决修改。

教职员的薪水分级和分档

级\档	1	2	3	4	5
教授	$290/300	$270/280	$250/260	$230/240	$210/220
副教授	200	190	180	170	160
讲师	150	140	130	120	110
助教	100	90	80	70	60

助理的分级:

技术助理:每月工资$25.00元到60.00元,如果推荐,每月工资以$5.00的比例增加。

文书助理:每月工资$20.00元到40.00元,如果推荐,每年每月以＄2.00元的比例增加。

　　行政管理官员工资的增加和晋称的推荐,由财政执行委员会做出。

　　经财政执行委员会的推荐,自1928年9月1日起,本校行政管理官员的工资标准如下(按如下发给工资):

　　Y.G.陈,校长　　　　　　每月＄300.00

　　T.S.过,农林科科长　　　每月＄260.00

　　N.C.刘,文理科科长　　　每月＄220.00

　　C.T.葛,建筑工程师　　　每月＄230.00

　　N.C.刘,校注册主任　　　每月＄190.00

　　C.F.刘,中学校长　　　　每月＄210.00

　　《南大百年实录》编辑组:《南大百年实录》中卷(金陵大学史料选),南京大学出版社2002年版,第192—194页。

金陵大学聘任讲座暂行办法

（一）本校为审定各学院讲座候选人资格事项，特制定本办法。

（二）本校设聘任讲座委员会以 4～6 人组织之。委员人选由校长就教授中聘定之。任期二年，期满后，另行遴选聘定。

（三）聘任委员会审定讲座候选人资格时得参照教育部所颁布之设置部聘教授办法第二条规定办理。

（1）须在国内外大学或独立学院任教授 10 年以上，且其资格经教育部审查合格者。

（2）教学确有成绩，声誉卓著者。

（3）对于所任学科有专门著作，且有特殊贡献者。

并得请候选人提出证明文件与著作等。

（四）聘任讲座须经全体会议出席委员三分之二以上之议决后聘请之。

（五）审定讲座资格如涉及专门著作，须经审查者经商请校内外专家审查。

（六）凡经聘任委员会审查合格之讲座候选人，其审定之资格得保留 2 年。

（七）讲座任期 2 年，期满后经聘任委员会通过续聘者，得续聘之。

（八）若有遗缺，得由学院另行推荐，并照第三条办法办理。

（九）讲座薪俸，照教育部设置部聘教授办法第六条，所聘定者以大学及独立学院教员聘任待遇第八条规定之专任教员薪俸表（29 年 8 月公布）教授月薪第三级为最低薪，并参照本校教职员待遇办法办理。

（十）讲座名额暂定5名。

（十一）本办法自呈准校长后施行。

《南大百年实录》编辑组:《南大百年实录》中卷(金陵大学史料选),南京大学出版社2002年版,第198—199页。

金陵大学教员升等晋级暂行条例草案

（一）教员升等晋级，以其学历、经验、教学与研究之成绩，服务之能力与精神为评审等级之标准。

（二）教员升等晋级，需先由系务会议讨论，系主任根据各该教员之资历、教学之成绩、研究之成就、服务与合作之精神，详加按语用书面推荐，连同著作与证件送交院长，提交院务会议，作初步之评审。通过后由院长汇交校长提请升等晋级委员会评审之。

（三）各级教员之资历规定如下：

1.具备下列资历之一者得评为本校助教。

（1）国内外4年制大学或同等学院毕业得有学士学位者。

（2）专科学校或同等学校毕业，曾在学术机关研究或服务2年以上著有成绩者。

2.具备下列资历之一者得评为本校讲师。

（1）在国内外4年制大学或研究院所得有硕士学位或同等学历证书而成绩优良者。

（2）曾任助教4年以上教学优良著有成绩并有专门著作经本会审查合格者。

（3）曾任高级中学或同等学校教员6年以上，对于所授学科确有研究，并有专门著作，经本会审查合格者。

（4）具有助教资格而从事于所任职务性质相同之专门职业6年以上，具有特殊成绩者。

3.具备下列资历之一者得评为本校副教授。

(1)在国内外研究院所得博士学位或同等学历证书而成绩优良者。

(2)曾任讲师5年以上,教学成绩优良,对于所任学科有学术上之贡献,其专门著作经升等晋级委员会聘请专家评审合格者。

(3)具有讲师资历,而从事于所任学科性质相同之专门职业7年以上,具有特殊经验及学术性之贡献者,其专门著作经升等晋级委员会聘请专家评审合格者。

4.具备下列资格之一者得评为本校教授。

(1)任副教授5年以上,于教学研究著有成绩,并于所任学科有重要贡献,其专门著作经本会聘请专家评审合格者。

(2)具有副教授资历,而从事与所任学科性质相同之专门职业7年以上,有创作或发明在学术上有重要贡献,其专门著作经本会聘请专家评审合格者。

(四)凡在学术上有特殊贡献,或研究有特殊成绩,或于技术上有特殊经验者,而其学历或年资不合上述之规定,得由本会聘请专家评审其专门著作或经历,然后根据评审意见,由本会拟定其等级。

(五)教员晋级每学年根据考绩办理一次。考绩应注意下列条件

(1)教学负责而指导有方者。

(2)努力进修与研究而有著作或发明者。

(3)履行服务规程而能加强合作者。

(4)品格为众所敬仰者。

(六)教员对于其所本人之升等晋级事宜,如有意见可直接提交升等晋级委员会审议之。

(七)本条例经校务委员会通过施行。

(八)本条例如有未尽善处,得由升等晋级委员会提交校务委员会修正之。

《南大百年实录》编辑组:《南大百年实录》中卷(金陵大学史料选),南京大学出版社2002年版,第201—203页。

★交通大学

　　交通大学的前身是盛宣怀于1896年创立的南洋公学。南洋公学设立师范院、外院、中院和上院四院。1905年划归商部，更名为上海高等实业学堂，随后又划归邮传部。1912年后，后划归交通部，更名为上海工业专门学校。1920年北洋政府交通总长叶恭绰以交通部所属上海工业专门学校、唐山工业专门学校、北平铁路管理学校、北平邮电学校四校散居各地，不便管理，决定统一学制，统称交通大学。1921年正式改名为交通大学，1922年称交通部南洋大学。1922年秋，学校解体。

　　南京国民政府成立后，1928年9月，政府令沪、北平、唐山三处交通大学再次合并组成国立交通大学，本部为沪校。学校设有机械工程学院、电机工程学院、交通管理学院、土木工程学院以及预科。抗日战争时期，交通大学沪校内迁到重庆，部分仍留在上海沦陷区。1945年，国立交通大学渝校返回上海。1946年，国立交通大学从交通部划归教育部，教育部令国立交通大学贵州分校北平、唐山两院分别回迁，北平学校独立为国立北平铁道管理学院。

　　1949年中华人民共和国成立，学校名称取消"国立"二字，称交通大学。部分师生随国民政府迁台湾，组成台湾新竹"交通大学"。1952年政府对高等学校进行院系调整，交通大学由具有相当规模的理、工、管的多学科大学拆分为单一的工科大学。1957年交通大学又分为上海、西安两部分。1959年两处独立建校，称上海交通大学、西安交通大学。

南洋公学章程

光绪二十四年六月十二日(1898)

奏谨将南洋公学章程恭呈御览

计　开

第一章　设学宗旨　共二节

第一节,西国以学堂经费半由商民所捐,半由官助者为公学。今上海学堂之设,常费皆招商、电报两局众商所捐,故定名曰:"南洋公学"。

第二节,公学所教,以通达中国经史大义,厚植根柢为基础,以西国政治家日本法部文部为指归,略仿法国国政学堂之意。而工艺、机器制造、矿冶诸学,则于公学内已通算化格致诸生中各就质性相近者,令其各认专门,略通门径,即挑出归专门学堂肄业。其在公学始终卒业者,则以专学政治家之学为断。

第二章　分立四院　共二节

第一节,一曰师范院,即师范学堂也;二曰外院,即日本师范学校附属之小学院也;三曰中院,即二等学堂也;四曰上院,即头等学堂也。

第二节,师范院高才生四十名,外院生四班一百二十名,中院生四班一百二十名,上院生四班一百二十名。

第三章　四院学生班次等级　共二节

第一节,师范生分格五层。第一层之格,曰学有门径,材堪造就,质成敦实,趣绝卑陋,志慕远大,性近和平;第二层之格,曰勤学诲劳,抚字耐烦,碎就范围,通商量,先公后私;第三层之格,曰善诱掖,密稽察,有条理,解操纵,能应变;第四层之格,曰无畛域计较,无争无忌,无骄矜,无客啬,无客气,无火气;第五层之格,曰性厚才精,学广识通,行正度大,心虚气静。外、中、上三院学生各分四班,每班三十人。

第二节,师范生合第五层格准允教习,外院生至第一班递升中院第四班,中院生至第一班递升上院第四班,上、中、下三院学生皆岁升一班。

第四章　学规学课　一节

日本学校规则及授读之书,皆有文部省酌定颁行,但其初亦屡试屡改,然后定为令式。公学课程参酌东西之法,惟其中层累曲折之利弊,必历试而后能周匝。师范院、外院课程,一年之内已屡有更定,应由总理与华洋教习逐细再加考核,厘为定式。

第五章　考试　共三节

第一节,每三月小试,总理与总教习以所业面试之。

第二节,周年大试,督办、招商、电报两局之员,会同江海关道员亲试之。

第三节,上、中、外三院学生未卒业之日,均不应学堂外各项考试。惟师范院及上、中两院高等学生,经学政调取录送经济科,岁举者不在此例。

第六章　试业给据　共三节

第一节,师范院生考取后给试业白据,进院试业两月,察其合第一层格,换给第一层蓝据,第二层绿据,第三层黄据,第四层紫据,第五层红据,递进递给。

第二节,外院生考取进院,试业两月,去其不可教者。质性可造者给予外院生肄业据;递升中院给中院肄业据,递升上院给予上院生肄业据。

第三节,上院生四年学成,给予卒业文凭。

第七章　藏书译书　共二节

第一节,公学设一图书院,调取各省官刻图籍。其私家所刻及东西各国图籍,皆分别择要购置尽藏学堂,诸生阅看各书,照另定收发章程办理。

第二节,师范院及中、上两院学生,本有翻译课程,另设译书院一所。选诸生之有学识而能文者,将图书院购藏东西各国新出之书课,令择要翻译,陆续刊行。

第八章 出洋游学 一节

上院学生卒业后,择其优异者资送出洋,照日本海外留学生之例,就学于各国大学堂,以扩才识而资大用。

第九章 教员人役名额 共四节

第一节,南洋公学总理一员,华总教习一员,洋总教习一员,管图书院兼备教习二名,医生一名。

第二节,师范院并外院洋教习二名,华人西文西学教习二名,汉教习二名,司事四名,斋夫、杂役二十名。

第三节,中院华人洋人教习四名,洋文帮教习四名,汉教习四名,帮汉教习四名,稽察教习二名,司事二名,斋夫、杂役十六名。

第四节,上院专门洋教习四名,华人洋文教习四名,汉教习四名,稽察教习二名,司事二名,斋夫、杂役十六名。

《交通大学校史》撰写组:《交通大学校史资料选编》(第一卷),西安交通大学出版社 1986 年版,第 35—38 页。

商部上海高等实业学堂章程(节录)

光绪三十二年(1906)

一、设学总义章

第一节　本学堂讲求实业以能见诸实用为要旨,就南洋商务学堂改订学科,冀为振兴中国商业起见造就人才,力图进步。

第二节　查奏定章程商业一门分为预科、本科,今本学堂系轮、电两局报效经费爱变通办理,除预科仍照习普通学科外,其本科分科四科,一商业科、二航海科、三机轮科、四电机科。

第三节　本学堂预科分高等预科、中学预科两级。除中学预科设立附属小学堂别建校舍另订专章外,其高等预科及本科均照此次定章办理。

第四节　本学堂学科程度,中学预科四年毕业,考验合格升高等预科。高等预科四年毕业,考验合格升本科。其升入本科商业、机轮、电机者三年毕业,升入航海者在堂授课二年后再往商轮实习一年毕业。

第五节　高等预科缺额如中学预科尚无毕业合格者,可由外招考合格者充补,惟须能作五六百字论说文理明顺者,于各科学略有门径者,读过皇家第一第二读本及笔算数学至小数者为合格,严行考验以次传补。[下略]

《交通大学校史》撰写组:《交通大学校史资料选编》(第一卷),西安交通大学出版社1986年版,第169—170页。

交通部上海工业专门学校章程(节录)

1913 年

第一章　宗　旨

本校隶属交通部为国立专门学校,教授高等工业专门学科,养成工业人才,并极意注重道德,保存国粹,启发民智,振作民气以全校蔚成高尚人格为宗旨。

第二章　学级程度

本校专科现分两类,一土木科,一电气机械科。每科修业期以三年为限,附设预科为专门之预备,修业期以一年为限;又附属中学修业期以四年为限;以次递升,由普通入专门,以期学有根柢,渐成通材(附属高等小学章程另定)。

第三章　学科课程(略)

第四章　各员责任

校长主持全校教育管理事务,讲明道德以身作则。统辖教职各员,稽核其称职与否而掌其进退。每学期会同各科科长及教员、学监员审察学生学业成绩表,操行考查薄[簿],照章严定赏罚去留,整肃校规。每年每月裁定经费出入,督饬会计员随时造送概算、预算、计算、决算册,逐项稽查报部核销。每年春假后起至十一月三十日止,率同各教职员各学生一律穿著制服。

科长整饬各科教务,核定各科课程,每学期定课程表,教科用图书分配表,得先期开教员会会同各教员商用各种课本,开单请校长购备。每学期终止时考验各班学业成绩表,其不及格之学生应即降班或退学,成绩优美者应行给奖,均陈明校长办理。

教员任实施教育之责,每学期立担任学科及时间表,凡课程及课本应改定者得与科长商定施行。授课时携带出席薄[簿](即点名表),如学生中有任意旷课或不守校规者应随时分别记过。每届试验前温课期内各教员均按照规定授课钟点到教室监课,诸生有不到者应仍以旷课论。凡温课期内所温之课应依照每学期或每学年所授之功课完全温习,倘学生有减少温课之请求,教员应严拒之,其拒之而仍复要求者应记大过一次。试验定期后,诸生有要求提前或延期者亦应严拒之。立学业成绩表,分临时成绩、试验成绩二项,评定成绩分甲、乙、丙、丁四等,丙以上为及格,丁为不及格,每学期终止时先行结算学生旷课钟点,定其能否与考,送学监室,俟考试后并结算学生成绩分数送西文书记处,以便汇交校长会同科长审核。立试验问题薄[簿],每学期终止时送校长处汇集备核。教员如有要事缺席,须随时通知学监报告学生。

学监员考察学生功课勤惰及品行优劣,每学期立学生考勤薄[簿]、请假薄[簿]、操行考查薄[簿],倘学生有任意旷课及不守校规者陈明校长申罚。每学年开校后造学籍表送校长处复核报部。每届暑假年假开校时催收学膳等费,勿令学生延欠,一面将收到各费随时送变会计处掣取收条转给学生。随时调查关于校内卫生之事,学生中遇有疾病即行通知校医诊治或派妥人送回,务须慎重注意。

会计员(下略)

第五章　管理细则

一、教室:每班各举班长二人(每学期举定班长后由学监开单送校长处请认可宣布),代表同班生陈说事件及传达本校命令于同班生。功课由科长排定学生不得任意请求增减。每学期开学之始,各学生须各依学监编定坐位不得搀越。每日上午八点半钟起至十一点半钟止,下午一点钟起至四点钟止为上课时间。上课时不准带别项书籍器具。教室内不得任意涕唾涂抹黑板及谈笑戏谑,违者由教员申诫。教员入教室及退出时学生应起立致敬,如有任意迟到早退者由教员在出席簿上注明记过。学生上课退课时应一律肃静,行步安详勿淆秩序。

二、操场:每班由教员派定队长一人,每学期派定队长后由教员开单送校长处请认可宣布，入操时队长报告实到及请假人数于教员，学生因事请假不能上操者，须先向队长说明事故，由队长报知学监注入请假簿内。临操先十分钟携带操具次第到场，整列操毕仍将操具妥置原处毋得杂乱。

三、土木工科实习室：学生均立实习记录册，遇有疑义随时向教导员询明。非实习时间除教员及管理员外不经特别许可不得入实习室。实习时应用之仪器由教员指用，用后仍须妥置原处，如有损坏者必须赔偿。

四、电机试验室：各生试验时未经教员指用之仪器，不得轻自尝试。立试验簿遇有心得及疑义均须详记送教员评阅。仪器如有不灵动之处，须立时报告管理员。

五、物理试验室：各班试验时所应用仪器先由教员指定由管理仪器员一一整备试毕后即行验点收藏。各班试验时管理员常在室内，如有临时需用之物由教员告知管理员付与学生使用。

六、化学试验物品室：各班学生所需化学仪器，向品物室领取时，书明价值，每暑假年假开学时，各班学生有试验者均须预缴储存费洋二元，如于借用之物件完好无坏，当于暑假年假时发还，倘有损失照价于二元内扣除，不足者并应补缴。试验室内所无物件，学生如须向品物室借用，应请本班教员给付借物单，填明所借物件，学生自行签字，用毕即行交还取回借单，其有损失者由管理员查明原价责令该生赔偿。取药品或借物时，学生不得迳〔径〕向品物室内取用，必须经管理员手交付领取。

七、中文藏书室：各生借用书籍凭单借取，应写明所借何书并所借之月日签明姓名，限二星期缴还再借，所借之书均不得携出校外。书籍宜公同保护爱惜，如有损毁及浥坏等照原价赔偿。

八、西文藏书室：立书目单储存书橱抽屉内，依字母及科学门类循序排入，学生借书时须将书目单所载之书名卷册及作者姓氏填入黄色借书券，并将本人姓名签于该券交掌书员检存，还书时将该券取消。凡参考书籍只准在书室观览，倘不得已须借出者，应在每日书室闭门前五分钟内与掌书员商妥后填明本色借书券，方可借出，惟须于次日书室启门时缴还,否则每借一日罚小洋二角。凡寻常书籍借出之期以二星期为限,限满时如无他人索借者并可续借,如期限已满既不续借,亦不缴还,则逾限一日罚小洋一角。在书室观书时务须静观,慎勿喧呶致妨他人观览。

九、自习室(本校房屋缺乏暂以寝室为自习室):诸生在自习室内自习一如在教室时毋得嬉笑谈论,妨害他人用功。规定自习时间每日晨起自习一点钟,温习昨日之课,预备教员在上课时考验;夜间自习二点钟,诵习本日之课,均立定课程,勿忘勿助,以免过与不及之弊。

十、寝室:每学期每班举舍长二人传达寝室之事。各生寝室榻位由管理员照班次派定,床架桌凳亦由管理员支配,不得将榻位桌凳等擅行更动,并不得私移教室及他处之桌椅入室。暑假后每日早六点半钟起身,春假后每日早六点钟起身。夜均九点半钟安寝,十点钟息灯以后毋得私燃灯烛观书。早起均赴盥洗所盥洗,不得在寝室呼役携水致碍清洁。寝室门窗玻璃启闭时各宜爱护,如被撞破应负赔偿并不得糊纸。寝室电灯盏数光数均按人数配齐,不得私自接线多装或移用他处之灯罩。寝室内无论何时不得吹军乐按音乐及唱歌等致碍他人自习,并不得笑谑喧哗及为种种无益之事。凡关系危险之物,如试验化学器具不得携置室内。冬令亦不得于室内私用火炉。如患疾病经校医验明后须移至养病室休养以防传染。带有银洋者须交管理员代为储存。亲友来访应在接室内相见不可留至寝室内。上课时各寝室均锁好衣物书籍等件,务须自行留意慎防遗失。每日晨兴床铺桌凳由各生自行整理清洁。

十一、食堂:每日七点半钟早餐,十一点三刻午餐,六点钟晚餐,过时不得另请开膳或开膳至寝室内。未播铃时不得入座先行就食致紊秩序。每席六人各依编定坐位入席,会食时须静穆无哗,食毕依次到盥洗所盥洗。每席肴菜均有定数,各生不得添菜换菜及自行带菜入席,倘肴菜有不清洁应告知学监员转告总务员整顿。

十二、养病室:室内宜镇静休息不得纷扰。倘有亲友来访须通知看护人引进,交谈时间宜少勿过二十分钟。病室以清洁为第一义,凡患病来此休养者宜各自爱不得随便涕吐致碍卫生。病时饮食尤关紧要,所需食物非经校医开单指定者不准带入病室内。病者药剂均有校医规定按时给发,食物亦然不得非时需索。凡学生患病无论轻重必须由校医验明,听其处置。如有送入医院者其费概由学生自备。病愈后由校医验定可上课者仍行迁入寝室,不得托病要求,致妨功课。

十三、校园:课余食后得至园内怡悦性情、吸换空气惟不得任意涕吐致碍清洁。圃内花木宜注意爱护,如有任意攀折不顾公德者查出处罚。

十四、应接室:凡学生亲友来校访视者,均于应接室内接见。上课时不见客,来访者应在室内等候,俟下课后由学监员传知出见。

十五、阅报室:学生阅报宜留心各国实业界事以助学识。凡入阅报室者不得嬉笑谈话,阅毕宜将报纸整理以重公益,勿随意乱翻及私自携出致损公德。

十六、售书室:购书时现钱缴价,各书已经卖出之后无论何故何时概不退还,所购之书限定为本学期内课本,每课本均各限定一册。

第六章　礼　仪

凡国庆日,纪念日,圣诞日及开学放学日,各生均排班到礼堂随校长及教职员行礼。行礼时务依先后次序出入,恪恭将事,毋得规避不到,查出处罚。新学生初入校见校长及各教职员行一鞠躬礼。学生无论在校内校外凡遇各教职员时皆须鞠躬致敬,称教职员曰:先生,自称曰:学生。教职员至学生寝室及自习室时学生宜起立致敬,校长科长进教室察课及有特别来宾参观时均宜起立。

第七章　开校及放假日期(略)

第八章　告　假

学生亲病亲丧及本人患病或在家完姻不能来校与在校时应行回里者,须由家属亲笔信寄至学监室方准给假。学生缺席在一学年内至四十小时者应减学业成绩总平均一分,多于四十小时者每逾二十小时递减半分。学生因事出校由学监询明事由登簿准给假单,至大门时应行查验,俟回校后将原单仍送学监室销假。遇星期日学生出外游散,也须向学监告假方准出校。学生在校因病不能上课者,须先时告假,如不告明经查出者记过。

第九章　招考日期及入学试验

每年定八日二十五日招考新生,年假前遇有缺额招考一次,此外不得随时插班以期功课一律。凡学生有志来学者须经入学试验,视试验成绩及格分别录取。投考时须将从前肄业之学校及已经读过各书一一详载,并自注明愿入何科及第几年级。携带毕业或修业证书由校长科长面试考验品格,有习气者概不录取。招考时先试中文,修身一科欠缺者不取。学生入校后须住宿校内不得请求通学以免逐日往返荒废学业或致生他项流弊。学生入学以有恒为第一要义,凡在校诸生非由父兄或保证人先期具函陈明不得已之事故须入他校者,不得率请转学,凡本校未准转学学生不给转学证书;已准转学学生欲再入本校者在离校后一年以内继续有效,否则仍须于招考时受入学试验。

第十章　各省咨送官费生

凡各省咨送官费生欲入本校专科者,须中学毕业学行均优者为合格,并须经入学试验,倘试验时或有科学尚浅者,分别插入预科及中学补习。程度不合品行欠循谨者不录。各省咨送生务须每年在八月二十四日以前携带本省公文到校报名预备考试,逾期概不补考。已在本校之学生遇有官费缺额请补者,须操行列入乙等以上又于学期学年试验列入八十分以上者方可准补,否则即使本省指名请补亦未便核准。各省咨送生学膳费应迳[径]解本校,扣清应缴各费余款发给该生。每届学期学年试验后将诸生操行及学业成绩报告本省一次。官费生学业成绩如有总平均不满六十分者,或无故旷课致扣除试验者,或试验各科不及格满三科者,照章均须降级,即咨明本省将其官费另补学行兼优之各该省自费学生,或暂行扣除一年俟该生升级后仍行补给。

第十一章　学费(略)

第十二章　试验升级毕业

试验分学期试验、学年试验、毕业试验。学期试验凡有一科目学生缺席时间过该课授课时间三分之一者,不得与该科之试验。凡学生各科缺席时间之总数过各科授课时间总数三分之一者,各科目一律不得与试。毕业及学年试验,学生旷课过三分之一在二科以内者,应于暑假内自行补习,至开校后补试;若满三科者应即留级。学生因有特别事故临时不能与各项试验者,准其于下学期开课后定期补试。评定成绩分甲乙丙丁四等,丙以上为及格,丁为不及格,及格者升级或毕业,不及格者留级。预科及中学所习学科分为主科、附科,凡毕业或学年试验主科分数不及六十分在二科内者,应于暑期内自行温习至开校后再行补试,若不及格满三科者应即留级(附科两科抵主科一科)。专科各班所习学科均为主科,试验有不及格者办法与预科及中学同,惟分数有不满四十分者应将该学科另行补习。补试以一次为限。学期试验有三分之二之科学不及格者应即降级。降级及留级学生其原级成绩应即取销。毕业证书各项均遵教育部规程办理。

第十三章　试验法规

学期学年及毕业时之试验,学生座位由监试员临时指定,学生应依指定座位入坐。试验日期时间及课堂一经规定之后概不得更换,致紊秩序。学生临试时除吸墨纸、墨水、笔砚等应用诸品外余皆不得携带。试验时如有枪替抄袭夹带传递种种通同舞弊事情,第一次犯者扣除分数宣布记大过一次,第二次犯者立即退学。试验时不得谈话或窃窥他人试卷,违者无分。

第十四章　劝　惩

本校劝惩由校长于每届暑假、年暑时开教职员会会议甄别办理,或由校长临时核定施行。学生于每半年内学业成绩列甲等而操行较优者给以褒奖状报部奖励。学生于年假开校后至暑假时或暑假开校后至年假时功课全然无缺者亦得报部奖励。学生有违犯校章应分别告诫记过,其犯下列各条之一者应即令其退学。一、沾染习气品格有亏者;二、声名较劣有累本校名誉者;三、屡经告诫记过不悛者;四、学业成绩过差难期造就者;五、连续留级两次者。以上退学学生概不再行收录。

此外如本章程有未尽之处由校长随时酌定宣布施行。(下略)

《交通大学校史》撰写组:《交通大学校史资料选编》(第一卷),西安交通大学出版社1986年版,第224—231页。

交通大学大纲

1921 年 2 月

第一章　定　名

第一节　本大学定名为交通大学。

第二章　校　址

第二节　就原有之校址及设备,暂将经济部各科设于北京,理工部各科设于上海及唐山;中学各依其所附属之学校;专门部各科及特别各班,各依临时之需要而定。

第三章　经　费

第三节　以交通部育才经费及其他所筹得之款充之。

第四章　学　制

第四节　本大学分经济部、理工部、专门部,另设附属中学及特别班。

(甲)经济部设下列之各科:

交通科,商科。

(乙)理工部设下列之各科。

土木工科,电汽科,机械科,造船科。

(丙)专门部设下列之各科:

铁路管理科,土木工科,邮电科,电汽科,商船科,机械科,商业科。

(丁)中学为大学各部之预科,各依其所附属之学校,分为文实两科。

(戊)特别班因需要之情形,得设传习班及养成所等。

第五章　学　程

第五节　大学经济部、理工部,四年毕业,授以证书称学士。毕业后,得专攻一门,一年后考验及格,得晋授以相当学位称号。

第六节　专门部三年毕业,给以证书称得业士。

第七节　附属中学四年毕业,给以证书。

第八节　特别班毕业年限,各依学科与需要临时定之,毕业后给以证书。

第六章　董事会

第九节　董事会董事,应具有下列资格之一:

(甲)有工业或经济专门学术者,

(乙)富有教育经验者,

(丙)曾办理交通事业卓著成绩者,

(丁)捐助巨款于本大学者。

第十节　董事会董事以二十一人为限。每三年改举三分之一,第一、二次用抽签法定之。改选董事,由留任之董事行之。

第一次之推举,由临时董事会行之。

第十一节　董事会候补董事,以十人为限,遇董事出缺时递补。

第十二节　董事会之权责如下:

(甲)规定教育方针,

(乙)核定学科与规章,

(丙)筹画经费,

(丁)监督财政,

(戊)推举校长。

第七章　校长、主任及教职员之任用

第十三节　大学设校长一人,由三分二以上出席董事之推举,经由交通部呈请大总统任命之。

第十四节　各学校设主任各一人,由大学校长推举、经董事会同意,聘任。

第十五节　附属中学主任,由所附属之学校主任推举,呈由大学校长聘任。

第十六节 各特别班主任,均由大学校长聘任。

第十七节 各学校所属教职员,均由各校主任聘任,呈报大学校长。

第八章 校长及主任之权责

第十八节 大学校长主持全校教育,管理事务,统辖各校主任暨教职各员,稽核其称职与否而掌其进退。

第十九节 大学校长督率各校主任会同各科科长、教员,审察学生学业成绩、操行,照章偿罚,整肃校规。

第二十节 大学校长裁定经费出入,督饬各校会计员造送预算,送报交通部及董事会核销。

第二十一节 各学校主任承校长之命,办理一校教育,管理事务,统辖教职各员,稽核其称职与否而报告于校长。

第二十二节 各学校主任承校长之命,办理第十八节、十九节各事项。

第九章 评议会

第二十三节 评议会以校长、学校主任、教务长、事务长及各科科长暨教授,互选之若干人为会员。

第二十四节 评议会以校长为会长,校长不在当地时,以学校主任为会长。

第二十五节 校长或学校主任,遇有校务讨论时,得召集评议会。

第二十六节 评议会之职权如下:

(甲)订定及修改各种规章,

(乙)讨论一切兴废事宜,

(丙)议决各教科之设立及废止,

(丁)审核财务,

(戊)审议董事会、校长或学校主任咨询事项。

第十章 行政会议

第二十七节 行政会议协助校长规画推行全校事务。以校长、学校主任、教务长、各常设行政委员会委员长及事务长组织之。校长为议长。

第二十八节　各行政委员会协助校长规画推行各部分事务。各委员会委员,由校长从教职员中指任,征求评议会同意。每委员会设委员长一人,由校长于委员中指任之。凡校长出席委员会时,以校长为主席,否则委员长为主席。

第二十九节　当设委员会如下:

(一)组织委员会　协助校长调查及编制内部之组织。

(二)预算委员会　协助校长编制预算案。

(三)审计委员会　协助校长稽核用途,审查决算及改良薄[簿]记法。

(四)任用委员会　协助校长审查任用教务部分职员之资格。委员以教授为限。本委员会非校长或其代表人列席,不得开会。

(五)图书委员会　协助校长谋图书馆之扩张与进步。

(六)工厂委员会　协助校长谋工厂之扩张与进步。

(七)仪器委员会　协助校长谋仪器之扩张与进步。

(八)出版委员会　协助校长审查编译之图书规画,推行出版事务。

(九)庶务委员会　协助校长谋庶务之推行与进步。

(十)其他委员会　以所任事务定其名称。

第十一章　教务会议

第三十节　教务会议以教务长及各科科长组织之。协助校长及各学校主任规画教务,督促进行。

第三十一节　各科教授会,由各科教授、助教、讲师组织之,规画本科教授上之事务。

第十二章　教务处

第三十二节　教务长为教务处之领袖,由各科科长互选之。

第三十三节　各科科长,由本科教授会教授互选之。

第十三章　事务处

第三十四节　事务处管理庶务。设事务长一人,事务员若干人,分掌各事务。

第三十五节　事务长为事务处领袖,由校长于事务员中委任之。

第三十六节　事务处设事务员若干人,出校长委任。

第十四章 附 则

第三十七节 本大纲经过半数以上董事之提议,四分三以上董事之出席,出席人四分三以上之议决,得修正之。

第三十八节 本大纲自交通部核准之日施行。

《交通大学校史》撰写组:《交通大学校史资料选编》(第一卷),西安交通大学出版社 1986 年版,第 349—354 页。

交通大学董事会章程

1921 年 3 月

第一条　董事会依交通大学大纲第六章组织之。

第二条　董事长一人，常务董事三人，由董事会于董事中公推之。

第三条　董事会每月开会一次，由董事长定期召集之。遇有紧要事件，得召集临时会。

第四条　董事会会议事件，除交通大学大纲第十节、第十三节、第三十七节外，以现在董事过半数出席、出席人之过半数议决之。

第五条　交通大学大纲第十节之改选董事，可以留任董事三分二之出席以上行之。董事连举得连任。

第六条　董事会会议以董事长为主席，董事长因事不能到会时，得委任他董事代表主席。

第七条　董事不得兼任本校及其他各职，但校长及讲师不在此限。

第八条　本章程经董事会满三人以上之提议，三分以上之出席，出席三分二以上之议决，得修正之。

第九条　本章程自董事会议决之日施行。

《交通大学校史》撰写组：《交通大学校史资料选编》（第一卷），西安交通大学出版社 1986 年版，第 356—357 页。

修正交通大学大纲

1922 年 5 月

第一章　定　名

第一节　本大学定名为交通大学。

第二章　校　址

第二节　就原有之校址及设备,暂将经济部各科设于北京,理工部各科设于上海及唐山;中学各依其所附属之学校;专门部各科及特别班各班,各依临时之需要而定。

第三章　经　费

第三节　以交通部育才经费及其他所筹得之款充之。

第四章　学　制

第四节　本大学分经济部、理工部、专门部,另设附属中学及特别班。

(甲)经济部设下列之各科:

铁路管理科,商科。

(乙)理工部设下列之科:

土木工科,电汽科,机械科,造船科。

(丙)专门部设下列之各科;

铁路管理科,土木工科,邮电科,电汽科,行船科,机械科,商业科。

(丁)中学为大学各部之预科,各依其所附属之学校,分为文、实两科。

(戊)特别班,因需要之情形得设传习班及养成所等。

第五章　学　程

第五节　大学经济部、理工部,四年毕业,授以证书称学士。毕业后得专攻一门,一年后考验及格,得晋授以相当学位称号。

第六节　专门部三年毕业,给以证书称得业士。

第七节　附属中学四年毕业,给以证书。

第八节　特别班毕业年限,各依学科与需要临时定之,毕业后给以证书。

第六章　校长主任及教职员之任用

第九节　大学设校长一人,由交通总长遴员呈请大总统任命之。

第十节　各学校设主任一人,并得设副主任一人,由大学校长遴员呈请交通总长核准后聘任之。

第十一节　附属中学主任,由所附属之学校主任推举,呈由大学校长聘任。

第十二节　各特别班主任,均由大学校长聘任。

第十三节　各学校所属教职员,均由各校主任聘任,呈报大学校长。

第七章　校长及主任之权责

第十四节　大学校长承交通总长之命,主持全校教育、管理及会计、事务,统辖各校主任暨教职各员,稽核其称职与否而掌其进退。

第十五节　大学校长督率各校主任会同各科科长、教员,审察学生学业、成绩、操行,照章赏罚,整肃校规。

第十六节　大学校长裁定经费出入,督饬各校会计员造送预算、决(算),呈请交通部分别核准、核销。

第十七节　各学校主任承校长之命,办理一校教育、管理事务,统辖教职各员,稽核其称职与否,而报告于校长。

第十八节　各学校主任承校长之命,办理第十四节、十五节各事项。

第八章　评议会

第十九节　评议会以校长、学校主任、教务长、事务长,及各科科长暨教授,互选之若干人为会员。

第二十节　评议会以校长为会长,校长不在当地时,以学校主任为会长。

第二十一节　校长或学校主任遇有校务讨论时,得召集评议会。

第二十二节　评议会之职权如下:

(甲)订定及修改各种规章;

(乙)讨论一切兴废事宜;

(丙)议决各教科之设立及废止;

(丁)审核财务;

(戊)审议校长或学校主任谘询事项。

第九章　行政会议

第二十三节　行政会议协助校长规画推行全校事务,以校长、学校主任、教务长,各常设行政委员会委员长,及事务长组织之,校长为议长。

第二十四节　各行政委员会协助校长规画进行各部分事务。各委员会委员,由校长从教职员中指任,征求评议会同意。每委员会设委员长一人,由校长于委员会中指任之。凡校长出席委员会时,以校长为主席,否则委员长为主席。

第二十五节　常设委员会如下:

(一)组织委员会　协助校长调查及编制内部之组织。

(二)预算委员会　协助校长编制预算案。

(三)审计委员会　协助校长稽核用途,审查决算,及改良簿记法。

(四)任用委员会　协助校长审查任用教务部分职员之资格。委员以教授为限,本委员会非校长或其代表人列席,不得开会。

(五)图书委员会　协助校长谋图书馆之扩张与进步。

(六)工厂委员会　协助校长谋工厂之扩张与进步。

(七)仪器委员会　协助校长谋仪器之扩张与进步。

(八)出版委员会　协助校长审查编译之图书,规画推行出版事务。

(九)庶务委员会　协助校长谋庶务之推行与进步。

(十)其他委员会　以所任事务定其名称。

第十章　教务会议

第二十六节　教务会议以教务长及各科科长组织之。协助校长及学校主任,规画教务,督促进行。

第二十七节　各科教授会由各科教授、助教,讲师组织之,规画本科教授上之事务。

第十一章　教务处

第二十八节　教务长为教务处之领袖,由各科科长互选之。

第二十九节　各科科长,由本科教授会教授互选之。

第十二章　事务处

第三十节　事务处管理庶务,设事务长一人,事务员若干人,分掌各事务。

第三十一节　事务长为事务处领袖,由校长于事务员中遴员,呈请交通总长核准后委任之。

第三十二节　事务处设事务员若干人,由校长委任。

第十三章　附　则

第三十三节　本大纲由交通部核定,呈请大总统批准施行。遇有修正时亦如之。

《交通大学校史》撰写组:《交通大学校史资料选编》(第一卷),西安交通大学出版社 1986 年版,第 374—377 页。

交通部直辖大学通则

1922 年 7 月

第一章　宗　旨

第一条　交通部为造就交通专门人才,扶助高深学术之发展,特设大学。

第二章　名称及校址

第二条　就原有校址及设备,并依其创立先后,分设下列各大学:

南洋大学　　　　　　　　设于上海;

唐山大学　　　　　　　　设于唐山;

唐山大学分校　　　　　　暂设于北京。

第三章　学　制

第三条　各大学设分科如下:

南洋大学

　电机科　机械科　铁路管理科　造船科

唐山大学

　土木工科

唐山大学分校

　铁路管理科　商科

各大学得依需要情形添设分科,由交通总长指令或由校长呈请行之。

第四条　各大学得设专门部之一科或一科以上,其科目于各校专章定之。

第五条　各大学得呈请设特别班,其班次依需要情形临时定之。

第六条　各大学得呈请设预科或附属中学。

第四章　学　程

第七条　大学各科四年毕业,授以证书,称某科学士。毕业后得专攻一门,一年后考验及格,得授以学位。

第八条　专门部各科三年毕业,给以证书称得业士。

第九条　特别班毕业年限,各依学科与需要定之。毕业后给以证书。

第十条　预科二年毕业,附属中学四年毕业,给以证书。

第五章　校董会

第十一条　各大学经校长呈请核准后,得各设校董会,以校董十五人组织之。

前项校董依下列之规定:

甲、交通总长延聘五人,

乙、交通总长委派五人。

丙、依第二条所载,由其本校之历任校长、教员及本校出身者组织选举会,公推五人;但现在校学生不得加入选举。

第十二条　校董会校董须具有下列资格之一:

甲、办理教育声望卓著者,

乙、研究工业学或经济学有专长者,

丙、办理交通事业有功绩者,

丁、以学术或经济资助本校者。

第十三条　校董会之职权如下:

甲、计画并扶助学校之进行,

乙、稽察财政及校产。

第十四条　校董每满三年改任一次,但得联任。在任期未满以前有缺出时,依第十一条所分配补充之。

第六章　校长及教职员

第十五条　各大学各设校长一人,由交通总长呈请简任,承交通总长之命管理全校事务,统辖教职员。

第十六条 各大学各设教务长一人,由校长遴员呈请交通总长核准后任用之,承校长之命主管教育事项。

第十七条 各大学各设事务长一人,由校长遴员呈请交通总长核准后任用之,承校长之命主管校务事项。

第十八条 各大学专门部特别班、预科及附属中学,各设主任一人,由校长任用,承校长之命分任各主管事项。

第十九条 各大学各设教授、助教授或讲师,均由校长聘任,专任教课及训育。

各科应设科长一人,由校长于教员中指任之,但教务长得兼任科长。

第二十条 各大学各设学监、事务员,辅佐教务长、事务长分任事务,其员额由校长酌拟呈请交通总长核定之。

第二十一条 各大学为缮写及其他庶务,得酌用雇员。

第二十二条 第十八条至二十条教职各员,均应于任用时呈报交通总长。

第七章　教务处

第二十三条 教务处以教务长为领袖,各主任及各科科长辅佐办事。

第二十四条 教务处掌理事务如下:

甲、稽核各科教授等之成绩,

乙、审查学生学业成绩及操行,

丙、编订课程,

丁、办理考试及招考事务。

第二十五条 教务处以学监及事务员分隶之。

第八章　事务处

第二十六条 事务处以事务长为领袖,学监及事务员分隶之。

第二十七条 事务处分股办法于各校专章定之。

第九章　附　则

第二十八条　各大学各种单行规章,由校长拟订呈交通总长核定之。

第二十九条　本通则呈请大总统批准施行,并咨教育部备案。

《交通大学校史》撰写组:《交通大学校史资料选编》(第一卷),西安交通大学出版社 1986 年版,第 384—388 页。

南洋大学通则

1925 年

第一章 宗 旨

第一条 本大学隶属交通部，为国立大学，以造就交通专门人才、力图高深学术之发展为宗旨。

第二章 学制学程

第二条 本大学遵照交通部直辖大学通则之规定，先设下列各科：

一 电机工程科

二 机械工程科

三 铁路管理科

第三条 上列各科修业期均以四年为限，其分类课程另定学科一览。

第四条 本大学为依次升入大学本科之预备，得设附属中学、附属小学。

第五条 附属中学修业期以四年为限，附属小学修业期以三年为限，其规章均另定之。

第三章 学年学期及休业

第六条 本大学以八月一日为学年之始，七月三十一日为学年之终。

第七条 一学年分为两学期，以八月一日至一月三十一日为第一学期，二月一日至七月三十一日为第二学期。

第八条 年假休业四天，寒假休业二十一天，春假休业七天，暑假休业七十天,日期于每年校历内规定之。

第九条　下列各日均休一天

国庆日。

孔子诞日。

夏节、秋节、冬节日。

星期日。

第四章　入　学

第十条　本大学于每学年之始,收录各科一年级新生一次。

第十一条　本大学附属中学毕生,依其志愿收入本大学各科一年级。

第十二条　前条入学志愿人数,超过本大学各科一年级预定学额时,得行选拔试验。

第十三条　前条入学志愿人数,不足本大学各科一年级预定学额时,得举行招考新生。

第十四条　每学年第一学期中间,各科一年级如有缺额,得于寒假内招考插班新生。

第十五条　招考新生,须年令[龄]在十七岁以上二十五岁以下,体质健全,素无嗜好,具有本大学附属中学毕业生同等程度。

第十六条　招考各科插班新生,除前条规定之资格外,须具有插班相当程度。

第十七条　本大学招考手续及试验科目,另行规定之。

第十八条　新生应于入学前填具志愿书,呈送本大学学监核存。

第十九条　新生应于入学前由相当保证人填具保证书,呈送本大学学监核存(保证人对于所保学生在校一切事件均须负责)。

第二十条　本大学除上列第十三、第十四两条之规定外,不得随时收录插班新生。

第五章　休学及退学

第二十一条　学生如有不得已事故自请休学者,须经家长或保证人证明。

第二十二条 学生休学期限定为一学年,每学期须报告状况一次,如愈期限或未按期报告者,即以退学论。

第二十三条 学生休学期未满以前,不得自请复学。

第二十四条 学生如有不得已事故自愿退学者,须经家长或保证人证明,并呈递退学书。

第二十五条 凡自行退学之学生,不得呈请复学。

第二十六条 凡退学学生,因有特别情形经核准复学后,应仍在原级肄习。

第二十七条 学生因违犯本大学惩戒规则应行退学者,或因按照考核成绩规则应行退学者,校长得令其退学。

第六章 改科及转学

第二十八条 本大学学生改科,以相类各科为限。

第二十九条 各科学生改科后,应习满改入科所有四年课程应须之单位,方准毕业;其改入科课程中,有已在原习科习过得有单位者,准其有效,不再补习。

第三十条 本大学学生如有特别情形愿改入不相类各科者,应编入所改科之第一年级。

第三十一条 凡改科学生,须于每年七月一日以前填具改科志愿书,呈请教务长转请校长核办。

第三十二条 本大学学生转学,以转入部辖北京交通大学及唐山大学为限。

第三十三条 本大学铁路管理科学生,转学北京交通大学,应以该科一年级转入二年级为限。

第三十四条 本大学电机、机械两科学生,转学北京交通大学时,应以转入该大学铁路管理科一年级为限。

第三十五条 本大学电机、机械两科学生,转学唐山大学,应以该两科一年级转入该大学本科二年级为限。

第三十六条 本大学铁路管理科学生,转学唐山大学时,应以转入该大学本科一年级为限。

第三十七条 以上各条转学学生,须于每年七月以前填具志愿书,呈请校长核准,备文分请北京变通大学及唐山大学核准后,方得转学。

第三十八条　初录取之新生,不得呈请转学。

第三十九条　北京交通大学铁路管理科一年级学生,或预科毕业学生,应准转入本校铁路管理科相当年级,但转入本大学电机科或机械科一年级时,须先受相当试验。

第四十条　唐山大学学生转学本大学时,应参照以上第三十五条、第三十六条之规定办理。

第四十一条　以上二条转学学生,本大学以新生待遇之。

第七章　毕业及修业凭证

第四十二条　本大学各科学生,肄业期满、试验及格者,给予毕业文凭,得称各该科学士。

第四十三条　各科学生肄业一学期以上,因不得已事故自请退学者,按照试验成绩给予修业证书。

第四十四条　以上各项凭证格式,另定之。

第八章　纳　费

第四十五条　每学期学生应纳各费列表如下

费目	杂费	存储费	学生会费	体育费	实习试验费	膳费	宿费	学费	总计
费额	一.〇	五.〇	〇.五	二.〇	一〇.〇	二七.五	一〇.〇	二〇.〇	七六.〇

第四十六条　新生入校除交上列各费外,应再交图书馆费二十元,一次交足后,不再交;又冬夏二季制服费十八元,该费于结算时,有余发还,不足照补。

第四十七条　上列各费,应于每学期开课前一律照交;未交者不许上课,所有缺席钟点以旷课论。

第四十八条　各生交费时,应先赴学监室领交费凭单,到本大学指定之收款银行照交。银行收款后,即照数填入四联收据,一联存根,一联交学生收执,作为交费凭证;一联送交学监查核,填发学生上课证;一联送交会计记账。

第四十九条　存储费为扣拨赔偿损失之用,学期终了时有余退还,不敷照补。

第五十条　所交各费,除膳费及存储费、制服费之余款外,无论有何原因中途休学或退学者,概不退还。

第五十一条　各费均用上海通用银元交纳。

第五十二条　应交各费如有增减,本大学得于学年开始前先行通知。

第五十三条　学生无论因何事故,不得请求免交应纳各费。

第九章　官费生

第五十四条　本大学对于各省官费生与自费生同等待遇。

第五十五条　官费生于入学时,应照自费生交费,愈期不交者,与自费生同样办理。

第五十六条　凡各官费学生,因清款、催款、转学、辍学等事,须呈请各该省或各该管机关时,得呈请本大学备文转达,惟学费愈期不到本校概不负垫款之责。

第五十七条　官费生如因领款催款等事,呈请本校发电报时,其电报费应先交付。

第五十八条　官费生之成绩,由本大学随时报告该管机关。

第五十九条　官费生遇有缺额时,本大学得以班次最高,学业操行成绩最优之该籍学生,函致主管机关递补。

《交通大学校史》撰写组:《交通大学校史资料选编》(第一卷),西安交通大学出版社 1986 年版,第 515—520 页。

交通部直辖交通大学组织大纲

1928 年 9 月

第一条　交通大学依照学科之性质分设各学院并斟酌情形得设预科。

现在应就上海唐山北平各原址先行分设机械工程、电机工程、土木工程及交通管理四学院。

第二条　交通大学设校长一人。

第三条　交通大学设下列各职员：

秘书长一人掌管秘书处事务。

每学院设院长一人掌管各院事宜。

两院以上同在一地者所设预科得各置主任一人掌管预科事宜。

训育部事务部注册部图书部体育馆各设主任一人掌管各部馆事宜。

第四条　校务会议由校长召集以下列人员组织之：校长、秘书长、各学院院长、各主任、教授代表三人、学生代表三人(以大学本科学生为合格)。

第五条　院务会议由各学院院长自行召集,但关于各学院之联带事项得会同召集联席会议。

第六条　校务及院务会议规程另定之。

学校系统图表

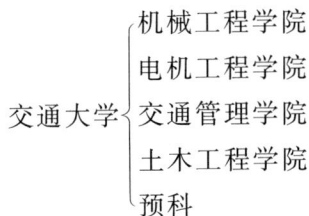

交通大学
- 机械工程学院
- 电机工程学院
- 交通管理学院
- 土木工程学院
- 预科

行政组织系统图表

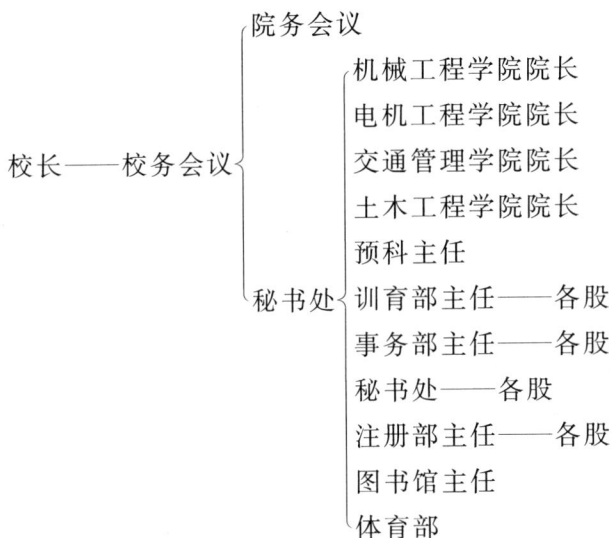

校长——校务会议
- 院务会议
- 秘书处
  - 机械工程学院院长
  - 电机工程学院院长
  - 交通管理学院院长
  - 土木工程学院院长
  - 预科主任
  - 训育部主任——各股
  - 事务部主任——各股
  - 秘书处——各股
  - 注册部主任——各股
  - 图书馆主任
  - 体育部

第七条　本大纲如有未尽事宜得由校务会议呈部修改之。

第八条　本大纲自公布之日施行。

《交通大学校史》撰写组:《交通大学校史资料选编》(第二卷),西安交通大学出版社 1986 年版,第 22—23 页。

交通大学暂行组织大纲

1929 年 7 月

第一章　总　则

第一条　本大学定名为交通大学直辖于铁道部。

第二条　本大学以遵依总理遗教，养成三民主义化之交通建设专才为宗旨。

第二章　经　费

第三条　本大学经费由铁道部指拨，但得募捐及领受遗赠。

第四条　本大学每年经常临时预算均由校长呈部核准施行。

第三章　学　制

第五条　本大学采学年选科制，本科学生定四年毕业，预科学生定二年毕业，或设高级中学定三年毕业。

第六条　本大学学生必须遵章经考试及格领有入学征[证]书方准到校上课。

第七条　本大学学生遵章毕业经考试及格，依照大学学位条例得领受学士学位或工程师学位。

第八条　本大学得订定章程颁给名誉学位。

第九条　本大学设下列各学院

（一）铁道管理学院

（二）土木工程学院

（三）机械工程学院

（四）电机工程学院

第十条　本大学从第二年起,每学院得分若干系,学生应该定某系为主系,并选他系为辅系。

第十一条　本大学学则及课程标准另定之。

第四章　行　政

第十二条　本大学设校长一人综理全校事务负经营之全责。

副校长一人协助校长办理校务,校长由铁道部呈清[请]行政院转呈国民政府任命,副校长由铁道部聘任并呈请行政院备案。校长办公室设秘书若干人,秉承校长、副校长办理事务。

第十三条　本大学设总务长一人,下设注册主任、文书主任、会计员、庶务员、工程员、校医各一人,办理所属事务。为行政便利起见,在上海以外各学院得设总务主任一人,下设注册员、文牍员、会计员、庶务员、工程员、校医各一人,秉承各该学院院长之命令办理所属事务。

第十四条　本大学设训育长一人,下设训导及学监各若干人办理所属事务。

为行政便利起见,在上海以外各学院得设训育主任一人,下设训导及学监各若干人秉承各该学院院长之命办理所属事务。

第十五条　本大学各图书馆、博物馆、体育馆及科学馆各设主任一人办理各该馆事务。

本大学各调养室由校医主管之。

第十六条　本大学得设研究所,所长以校长或副校长兼任之,以下酌分若干部,各部得设主任及副主任各一人。

第十七条　本大学为事务上之需要得设永久或临时各种委员会。

第十八条　本大学各学院设院长一人,预科设主任一人主管所属教务。

在上海以外各学院所设预科由各该学院院长办理,不另设主任。

第十九条　本大学教员分教授、副教授、讲师、助教四级。

第二十条　本大学视各科之需要得设系主任若干人,就教授中聘任之,秉承院长主持各该系教务。

第二十一条　本大学教员以专任为原则,但于必要时得聘兼任教员。

第二十二条　本大学及各学院得酌设事务员及雇员各若干人。

第二十三条　本大学各项职教员由校长聘任或委用，其规则另定之。

第五章　会　议

第二十四条　本大学设评议会或校务会议，由校长召集讨论校长交议事项，以下列人员组织之：

校长

副校长

总务长

训育长

各学院院长

预科主任

第二十五条　本大学设全校教务会议，以校长、副校长、各学院院长、预科主任及临时由校长指定之教授组织之。每学期至少开会一次，由校长定期召集，决定全校课程教材之统一及其他重要教务问题。

第二十六条　本大学各学院设院教务会议，由院长、教授、副教授组织之，依据全校教务会议决议案决议本学院教务事宜。

第二十七条　本大学视各学院之需要得设系教授会，以本系全体教员组织之，由系主任召集讨论各该系教务会议事宜。

第二十七条　本大学各项会议规则另定之。

第六章　附　则

第二十九条　本大纲如有未尽事宜得由评议会或校务会议议决修改，但需呈清［请］铁道部核准。

第三十条　本大纲自铁道部公布日施行。

《交通大学校史》撰写组：《交通大学校史资料选编》（第二卷），西安交通大学出版社 1986 年版，第 23—26 页。

交通大学训育部训育大纲

1929 年 10 月

（一）训育原则

引言

　　教育目的最重要的计有二点，一为知识学问之造就，一为能力道德之养成，前者属于各种科学教课，后者即为训育问题。本校是国家设立的学校，其使命是教育学生以专门的学问和技能，为国家培植建设人材，但对于训育非同时并重，不能谓尽了教育之能事。过去学校的工作，大都是一种监督式的训育，对于学生不良行为不免偏重干涉，这不过是消极的治标方法。此后本校训育应更从积极方面，施以主义的熏陶，道德的修养，人格的养成，高尚兴趣的培养，社会事业的指导，政治知识的灌输。为达到此种目的起见，训育的原则实有规定的必要。

训育原则

　　本校现分铁道管理、机械工程、电机工程、土木工程等科，皆与国家之建设有特殊之密切关系。兹值北伐完成，训政开始，全国民众意识及建设趋向，皆以三民主义为标准的时候，本校训育原则，亦自当以三民主义为归依，试例举于后：（一）革命化　本校是革命政府所设立的学校，凡是党治下的学校，每个组织分子都应该具有革命的人生观，所以思想要革命化，言行要革命化，才能担负革命的建设工作，完成本党的使命。（二）社会化　本党的使命，在改造旧社会，建设三民主义的新社会，本校设立的目的亦当然是为社会，而不是为个人谋福利，所以学生在校就应该打破个人主义封建思想及投机取利的观念，以养成团体生活的精神，庶将来学成服务，绝不致自私自利。（三）纪律化　严格的纪律是维持一个团体安宁和统一的要素,在党则有党纪,在军则有军纪,在学校则有校规,恪守纪律,是每个团体中组织分子绝对的义务,所以每一个学生的行动都要根据校规,就是行动要纪律化。(四)平民化在封建思想尚未铲除的中国,且社会浮华奢侈还在盛行的今日,加以本校地临繁华的上海,耳濡目染,更容易被恶劣环境所传染,本校学生将来是为党国负建设重任的干部人材,故在校时应该注重养成勤俭朴实的美德,及平等互助的精神,庶不失为平民化。

(二)训育标准

一、打破封建思想个人主义

二、以党的意志为意志

三、对本党党义须有明确的认识

四、一切行动以党为出发点以党为归结

五、行动要纪律化集体化

六、养成奋斗牺牲的精神

七、养成艰苦耐劳的精神

八、养成博爱互助的精神

九、养成大公无私的精神

十、养成虚心求知的精神

十一、养成功德心

十二、养成躬亲操作的能力

十三、养成亲爱精诚的态度

十四、养成光明磊落的态度

十五、养成从容镇静的态度

十六、养成忠贞果敢的态度

十七、锻炼健全的体格

(三)训练实施方案

一、选择三民主义教材并指导学生研究党义。

二、选择总理遗训及各项格言,制成标语,张贴校内,使学生有所观感,而收潜移默化之效。

三、搜集与三民主义有关之文献，及个人传记、相片等，陈列于图书馆，俾学生对于主义有充分之研究。

四、本校举行纪念周，得敦请党国名人或各界学者莅校演讲关于党务工作或国内外政治形势。

五、指导学生各种集会，并提倡学生举行各种展览会、游艺会、演说会、辩论会、或竞赛会，以发展学生正常生活。

六、考察学生平时言行并随时指导之，以养成学生健全人格。

七、定期综核学生操行，及请假旷课次数，以便督促学生增进学业。

八、指导学生会举办公益事业，尽可能范围内援助之。

九、督促学生踊跃参加体育运动，以锻炼学生健全体格。

十、注意宿舍之安宁、秩序并公共卫生。

十一、其他随时改进事项。

《交通大学校史》撰写组：《交通大学校史资料选编》（第二卷），西安交通大学出版社1986年版，第244—246页。

国立交通大学研究所暂行组织规程

1931 年 6 月

第一章　定　名

第一条　本研究所依据交通大学暂行组织大纲第十六条之规定而设定名为交通大学研究所。

第二章　宗　旨

第二条　本研究所以遵依孙总理实业计划而研究各项工业及经济问题为宗旨。

本研究所得随时联络铁道部所辖各机关为共同之研究,并得受外界委托代办调查研究或试验事项。

第三章　组　织

第三条　本研究所为交通大学之学术研究机关,暂分工业研究及经济研究二部。

第四条　工业研究部暂设各组如下:

甲、设计组　研究并创拟工程上各项技术、计划、方法、标准等以谋交通事业之发展。

乙、材料组　试验并研究各种材料之品类、性质、力量、功用等以谋材料之适用及其改善方法。

丙、机械组　试验并研究各种机械及机件之准度、效率、能力、功用等以鉴定其制造之优劣。

丁、电气组　试验并研究各种电机及电料之准度、效率、能力、功用等以鉴定其制造之优劣。

戊、物理组　试验并研究各种物理仪器之准度、感度等以求工程上衡量之准确。

己、化学组　分析并研究各种品物之性质及成分以鉴定其于工程上之效用。

第五条　经济研究部暂设各组如下：

甲、社会经济组　调查并研究关于交通之各种社会问题拟议方案以助民生主义之实施。

乙、实业经济组　调查并研究关于交通之各种实业问题拟议方案以助实业计划之进展。

丙、交通组　调查并研究各种交通政策计划制度等以图交通事业之整理及发展。

丁、管理组　调查并研究各种实业及公务管理问题制度方法等以谋科学管理之推进。

戊、会计组　调查并研究各种会计问题制度方法等以求增进管理之经济与效率。

己、统计组　调查事实编造统计拟订改善方案以助经济建设之进行。

第六条　本研究所得于上海大学本部以外设立分所。

第四章　职员及职务

第七条　本研究所得于所属权限内直接对外办理一切事务。

第八条　本研究所设所长一人综理所务并规画研究事宜得由校长兼任之。

第九条　本研究所得设秘书一人，会计一人，编辑若干人，事务员及书记各若干人，由所长荐请校长分别聘任之。

第十条　本研究所得设专任兼任及特约研究员各若干人，由校长、所长聘任之。

第十一条　本研究所专任研究员须常年驻所，兼任研究员于特定时间内到所工作，特约研究员遇有特殊调查或研究事项时到所或在外工作。

第十二条　本研究所各组设主任一人主持各该组研究事宜，遇必要时并得设副主任一人均由所长指定研究员兼任之。各组得设助理研究员及研究生各若干人由所长委任之。

第十三条　本研究所设所务会议,讨论所长交议事宜及审查各组研究成绩,以所长、秘书、各组主任及专任研究员组织之。

第十四条　本研究所得设各项委员会审议或执行校长或所长指定之事项。

第五章　经费及设备

第十五条　本研究所经费得由铁道部按照核准预算直接发给。

第十六条　本研究所设备用具除自行购置外遇不敷时得呈请校长准向大学各院系借用之。

第十七条　本研究所得承受赠品捐款补助金及募集研究基金并对于外界委办事项得酌量收费。

第六章　附　则

第十八条　本研究所各组得依据本规程拟订各该组章程及办事细则呈请所长核准施行。

第十九条　本规程如有未尽事宜得由所长呈请校长转呈铁道部核准修改之。

第二十条　本规程自公布日施行。

《交通大学校史》撰写组:《交通大学校史资料选编》(第二卷),西安交通大学出版社 1986 年版,第 227—229 页。

专家演讲暂行办法

1933 年

一、每学期开学以前三星期，由各院长尽量开列各专家姓名通讯处、职业及专长科目等介绍于演讲委员会。由该会分期敦请来校演讲。

二、专家演讲一科为每星期三小时一、五学分，如纪念周时间有专家演讲者可作一小时。如功课表中本无公文程式一科加该课二小时者可作二小时。

三、除星期六星期日外以下午四时至六时或七时至九时为演讲时间，一小时或二小时随时酌定。

四、每次演讲由演讲委员会于三日前通知各院长，以便转知注册处，排定各院学生座位并指定负责教员按时出席。

五、每次演讲由各院负责，教员或助教照排定座位点名每周将学生缺席单送注册处登记，并注明本周每次各讲若干小时。

六、各院四年级生须将所讲内容详细书录于一星期内交负责教员批阅。

七、如第一学期所请专家未克全到得于第二学期补充之，如仍不足规定时数可由各院长或指定教员补充之。

八、某院所介绍专家之讲题如他院认为有关系者，得布告该院学生依时到堂听讲。

九、其他各生亦可旁听，惟不得占据排定座位。

十、每学期终由各院长或负责教员将各生总分送注册处登记缺席时数及欠缺记录次数，如过一学期演讲总数五分之一者不给学分。

《交通大学校史》撰写组:《交通大学校史资料选编》(第二卷)，西安交通大学出版社 1986 年版，第 86—87 页。

交通大学学则(节录)

1936 年

第一章　宗　旨

第一条　本大学根据中华民国教育宗旨以遵依总理遗教研究高深学术,养成交通建设专才为宗旨。

第二章　分　院

第二条　本大学暂设下列各学院

一、科学学院

二、管理学院

三、土木工程学院

四、机械工程学院

五、电机工程学院

六、唐山工程学院

七、北平铁道管理学院

第三条　本大学修业年限定为四年。

第三章　证　书

第四条　本大学学生习满应修学程,经考试及格者,除给与毕业证书外,得称各该科学士。

第五条　凡学生修业在一学期以上因不得已事故自请退学者得按照成绩给予修业证书。

第六条　各项证书及格式给予办法另定之。

第四章　学　历

第七条　本大学以八月一日至一月三十一日为第一学期,二月一日至七月三十一日为第二学期。

第八条　年假、寒假、春假、暑假休业日数及其他纪念日与例假日均于校历中规定之。

第五章　入　学

第九条　本大学每学年之始取录一年级新生一次。

第十条　投考新生须具下列资格:

甲　须体格健全,品行端正,毫无嗜好,确能服从校规,服从中国国民党党义。

乙　须具有公立或已立案私立高级中学或同等学校之毕业程度。

第十一条　报考程序分别如下:

一、考生应在报名期内亲自到校报名;

二、考生须交纳报名费及本人半身四寸相片四张(报名费及相片录取与否概不退还);

三、呈验毕业证书或证明书;

四、投考介绍书应由各该中学校长直接填寄;

五、领取准考证及考试日程表;

六、远道学生不及于报名期内赶到者得托人代办上述(二)(三)两项事件并代领考试日程表,但须于考试前一日亲自到校领取准考证。

第十二条　试验科目分列如下:

(甲)科学及工程一年级应试科目

1.国文

2.党义

世界史

世界地理

注:史地得由考生任选一种,于报名时认定

3.英文

4.数学

甲　高等代数

乙　解析几何

丙　平面三角

5.物理

6.化学

(乙)管理一年级应试科目

1.国文

2.党义

世界史

3.英文

4.物理

化学

注:投考实业管理者两种全考,投考其他各门者,得由考生任选一科于报名时认定。

5.数学

6.经济大意

簿记

世界地理

投考实业管理者,得由考生任选一种,投考其他各门者任选两种于报名时认定。

第十三条　新生除考试成绩及格外须受口试、军训考验与体格检查及格方得录取。

第十四条　新生于入学时应填具志愿书并觅学院所在地方或附近城市之正当职业保证人填具保证书各一份,交本校训育部存核,保证人对于所保学生一切事件均负责。

第六章　纳　费

第十五条　学生入校时须先赴注册处报到,领取缴费凭单至学校指定之收款银行缴清各费,凭收据赴校医处查验体格,持证回至注册处领取入学证向训育部呈验。

第十六条　逾期注册者须另纳注册费三元。

第十七条　各宿舍铺位由训育部凭入学证分配,学生不得任意占定。

第十八条　学生每学期应缴各费列表如下:

项别	数目
学费	20元
宿费	10元
存储费	10元
体育费	3元
医学费	2元
代收各费	
膳食	32元
学生会费	1元
洗衣费	3元
总计	81元

附注:

(一)应缴各费须以国币缴纳。

(二)存储费如于上学期已缴足又并无扣除自可不再补纳。

(三)代收各费如印讲义费,学会费随时订定者故不列入。

第十九条　新生入校除缴纳上述各费外,应另缴图书馆费十元、体育馆费十五元、冬季制服费二十五元、夏季制服费十元,均一次缴足,制服费于结算时有余发还,不足照补。

第二十条　上述存储费一项长存校中,如因赔偿有所扣除致不满十元时应即补足俟毕业或退学时发还。至其他各费无论有何原因中途休学退学者概不发还。

第二十一条　应缴各费如有增减,本大学得于学期开始前先行通知。

第二十二条　学生逾期不遵章清缴各费者应令退学。

第七章　津贴生

第二十三条　凡受各方经费之津贴生(以下简称津贴生)于入学时应照自费生缴费,逾期不缴者亦如自费生处理。

第二十四条　凡津贴生因清款、催款、转学、辍学等事项呈请各该管机关时得呈由本大学备文转达,惟津贴费逾期不到本校,概不负垫款之责。

第二十五条　津贴生之成绩每学期得由本大学报告各该主管机关。

第二十六条　津贴生遇有缺额时,得由本大学函请各该主管机关,以班次最高学行最优之该地方或机关学生递补。

第八章　休学及退学

第二十七条　学生如因重病暂请休学,经家长或保证人申请附有医生证明书,经学校许可者休学一年或一学期。其未得学校许可而擅自旷课者以退学论。

第二十八条　学生在休学期中,须于每学期终了时由家属来信报告病况一次,逾期不到校或未经按期报告者以退学论。

第二十九条　学生休学以一次为限,期满后不得续请休学。

第三十条　学生休学期限未满不得自请复学,至期满请求复学非经校长或院长核准不得到校上课。

第三十一条　学生在学期中如有不得已事故自愿退学者应由家长或保证人向校长或院长呈递退学书。

第三十二条　学生在开学后两星期内不到校除呈请告假照准者外,均以自行退学论。

第三十三条　学生因违犯本大学各项规章中有退学之规定者应令退学。

第三十四条　学生身心衰弱,成绩平庸者得令其退学。

第三十五条　凡退学之学生不得呈请复学。

第九章　转　院

第三十六条　本大学性质相同之各院学生得转他院其办法列下:

(甲)学生转院以在本科第一、第二年级者为限。

(乙)学生转院应在第二学期考试前由家长将转学理由呈请所属学院院长核准。

（丙）由所属院院长将该生转院理由并该院院长之意见,函请校长室秘书商得所转学院院长之同意,并呈候校长核准施行。

（丁）凡转院学生以前所修之科目,如成绩在七十分以上者应否准其免读由转入学院之院长核准办理。

（戊）凡经核准转院之学生,由所属学院给予在学之学业成绩证明书,于开学前持向所转学院报到。

附一　选科生入学条例

第一条　本校为现在社会服务人员有志补习起见,设选科生若干名。

第二条　选科生须先到注册处报名得院长同意后呈请验职业证明书并填各项志愿书随缴注册费洋二元。

第三条　选科生所选科目不得过五科。

第四条　选科生须自理膳、宿,如校内有空余宿舍,选五科者得请求主管舍务员酌准寄舍。

第五条　选科生选读三科以上者,照三门学科纳费,每门每学期须交学费洋十元,此外应缴纳体育费洋三元,存储费五元,医学费二元,图书馆费十元,体育馆费十五元,如选读一门或二门其图书馆及体育馆费二十五元得予免缴。

第六条　选科生得与正式生受同等之各项试验,每学期终了时由注册处填送学业成绩报告。

第七条　选科生如愿转入他校肄业者得由注册处考查该生成绩酌给证书。

第八条　选科生未经本校入学试验合格后不得请求为正式生。

第九条　选科生中如中途退学,所有应缴未交各费须补交清楚,其已缴各费除代理性质外概不发还。

第十条　选科生须与正式生一律遵守本校校规。

第十一条　选科生也须经过政治检查,体格检查,并填具誓书。

第十二条　本条例如有未尽事宜得随时修正之。

附二　试读生暂行办法

一、本校每年招生如有余额,得酌选志切升学而成绩尚佳者若干名为试读生。

二、试读生注册及缴费手续照正式生办理。

三、试读生试读除经学校特准外以一年为限。

四、试读生成绩考试与正式生同。

五、试读生在试读期内,学期成绩平均在六十分以上,所有及格各科学分相加过于应得学分百分之七十,或学期成绩平均在六十分以上,所有及格科目过于该学期应修科目百分之七十,而操行成绩在乙等以上,得呈清[请]改为正式生。

六、试读生应遵守本校一切章则。

七、凡正式生受查看处分者亦改称试读生,并适用本办法各条之规定。

八、本办法由校长核准施行。

(下略)

《交通大学校史》撰写组:《交通大学校史资料选编》(第二卷),西安交通大学出版社1986年版,第30—37页。

科学学院学程(节录)

1936 年

学程总则

一、本大学科学学院以造就各项基本科学专门人才为宗旨。

(一)养成创造人才以应工业文化之需求。

(二)灌输科学知识以供高等教育之师资。

二、本学院设数学、物理及化学三系。物理与化学系第一年级学程相同。

三、数学系学程理论与应并用重。一二年级注重基本原理及应用方法,三四年级方逐渐注重较深理论。

四、物理系学程目的在使学生有巩固之基本物理知识。并有相当之各种重要实用学识。除理论方面外,尤注意于实验。

五、化学系三四年级分甲乙两组,俾有志研究学术及从事工业者,得各就个性所近分别选习。

六、本学院各系各级学程及其授课时数与学分表列于后(略)。

学程说明

数学系学程说明

应用数学

应用数学　八学分

本学程授以解析几何及微积分之重要理论,俾习实业管理者有充分应用数学之能力。

授课时数:每周四小时　全年

教本:Longley and Wilson—Introduction to the Calculus.

管理一年级(实业科)必修

高等工程数学　四学分

本学程专为习土木工程者而设,教材分三项,第一学期授球面三角术及简易微分方程式,第二学期授实用最小二乘法。

授课时数:每周二小时　全年

教本:Granville—Spherical Trigonometry. Campbell-Short Course in Differential Equations. Leland—Practical Least Squares.

土木二年级必修

微积分

微积分　八学分

本学程讲授函数极限及微分积分之基本观念,并详论微分积分之方法,无穷级数及几何上物理上各种应用。

授课时数:每周四小时　全年

教本:Granville, Smith & Longeley—Elements of the Differential and Integral Calculus.

各工程学院及科学学院一年级必修

微分方程式　四学分

本学程内容分常微分方程及偏微分方程二种。常微分部讲授第一阶第二阶及特殊形状高阶微分方程式之解法,对 Legendre, Bessel, Riccati 等三微分方程式,亦一并论及以与学生近代函数之观念。偏微分部分评论第一阶,及特殊形状,高阶微分方程式并论 Laplace 及 poission 等之偏微分式以备数学物理之应用。

授课时数:每周四小时　全年

教本:Murray—Introductory Course in Differential Equations

参考书:Forsyth—Differential Equations

科学二年级(数学及物理系)必修

微分方程式　四学分

本学程专授各种最普遍之常微分方程与偏微分方程式,而尤侧重于物理与工程方面之应用。

授课时数:每周两小时　全年

教本:Murray—Differential Equations

参考书:Piaggio—Differential Equations

　　　　　Ziwet—Mechanics

　　　　　Jackson—Alternating Currents

电机与机械二年级必修

高等微积分　八学分

本学程讲授微积分中之高深基本原理及其应用,使学生有充分的准备,能从事研究其他解析与应用数学。

授课时数:每周四小时　全年

教本:Osgood—Advanced Calculus

参 考 书:Goursal & Hedrick—Mathematical Analysis Byerly—Fouriers Series,etc.

科学二年级(数学与物理系)必修

解析数学

函数论　六学分

本学程先授各种初级复变函数复限定积分,及解析函数之基本定理与应用,然后进而探讨其他高深函数如 Weierstrass,Legendre,Theta 等函数。

授课时数:每周三小时　全年

教本:Pierpont—Functions of a Complex Variable

参考书：Whittaker & Waston—Modern Analysis

　　　　Osgood—Lehrbuce der Funktionen Theorie

科学三年级(数学系)必修,科学四年级(物理系)选修。

无穷级数论　六学分

本学程主要目的,在使各学生得知无穷级数,及无穷乘积之近代理论及其他应用;内容共分三部:(一)实数及叙列,(二)无穷级数及无穷乘积之基本理论,(三)近代理论及其发展。

授课时数:每周三小时　全年

教本：Knopp—Theory and Applications of Infinite Series

参考书：Pierpont—Theory of Functions of Real Variables Vol. II.

科学三年级(数学系)必修

实函数论　六学分

本学程详论实数论之基础,无理数论集合论大要,多函数之性质,可微可积条件,及各种定义之积分。

授课时数:每周三小时　全年

教本：Pierpont—Theory of Functions of Real Variables

科学三年级(数学系)必修

近代解析(甲)　六学分

本学程讲授椭圆函数论,整函数及半纯函数论,代数函数论,微分方程式论(偏重于存在定理及微分方程式)。

授课时数:每周三小时　全年

教本：Goursat—Mathematic Analysis Vol. II, part I and part II.

科学四年级(数学系)必修

近代解析(乙)　六学分

本学程之重要部分为"变分方法"及"积分方程式"。

授课时数:每周三小时　全年

教本：Bolza—Calculus of Variations

　　　　Bochc—Integral Equations.

科学四年级(数学系)必修

代数学

方程式论　四学分

本学程授以方程式之普遍性质,根与系数之关系,方程式之变化,三次及四次方程式之代数解法,导来函数之性质,根之等势函数,根之极限,及数字方程式之解法等。

授课时数:每周二小时　全年

教本:Burwide and panton—Theory of Equations

科学一年级必修

近世代数　六学分

本学程详论线代数大要,如行列式矩阵理论,一次形化及不变或协变式等双线方式及二次方式之理论,原因子之理论及其应用等。

授课时数:每周三小时　全年

教本:Bocher—lntroductoin & Higher Algebra

科学三年级(数学系)必修

数论　三学分

本学程详论一次相合式,二次相合式及为一例定律,一次方式及二元二次方式,二次数体论等。

授课时数:每周三小时　第一学期

教本:讲义

参 考 书:Baceman—die Grundlehreu der Neuenn Zahlentheorie

　　　　　　Dickson—Introduction To The Theory of Numbers

科学四年级(数学系)必修

群论　三学分

本学程概论有限群之初等性质,置换群,形代群等,对易群及质数幂次群亦均论及不注重于单型及复型及同形,群母式群指标等,以及代数方程式论之应用。

授课时数:每周三小时　第二学期

教本:讲义

参考书:Burnsicle—Theory of Groups

　　　　　　Fricke-Lehlbuch der Algebrar,I,Ⅱ.

科学四年级(数学系)必修

几何学

空间解析几何　六学分

本学程讲授空间解析几何,专论空间之直线及平面,二次曲面之性质及一般三次方程式之讨论等。

授课时数:每周三小时　全年

教本:Beu—Coordinate Geometry of Three Dimensions.

科学二年级(数学系)必修

近世几何　六学分

本学程之主要目的在使全学生得知高等几何之基本理论及基本方法,使其有进研高深几何之基础,教材约分为两部:(一)无穷原素,齐次坐标,线坐标、交比、变形、复原素,……(二)射影几何及其重要之次几何。

授课时数:每周三小时　全年

教本:Graustien—Higher Geometry

参考书:Vebben and Young—Prozective Geometry

　　　　　Hilton-Plane Algebraic Curves.

科学三年级(数学系)必修

微分几何　六学分

本学程注重于空间曲线之讨论及曲面论。

授课时数:每周三小时　全年

教本:Eisenbart—Differential Geometry.

科学四年级(数学系)必修

杂项

科学思想史　四学分

本学程叙述科学思想源流及各种重要科学之发展。尤注重于数学及有关数理之各科学。

授课时数:每周三小时　全年

教本:Sedwick & Tyler—Short History of Science.

科学二年级(数学系)必修

数学问题　不给学分

本学程范围为空间几何及微分方程式问题。

授课时数:每周二小时　全年

科学二年级(数学系)必修

数学问题　不给学分

本学程范围为近世代数、近世几何、复函数论及实函数论问题。

授课时数:每周四小时　全年

科学三年级(数学系)必修

数学问题　不给学分

本学程范围为近代解析甲、近代解析乙、微分几何、数论及群论问题。

授课时数:每周四小时　全年

科学四年级(数学系)必修

研　究

专家演讲　二学分

本学程由专家担任演讲各项切要科学问题。

授课时数:每周二小时　全年

科学四年级(数学系)必修

数学论文　六学分

本学程令学生就研究所得,或就教授所命之题作成论文。

授课时数:每周五小时　全年

参考书:由教授各别指定。

科学四年级(数学系)必修

(下略)

《交通大学校史》撰写组:《交通大学校史资料选编》(第二卷),西安交通大学出版社 1986 年版,第 105—112 页。

国立交通大学上海本部教授会章程

1937 年 6 月

一、本会以本校上海本部教授及副教授组织之。

二、本会之职权如下:

(一)课程及研究事业改进方案之审议。

(二)学风改进方案之审议。

(三)学生考试成绩之审查。

(四)建议于校长事项。

(五)校长交议之事项。

三、本会以校长为当然主席。本会开会校长缺席时,本会得推选临时主席。

四、本会设秘书一人,担任召集会议、记录及文书事务。任期一年。于每学年末次常会中选举之。

五、本会设常务委员三人至九人处理日常事务。除校长及秘书为当然委员外,由每学年末次常会推选之。任期一年。

六、本会每月开常会一次,于第一个星期四举行之。如遇困难得提早或延迟,但相差不得逾一星期。校长或会员五人联名声叙理由函请开会时,秘书应召集临时会。

七、常会通告须于会期前二日送达全体会员。校长或会员二人以上联名提出之一切议案应列成议程附入通告中。本会会议以全体会员过半数,亲自出席为法定人数。

《交通大学校史》撰写组:《交通大学校史资料选编》(第二卷),西安交通大学出版社 1986 年版,第 312—313 页。

国立交通大学教务会议规则

1943 年

第一条　本规则依本大学组织大纲第二十条订定之。

第二条　教务会议以下列各员组织之：

教务长；

各学院院长；

各学系主任；

各专任教授、副教授及讲师；

教务处各组室主任；

助教每五人推选代表一人，不到五人得亦推选一人；

助教代表之推选于每学年开始后一日内举行之。

第三条　除第二条规定之出席人员外，其他教职员如教务会议有咨询事项得由主席邀请列席。

第四条　教务会议以教务长为主席。

第五条　教务会议审议下列事项：

（一）全校教学方针；

（二）全校课程；

（三）全校学术设备；

（四）关于学生考试及成绩之考核事项；

（五）关于学生转学、转院、转系、休学、复学及退学（除因操行外）等事项；

（六）关于学生应否毕业事项；

（七）校长或校务会议交议事项；

(八)建议于校长或校务会议事项;

(九)出席人员提议事项;

(十)其他关于全校教务上各种重要事项。

第六条　教务会议议决案经校长核准后执行。

第七条　教务会议于每学期开始及结束时各开常会一次,必要时得开临时会议均由教务长召集之。

第八条　教务会议以规定出席人员过半数之出席为法定人数,以出席人数过半之赞成为法定表决人数。

第九条　教务会议规定出席人员因事不能到会时得请代表出席。

第十条　本规则经校务会议通过,校长核准公布执行。

第十一条　本规则如有未尽事宜得随时依照第十条之规定手续修改之。

《交通大学校史》撰写组:《交通大学校史资料选编》(第二卷),西安交通大学出版社1986年版,第444—445页。

国立交通大学教授会简章

1947 年 10 月

一、定名　本会定名为国立交通大学教授会。

二、宗皆　本会以增进同仁福利协助学校发展为宗旨。

三、会员　凡本校专任教授副教授均为本会会员。

四、组织　（甲）本会设理事七人组织理事会，理事由大会票选之，互推一人为主席执行大会议决案及处理一切会务。

（乙）本会得设各种委员会，其人选由大会票选之，各委员会办事细则另订之。

五、任期　理事任期以一学年为期，连选得连任。

六、职权　本会为本校最高评议机构。

七、会期　会员大会于每学期开始时及终了时各举行一次，理事会每月举行一次。理事会由理事主席召集之，会员大会由理事会召集之，临时大会由理事会或会员七人以上之联署提请理事会召集之。

八、开会及决议　以会员过半数为开会法定人数，表决时以出席人数之二分之一以上为表决法定人数。凡会员因故不克出席者得以书面委托代表，惟每人以代表其他会员一人为限。

九、提案　会员提案提交理事会整理之。

十、经费　（甲）会员会费每人每学期 20 元。（乙）学校补助。

十一、附则　（甲）本简章经会员大会通过施行并送请学校备案。（乙）本简章如有未尽事宜得提出大会修正之。

附各委员会及代表名额

福利委员会代表七人

经济审核委员会代表三人

校务会议代表七人

基金代表三人

《交通大学校史》撰写组:《交通大学校史资料选编》(第二卷),西安交通大学出版社1986年版,第677—678页。

交通大学教务行政人员选举办法草案

1948 年

（一）本校教务行政人员选举采用直接普选办法。

（二）本校教务行政人员包括教务长、各院长及各系科主任。

（三）选举人限为本校教授及副教授。

（四）选举事务由本校教授会理事会办理之。

（五）教务长由本校全体教授及副教授选举，院长由各该院教授及副教授选举之，系科主任由各该系科教授及副教授选举之。

（六）选举时，采用不记名投票法投票，程序另订之。

（七）候选人资格规定如下：

（甲）教务长候选人资格：

1. 在本校任教授八年以上者；

2. 在本校及其他大学任教授共十年以上者；

3. 在本校及其他大学任教授共五年以上，并曾担任教务长著有声誉者。

（乙）各院院长候选人资格：

1. 在本校任教授五年以上者；

2. 在本校及其他大学任教授共六年以上者；

3. 在本校及其他大学任教授共三年以上，并曾担任院长者。

（丙）各系科主任候选人资格：

1. 在本校任教授或副教授二年以上者；

2. 在本校及其他大学任教授或副教授共三年以上者；

3. 在本校及其他大学任教授或副教授共二年以上，并曾担任系科主任者。

（丁）在各研究机关任研究员之年资，应与教授年资同等计算。

（八）各合格候选人在选举之前，应由教授会理事会审查其资格，并公布名单。

（九）教务长、院长、系科主任任期各为一年，连选得连任。

（十）当选之教务长、院长、系科主任由教授会理事会书面荐请校长聘任之。

（十一）各校长对当选之人选有异议时，得否决之，再由教授会理事会办理复选。

　　《交通大学校史》撰写组：《交通大学校史资料选编》（第二卷），西安交通大学出版社1986年版，第687—688页。

★复旦大学

复旦大学创建于 1905 年,原名复旦公学,创始人为中国近代教育家马相伯。

1911 年,辛亥革命爆发,学校一度停办。1913 年,复旦重新开学,李登辉为复旦大学校长。1917 年,改名为私立复旦大学,下设文、理、商三科以及预科和中学部。1919 年,五四运动爆发,复旦学生成为上海学生运动的先锋和主力。1929 年,复旦大学进行系科改组,增设新闻系、市政系、法律系、教育系。1937 年,复旦大学发展为具有文、理、法、商 4 学院 16 个系科的大学。还附设有中学、实验中学各一所,义务小学二所。1937 年,卢沟桥事变爆发后,复旦大学内迁。1941 年,教育部改之为国立复旦大学。1946 年,学校迁回上海,学校设有文、理、法、商、农五院 20 多个系科,以及经济、生物两个研究所。

中华人民共和国成立后,1949 年,上海私立暨南大学新闻系并入复旦大学新闻系。1950 年,复旦大学生物系海洋组并入山东大学。1951 年,复旦大学土木工程系并入交通大学,教育系并入新成立的华东师范大学。1952 年,浙江大学、交通大学、同济大学、大同大学、沪江大学、震旦大学、圣约翰大学、南京大学、金陵大学、安徽大学、上海学院等校的有关系科陆续与复旦大学合并。复旦大学是当时全国高等学校院系调整中组合众多高校的大学,汇聚了江、浙、皖、沪地区著名学者,成为一所文理科综合性大学。

震旦学院章程

1902 年订

宗　旨

一、本院以广延通儒、培成译才为宗旨。

功　课

一、拉丁为任读何国文(指英法德意)之阶梯,议定急就办法,限二年毕业,首年读拉丁文,次年读何国文,以能译拉丁及任一国之种种文学书为度。

一、先依法国哲学大家笛卡尔(Ren' Descartes)之教授法,以国语都讲随授随译,译成即可为他学校课本。

一、本学院既广延通儒,治泰西士大夫之学,其肄业之书,非名家著 classical author 不授。

一、按日上午二小时,下午二小时,为授课时刻。三小时授正课,一小时授附课,通计二年,除星期外,六百日共二千四百小时,首一千二百小时为授拉丁文时刻,次一千二百小时,为授任一国文时刻,除讲授时刻外,每日四小时为独修时刻,二年共四千八百小时为肄业时刻。

一、课程遵泰西国学功令分文学 Literature、质学(日本名之曰科学)Science 两科。

（甲）文学
- 正课
  - 一、古文 Dead language 如希腊、拉丁文文字
    （本学院先以拉丁为正课，能旁及者及兼习希腊）
  - 二、今文 Living language 如英吉利、德意志、法兰西、意大利文字
  - 三、哲学 Philosophy
    - 论理学 Logic.
    - 伦理学 Ethics.
    - 性理学 Metaphysics and psychology.
- 附课
  - 历史 History.
  - 舆地 Geography.
  - 政治 Politics.
    - 社会 Sociology.
    - 财政 Economics.
    - 公法 International law.

（乙）质学
- 正课
  - 物理学 Nature Philosophy.
  - 化学 Chemistry.
  - 象数学 Mathematics.
    - 算学 Arithmetic.
    - 几何 Geometry.
    - 代数 Algebra.
    - 八线 Trigonometry.（三角）
    - 图授 Description Geometry.（立体几何）
    - 天文学 Astronomy.
- 附课
  - 动物学 Zoology.
  - 植物学 Botany.
  - 地质学 Geology.
  - 农圃学 Agriculture and Horticulture.
  - 卫生学 Hygiene.
  - 簿记学 Book Keeping.
  - 图绘 Drawing.
  - 乐歌 Singing.
  - 体操 Gymnastics.

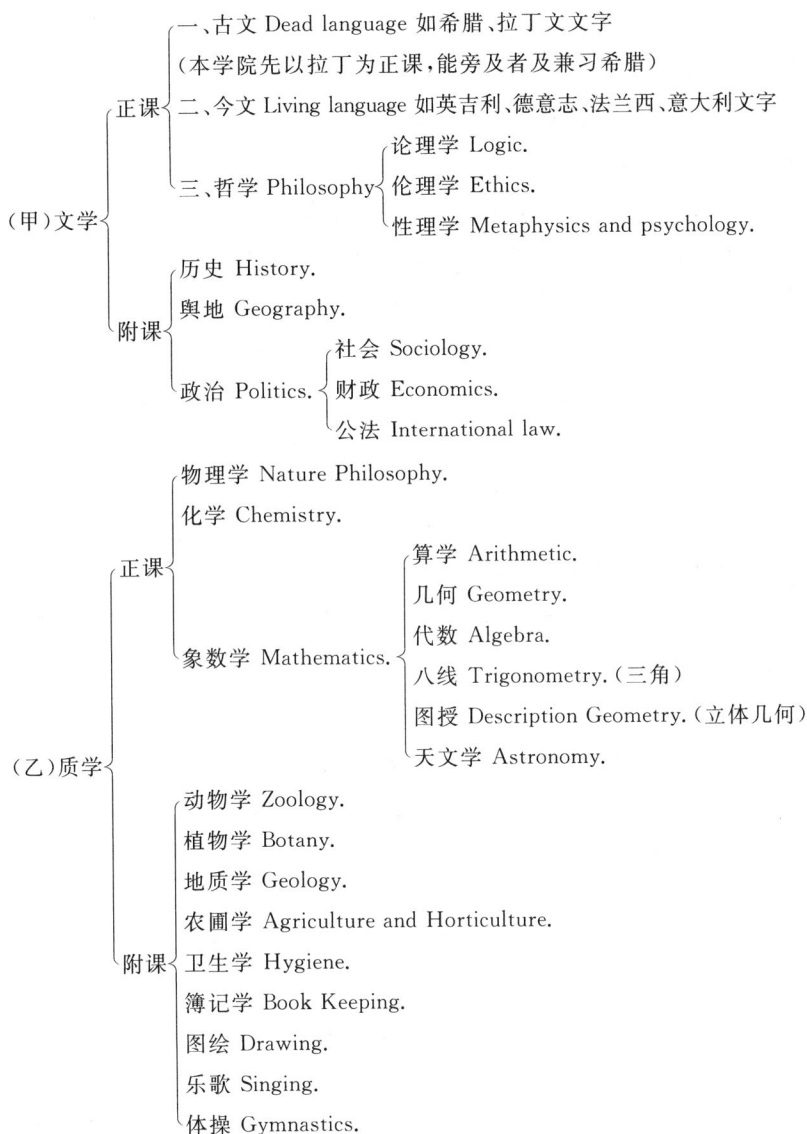

一、本学院所授功课，限二年卒业者，单就文学论也，至于质学，非两年所能毕事，有志精进者，得于二年外延长肄业时刻，本学院可特别教授，卒业期限，亦以二年。

一、本学院总教习为马相伯先生，精希腊、拉丁、英、法、意文字，曾奏派游历欧米各国，一切功课，均由马君鉴定。

一、本学院于光绪癸卯年,西历一千九百零三年正月开办,确定开学日期,登报声明。

一、本学院设在上海徐家汇,房宇敞爽,大适宜于卫生,花园、操场、演说厅均极宽豁。

一、入院办法肄业者分为普通、特别两科。

(甲)普通科银百两为一率,捐一率即可入院肄业,有力者可任捐十率、贰百率,以赞成此莫大教育事业。

(乙)特别科,无力而有学问者,不能岁捐银一率,可以其著作介绍,一通人代递,并言明其精于何种学科,入院试读一月,其学行经本院干事三人认可,即得免送捐金,住院肄业,卒业后在本院所捐译社内充译员二年,仍得稿值五成之权利。

一、捐银分二期缴清,正月缴银五十两,六月缴银五十两,凡百两。统交本学院簿记所收领,给收单为凭。

一、试读一月后,虽有捐金,而其学问不及译书程度,或资性太钝者,随时由教习谢退,计月取房膳银十两,余金发还。

一、走读者,岁捐银半率。

一、拉丁教习一人,英、法、德、意教习各一人,总干事一人,分干事五人,每学生十人,置执役一名,一除用款外,储赢为开办译社、学会及奖励一切公共利益之用。

　　录自《翻译世界》第二期,光绪二十八年十二月初一日(1902 年 12 月 30 日)出版

　　　　　　　　　按:此为震旦学院最早的一份章程。

　　《复旦大学百年志》编辑委员会:《复旦大学百年志》(上卷),复旦大学出版社 2005 年版,第 7—9 页。

复旦公学章程

1913 年订定

第一章　纲领及宗旨

（一）本公学以研求学术，造就专科人才为宗旨。

（二）本公学业经呈教育部照大学办理，先设大学预备科及中学科。

（三）大学预备科，学程三年，毕业后入大学。中学科学程四年，毕业后入大学预备科。

第二章　学科程度

（一）本校各班课程，系按照进步等差，预行编定。学生于入校之时，由教务长及各教员察看程度，分别插班，所编定各学科，学生不得随性所好要请纷更。

中学科教授科目及授业时间表

中学一年级	每周钟点
（1）国文	八
（2）英文字母起至读本第一号	五
（3）习字上学期	
默书下学期	五
（4）翻译 Translation	五
（5）算术	五
（6）体操	三
合计	三一
中学二年级	每周钟点

(1)国文　　　　　　　　　　　　　　　　　　　　八

(2)读本第二、三 Readers $\begin{cases} \text{1st term Ⅱ} \\ \text{2nd term Ⅲ} \end{cases}$　　　五

(3)默书 Dictation　　　　　　　　　　　　　　三

(4)翻译 Translation　　　　　　　　　　　　　三

(5)文法 Newsom's Grammar $\begin{cases} \text{1st term to "Voice"} \\ \text{2nd term complete} \end{cases}$　三

(6)代数 Algebra　　　　　　　　　　　　　　五

(7)世界地理 Geography of the World $\begin{cases} \text{1st term Asia} \\ \text{2nd term complete} \end{cases}$　二

(8)体操　　　　　　　　　　　　　　　　　　三

合计　　　　　　　　　　　　　　　　　　　三二

中学三年级　　　　　　　　　　　　　　　每周钟点

(1)读本 $\begin{cases} \text{1st term Literature Reader no. 4} \\ \text{2nd term Literature Reader no. 5} \end{cases}$　五

(2)国文　　　　　　　　　　　　　　　　　　四

(3)文法 Mother Tongue $\begin{cases} \text{1st term including relative pronoun} \\ \text{2nd term complete} \end{cases}$　三

(4)几何平面 Plane Geometry　　　　　　　　　四

(5)地文 Physical Geography $\begin{cases} \text{1st term to part Ⅳ} \\ \text{2nd term complete} \end{cases}$　三

(6)生理卫生学 Physiology and Hygiene $\begin{cases} \text{1st term chap. Ⅵ} \\ \text{2nd term complete} \end{cases}$　三

(7)历史 Renouf's General History

$\begin{cases} \text{1st term Ancient History including Persia and Greece} \\ \text{2nd term Ancient Rome and the Middle Ages} \end{cases}$　三

(8)缀句 Sentence-making　　　　　　　　　　二

(9)体操　　　　　　　　　　　　　　　　　　三

合计　　　　　　　　　　　　　　　　　　　三十

中学四年级　　　　　　　　　　　　　　　每周钟点

（1）国文　　　　　　　　　　　　　　　　　　　　四

（2）英文说部 Fiction　　　　　　　　　　　　　　五

（3）修词学 Rhetoric　　　　　　　　　　　　　　三

（4）历史 $\begin{cases} \text{1st term to chap. XXⅧ} \\ \text{2nd term complete} \end{cases}$　　　三

（5）几何（立体） 平三角 $\begin{cases} \text{1st term Solid Geometry} \\ \text{2nd term Plane Trigonometry} \end{cases}$　　　四

（6）物理 Physics（general）　　　　　　　　　　四

（7）作论 Composition（Reproduction）　　　　　二

（8）体操　　　　　　　　　　　　　　　　　　　三

合计　　　　　　　　　　　　　　　　　　　　　二八

大学预科教授科目及授业时间表

预科第一年　　　　　　　　　　　　　　　　　每周钟点

（1）国文　　　　　　　　　　　　　　　　　　　四

（2）英文文学 Essay（Selections from standard authors）　　三

（3）名学 Logic $\begin{cases} \text{1st term chap. Ⅲ} \\ \text{2nd term complete} \end{cases}$　　　二

（4）理财 Economics $\begin{cases} \text{1st term chap. XVⅢ} \\ \text{2nd term complete} \end{cases}$　　　三

（5）化学 Chemistry　　　　　　　　　　　　　　三

（6）弧三角

高等代数 Spherical Trigonometry and Higher Algebra.　　五

（7）德文或法文 German or French（Grammar and Exercises）　三

（8）作文 Composition $\begin{cases} \text{narration} \\ \text{exposition} \end{cases}$

（9）体操　　　　　　　　　　　　　　　　　　　三

合计　　　　　　　　　　　　　　　　　　　　　二七

预科第二年　　　　　　　　　　　　　　　　　每周钟点

（1）国文　　　　　　　　　　　　　　　　　　　四

（2）英文诗词 Poetry（Selections from standard authors）　　三

（3）心理学 Psychology 三

（4）解析几何 Analytic Geometry 四

（5）德文或法文 German or French（Easy Reading and Grammar）

三

（6）群学 Sociology 三

（7）无机化学（理论与实验）Inorganic Chemistry（Theoretical & Practical） 三

（8）体操 三

合计 二六

预科第三年（每周授课二十六小时） 每周钟点

（1）国文 四

（2）英文词曲 Drama 三

（3）哲学 Philosophy 三

（4）作文辩论文 Argumentation 一

（5）人类学 Anthropology 三

（6）政治学 Science of Politics 三

（7）实验物理 Physics（experimental） 三

（8）有机化学 Organic Chemistry（Theoretical & Practical） 三

（9）国际公法 International Law 三

（10）植物学 Botany 三

（11）动物学 Zoology 三

（12）矿物学 Mineralogy 三

（13）拉丁 Latin 三

（14）微积 Differential Calculus 三

（15）官话 Mandarin 三

（16）体操 三

以上各科（1）（2）（3）（4）及（16）项，为必需科，其余可选择四种肄业，以备入大学专门之用，惟人数足时，方可开班。

第三章　学期休假

（一）本校每学年分两学期，第一学期自八月念五号至正月二十号，第二学期自三月一号至七月一号。

(二)除星期日例假外其余假日如左(下):

国庆日　　孔子诞日　　开校纪念日

清明日　　端午日　　　中秋日

(三)有特别事故,须休假半日或全日者,由校长临时颁贴条示。

第四章　入学程度

(一)凡投考收录以具有高等小学卒业程度,国文通顺者为合格。学力优长者,考验各科学程度,分别插班。

(二)凡欲入大学预科者,必有中学卒业程度。

(三)凡已读西文若干年,曾习何种科学,均须于报名时分别详细注册,以便考试时就所学程度,分班考问。

(四)凡投考者均须体格无亏,如其品行名誉不良,或曾在他校因过犯开除,考入时未觉察者,随时察看屏斥。

(五)报名期限、投考日期及考所、额数,均先时登报声布。

(六)投考者年龄以十五至二十五为合格。

(七)考取入校须具志愿书,式如下:

复旦公学入学志愿书
家
年　　　　岁　　居
寓
今承复旦公学允许入校肄业一切规则情愿服从遵守如有违背等情听凭照章开除记过不得有词此具志愿书是实
年　　　月　　　日

第五章　保证人及保证书

(一)凡投考录取者于开学三日前,具保证人具名之入学证书,偕同保证人投交监学。

(二)凡居沪上学界商界中人为考取者戚友或同乡皆可为保证人,以能担任在校一切事务(重病欠费退学等)为合格。

(附)凡旧生须一律补具保证书存校。

（三）保证人如迁移居址或远出者，须随时通告。

（四）保证书式如下：

复旦公学入学[保]证书
家
年　　　岁　　　居
寓
今承复旦公学允许入校肄业一切规则愿服从遵守如有重疾欠费等情概由保证承认照料理楚此据
保证人　　　　　　住址
年　　　月　　　日　　　　刻缴

第六章　入学应缴费

（一）每年缴费膳宿生一百二十元，通学生年六十元，在校午膳者年八十元。

（二）书籍纸笔操衣及上课必需品，由学生自备，由校购备者各生照原价购取。

（三）每学期纳运动费一元，入校时预缴。

（四）学费于每学期到校时，向本校会计处缴足掣取收条，持赴监学处验明，始准入学舍居住，其未行缴清不得入校。

（五）凡中途自行退学及犯规休学者，各费概不退还。

第七章　考试升班及卒业

（一）每年设学期考试两次，第一次六月二十号，第二次正月十号。

（二）考试分数与平日积分，各得总分之半。

（三）凡评定分数，均以百分为极则。学期总分须满六十分者方得升级，但英文算学二科须各满六十分，有不及格者仍不得升级。如于放学后自行将不及格各科补习，准其于开学后五日内重请补试。如复试及格亦准升班惟过期概不补考。

（四）学生临考时如有与人耳语及挟带等弊，一经查出即停止其考试。

（五）凡学期考试及学年考试,学生不得托故规避,如实有婚丧疾病照章准假者,必于下学期下学年开课五日前补考,方予上课,补考合格者方准升班。

（六）凡中学修业及格,给与凭单为升入大学预科之据。大学预科另给证书,其中途自行辍业者,概不给凭。

（七）凡未及卒业,有特别事故离校,可呈请校长给与相当修业证书。

第八章　告假规则

（一）本校学生非先向监学请假者,不得擅自旷课,私行离校。

（二）星期六下午及星期日准其出入,惟不得不回校住宿,若实系家在左近,预向监学请假者,须于星期一早上课前到校。

（三）学生遇父母丧及完娶等重要事故,须将家信呈请监学察存,由监学分别酌定假日,若遇患病须行回家调治者,应由监学察看情形方准请假,病愈来校。

（四）学科修业时间,每星期有五时或六时者准每月请假三时,每星期有四时或三时者,准请假二时,逾此者即将辍业各科扣除分数,但合本规则第三条者,不在此例。

（五）学生向监学请假后,所领请假名牌,于离校时执交司阍,始得外出,回校时亦必亲取名牌至监学处销假。若逢星期六课毕及星期日,但将宿舍名牌交司阍即可。

（六）学生违背本规则者,停止上课三日,并扣除分数。

第九章　惩戒规则

（一）惩戒分训戒、记小过、记大过、除名四种。训戒由各员随时剀切指导,记过由各员考察陈明校长分别记名于簿,每记小过一次,作扣品行分十分,记大过一次,扣三十分,除名由校长以下各员,对众宣布所犯何事,即日除名出校。

应除名事略如下:甲、犯部章禁令各条者;乙、行事不端损坏全校名誉者;丙、侮辱教员及管理员者;丁、记大过三次者。

应记大过各事略如下:甲、假出在校外为不规则之游戏者;乙、詈骂同学好勇斗狠者;丙、未经监学允许,擅自外出或泊宿者;丁、于校内各处捣乱秩序者。

应记小过各事略如下:甲、未经请假或请假未经允许不上课者;乙、假出逾限者;丙、妄骂夫役,不顾行检者;丁、训戒至三次者。

应训戒各事略如下:甲、于各堂小有犯规事者;乙、对于各教员管理员小有失礼事者;丙、于授课自修时为蹴球游戏者;丁、在校内蹴球游戏者。

(二)学生记过后,如真能改悔,经全校管理员、教员查察属实,其记大过者准改为小过,记小过者准其消除。

第十章　课堂规则

(一)上课下课鸣钟为号,先教员入、后教员出,须有秩序。

(二)教员就座离座,均起立表敬意。

(三)上课时勿得喧哗、唾涕勿声扬承以巾。

(四)上课前预备应用书物,非应用者勿携入。

(五)上课时不得分心他事,及私语匿笑。

(六)教员发问,须挨次自答,不得藉他人助力。

(七)有疑难须解析者,应起立向教员致问,他人不得搀言。

(八)上课时内即有戚友来访,不得出外招待。

(九)教授用具,非教员允许勿擅动。

(十)黑板不得任意涂写。

第十一章　自修规则

(一)本校未建筑前,暂在宿舍自修。

(二)自修时无故不离座、不站立他人案前,并不得至他室。

(三)自修桌上书件必随时整理齐楚,桌位有一定安置,不得任意迁移。

(四)勿游戏、谈笑、饮食、憩卧及吸烟。

(五)他人书物及桌屉非经特许,勿得擅动。

(六)戚友来访,须至应接室晤谈。

第十二章 宿舍规则

（一）每晨六时半鸣铃即起。

（二）每晚十时鸣铃就寝，由监学、检察赴宿舍察视。

（三）宿舍内不得自行添燃灯烛，每晚以十时半一律熄灯。

（四）衣物卧具必须整洁，并检点妨害卫生之物。

（五）在宿舍勿喧哗。

（六）银钱等物须交会计处代存，否则如有遗失，本校不负职任。

（七）榻位均预排定，不得任意迁徙。

（八）学生上课或有事出舍，均须下键。校中派有茶房专守宿舍，门匙即交该茶房管理。

（九）学生有要事须差遣茶房者，应告明管理员，由管理员拨派，每日一次。

（十）伏假冬假期内学生不得留宿校中。

第十三章 膳厅规则

（一）每日午前七时半早餐，十二时午餐，六时晚餐，寒暑酌改。

（二）食有定时，逾时不补开饭。

（三）校员校生在堂同食。

（四）将食鸣铃以次各就本位，勿得凌乱迟留，每桌坐齐始举箸。

（五）当食须从容，以期有益卫生，食毕依次散勿凌乱。

（六）食品或烹饪失宜，应暂容忍，一面告管理员，饬令改良。

（七）当食勿高声谈笑，举放碗箸，尤宜肃静。

（八）临食时，校员校生均自行照料，校役一概退出。

（九）有病不能赴膳者，须先通告管理员以便饬役送膳，但能赴膳者，不在此例。

（十）伏假冬假期内，本校停办伙食。

第十四章 游息规则

（一）上课时、自修时不许任意闲游。

（二）公备游戏器具，须共珍惜。

（三）禁不规则之游戏，及不应至之地游行。

(四)列队旅行,须经校长允可。

(五)校内花木,不得任意攀折。

第十五章　杂　诫

(一)公用器具,各有定所,不得任意搬动。

(二)茶水设有定所,特派公役伺候,茶碗亦不得携往他处。

(三)学生品格甚高,一切起居必须自重,凡公役住房、厨房等处,不得轻入。

(四)开会演说等事,非经校长允许,不得任意举行。

第十六章　优待生

本校设优待生额十名,学膳费一概免缴。如具有左(下)列资格,得校长认可者,方得补充。

(甲)经费困难确须补助者。

(乙)品行纯粹,留校一年以上者。

(丙)学课平均分数在八十分以上者。

(丁)具有二人以上之保证书,声明出校之后,如数分期补缴所免之费者。

学生有甲乙丙三项而无(丁)项之证书,自愿任本校教课每日二时,或任他项职务者,亦得免费,授课时间由校长规定。

《复旦大学百年志》编辑委员会:《复旦大学百年志》(上卷),复旦大学出版社2005年版,第29—36页。

复旦大学章程

1920 年重订

第一章　宗旨与编制

第一条　本校以研究学术,造就专科人才为宗旨。

第二条　本校编制分国文、大学、中学三部。中学四年毕业。大学分预科、本科二级,预科二年毕业,升入本科,本科二年毕业,可得学士,再继二年,可得硕士。学制既与美国相同,而与我国教育部所定年限,亦不相背。其国文一科,以尊重国学,故特设专部教授。本级四年,特级四年,凡入本校者,均须入此部修业。又设专修科,以便志愿研究完全国学者,三年毕业。唯因国文、英文不必同级,故凡欲毕业大学者,至少须经本级及格,始得领受文凭。中学之下,特设补习班,俾来学程度不及者,得按程补习升入中学。

第二章　学期及休假

第三条　本校每学年分两学期,第一学期自八月三十号至次年正月十号,第二学期自二月二十五号至七月十号。

第四条　除年假、暑假及星期日例假外,其余假日如左(下):

国庆日　孔子诞日　卅校纪念日　清明日　端午日　中秋日　冬至日

第五条　有特别事故,须休假半日或全日者,由校长临时宣布。

第三章　入学程度

第六条　凡欲入大学本科者,须具有与本校大学预科毕业相当程度。欲入大学预科者,必具有中学卒业程度。且于下列各科,确有根底,试验及格始得录取。

英文

(甲)文学　下列诸书或其他程度相等之书,至少须读过一种,由本校考验,须于其文章体裁确有心得,始得及格。Vicar of Wakefield, Auto-biography of Benjamin Franklin, Ivanhoe, Tales of a Traveller.

(乙)作文　试验作文一篇,以辞句通顺,缀字无讹者合格。

历史　须略具世界史知识。

算学　须曾习过平面、立体几何及平面三角。

物理化学　须略有根底知浅近原理。

文法及修词学　须能分析字句并能知其用法而于修词学之大纲,文学之藻饰,章句之段落,皆有心得并能辨别各种辩论、纪事、叙事、描摹文之体裁。

凡此数种试题,均以百分之六十分为及格。

(附)凡携有本校所承认之著名大学颁给所读各科目分数单,本校当可按其程度酌量插班。

第七条　凡投考中学,以具有高等小学卒业程度或与本校中学补习科相等之程度,且国文通顺者为合格。其学业优长者,考验各科学程度,分别插班。

第四章　投考规则

第八条　投考诸生须向本校监学处或本校指定机关报名,考期、考地临时登报宣布。

第九条　报名时缴报名费洋五元。

第十条　录取诸生开学后三星期不到校者,报名费充公。

第十一条　报名费准在学费内扣除,不取者准其收回。

第十二条　投考者年龄须满十五岁以上为合格,如有不及此年龄而学识优异者,经本校考验特许,亦可录取。

第十三条　投考者须体格健全,品行端正。

第十四条　凡投考者无论有无他校毕业或转学证书,入校时须受国文考试。

第十五条　凡持有他校证书,如所习各科确与本校相同,可按其程度分别插班,否则一律考试。

第十六条　凡已习过英文及各种科学诸生,欲入何级须在分班前报名登册,听候试验。

第十七条　凡报名投考插班诸生欲指定入何年级者,须将前一年级各科学一律试验及格,方准插入指定之级。

第十八条　插班诸生除英文、算学二科不准补考外,其余科学有考不及格,或素未肄习者,其数若在二种以下,得暂时插入指定班内,惟须于学年终补考及格,始得正式加入该班。

第十九条　凡新生来校投考,已过本校所定招考日期者,须缴考费洋五元。

第二十条　不论新旧学生于本校所定开学日期迟到一月者,须缴洋拾元,方准入校。

第二十一条　凡学生无故离校,重欲来校肄业者,须缴洋拾元,并须将应入何级所列课目考试及格,方准录入。

第五章　入校规则

第二十二条　凡投考录取者,应于开学前三日偕同保证二人,随带印章来校填具入学保证书,投交监学。

第二十三条　考取者之戚友或同乡,如在沪上为学界商学中人皆可为保证人,但须切实依据后列保证书办理。

(附)凡旧生须一律补具保证书存于校内。

第二十四条　保证人如迁移居址或长期离沪须随时通告。

第二十五条　本校学费以全年计算,如学生第二学期不来本校继续肄业者,其应缴学费保证人须负缴清之责。

第二十六条　保证书式如左(下):

```
┌─────────────────────────────────────────┐
│          复旦公学入学志愿书                │
│                                           │
│   学生　　年　　岁　　住所                 │
│   今承复旦大学允许入校肄业,一切规则情愿服从遵守,如有违背等 │
│ 情,听凭照章开除、记过,特具志愿书是实       │
│                                           │
│ ┌────┐                                    │
│ │署名│                                    │
│ └────┘                                    │
│                       年　　月　　日       │
└─────────────────────────────────────────┘
```

```
┌─────────────────────────────────────────┐
│          复旦大学入学保证书                │
│                                           │
│   保证人　　年　　岁　　住所               │
│   今学生　　承复旦大学允许入校肄业,一切规则愿服从遵守,如有 │
│ 重疾欠费等情,概由保证人承认照料理楚,此据   │
│                       保证人印             │
│                       年　　月　　日       │
└─────────────────────────────────────────┘
```

第六章　缴　费

第二十七条　膳宿学生每年应共缴洋一百六十六元,内分学费八十元,电灯、膳费六十元,宿费二十元,运动费四元,阅书费二元,以上各费分两学期缴纳,入校前一律缴清。

第二十八条　凡膳宿生不论在校进膳与否,其膳宿等费,须照章缴纳,不准扣除。

第二十九条　缴费之法,膳宿生第一学期缴九十三元,第二学期缴七十三元。通学生第一学期缴五十三元,第二学期缴三十三元。通学生在校午膳者,每学期加缴午膳费十元,凡在第二学期时入校者,应缴全年学膳宿等费之半。

第三十条　理科学生须预存本校洋十元,以备偿还损坏试验器具之用,如届毕业或离校时,查无损坏,即行给还。

第三十一条　新生除学费外,必须购冬夏制服各一套,其价约十二元。

第三十二条　书籍纸笔操衣及上课必需品,概由学生自备或向本校商店购取。

第三十三条　学生缴费未清者,不得入校住宿。

（注）如遇事故,缴费未清不得不分期缴纳者,须得校长特许,方可

入校。惟该生须签约为凭,准入校后一月内付清,过期不付即行除名。

第三十四条 凡中途无故退学及犯规开除者,其所缴各费概不退还。

第七章 大考规则

第三十五条 每学年大考两次,均在学期之终,第一学期为学期考试,第二学期为学年考试。

第三十六条 大考分数与平日积分各得总分之半。

第三十七条 凡平均分数以百分之六十分为及格。

第三十八条 凡学生国文、英文、算学三科须考试及格方准升级,其有不及格或未与考者,非有相当理由经本校升级审查会审定特许者,概不与补考。但其余各科有不及格者,一律准其补考,及格后升级。

第三十九条 凡学生于考试时,除疾病外,不得规避。

第四十条 凡学生若总分平均及格,而各科中有不及格者,准其于每学期开学时本校预指定之补考日免费补考,过期一月内补考,缴费五元,考期由本校指定。

第四十一条 学生非有相当理由,正式告假者,不准补考。

第四十二条 如实有婚丧疾病照章准假者,由监学处给与补考凭单,惟须预缴补考费五元,于下学期开课后一月内补考及格,方准升班,考期由本校指定。

第八章 授凭规则

第四十三条 凡学生在本校大学部或预科及中学部按照规定课程,肄业完毕、考试及格者,均得领受毕业文凭。其毕业考试于国文、英文、算学有一科不及格者,不得领凭。

第四十四条 本校除给授中文文凭外,并准依学生之请颁发英文证书,将该生所得各科分数,照章填入。以便出洋留学之用。

第四十五条 凡插班学生,至少须留学本校在一年以上,方准授凭。

第四十六条 凡未及卒业有特别事故须离本校者,可呈请校长给与相当修业证书,惟各科有中途辍业未完全习毕者不得列入。

第四十七条　凡学生于国文一科,至少须学完本级四年程度,方授与大学文凭。

(注)凡学生于体操一科,无论童子军或兵操历年平均积分不及六十分以上者,一概停给毕业文凭,如或因病验有实据者,不在此例。

第九章　优待生及贷费规则

第四十八条　本校酌设优待生额数名,补助清贫志士,以资奖励。

优待生之资格列左(下):

一　经济困难实需补助者。

二　品行端正未尝违犯校章者。

三　享受优待期内,学课平均分数常在八十分以上者。

四　如学生既得优待后,有违上列二、三两条件或经本校察得实情能缴费者,本校可即时取销该生优待办法。

五　优待生对于本校应尽义务,其职务由校长派定。

六　学生在校一年以上者,方得优待。

贷费本校除设优待额外,特拨定一宗款项,专备借给不及优待资格第三条之学生,应付学费之用(其膳宿费须本人自筹)惟须具有的保二人,与本校订约声明,该生出校后,一有职业即必须将本校借款,按照立约分期偿清随,付子金五厘。

校董唐少川先生允给本校文科商科优待额各一名,如自度资格与本校定章相符者准具节略听候递补。

校董聂云台先生允给商科优待额一名,承受者除应具所定资格外,毕业后须为给奖者服务,年限、薪俸由双方临时议定。

校董钱新之先生允给商科优待额一名,毕业后无须服务,余与定章相同。

第十章　奖励规则

本校奖励分为四等

一　四学年内总平均分在八十五分以上者,列最优等毕业。

二　四学年内总平均分在七十五分以上者,列优等毕业。

三　四学年内总平均分在六十五分以上者,列中等毕业。

四 四学年内总平均分在六十分至六十五分内者列寻常毕业。

奖品

本校于学生毕业时颁发奖品如左(下):

大学毕业全学年总平均在九十分以上者,奖金章。

大学部毕业考试文理商三科第一二三名,各奖书籍等品。

凡国文、英文、科学、算学或他国文字成绩最优者,均奖以本科书籍。

文学辩才最优者由校长特予奖品。

运动会各项运动夺锦标者及网球赛会夺锦标者,各奖银杯。

体操队及童子军队于常年校阅时获胜者,各奖银盾,由得胜队保存,俟下次何队得胜,由代表移交胜队。

复旦同学会一九一九年第一次常会议决,凡本校肄业诸生中,如能为社会服务卓著成效者,当由本会奖给金牌一面。其应给何人之权,信任校长酌定并定,该金牌于本校行毕业式时发给。

英文教员会之金银奖牌:一九一九年十月二十日英文教员会议决,凡获得演说竞争会第一二名者,当由本会奖给金银牌各一面,此演说竞争会并不论年级,凡在本校肄业诸生咸准报名加入。初次竞演定十二月二十七日,最后竞演定五月间之第二星期。

第十一章 告假规则

第四十九条 凡学生因有疾病或有要事不能上课,须报告监学请假,否则不得擅自旷课或私行离校。

第五十条 逢星期六下午及星期日,均照第五条准学生出外,惟必须回校住宿,若家在左近,预向监学请假者,则可于星期一晨上课前到校。

第五十一条 学生遇父母丧及婚姻等重要事,须将家信呈请监学察存,由监学分别酌定假期,若遇患病须回家调治者,应由监学察看情形,方准请假,病愈回校。

第五十二条 凡各科学每星期修业时间有五时或六时者,准每月请假三小时,每星期有三时或四时者,准每月请假二小时,逾限不到,作无分数。但本章前条不在此例。

第五十三条　学生向监学请假后,所领请假名牌于离校时亲交司阍,始得外出。回校时亦须亲取名牌,至监学处销假。若逢星期六课毕及星期日,只须将宿舍名牌亲交司阍,毋庸另行请假。

第五十四条　学生缺课,一月之中有逾三十次,而无充足理由者,即令出校。

第十二章　寄物规则

第五十五条　学生于离校时将随带物件同时携去。

第五十六条　学生随带物件离校时如向监学处声明欲暂置校中者,亦可照允。设有遗失,本校不负责任。

第五十七条　照前条办法学生于开学时须将寄存物件即时取回,倘过三月不来取去,本校得酌量情形任意处置。

第五十八条　寄费每件每月一元。

第五十九条　凡贵重品物及有价证券价值逾二十元者,不得携至校内,否则遇有遗失时,本校概不负责。

第十三章　惩戒规则

第六十条　惩戒分训戒、记小过、记大过、开除四种。

训戒由各职员或教员随时剀切指导。记过由教职员考察,陈明校长分别记名于过簿内,每记小过一次作扣品行十分,记大过一次扣三十分。开除由校长以下各员对众宣布所犯何事,即日开除出校。

第六十一条　应训戒之事如左(下):

(甲)于各堂有犯规之事者。

(乙)对于教员职员有失礼之事者。

(丙)对授课自修时为蹴球游戏者。

(丁)在校内蹴球游戏者。

第六十二条　应记小过之事如左(下):

(甲)未经请假或请假未经允许不上课者。

(乙)假出逾限者。

(丙)妄骂夫役不自约束者。

(丁)训戒至三次者。

第六十三条 应记大过之事如左(下):

(甲)假出在校外为不规则之游戏者。

(乙)詈骂同学好勇斗狠者。

(丙)未经监学允许擅自外出或外宿者。

(丁)于校内各处乱秩序者。

第六十四条 应开除之事如左(下):

(甲)犯部章禁令各条者。

(乙)行为不端损害本校名誉者。

(丙)侮辱教员及职员者。

(丁)记大过三次者。

第六十五条 学生记过后如真能改悔,经全体职员及教员查察属实,其记大过准改为小过,记小过者准其销除。

第十四章 课堂规则

第六十六条 上课下课以鸣钟为号,学生先教员入,后教员出,须有秩序。

第六十七条 教员就座离座,学生均起立表敬意。

第六十八条 上课时不得喧哗,唾涕时须用手巾。

第六十九条 上课前预备应用书物,非应用者不得携入。

第七十条 上课时不得分心他事及私语匿笑。

第七十一条 教员发问须挨次自答,不得藉他人助力。

第七十二条 有疑难须解析时应起立向教员致问,他人不得攙言。

第七十三条 上课时间内即有戚友来访,不得出外招待。

第七十四条 教授用具非教员允许不得擅动。

第七十五条 黑板不得任意涂写。

第十五章 自修规则

第七十六条 本校舍未建筑前暂在宿舍自修。

第七十七条 自修时不得无故离座,不得立他人案前,并不得至他室。

第七十八条 自修桌上书件须随时整理,桌位有一定安置,不得任意迁移。

第七十九条　不得游戏、谈笑、饮食、憩卧及吸烟。

第八十条　他人书物及桌屉,非经允许不得擅动。

第八十一条　戚友来访须至应接室晤谈。

第十六章　宿舍规则

第八十二条　每晨六时半鸣钟即起。

第八十三条　每晚十时半鸣钟就寝,由监学赴宿舍察视。

第八十四条　宿舍内不得自行添燃灯烛,每晚于十时半一律熄灯。

第八十五条　衣物卧具必须整洁,并检点妨害卫生之物。

第八十六条　在宿舍不得喧哗。

第八十七条　银钱等物须交会计处代存,否则如有遗失本校不负责任。

第八十八条　榻位均预排定不得任意迁徙。

第八十九条　学生上课或有事出舍,均须下键,校中派有茶房专守宿舍,门匙即交该茶房管理。

第九十条　学生有要事须差遣茶房者,应告明庶务处派拨,每日一次。

第九十一条　暑假冬假期内,学生不得留宿校中。

第十七章　膳厅规则

第九十二条　每日午前七时半早餐,十二时午餐,六时晚餐。冬夏季酌改时刻。

第九十三条　食有定时,逾时不补开饭。

第九十四条　校员校生在堂同食。

第九十五条　鸣钟将食时,各学生以次就本位勿得凌乱迟留,每桌坐齐始举箸。

第九十六条　饮食时不可过速,以免有害卫生,食毕依次而散。

第九十七条　食品或烹饪失宜,应暂容忍,一面告管理员饬令改良。

第九十八条　饮食时勿高声谈笑,举放碗箸尤宜镇静。

第九十九条 临食校员校生均自行照料,校役一概退出。

第一百条 有病不能赴膳厅者,须先通告管理员,以便饬役送膳,但能赴膳厅者不在此例。

第一百一条 暑假冬假期内本校停办伙食。

第十八章 游息规则

第一百二条 上课及自修时不许任意闲游。

第一百三条 公备游戏器具须共珍惜。

第一百四条 不规则之游戏一律禁止。

第一百五条 列队旅行须经校长许可。

第一百六条 校内花木不得任意攀折。

第十九章 杂 诫

第一百七条 公用器具各有定所,不得任意搬动。

第一百八条 茶水设有定所,特派公役伺候,不得将茶碗携往他处。

第一百九条 学生举止必须自重,凡公役住房厨房等处不得轻入。

第一百十条 开会演说等事,非经校长允可,不得任意举行。

第一百十一条 学生宜留意卫生,于校内房舍不得吐痰地上。

第一百十二条 学生年龄在十八岁以下者,不得吸食烟草。

第二十章 藏 书

本校备有各种中文书籍数千卷,西文书籍数百卷,以便学生参考之用。俟经济稍裕,尚拟多增西书,以供研究。

第二十一章 演 说

本校授课之余,乃每月敦请中外名儒来校演讲各种学术,以饷全校求学之士,俾增智识。

第二十二章 杂 志

本校每学期出杂志一种名曰复旦,全由教员学生合编。其意旨在阐发理想,练习社论及与新旧同学互换智识,出校同学倘承惠稿一律欢迎。

第二十三章　学校自治

本校为令学生遵守校规起见,特设法尽力鼓励自治,使全校学生共受其益。每级由学生中推一级长,每宿舍推一舍长,期于校中秩序、同学品行、宿舍整洁等事,得互相监察劝勉之益,每星期六开讨论会一次。又立学生评议部,由学生公推评议员若干人,随时就商庶务部,整理校务。凡关于食品卫生问题皆得建议焉。

第二十四章　兵操、童子军及技击

本校学生一律须受体育。十五岁至十七岁入童子军,十七岁以上入兵操队或入童子军,准其自择。每星期由兵操教员讲授军事学一次,并练习技击以保国粹。

第二十五章　运动会

运动会者包括网球、足球、棒球及各种操场运动而言,管理一切悉由学生中所推举之会中董事担任。平日设法劝导与各级同学比赛,或与他校学生比赛以求进步。每年春季运动会定阳历五月举行。

第二十六章　演　剧

此部组织之目的有三:(一)研究演剧原理;(二)娱乐学生性情;(三)陶成健全体格。所演历史故事及描摹社会状态临时编定。

第二十七章　音　乐

此部由本校教员及学生中之性喜音乐者组织之。每月开练习会一次。

第二十八章　英语辩论会

凡本校大学生须入英语辩论会。其宗旨使能以英语对众演说,并欲使具经营主持公众会议之能力。

《复旦大学百年志》编辑委员会:《复旦大学百年志》(上卷),复旦大学出版社 2005 年版,第 47—55 页。

复旦大学校董会规程

1933 年 2 月 24 日重订

一、组织

(1)本会以校董十五人组织之。本校校长为当然校董,同学校董七人,其他校董七人。

(2)本会设主席一人,审计一人,书记一人,由本会校董互推之。

(3)凡热心教育,捐助本校万元以上。或曾尽相当义务于本校者,得由本会推为名誉校董。

二、职权

(1)计划及扶助本校之进行。

(2)筹划经费。

(3)保管财产。

(4)监察财产。

(5)审核预算及决算。

(6)聘任本校校长。

(7)决议本校校务会议所不能解决之各种事项。

二、任期

(1)校董任期为三年,连举得连任。

(2)校董于开会时缺席三次,而未推代表出席者,得另推新校董补充之。

四、会议

(1)常会每学期开会一次,但遇必要时,主席得召集临时会议。

（2）校董因事缺席，得推他校董为代表，惟出席者以代表一人为限。

（3）本会决议，以校董过半数之出席，及出席半数以上之同意通过之。

（4）名誉校董得由本会邀其出席。

五、附则

本规程得经出席校董三分之二之同意修改之。

按：本规程经 1933 年 2 月 24 日复旦大学校董会通过。

复旦大学校史编写组：《复旦大学志》第一卷（1905—1949 年），复旦大学出版社 1985 年版，第 209—210 页。

复旦大学校务会议规程

第一条 本会议依据中华[民国]教育宗旨及其实施方针,协同校长综理校务。

第二条 本会议以校长、秘书长、各学系主任、注册、训育、卫生、会计、庶务各处主任、图书馆主任、体育部主任、军事教育训练主任及教职员代表三人为委员,校长为主席。教职员代表任期半年,连举得连任。

第三条 本会议审议左(下)列事项:

1.大学预科;

2.各学院各学系及其他各种机关之增设废止或更(改);

3.大学课程;

4.大学内部各种规则;

5.关于学生试验事项;

6.关于学生训育事项;

7.校长交议事项;

8.教职员五人以上及学生团体之建议。

第四条 本会议得设各种委员会。各委员会之委员及主席由本会议推任之,其任期均为半年,连举得连任。

第五条 本会议有不能解决之问题,由校长召集教职员大会解决之。但关于经济者,由校长提交董事会解决之。

第六条 本会议议事细则另订之。

第七条 本会议规程,经本会议委员三人以上,或教职员十人以上之建议,得组织临时委员会修改之,修改后由校长召集教职员全体大会通过始得执行。

　　按：此规程由 1929 年 9 月 14 日教职员全体大会订定，刊载于 1929 年 9 月 24 日出版之《复旦周刊》第十八号。

　　复旦大学校史编写组：《复旦大学志》第一卷（1905—1949 年），复旦大学出版社 1985 年版，第 215—216 页。

复旦大学行政院章程

一、本院统辖全校一切行政事务。

二、本院以校长、大学部教务主任、各科系主任、中学部主任及大学教授会、中学教员会代表各二人组织之。大学教授会,中学教员会之代表,任期一年,连举得连任,但以二次为限。

三、本院设书记一人,由本院聘任之。

四、本院之职权如下:

1.议决本校教育方针。

2.规划全校行政事宜。

3.议决各科系部及其他各种机关之增设、废止及变更。

4.议决教职员之进退。

甲、校长进退各科系部主任,须得本院同意。

乙、校长进退教职员,须与各科系部主任协定之。

如彼此意见不同时,得交由本院议决后,再请校长执行之。

5.议决关于经济之建议。

6.议决每学期总预算及总决算,大学部、中学部、各科系部之预决算,及各委员之费用,交由董事会审核之。

7.议决临时费用在三百元以上者。

8.议决各机关教职员五人以上及学生团体之建议。

9.解决各机关所不能解决之问题。

10.审查每学期各机关之报告。

11.公布每年财政状况。

12. 议决及修改校章,但教职员全体大会章程不在此内。

13. 通过各机关之章程。

五、

甲、本院为便利行政起见,酌设各项委员会如下:

1. 审计委员会。

2. 建筑委员会。

3. 招生升级委员会。

4. 学生指导委员会。

5. 图书委员会。

6. 演说委员会。

7. 新闻委员会。

8. 出版委员会。

9. 卫生委员会。

10. 体育委员会。

11. 游艺委员会。

12. 暑期学校委员会。

乙、以上各委员会之委员,由本院推任之。

丙、各委员会办事细则,由各会自定之。

丁、本院遇临时事务发生时,得设临时委员会。

六、本院有不能解决之问题,由教职员全体大会议决之。

七、本院议事细则另定之。

八、本院章程,经本院院员三人以上或全体教职员三分之一以上之建议,得组织临时委员会修改之,修改后,经教职员全体大会通过,始得执行。

复旦大学校史编写组:《复旦大学志》第一卷(1905—1949 年),复旦大学出版社 1985 年版,第 211—212 页。

修正复旦大学教职员全体大会规程

一、本会以大学部全体教职员组织之。

二、本会之职权如下：

甲、议决关于校务会议章程之订定及修改；

乙、议决校务会议所不能解决之重要问题；

丙、议决关于行政方面之建议；

丁、推举代表出席校务会议。

三、本会常会每学期一次，由校长召集之。

四、本会以全体教职员五分这一以上提议或以校务会议、董事会或同学会之要求得开临时会议。

五、本会以全体人数二分之一以上为出席法定人数，各项议案以出席人数过半数通过之。

六、本会开会时，由校长主席，遇校长缺席时，由出席教职员推举临时主席。

七、本会开会时，董事会代表及同学会代表得出席发表意见，惟无表决权。

八、本章程有教职员五人以上之提议得于开会时由出席人数四分之三修正之。

按：此修正规程，由1929年9月14日教职员全体大会订定，刊载于1929年9月24日出版之《复旦周刊》第十八号。

复旦大学校史编写组：《复旦大学志》第一卷（1905—1949年），复旦大学出版社1985年版，第216—217页。

复旦大学师生代表联席会议组织大纲

一、本会议定名为复旦大学师生代表联席会议。

二、本会议以谋师生合作，发展学校为宗旨。

三、本会议以校长一人，行政院代表八人，学生代表八人（学生会代表一人，预科、文科、理工科、商科、社会学科、生物学科、中国文学科，每科代表各一人）。合计十七人组织之，以校长为主席。

四、凡行政院因某问题，师生意见不同，双方争执不下时，经行政院或学生会之请求，本会议即须召集，以图解决之。

五、凡行政院会议之议案，经学生会代表讲求保留，或要求复议，而复议结果，学生会仍认为不满意时，行政院或学生会，须提交本会议解决之，经本会议议决后，绝对有效执行，行政院或学生会均不得违抗。但该案在未经本会议讨论前，无论如何，不得遽发生罢教、罢课，或其他剧烈行动。

附学生会代表出席行政院条例：

甲、行政院开常会及临时会时，应通知学生会派代表三人出席参加。

乙、学生会代表出席行政院，无表决权，但有发言、提议权，及请求保留或复议权。

丙、凡经学生会代表请求保留之议案，在未经师生代表联席会议解决前，行政院不得执行。

六、本会议开会（除本会议大纲第八条规定外），以全体代表三分之二到会为法定人数，议决案以到会代表三分之二之通过为有效。

七、本会议代表遇不能出席时,得由其请他代表代之。

八、本会议如第一次流会,则继续开第二次会时,即以该次到会人数为足法定人数。

九、凡校内任何个人或团体之请求,均需送达行政院,本会议概不接收。

十、本大纲由行政院与学生会盖章或签字同意后施行之,其修改权则属本会议。

复旦大学行政院主席　　李登辉

学生会主席　　潘楚基

复旦大学校史编写组:《复旦大学志》第一卷(1905—1949 年),复旦大学出版社 1985 年版,第 214—215 页。

修正国立复旦大学组织规程

呈奉教育部卅六年四月四日高字第一八五四七号代电修正

第一条　本大学定名为"国立复旦大学"。

第二条　本大学遵照国民政府公布之"中华民国教育宗旨及其实施方针",以研究高深学术,养成专门人才为宗旨。

第三条　本大学设左(下)列各学院及各学系科:

1.文学院设中国文学系、外国语文系、史地学系、新闻学系,及教育学系。

2.理学院设数理学系、化学系、生物学系(附设海洋组),及土木工程学系。

3.法学院设法律学系(附设司法组)、政治学系、经济学系(附设经济学研究所),及社会学系。

4.商学院设银行学系、会计学系、统计学系、合作学系,及统计专修科。

5.农学院设农艺学系、园艺学系,及茶业专修科。

第四条　本大学设校长一人综理校务。

第五条　本大学设校务、训导、总务三处,分别设教务长、训导长及总务长各一人,秉承校长分别主持全校教务、训导及总务事宜。教务长总务长之聘任,由校就专任教授中各呈荐两人,经部分别圈定一人,再由校聘请兼任之。训导长之聘任,由校就专科以上学校训导人员资格审查委员会合格者或登记合格者聘任之。

第六条　本大学各学院各设院长一人,综理院务,由校长聘任之。

经济学研究所设主任一人,由校长聘任之。

第七条　本大学各学系科各设主任一人,办理各系科教务,由院长会同教务长商请校长聘任之,但亦得由校长提出征询教务长院长意见后聘任之。

第八条　本大学各学院教员分教授、副教授、讲师,及助教四级,由系主任、院长、教务长商洽后,商请校长聘任之,但亦得由校长提出征询教务长、院长、系主任意见聘任之。

第九条　本大学教务处分设注册出版两组及图书馆,各组及图书馆各设主任一人,组员及馆员各若干人,均由校长任用之。

第十条　本大学训导处分设生活管理、课外活动、体育卫生等组,各组设主任一人,组员若干人,并分别设训导员、医生、护士,及体育指导员若干人。各组主任、组员,及训导员、医生、护士、体育指导员,均由校长任用之。

第十一条　本大学总务处分设文书、庶务、出纳等组,各组设主任一人及组员若干人,均由校长任用之。

第十二条　本大学设会计室,置会计主任一人,佐理员及雇员若干人,依国民政府主计处设置各机关岁计会计统计人员条例,暨修正教育部所属机关学校会计室组织及办事通则之规定,并依法受校长之指挥,教育部会计长之指挥监督,办理岁计会计事宜。

第十三条　本大学校长室设秘书一人,由校长聘任之。

第十四条　本大学设校务会议,以校长、教务长、训导长、总务长、各学院院长、各学系科主任、会计室主任及由全体教授副教授所选出之代表若干人组织之,以校长为主席,审议下列事项:

1.本大学预算。

2.本大学学院及学系科之设立及废止。

3.本大学课程。

4.本大学各种规则。

5.关于学生试验事项。

6.关于学生训导事项。

7.校长交议事项。

8.其他重要事项。

第十五条　本大学设教务会议由教务长、各学院院长、各系科主任,及教务处各组馆主任组织之,以教务长为主席,讨论一切教务事项。

第十六条　本大学设训育委员会,由校长,教务长,训导长,各学院院长为当然委员,并由校长选聘专任教授三人至十五人组织之,督导全校训育事项。

第十七条　本大学总务会议,由总务长及总务处各组主任组织之,以总务长为主席,讨论一切关于总务事项。

第十八条　本大学各学院设院务会议,以院长及系科主任组织之,以院长为主席,计划各院学术设备事项,审议各院一切进行事宜。

第十九条　本大学各学系科设系(科)务会议,以系科主任,及各该系科教授副教授及讲师组织之,以系科主任为主席,计划各该系科学术设备事项。

第二十条　本大学设下列各种委员会:

1.教员资格审查委员会。

2.图书委员会。

3.出版研究委员会。

4.招生委员会。

5.考试委员会。

6.学生成绩审查委员会。

7.一年级国文英文教学委员会。

8.奖学金审核委员会。

9.公费生审核委员会。

10.体育委员会。

11.演说辩论指导委员会。

12.学生自治会指导委员会。

13.社会教育推行委员会。

14.艺术教育推行委员会。

15.经费稽核委员会。

16.建筑委员会。

17. 福利委员会。

第二十一条 本大学设史地研究室,茶业研究室,及其他有设立必要之研究室。

第二十二条 本大学学则及其他各种规则另定之。

第二十三条 本组织规程得由校务会议议决修正,但应呈部核准之。

第二十四条 本组织规程经校务会议议决后,呈部核准施行。

《复旦大学百年志》编辑委员会:《复旦大学百年志》(上卷),复旦大学出版社 2005 年版,第 82—84 页。

★浙江大学

浙江大学的前身是晚清杭州知府林启成立于 1897 年的求是书院，是中国近代模仿西方学制最早创办的新式高等学校之一。书院注重"新学"，必修课设有国文、英文、算学、历史、地理、格致（物理）、化学等；延聘外籍教师，选派留学生。1901 年起曾几度易名并一度停办。1901 年 11 月改求是书院为求是大学堂，1903 年又改为浙江高等学堂。

1927 年在求是书院原校址上，由浙江公立工业专门学校和浙江公立农业专门学校改组成立国立第三中山大学。1928 年 4 月改名为浙江大学，又改称中华民国大学院浙江大学。同年 7 月，定名为国立浙江大学。1932 年浙江大学有文理、工、农 3 个学院。文理学院设有文学、政治、教育、数学、物理、化学、生物等学系；工学院设有电机工程、化学工程、土木工程、机械工程等学系；农学院设有农艺、园艺、蚕桑、农业社会等学系。1936 年竺可桢任校长，学衡派学者和中国科学社重要成员云集浙江大学，浙江大学成为推进中国文化和科学发展的学术重镇。1937 年卢沟桥事变爆发，浙江大学西迁贵州，1946 年学校迁返杭州，后又增设法学院、医学院。1948 年学校发展成设有文、理、工、农、医、法、师范 7 个学院，25 个学系，9 个研究所和 1 个研究室的综合性大学。

1949 年中华人民共和国成立，取消"国立"二字，改名为浙江大学。1952 年政府对高等学校进行院系调整，浙江大学部分系科转入中国科学院和其他高校，主体部分在杭州重组为若干所院校，后分别发展为原浙江大学、杭州大学、浙江农业大学和浙江医科大学。

浙江巡抚廖寿丰请专设书院兼课中西实学折

光绪二十三年（1897）

　　窃维居今日而图治，以培养人材为第一义；居今日而育材，以讲求实学为第一义。而讲求实学，要必先正其志趣以精其术业。《大学》格致诚正修齐治平之道，合古今中外而不易者也。欧美诸邦，学堂各千百计，自髫龄入小学，以次而中学，而大学，犹是家塾、党庠、州序、国学之制也。若船学、若矿务、若种植、若制造，犹是讲武训农、通商惠工之政也。苟事事物物务求其实，朝考夕稽，弗得弗措，何学之不成，亦何事之不举。乃积习相成，时变日亟，病词章帖括之不足恃而群慕西学，窃恐规摹形似，剽窃绪余，借一二西语西文，以行其罔利梯荣之故智，不独西学无成，而我中国圣人之教且变而愈忘其本，此臣之所大俱［惧］也。查浙江杭州省城，旧有敷文、崇文、紫阳、学海、诂经、东城书院六所，今方以制艺取士，势难骤为更张，另设则无此经费，惟有酌筹改并，因势倡导，择庠序有志之士，奖进而培植之，庶趋向端而成就易。秦［泰］西各学，门径甚多，每以兵农工商化验制造诸务为切于时用，而算学则其阶梯，语言文字乃从入之门。循序以进，渐有心得，非博通格致不得谓之学成。屏一切模糊影响之谈而课其实事，庶他日分布，传习愈精而成材亦愈众。臣迭与司道筹议，并饬杭州府知府会商绅董，就普慈寺后现有群屋量加修治，专设一院，名曰求是书院。即委该府知府林启为总办，延一西人为正教习，教授各种西学，华教习二人副之，一授西文，一授算学，委监院一人，管理院中一切事宜，一面购置仪器图籍。由地方绅士保送年二十以内之举贡生监，饬据该总办考取复试，接见询问，择其行谊笃实、文理优长、并平日究心时务而无嗜好习气者，于本年四月二十日送院肄业。但予奖赏，不给膏火，学以五年为限。并明定规约，妥立课程，每日肄业之暇，令泛览经史、国朝掌故及中外报纸，务期明体达用，以孔孟程朱为宗旨，将有得之处撰为日记，按旬汇送查考。每月教习以朔日课西学，总办以望日课中学，年终由臣通校各艺，分别等第，勤者奖、惰者罚，不率教者斥，优异者存记。另选翻译之人译述各种有用之书，为振兴学校之助。所有常年经费，并教习、翻译、监院及司事人等薪修工资，并奖赏火食等，每年需银五千余两。此外，尚有随时购置仪器图籍暨学生纸笔一切杂用不在此数。除将东城书院每年膏火银一千余两全数拨用外，于各书院奖赏存典生息项下岁提息银三千元有奇，及各局裁省减并共银四千元有奇，合计尚不及万，均未动支正项。当此开办之始，规模不敢过侈，俟经费稍充，再图展拓。臣当随时督察，冀收实效。将来该书院学生，学业成就如有材能超异者，由臣咨送总理衙门考试，以备器使。

朱有瓛：《中国近代学制史料》第一辑下册，华东师范大学出版社1986年版，250—252页。

杭州府林太守启招考求是书院学生示

光绪二十三年(1897)

　　为招考事。照得省城现奉抚宪创设求是书院,延聘教习,讲授化算图绘诸学,兼及外国语言文字,无论举贡生监,年在三十以内,无嗜好,无习气,自愿住院学习者,务于三月初五日以前,开具三代年貌籍贯住址,邀同本地公正绅士出具保结,赴院报名。其有略通外国语言文字或化算图绘诸学,均当于册上填注,由监院呈送。示期先试经义史论时务策,取录若干名,再行会同教习复试,选定三十名,每名月给伙食洋三元,杂费洋二元。朔课考试化算诸学,望课考试经史策论,均分别给奖,以五年为期,不得无故告退。非假期必常川住院。其余额外,仍按名注册,俟随时传补。所有详细章程,应于报名时到院详看。为此谕仰愿考各生知悉。各宜依期赴院,报名填结,候再示期扃试,毋自迟误。切切,特示。

　　朱有瓛:《中国近代学制史料》第一辑下册,华东师范大学出版社1986年版,252—253页。

求是书院章程

光绪二十三年(1897)

一、总办。总办一人,综核事务,随时稽查。

二、监院。监院一人,管理院中一切事宜,收发款目,参稽课程。司事两人,一簿记帐[账]目,给发纸笔及收掌书籍仪器;一查记学生出入告假,并料理伙食一切杂事。以上司事两人责成监院选择办事不苟、诚实可靠之人充当。

三、教习。正教习一人,教授化学及各种西学,兼课图算语言文字。副教习两人,一、教授各种算学及测绘、舆图、占验、天文等事;一、教授外洋语言文字及翻译书籍报章等事。

四、学生。以三十人为额。一行诣笃实,一文理通畅,一资质敏悟,一精神充足。无论举贡生监,凡年在三十以内愿学者,由父兄或族长邀同公正绅士出具保结,先期到院报名,不取卷费,由监院汇送总办,定期开考。其有已通西学及语言文字者,另期会同教习,认真考验。能如上开四项,无嗜好、无习气者为合格。录取六十名,先行传到三十名,留学两个月,期满由教习各出切实考语,送请抚宪面试,其有缺额,随时挨名传补,新补之人,仍俟两月期满,再行出考送试。学生住院,概以五年为限,必须恪守院则,认真学,习限内如有不守院规,及任意旷废者,即时遣出。每年除现定放学之期,并因病、考试、婚丧诸正事,准其请假外,不得无故辍学。惟限内如有试隽入官者,应准告退。其愿留竟学者听。又限内学业有专门成就者,亦可酌准告退。其愿接习他学者,并此外倘有必不得已之故,则须临时查议酌办。以上各等,须于到院报名时,令其详看章程,如愿遵守,方准应考。

五、课程。逐日学生课程及作息时刻，由教习会同监院妥议，呈由总办详定。凡值心危毕张箕壁参轸元牛娄鬼诸星日，九点至十点，第一班地理，第二班英文；十点至十一点，第二班算学，第一班英文；十一点至十二点，第三班英文；一点半至两点半，第一班算学；两点半至三点半，第二班地理；三点半至四点半，各班练字。凡值尾室觜翼角斗奎井氏女胃柳诸星日，九点至十点，第二班地理，第一班英文；十点至十一点，第一班算学，第二班英文；十一点至十二点，第三班英文；一点半至两点半，第二班算学；两点半至三点半，第一班地理；三点半至四点半，各班练字。凡值房虚昴星诸星日休沐。

学生汉文宜加温习，时务尤当留心，每日晚间及休沐之日，不定功课，应自流览经史古文，并中外各种报纸，各随性情所近，志趣所向，讲求一切有用之书，将心得之处，撰为日记，至少以一百余字为率，其西学心得，亦应随时附记，按时汇送监院，呈总办查考。每月朔课后，由教习造就学问分数清册，由监院复核，汇呈总办，详请抚宪核夺。

六、考校。以讲求实际为主，每月朔日课西学，是为月课，由教习分别等第；每月望日考汉文，或经义，或史论，或时务策，不定篇数，是为加课，由总办分别等第。每年冬间，由抚宪督同总办监院教习通校各艺，分别等第，是为会课。除按额给奖外，更有可取者，仍许格外给奖，其名数银数，临时酌定。再比较一年中月课、加课，历考第一名至五次以上者，酌议按月优加膏火，若其学识精进，践履笃实，可期远大之器，并请抚宪择尤［优］存记，以备保荐。其列课均历下等者，由教习监院察看平日是否用功，议请办理。

附奖格：每月月课，化学一名奖银二两，二三名奖银一两五钱，四五名一两；算学奖银与化学同；语言文字一名奖一两五钱，二三名一两，四五名五钱。每月加课三十名，合考经史策一名奖银二两，二至五名一两五钱，六七名各一两，八至十名各五钱。各季会课，化学一名奖银四两，二三名三两，四五名二两，六至十一名一两，十二至三十名各五钱。

七、经费。总办由杭州府兼充，不另开支薪水。正教习薪水每月一百两，每年计银一千二百两。副教习薪水计二员，每月各五十两，每年共计银一千二百两。监院薪水计一员，每月四十两，每年共计银四百八十两。司事薪水计二人,每月各八两,每年计银一百九十二两。月课赏计十次,每次十八两五钱,共计银一百八十五两。加课赏计十次,每次十一两五钱,共计银一百十五两。正教习舆马杂费,每月二十元,不送火食,每年计洋二百四十元。火食,副教习二人,每月六元,监院一人,每月三元,司事二人,每月三元,学生三十人,每月三元,每年共计洋一千三百三十二元。僮仆工食,学生馆僮三人,公用听差三人,司阍一人,更夫二人,司厨二人,水火夫一人,计十一名,每名工一元四角,火食二元,每年共计洋四百四十八元八角。油烛杂费等项,教习二人各四元,监院司事各二元,学生三十人各二元,厅堂门灶走廊夹弄,每月六元,每年共计洋九百六十元。

八、筹款。一东城讲舍,原有膏火,拟全数并入,每年计银一千两,钱五百四十千文。一书院赏仍照旧由官自给,所有存典贴奖六万元,内拟提四万二千元,每月息七厘,每年提息洋共三千五百二十八元。一书局经费,每年拟抽提一成,计洋二千五百二十元。采访局经费,每月拟抽提一成,计银二百七十七两零,洋一百三十二元,钱九十九千六百文。一续纂盐法志局经费,每年拟抽提二成,计银一千九两九钱零。

九、书籍仪器。院中择一高敞之处,庋藏书籍仪器,由监院率同司事,不时查点,于夏冬时,分别曝晾,以期经久,学生如需取阅书籍,试验仪器,收监院另行妥拟,附入规条。

十、条约。院中一切规约,应由监院会同教习详细妥拟,呈由总办,详请抚宪核定。

朱有瓛:《中国近代学制史料》第一辑下册,华东师范大学出版社1986年版,253—256页。

浙江大学文理学院聘任教员规则

十八年五月十一日

一、浙江大学文理学院聘任教员，由浙江大学校长主聘，文理学院院长副署。

二、文理学院聘任教员，由大学致送正式聘书，同时由学院致函，说明待遇及期限。

三、应聘教员，接受正式聘书，即为承诺。

四、文理学院教员之等级及薪数，依大学院之规定。

五、文理学院教员，不得兼任本大学以外各职，但教员之受中央及本省政府委任为某种调查研究或设计者及特别讲师，不在此限。

六、文理学院于必要或便利时，得聘任特别讲师，但每学门特别讲师，至多以二人为限。

七、特别讲师为兼任职。

八、特别讲师之薪俸，依其资格及所任教程之性质时数定之。

九、文理学院专任教员之薪俸，每年按十二个月致送；兼任教员，每年按十个月致送，一月七月各送半个月，八月不送，余月照送。

十、专任教员授课时间，以每周十二小时至十五小时为准，但因特别原因，学校得减少某一教员授课之时数，指导实验时数，视讲演时数折半计算。兼任教员授课时数，平常以每周不过十小时为限。

十一、教员缺课至一星期以上时，应与院长商定办法，教员如不与院长洽商时，院长得单独为适当处分。

十二、聘约期满不再继续时，双方均应于期满两个月前向对方表示，但双方均无声述理由之责任。

十三、教员聘任期间,由文理学院决定之。双方同意时,期满得续约,续约次数无限制。

十四、聘约未满以前,教员非因疾病不能任事,不得辞职。

十五、聘约未满以前,学校对于教员,非因下列原因,不得解约:

(一)因政治上之关系,有不能任其继续在职之理由者;(二)因学校名誉上之关系,有不能任其继续在职之理由者;(三)教员对于学校有危害之行为者;(四)不照约担任职务者;(五)不能称职者。

学校因上列(一)(二)(三)(四)四种原因,得随时解除教员聘约,但因第五种原因之解约,须于学期终了时行之。

浙江档案馆,档案号 L053-001-3665。

国立浙江大学组织规程

第一章 总 则

第一条 本大学定名为国立浙江大学。

第二条 本大学依据中华民国教育宗旨及其实施方针,以阐扬文化,研究学术,养成健全品格,培植专门人才为宗旨。

第二章 学 制

第三条 本大学暂设下列各学院学系

(一)文理学院 内设文学、政治、教育、数学、物理、化学、生物等学系。

(二)工学院 内设电机工程、机械工程、化学工程、土木工程等学系。

(三)农学院 内设农艺、森林、园艺、蚕桑、农业社会等学系。

第四条 本大学修业期限定为四年,学生毕业后得称某学士。

第五条 本大学受浙江省政府之委托,设代办高级工科中学、高级农科中学,附属于工农两学院,其规程另定之。

第三章 职 制

第六条 本大学设校长一人,总辖校务,由国民政府任命之。

第七条 本大学设秘书长一人,由校长聘任,商承校长处理全校事务。

第八条 本大学各学院各设院长一人,由校长聘任,商承校长处理全院教务及学术、设备事项。各学院各得设副院长一人,襄助院长处理院务。

第九条　本大学各学系各设主任一人,教授、副教授、讲师、助教若干人,由院长商请校长聘任之。

第十条　本大学工场、农林场得各设主任一人,技师若干人,由校长就教授、副教授、讲师中聘任,商承校长、院长处理工场、农场或林场事务。

第十一条　本大学工场、农林场用各系实验室得设技术员、管理员或助理员,由院长商承校长聘任或任用。

第十二条　本大学设秘书一人或二人,秉承校长、秘书长襄理全校事务。

第十三条　本大学秘书处分设文书、注册、会计、事务、图书、出版六课,每课设主任一人,由校长聘任课员、助理员若干人,由校长任用,秉承校长、秘书长处理各课事务。秘书处及各课办事细则另定之。

第十四条　本大学设军事训练部,置主任一人,教官、助教若干人,由校长聘任,秉承校长办理全校军事训练事项。

第十五条　本大学设体育部,置主任一人,讲师、助教若干人,由校长聘任,秉承校长办理全校体育事项。

第十六条　本大学设学生生活指导员若干人,由校长聘任,秉承校长指导学生在校生活。

第十七条　本大学设校医若干人,由校长聘任医务员三人,由校长任用办理卫生治疗事宜。

第十八条　本大学秘书处设缮写室,置书记若干人,由校长委任之,办理缮写事务。

第四章　会　议

第十九条　本大学设校务会议,以校长、秘书长、各学院院长、各系主任及教授、副教授代表组织之。

第二十条　军事训练部主任、体育部主任及秘书处秘书、各课主任、各学生生活指导员得由校长邀请列席校务会议。

第廿一条　本大学各学院设院务会议,以各学院院长、副院长、各系场主任、教授、副教授组织之。

第廿二条　本大学秘书处设处务会议,以秘书长、秘书、各课主任组织之。

第廿三条　校务会议、院务会议、处务会议规程另定之。

第五章　委员会

第廿四条　本大学设左(下)列各种委员会,其委员由校长于大学教职员中聘任之。

(一)招生委员会

(二)出版委员会

(三)审计委员会

(四)建筑委员会

(五)训育委员会

(六)卫生委员会

(七)讲演委员会

(八)学术设备委员会

第廿五条　本大学依据校务上之需要得增设其他委员会。

第廿六条　各委员会规程另定之。

第六章　附　则

第廿七条　本规程由校长核定施行,并呈报教育部备案。

第廿八条　本规程如有未尽事宜,得由校长随时修改并呈报教育部备案。

国立浙江大学秘书处:《二十一年度国立浙江大学一览》,杭州正则印书馆1932年版,第11—13页。

国立浙江大学聘任教员规则

二十一年五月二十五日校务会议第十七次常会通过

一、国立浙江大学各学院教员，由大学校长主聘，授课学院之院长副署。

二、各学院教员，由大学致送聘书。

三、应聘教员，应于接到聘书后两星期内，寄送应聘书。教员聘约，自大学接到应聘书时始，即为确定。

四、国立浙江大学教员，以专任为原则，但各学院于必要或便利时，得聘任兼任教员。

五、国立浙江大学专任及兼任教员，在聘任期内，对于大学或各学院所委托任务，均有担任之责任。

六、专任教员，不得兼任本大学以外各事务。但受中央及本省政府委任为某种调查研究或设计，由院长陈请校长特许者，不在此限。

七、兼任教员之薪俸，由致聘之学院依其资格及所任教程之性质时数定之。

八、各学院专任教员之薪俸，每年按十二个月致送。兼任教员，每年按十个月致送，一月七月各送半个月，八月不送，余月照送。

九、专任教员授课时间，以每周十二小时至十五小时为准。但因特别原因，学校得减少某一教员授课之时数。指导实验时数，视讲演时数折半计算。兼任教员授课时数，平常以每周不过十小时为限。

十、教员请假，依照本大学教员请假代课及补课办法办理。

十一、教员聘任期间，由各学院决定之。双方同意时，期满得续约，续约次数无限制。

十二、续约由授课学院之院长，于约满两个月前，通知关系之教员，其致送聘约之手续，与初聘时同。

十三、聘约未满以前，教员非因疾病不能任事，不得辞职。

十四、聘约未满以前，学校对于教员，非因下列原因，不得解约：

（一）因政治或法令上之关系，有不能任其继续在职之理由者；（二）因学校名誉上之关系，有不能任其继续在职之理由者；（三）教员对于学校有危险之行为者；（四）不照约担任职务者；（五）不能称职者。

学校因上列（一）（二）（三）（四）四种原因，得随时解除教员聘约，但因第五种原因之解约，须于学期终了时行之。

国立浙江大学秘书处：《二十一年度国立浙江大学一览》，杭州正则印书馆1932年版，第274—275页。

国立浙江大学校务会议规程

二十一年八月修正

第一条　本大学依国立浙江大学组织规程第十九条之规定，设校务会议。

第二条　校务会议以左（下）列各员组织之：

校长

大学秘书长

各学院院长、副院长

各学院各学系主任

各学院教授、副教授代表

第三条　军事训练部主任体育部主任，秘书处秘书，各课主任，各学生生活指导员，得由校长邀请列席校务会议。

第四条　各学院教授副教授代表之名额，依左（下）列之规定：教授副教授人数十人以下者代表二名；十一人至二十人者代表三名；二十一人以上，每多十人增加代表一名，但至多不得过十名。

第五条　各学院教授副教授代表，由各学院全体教授副教授于每学年开学后一星期内，就各本学院教授副教授中选举之，以得票最多数者为当选，票数相同时以抽签定之。

第六条　各学院教授副教授代表之任期为一学年，连选得连任；中途离职者以得票次多数之人递补。

第七条　校务会议以校长为主席。

第八条　校务会议审议左（下）列各事项：

（一）大学预算

（二）各学院学系之设立及废止

（三）各学院课程

（四）大学内部各种规则

（五）关于学生试验事项

（六）关于学生训育事项

（七）校长交议事项

第九条　校务会议每月开会一次,但因特别事务,得由校长临时召集之。

第十条　校务会议记录及文书事宜,由秘书处派员办理。

第十一条　校务会议议决事项,经校长核准后施行之。

第十二条　校务会议议事规则另定之。

第十三条　本规程由校长核准施行。

国立浙江大学秘书处:《二十一年度国立浙江大学一览》,杭州正则印书馆1932年版,第265—266页。

国立浙江大学校务会议议事规则

二十一年十月二十一日第十八次校务会议议决通过

第一条　本规则依校务会议规程第十二条之规定订定之。

第二条　校务会议以校长为主席，校长缺席时，由左(下)列各员依次代理之：一、大学秘书长，二、文理学院院长，三、工学院院长，四、农学院院长。

第三条　常会由校长于三日前以书面形式通告召集，临时会由校长临时通告召集之。

第四条　常会应先行编造议程，随开会时分发，其议案排列之程序，依校务会议规程第八条审议事项之顺序，同一事项之议案在两案以上者，其顺序如左(下)：一、校长交议，二、文理学院提议，三、工学院提议，四、农学院提议。

临时会议案在二案以上者，其讨论之顺序亦同。常会及临时会议之临时提案，以提出之先后为讨论之顺序。

第五条　前条顺序开会时依议事手续得变更之。

第六条　提出本月常会之议案，应于前月终将议题送交秘书处编入议程，其有说明文字者，并须同时交送秘书处缮印，随议程分发，但临时提案，不在此限。

第七条　凡讨论议案有认为须付审查者，得由主席指定或公同推举审查员审查后，再行付议。

第八条　校务会议以校务会议组织员数二分之一以上出席，为法定开会人数，以出席人数二分之一以上之同意，为法定表决人数。

第九条　校务会议因事不能出席者，应先行以书面通知秘书处。

第十条　每次校务会议之记录,经主席核定后,由秘书处缮印分发。

第十一条　本规则由校务会议通过,由校长核准施行。

国立浙江大学秘书处:《二十一年度国立浙江大学一览》,杭州正则印书馆1932年版,第266—267页。

国立浙江大学讲演委员会规程

二十一年十月二十一日第十八次校务会议议决通过

第一条　本委员会依照本大学组织规程第二十二条规定组织之。

第二条　本委员会委员人数定为五人至七人，由校长于大学教职员中聘任之。

第三条　本委员会职务如左（下）：

一、敦请名人演讲。

二、规定演讲时间。

三、规办学生演讲竞赛及辩论会等事项。

四、审查演讲纪录。

第四条　本委员会延请讲演人选，须先商得校长同意。

第五条　演讲纪录经审查后，由本委员会主席送交秘书处出版课转发各刊物登载。

第六条　本规程于校务会议通过后，由校长核准公布施行，如有未尽事宜，由校务会议随时修改之。

国立浙江大学秘书处：《二十一年度国立浙江大学一览》，杭州正则印书馆 1932 年版，第 273—274 页。

国立浙江大学专任教员兼课规则

二十二年四月公布

一、本校专任教员以不在校外兼课为原则,但遇绝对必要时,经校长同意得酌量兼任。

二、专任教员兼课地点,应以杭州市为限,每周兼课时间,不得过四小时。

三、专任教员如有在外兼课之必要时,须由兼课之学校于事前商准校长,始得兼任,其兼课所得报酬,应由兼课之学校交付本大学会计课,再由校长商定数目,转奉兼课之教员。

四、凡未依照上项规则办理,而在校外兼课之教员,概以兼任教员待遇。

五、上项规则,大学部及代办中学之专任教员,均适用之。

六、上项规则,于二十二年度起实行。

浙江省档案馆,档案号:L053-001-0629。

国立浙江大学职员待遇规则

二十三年三月公布

第一条　本大学院长秘书及总务主任,薪俸分下列三级,其职务著有成绩者,每二年得进一级,至第三级为止(副院长薪给照教员待遇规则办理)

等级	1	2	3
俸额	350	400	450

第二条　本大学各课主任,除以教授兼任者外,其俸给分下列九级:

等级	1	2	3	4	5	6	7	8	9
俸额	220	230	240	250	260	270	280	290	300

初任职务者,自第一级至第四级起薪,担任职务著有成绩者,每二年得进一级或二级,至第九级为止。

第三条　各处院课室之事务员分下列十三级:

等级	1	2	3	4	5	6	7	8	9	10	11	12	13
俸额	60	70	80	90	100	110	120	130	140	150	160	170	180

初任职务者,自第一级至第五级起薪,担任职务著有成绩者,每二年得进一级或二级,至十三级止。

本大学技术员、助理员之薪俸,由本大学随时酌定之。

第四条　书记起薪,分下列六级

等级	1	2	3	4	5	6
俸额	30	35	40	45	50	55

初任职务者,自第一级至第二级起薪,工作努力者,每二年得进一级,至第六级为止。

第五条　练习生之薪金,随时酌定之。

第六条　职员住宿,得由学校供给之。

第七条　女职员在分娩期间,得领一月原薪之休养费。

第八条　凡连续任职十二年以上之职员,年逾六十,自请退职,或由本大学请其退休者,得以其退职时所领年俸额作标准,给予一次养老金。

第九条　在职职员有死亡情事,得由本大学给予一次抚恤金,其连续服务五年以上者,支其最后年俸六分之一,十年以上者,支其最后年俸四分之一,十五年以上者,支其最后年俸二十分之。

第十条　本条例由校长核准公布,于二十二年度起实行。

浙江省档案馆,档案号:L053-001-0629。

国立浙江大学教员待遇规则

二十三年九月修正

一、本大学教员分为教授、副教授、专任讲师、兼任讲师、助教五级。

二、专任教授月薪自三百六十元至四百五十元，专任副教授自二百五十元至三百六十元，专任讲师自一百四十元至二百二十元，兼任讲师按授课钟点支薪，每小时自四元至五元，助教自五十元至一百四十元。

三、高职教员分专任兼任两种，专任教员月薪自六十元起二百元止，兼任教员按授课钟点支薪，每小时自一元至三元。

四、教员升级，以研究及授课成绩为标准。

五、各系教员研究或授课成绩优异者，每年于五月间，由院长及系主任之提议，经校长职核准，得分别升级。

六、助教升讲师应具下列三条件：

（a）研究成绩优异者；

（b）能单独授课者；

（c）曾担任助教三年以上者。

七、教员加薪以十元为一段，每次加薪大学部得自一段至四段，高职部得自一段至二段。

八、教员在本大学任职满三年者，得加薪一段，但研究或授课成绩优异之教员，不在此例。

九、助教在本校任职已满四年，而仍无研究成绩，在有价值之专门杂志中发表者，不再续聘，但每周授课时间在十二时以上者，或确有研究上之实际困难，经院长及系主任证明者，得变通办理。

十、本规则自二十四年度起实行。

浙江省档案馆，档案号：L053-001-0629。

国立浙江大学校务会议规则

二十五年二月十九日校务会议通过

第一条 本会议依据本大学组织规程第十四条之规定,以左(下)列各员组织之:

校长;

教务长;

各学院院长;

总务长;

各学院各学系主任;

军事管理处处长;

一年级主任;

专任教授、副教授代表。

第二条 本大学教职员,遇本会有咨询事项,得由主席邀请列席。

第三条 专任教授副教授代表之名额,依左(下)列之规定:

专任教授副教授代表每学院各三人;直隶教务处专任教授副教授代表一人。

第四条 各学院及教务处专任教授副教授代表,由各学院全体专任教授副教授暨讲师,于各学年开学后一星期内,就各该院处专任教授副教授中选项举之。以得票最多数者为当选,票数相同时,以抽签定之。

第五条 各院处专任教授、副教授代表之任期为一学年,连选得连任;中途离校者,以得票次多之人递补。

第六条 本会议以校长为主席。

第七条　本会议审议左(下)列各事项：

(一)大学预算；

(二)各学院学系之设立及废止；

(三)各学院课和及公共课程；

(四)大学内部各种规则；

(五)关于学生试验事项；

(六)关于学生训育事项；

(七)校长交议事项。

第八条　本会议每月开会一次，但因特别事务，得由主席或由本会会员三分之一以上之提议，请主席临时召集之。

本会议记录及文书事宜，由校长办公室办理。

本会议议决事项，经校长核准施行之。如校长认为有修正之必要时，得交会议。

本会议议事细则另定之。本规程经本会议通过，由校长核准，公布施行，如有未尽事宜，由校长或由本会会员三分之一以上之提议，交本会议议决修正之。

浙江省档案馆，档案号：L053-001-0631。

文科研究所史地学部规程草案

（一）本学部奉教育部令设立,每年由部拨助图书设备经费及研究生生活费。

（二）本学部现设下列二组,各组就学科性质得分为若干门。

（1）史学组

（2）地学组

（三）本学部暂定每年招收研究生五名,每名给予生活费每月五十元,除由教育部补助二千元外,余由本校自筹。

（四）本学部设主任副主任一人,每组每门设导师一人或二人,均不另支薪或津贴,主任得由史地学系主任兼任,副主任由导师兼任,处理所内事务,其所任本系功课,钟点得酌量减少,每组门导师负指导研究生之责,于必要时亦得减少其授课钟点。

（五）本学部至少每二月举行部务会议,由主任各组门导师组织之。

（六）本学部得接受其他政府机关之资助,及学术团体或私人所捐助之奖学金。

（七）本学部得受公私团体之委托,研究史地学术之特殊问题。

（八）本学部得应研究之需要,举行学术调查及考查。

（九）本学部导师及研究生之著作,经部务会议认可,得由本部出版,刊物分为二类,甲类为专刊,内容系专题,研究之类为集刊,由性质相似之论文若干篇汇集之,皆为不定期刊。

（十）本学部研究生得导师之许可,在本大学选修学程,惟每周不得过六小时。

（十一）本学部研究生不得兼任其他职务，惟研究生兼任本系助教或类似工作者不在此例。

（十二）研究生修业期限为两年，但成绩优良而工作未能结束者，得延长一年，在第一年修业期满，考核核成绩，其成绩及格者，继续给予生活费，其成绩特优者，得外加奖金，不合格者，停止修业，全部修业期满后，考试及格，给予证书。

（十三）本学部与本大学史地学系所附设之，史地教育研究室（由教育部另拨史地专款办理），应保持密切之联系。

（十四）研究生招生简章另订之。

（十五）本学部办事细则另订之。

浙江省档案馆，档案号：L053-001-0630。

国立浙江大学学则

1939 年

第一章　入学资格

第一条　本大学入学资格须具有左（下）列各项程度之一，并经入学试验及格录取。

一、公立（即国、省、市、县立）或已立案之私立高级中学普通科或农、工、商、家事等职业科毕业得有正式毕业证书者；

二、公立或已立案之私立高级中学师范科毕业，得有正式毕业证书，而在学时并未受有免费待遇（全部或一部）者，或受有免费待遇，而毕业后曾在小学或其他教育事业服务满足一年，得有服务证明书者；

三、公立或已立案之私立大学二年期预科毕业，得有正式修业期满成绩及格证明书者；

四、尚未立案之私立高级中学或大学二年期预科毕业，经主管之教育行政机关甄别试验及格，得有升学证明书者；

五、工业、农业专门学校本科修业一年以上，持有正式转学证书及成绩单者，得分别投考工学院、农学院一年级。

本大学各学院男女生并收。

第二章　入学手续及纳费

第二条　新生入学，依左（下）列之规定：

一、新生应于开学前二日，偕同保证人（保证人二人，须有固定职业，其一并须居住杭州市，对于所保学生，能负一切责任者），前来本大学填写入学愿书及保证书，呈报入学资格证明文件，并缴纳应缴各费；

二、新生因病不能于前款规定日期内到校者，应以书面连同医生证明书,向本大学军事管理处,声请给假,假期以自开学前二日起,九日为限,凡未经准假,或准给假而届限不到者,一律不准入学。

第三条　旧生入学,依左(下)列之规定:

一、旧生应于开学之日到校注册缴费;

二、旧生因病不能于开学之日到校者,应先以书面连同医生证明书,向本大学军事管理处声请给假,假期以自开学之日起,七日为限,凡未经准假,或已准给假而届限不到者,即令退学。

第四条　本大学学生每学期应缴各费,依左(下)列之规定:

一、学费　十元

二、杂费　五元(学生二元)

三、体育费　二元

四、医药费　一元

五、代管各费:(盈还亏补,如有变更,得随时增减之)

甲、书籍费　二十元

乙、膳费　三十二元(寄宿生缴)

丙、讲义费　四元

丁、洗衣费　四元(寄宿生缴)

戊、被单枕套费　一元五角(同前)

己、预备费　六元

实验费包括在预备费内。

六、新生加缴各费(盈还亏补)

甲、制服费:

第一学期缴　十七元

第二学期缴　十七元(男生)五元(女生)

乙、运动服费　五元

制服费包括军服费在内。

第三章　转院及转系

第五条　本大学一年级生不得请求转院或转系,四年级不收转院或转系生。

第六条　本大学二三年纪[级]学生,欲转入他院时,依左(下)列之规定：

　　一、志愿转院者,须先具呈教务处,声明志愿编入某院某学系之某年级,经核准后,先与新生一律参加入学试验。

　　二、志愿编级者,经参加入学试验几个录取后,再受编级试验;

　　三、编级试验以该生在原院已经修过之学程,经审查认为可以给予学分者为范围,编级试验几个之学程,核给学分;

　　四、编级试验几个之学分,不及该年级应修学分之半数时,不得编入该级,但得入相当年纪[级]肄业。

　　第七条　本大学各院二三年级学生,在各本院内置转系办法,由各院分别另定之。

<h2 style="text-align:center">第四章　课　程</h2>

　　第八条　本大学各学科分必修选修两种,均以学分为单位,每学期每周上课一小时,并须二小时以上之自习者,或实验二小时至三小时者,为一学分,课程大纲另定之。

　　第九条　本大学学生至少须修满一百三十二学分(党义、军训、体育除外),始得毕业,修习期限,至少四年。

　　第十条　本大学学生每学期所修课程,不得少于十二学分,(如因体质不强,经核医证明,或有特殊事故,经所在学院院长核准者,不在此列),亦不得超过二十一学分,惟前学期成绩总平均不及七十分者,所修课程,除各院有特殊规定者外,不得超过十八学分。

　　本条所规定之学分及成绩,党义、军训、体育各课程,均不计在内。

<h2 style="text-align:center">第五章　试　验</h2>

　　第十一条　本大学试验,分左(下)列七种:

一、入学试验

二、编级试验

三、党义试验

四、社会科学试验

五、临时试验

六、学期试验

七、毕业试验

第十二条　入学试验,组织招生委员会,于学年开始时,定期举行,试验科目如左(下):

一、体格检查(体格检查不及格者,不得参加笔试)

二、笔试

甲、党义;乙、国文;丙、英文;丁、数学(普通及高等代数学,平面及解析几何学,三角法);戊、物理;己、化学;庚、历史(世界、中国);辛、地理(世界、中国);壬、生物学(投考文理学院生物学系及农学院各学系者,须加试此科)。

第十三条　编级试验,由各该院院长会同有关系学系主任及教员,于开学后两周内举行之。

第十四条　党义试验规则另定之。

第十五条　社会科学试验,组织社会科学试验委员会于每学期开始时定期举行。试验规则另定之。

第十六条　临时试验,分别由担任各学科之教员,随时举行,但每学期至少举行二次以上。

第十七条　学期试验,由各该院院长会同各学系主任及教员,于每学期课程结束时,依照校历规定日期举行。

学生因亲丧疾病等不得已事故,在准假期内,未参与学期试验者,得请求补行学期试验,其成绩得仍依平时记分方法计算,但补试以一次为限,届期不到,不得重申请求,未经准假而缺试者,除经所在学院院长特准者外,一律不准补试,补试在次学期开学前三日内举行。

第十八条　毕业试验,即为最后一学期之学期试验,由本大学呈请,教育部派校内教授,副教授及校外专门学者,组织委员会举行,试验学科,须在四种以上,至少有两种包含全学年之课程。

第十九条　学生参加试验时,不遵守试场规则者,其试卷无效。

第六章　成　绩

第二十条　平时成绩,以临时试验成绩,与随听笔录,读书札记及练习、实习、实验等成绩,分别合并核计。

第二十一条　学期成绩,以学期试验成绩,与平时成绩,合并核计。

第二十二条　毕业成绩,以毕业试验成绩,与各学期成绩,及毕业论文成绩,合并核计。

毕业论文规则另定之。

第二十三条 工、农两学院各学系学生,自第二学年起,须于暑假或寒假期内,在校外相当场所实习若干时期,无实习场所出给之实习成绩及格证明书者,不得毕业。实习程序,由各该院分别另定之。

第二十四条 本大学各学程之成绩,以六十分及格,在六十分以下,五十分以上者,得补试一次,补试及格者,一律给予六十分,在五十分以下者,不准补试,亦不给学分,如系必修科,须重习之,重习成绩,仍在六十分以下,五十分以上,经补试后,再不及格,即令退学。

第二十五条 本大学学生每学期所修学分,倘有五分之二(党义、军训、体育除外)不及格者,即令退学。

第二十六条 本大学学生操行成绩评定规则另定之。

第七章　缺　席

第二十七条 本大学学生缺席,分缺课与旷课两种,准假缺席者为缺课,未经告假或告假未准缺席者为旷课。

第二十八条 凡学程讲授一小时,缺课一小时为一次,实习每次二小时或三小时不等,作一次算,惟病假经医生证明者,缺课以两次作一次算。本大学学生,在入学时请给病假者,亦须依照本条之规定办理。

第二十九条 本大学学生告假,依照本大学学生请假规则办理。

第三十条 学生告假期内,不论教员缺席与否,及有无学生缺席报告,所有请假课程,概以缺课论。

第三十一条 学生上课,在点名后入室者,概为迟到。迟到三次,以缺课一次论,教员迟到时,学生须在教室内静候十分钟,过时教员不到,始可退席,不满十分之退席者,以旷课论,旷课一次,作缺课五次计算。

第三十二条 本大学一学期授课时间,作十八周计算,学生缺席(缺课、旷课)照左(下)列之规定办理:

一、凡在一学期内,各学程之缺课总数,达全学程授课时间之五分之一者,所修学程一概不给学分;

二、凡在一学程内,缺课次数,满该学程授课时间之四分之一者,该学程不给学分；

三、凡在一学程内，缺课一次，应扣之分数，依照缺课扣分表办理。

第八章　毕业学位

第三十三条　本大学学生毕业时，由本大学依照学位授予法及学位分级细则之规定，分别授予文、理、教育、工、农等学士学位。

第九章　休学及退学

第三十四条　本大学学生如因重病，经医生证明，或重要事故，经家长或保证人之证明，得请求休学。

第三十五条　本大学一年级生在第一学期，不得请求休学，第二学期请求休学，须经一年级主任之许可，二三四年级生，须经所在学院院长许可。

第三十六条　本大学学生休学期限，以二年为度，期满不复学者，以退学论。

第三十七条　本大学学生退学，除前列第三、第二十四、第二十五、第三十六各条规定，及操行不良，另有规定外，凡有左（下）列情事之一者，亦予退学：

一、身体欠健全，或得有危险疾病，经校医证明，不能求学者；

二、考试舞弊夹带者；

三、因不得已事故，自动声请退学者。

第十章　奖励及惩戒

第三十八条　本大学学生学业成绩优良者之奖励，依本大学奖学金及助学金规则办理。

第三十九条　本大学学生学业成绩优劣者之奖励，惩戒，依本大学学生操行成绩评定及惩戒规则办理。

第十一章　附　则

第四十条　本学则经校长核准公布施行。

附缺课扣分表（从略）。

浙江省档案馆，档案号：L053-001-0629。

国立浙江大学聘任教员规则

1940 年

一、国立浙江大学各学院教员,由大学校长聘任之。

二、应聘教员,应于接到聘书后两星期内,寄还应聘书。教员聘约自大学接到应聘书时始,即为确定。

三、国立浙江大学教员以专任为原则,但于必要或便利时,得聘任兼任教员。

四、国立浙江大学专任及兼任教员,在聘任期内,均有担任导师及其他由大学或各学院所委托任务之责任。

五、教员按照聘约所规定之期限钟点及各院所排定之课程时间,准时上课。

六、教员于授课时间外,当随时负指导学生研究讨论考察之责。

七、教员对于学生成绩,随时负考核责任,于每月及每学期终报告注册课。

八、专任教员,不得兼任本大学以外各事务,但受中央及省政府委任为某种调查研究或设计由学校特许者,不在此限。

九、兼任教员之薪俸,依其资格及所任教程之性质时数定之。

十、专任教员之薪俸,每年按十二个月计算,兼任教员,按十个月计算。

十一、专任教员授课时间以每周九小时至十五小时为准。但有下列情形之一者,得减少之。

甲、担任行政事务者;

乙、实际上以充分时间从事实验研究者。

除甲乙二项原因外,凡教员所授时数不满九小时者,应照兼任教员待遇。

十二、指导实验时数、视演讲时数折半计算,其实验时数之由助教主持者,应作为助教之授课时间。

十三、教员请假,依照本大学教员请假代课及补课办法办理。

十四、续约于约满一个月前,通知关系之教员。

十五、聘约未满以前,教员非因疾病不能任事,不得辞职。

十六、聘约未满以前,学校对于教员,非因下列原因,不得解约:

(一)因政治或法令上关系,有不能任其继续在职之理由者;

(二)因学校名誉上之关系,有不能任其继续在职之理由者;

(三)教员对于学校有危险之行为者;

(四)不照约担任职务者;

(五)不能称职者。

学校因上列(一)(二)(三)(四)四种原因,得随时解除教员聘约,但因第五种原因之解约,须于学期终了时行之。

浙江省档案馆,档案号:L053-001-1869。

国立浙江大学组织大纲

二十九年修订

第一章　总　则

第一条　本大学依据中华民国教育宗旨及实施方针,以阐扬文化,研究学术,养成健全品格,培植专门人才为宗旨。

第二章　组　织

第二条　本大学设下列各部分:

文学院:设本国文学、外国语文学、史地学等学系,并设文科研究所史地部;

理学院:设数学、物理学、化学、生物学等系,并设理科研究所数学部;

工学院:设电机工程、化学工程、土木工程、机械工程等学系并附设工场;

农学院:设农艺、农业化学、园艺、植物病虫害、蚕桑、农业经济等学系,并附设农场林场;

师范学院:设教育、文、史地、英语、数学、理化等学系,并附设实验学校,各学院之学系,有必要时,得再分组。

教务处:设注册组及图书馆。

训导处:设生活指导、军事管理、体育卫生等组。

总务处:设文书、庶务、出纳、医务等组。

第三章　职教员

第三条　本大学设校长一人,总理全校校务,由国民政府任命之。

校长办公室设秘书一人,秉承校长,处理本室及校长所指定事项,由校长聘任之。

第四条 本大学教务处,设教务长一人,由教授兼任,秉承校长,主持全校教务事宜。由校长聘任之。注册组及图书馆各设主任一人,秉承校长、教务长分别处理各该组馆事宜,由校长聘任之。

全校设担任共同必修选修科目之不属于院系之教授、副教授、讲师、助教各若干人,由教务长商请聘任之。

第五条 本大学各学院各设院长一人,由教授兼任,秉承校长总理各该院院务,由校长聘任之。各学系各设系主任一人,由教授兼任,教授、副教授、讲师、助教,各若干人,均由各该院院长商请校长聘任之。工场、农场、林场、实验学校,各设主任一人,由各该院院长就教授、副教授中商请校长聘请兼任之,分别秉承校长各该院院长掌理各该场校事务。

第六条 本大学得设一年级主任一人,由教授兼任,秉承校长并承教务长,各学院院长、训导长,处理一年级教务及训导事宜。

第七条 本大学文科研究所史地部、理科研究所数学部各设立主任一人,由校长就教授中聘请兼任之。

第八条 本大学训导处,设训导长一人,由教授兼任,秉承校长,主持全校训导事宜。由校长聘任之。生活指导、军事管理、体育卫生等组,各设主任一人,由教职员兼任,秉承校长训导长,分别处理各该组事宜,由校长聘任之。训导人员应遵照训导人员资格条例办理。

第九条 本大学总务处,设总务长一人,由教授兼任,秉承校长,主持全校总务事宜,由校长聘任之。文书、庶务、出纳、医务等组,各设主任一人,秉承校长,分别处理各该组事宜。由校长聘任之。

第十条 本大学会计室,设会计主任一人,由国民政府主计处任用,依法受校长之指挥,办理全校岁计会计事宜。

第十一条 本大学因事务之上之需要,得在各部分设处员、组员、文牍员、助理员、书记等由校长任用之。

第十二条 本大学各部分办事细则另订之。

第四章　会议及委员会

第十三条　本大学设校务会议,以校长、教务长、各学院院长、训导长、总务长、一年级主任、各学系主任、会计主任及全体专任教授、副教授所选出之代表若干人(每十人至少选举代表一人)组织之。校长为主席,讨论全校一切重要事项,前项会议校长得延聘专家列席,但其人数不得超过全体人数五分之一。

第十四条　本大学设教务会议,由教务长、各学院院长、一年级主任、各学系主任及教务处各组馆主任组织之。教务长为主席讨论本校一切教务事宜。

第十五条　本大学各学院,各设院务会议,以院长、各学系主任组织之。院长为主席,计划本院学术设备事项,审议本院一切进行事宜。各学系设系务会议,以系主任及本系教授、副教授、讲师组织之。系主任为主席,计划本系学术,设备事项,审议本系一切进行事宜。

第十六条　本大学设训导会议,由校长、训导长、教务长,各主任导师及训导处各组主任组织之。校长为主席,讨论全校一切训导事宜。

第十七条　本大学设总务会议由总务长及总务处各组主任组织之。总务长为主席,讨论全校一切总务事宜。

第十八条　本大学因校务上之需要,得设招生委员会、出版委员会、公费免费奖学金委员会、建筑委员会等,各种委员会委员均由校长就教职员中聘请兼任之。

第十九条　本大学校务会议规则及其他各种会议规则,各种委员会规则另订之。

第五章　入学资格及修学年限

第二十条　本大学学生入学资格,以曾在公立或业已立案之私立高级中学毕业得有证书或毕业证明书者为准。

第二十一条,本大学学生之修学年限除师范学院须五年毕业外,其余各院系一律四年。

第六章　附　则

第二十二条,本大纲经校务会议通过,校长核准,呈请教育部备案后,由校长公布施行。

　　第二十三条,本大纲如有未书事宜,得经校务会议三分之二大多数通过,由校长呈请教育部核准修改之。

　　浙江省档案馆,档案号:L053-001-0631。

★厦门大学

厦门大学由华侨陈嘉庚于 1921 年创办,是中国近代教育史上第一所华侨创办的大学。

1921 年私立厦门大学在集美学校举行开学仪式,初创时,学校设有师范、商学两部,师范部下分文、理两科,学制预科两年、本科四年。1922 年 2 月,私立厦门大学董事会正式成立,陈嘉庚为永久董事。1924 年,《厦门大学组织大纲》明确学校办学的三大任务是:"研究高深学术,养成专门人才,阐扬世界文化。"厦大建校之后,形成文、理、教育、商、工、法 6 科,下设国文、教育、土木工程、机械工程、经济学等 19 学系。1935 年 5 月,学校重新组建校董会,陈嘉庚仍为永久董事,林文庆为当然董事。1937 年 7 月,南京国民政府将私立厦门大学改为国立,更名为国立厦门大学。卢沟桥事变爆发后,厦门大学内迁闽西山城长汀。1945 年后厦门大学复校,陆续增设海洋学系、国际贸易学系,并将机电工程学系分为机械、电机 2 个系,理学院也分设理学院和工学院 2 个学院。学校扩展到 5 个学院 18 个学系,形成学科比较齐全,具有文、理、工学科的综合性大学。

1949 年中华人民共和国成立,取消"国立"二字,改称厦门大学。1952 年政府对高等学校进行院系调整,厦门大学工学院航空系并入组建北京航空学院,工学院电机、土木、机械系各一部分并入浙江大学,电机、机械系大部分并入南京工学院,土木、建筑系大部分并入同济大学,水利专业并入组建华东水利学院等。厦门大学成为文理科综合性大学。

私立厦门大学校旨

本大学之主要目的,在博集东西各国之学术及其精神,以研究一切现象之底蕴与功用;同时并阐发中国固有学艺之美质,使之融会贯通,成为一种最新最完善之文化。现设文、理、教、商、法五科,惟农林一科划归集美,单独设立,不在本大学范围之内。兹将本大学主要宗旨,略述如左(下):

(一)本大学以发扬国光为职志,无地方畛域之见,一切教授悉用国语。

(二)关于科学之教授,以切于实用造就应用科学人材为前提。实验室之设施,力求完备。并将重要之科学智识,编成中文,以期养成我国国民之科学精神。

(三)注重各科学研究之工作,以期养成真正研究之精神,使各种学术,均能达到最高深之地步。

(四)我国目下师资及教育专门人材,甚为缺乏,故对于教育科特加注意,以期养成良好师资,及教育界领袖。

(五)国文之外,尤注重英文,使有志深造之士,得研究世界各国学术之途径。

(六)提倡学生自治之组织,以期养成高尚之人格,发扬美满之民族精神,于学校内造成一种模范社会,以为将来服务之预备。

(七)提倡推广教育,使各学校之教员,政农商工各界之人员,均有求学之机会,俾普通社会之智识,得以逐渐提高,真正民治之精神,赤赖以养成。

（八）本大学与海外各埠华侨关系甚深，故予华侨子弟以返国求学之机会，俾得发扬其眷爱祖国之热忱，使国内外之民族精神得以团结。

（九）研究南洋及其他各地华侨之状况，以图将来之发展及进步。

（十）启发闽省之天然富源，以达到振兴实业之目的，而徐图国际贸易之发展。

上列各项，不过略举一二，不足以尽本大学之校旨。约而言之，本大学之企图，一方面研究学术，以求科学之发展；一方面阐扬文化，以促社会之改进，使我国得与世界各强国居同等之地位。

黄宗实、郑文贞：《厦门大学校史资料》第一辑（1921—1937），厦门大学出版社1987年版，第40—41页。

国学研究院研究生研究规则

一、本大学及本大学承认之大学本科毕业生,或于国学方面具有特殊之学力及成绩者,可于每学期开始两星期中到院报名,填写已往之学业及现愿研究之题目与其研究之方法,有著作呈送著作,一并由主任交学术会议审查(必要时得用口试),合格者得领研究证入院研究。

二、本院教员可以提出题目,招集有相当学力之研究生入院指导或共同研究,惟须由主任提交学术会议审查通过。

三、凡本校毕业生及校外学者有研究之志愿而不能到校者,得为通讯研究生,其报名及审查手续均照上条办理。

四、研究生每学期应纳学费六元,予学期开始一个月内缴纳于会计处。

五、研究生无规定之修业年限,凡对于所提出之题目研究得有结果时提出报告于主任,由主任提交学术会议审查,其及格者予以证书,其成绩最优者推为本院学侣,其著作如认为有发表之必要时得交编译部办理。

六、研究生于每学期终了时须将所得之成绩报告于主任。

七、研究生同时为在本校各种选修课程应依其所选修积点之数目应照本章程缴费。

八、本院研究部各组设奖学金额若干名,研究生之成绩优良者得承认受此项奖金,其办法另以详章规定之。

《厦大周刊》第 155 期　1926 年 6 月

黄宗实、郑文贞:《厦门大学校史资料》第一辑(1921—1937),厦门大学出版社 1987 年版,第 136—137 页。

厦门大学学生通则

入学升学休学及退学

一、本大学预科毕业生得升入本科为本科生。

二、凡高级中学毕业生及其他大学预科毕业生，其毕业学校经地方教育主管官厅或中华民国大学院之认可者，得受本大学本科之入学试验。

三、凡通过本大学本科入学试验及体格检查者，得入本大学为本科生。

四、凡经中华民国大学院认可之各大学毕业生，通过本大学之大学院入学试验者，得入本大学大学院为研究生。

五、凡旧制中等学校毕业生，或高级中学肄业一年以上、品行端正、并通过本大学预科入学试验及体格检查者，得入本大学为预科生。

六、凡通过其他大学之入学试验，经本大学特别认为合格者，可酌量免除本大学本科或预科入学试验之一部或全部。

七、愿受本大学本科或预科入学试验者，须预缴履历书、毕业证书、相片及试验费。

八、凡请求入学之学生如品行恶劣，经本大学查出者，无论录取与否，本大学得随时取消其投考或入学之资格。

九、本科入学试验之科目如下：

（一）国文、（二）英文、（三）算学、（四）化学、物理或生物、（五）中外近世史、哲学概论或论理学，如遇必要时本大学得添试其他学科。

十、预科入学试验之科目如下：

（一）国文、（二）英文、（三）算学、（四）物理化学生物（三科选二）或历史地理。

十一、新生入学时须先缴正副保证人盖印签名之保证书，正副保证人之资格如下：

正保证人以学生之亲属为限；

副保证人以在厦门确有资产、职业、经本大学认为适当者为合格，但外籍学生之副保证人，得由具有下列资格之一者充之：

（甲）中等以上学校校长；

（乙）各地教育局局长或教育会会长；

（丙）省会或商埠之殷实商户（商户须盖用该铺正式图章不得用书束印）。

保证人对于该生在校中一切事务均须负责。

十二、正副保证人死亡或丧失资格时应即呈报，并照前条规定另觅保证人，缴纳保证书。若经过三个月该生尚不呈报，查明后即令其停学。

十三、新生入学时须填具入学愿书，并缴呈最近两寸半身相片，背后须注明姓名、年龄、籍贯、通信处。

十四、学生因病或其他不得已事故，预料一个月以上不能上课者，应提出休学愿书，经各该科主任之许可得暂行休学。

十五、休学学生欲返校时，须于每学期开始一个月前，呈请续学，经各该科主任核准，编入原科原班肄业。惟以该班有缺额时为限。

十六、休学时间至多不得过一年。

十七、学生成绩不佳，品行不端，或违犯规则等，经各该科主任证明时，校长得按照惩戒规则酌量办理。

十八、学生自愿退学者，须连同保证人提出退学愿书，但奖学费生非有不得已事故并经校长许可者，不得自行退学。

十九、奖学费生因违背校规，斥退或自愿退学者，应偿还本大学所给各项费用。

二十、自愿退学之学生，须在校肄业一年以上，经本大学各该科主任许可者，始得受肄业证明书。

特别生

一、凡经本大学录取之本科或预科正式生,其志愿不欲完全学习本大学所规定之课程,仅拟于本大学各学科特别选习数科者,经各该科主任特别许可,得为本科或预科特别生。

二、凡本大学教职员经各该科主任之许可得为特别生。

三、本大学预科除前一、二两条规定所收该项特别生外,其他特别生一概不收。

四、凡高级中学或各大学预科毕业生,经本大学本科各该科主任之特别许可者,得为本大学本科特别生。

五、特别生所选习之学程,须经各该科主任及所选该科教员之许可。

六、每年特别生人数本大学得随时酌量限制。

七、特别生每习一积点或等于一积点之学程须缴学费四元,其他应缴各费与本大学正式生同。

八、特别生须于本大学宿舍有空位时方得在校寄宿。

九、特别生在本大学时间以二年为限。

十、凡于十六年第一学期在本大学之特别生,须于一年以内改为正式生,否则照第九条办理。

十一、特别生欲改为正式生时,除本规则第一条所指学生外,其余均须按照下列两种办法办理:

(一)通过入学试验;

(二)照转学生办法,经入学审查委员会通过。

十二、特别生应遵守本大学一切规则。

选科生

一、凡具相当资格经本大学各科主任认为合格并特别许可者,得选修各种功课,所缴学费及应遵守各种学生规则与特别生相同,所得积点不能作为学位积点,但可给以选修该项学科之证书。

转学

一、凡在本大学认为合格之下列各校本科肄业,得有一年以上之成

绩,并经原肄业之学校正式证明,及本大学入学审查委员会通过者,方能转入本大学本科:

(一)中华民国大学院核准之大学;

(三)本大学特别承认之大学或专门学校。

凡转学学生所列入之年级须视其在本大学第一年之成绩为准。

二、凡转学学生须于每学年开学一月前,填具转学愿书,并其原校之正式证明书与该生已习各学科之详细成绩单,以凭查核办理。但关于科学或其他实验与实习学程,应同时缴验实验或实习课本。

三、凡转学学生其肄业之大学或专门学校,如经中华民国大学院核准,或本大学承认,但其入学试验之各学科较本大学缺少一、二科者,须按照本大学入学试验规则,补考或补习其所缺之学科。

四、凡经本大学特别承认之大学或专门学校转学生,倘其未入该大学本科或专门学校时,仅在旧制中等学校毕业或高级中学肄业一年者,应按照高级中学毕业或本大学预科毕业程度,补足年限后,方准转入本大学本科肄业。

五、凡转学学生其在原肄业之大学或专门学校,选习及格之各学科,倘经本大学有关系之科主任特别许可时,得免受该科转学试验,并由本大学给予相当积点。

六、凡转学学生至少须在本大学肄业二年修满本大学本科所规定之课程试验及格,方能领受毕业文凭。

转科

一、凡欲转科之学生,须于每学年开始前提出志愿书,由该生原科主任会同拟请转入之科主任商酌核定之。

二、凡转科以拟转入之科有缺额时为限,如人数超过缺额时,得由各该科主任酌量办理。

三、转科学生未转科以前所习及格之各学科,如为其所转学科之课程内所应习者,仍得计算其积点。

诸费

一、受入学试验者应缴试验费二元录取与否概不退还。

二、学生初入学时应缴入学费十元。

三、学生每学期应缴注册费一元。

四、凡民国十六年九月以后入学之学生,本科每学年应缴学费七十元,预科每学年应缴学费五十元,于每学期开始时缴纳半数。

五、学生每学期应缴体育费二元。

六、学生所习各学程须领讲义时,每学期每学程应缴大洋五角。

七、凡选习学科有实验者,每学期应照章缴纳实验费及赔偿准备金(参阅学程纲要)。

八、凡练习钢琴、打字机及其他特别学科者,须按章缴费。

九、各学生每学期应缴普通赔偿准备金五元,于每学期告终时倘无损坏物件原数退还。

十、各学生每学期应缴宿舍费八元(电灯茶水在内),均于每学期开始时一律缴清方得入舍(寒暑假均不在内)。

十一、各学生所有膳费应于每学期开始时一次缴清,学生退学或因其他事故经本大学许可,中途停膳者,得退还其所余之膳费,但须于两星期前知照。

十二、以上应缴各费除膳费及各种赔偿准备金外无论若何情形概不退还。

十三、上列应缴诸费均须于每学期开始时一律缴清方得注册。

奖学费

一、本大学本学年设陈嘉庚奖学费额四十名,分为甲乙两种。甲种每名除免纳学费外,每年另津贴二十元;乙种免纳学费。

二、本大学本科及预科学生,具有下列资格之一而境遇穷迫者,经奖学金审查委员会审查,转呈校长核定后,得享受本大学奖学费之优待,并由本大学发给奖学证书:

(甲)旧生成绩优良、品行纯善、经各该科主任推荐者;

(乙)新生受入学试验时,其成绩优良,经入学试验委员会推荐者。

三、本大学学生具有上列资格之一而境遇优裕者,由本大学发给奖学证书,但不得享受本大学奖学费之优待。

四、本大学各科学生修习某学科成绩优良者由各该科主任给予该学科荣誉证书，成绩在九十分以上者为一等，八十分以上者为二等。

五、凡愿受奖学优待者旧生应于本年五月十六日以前，新生应于本年九月六日以前填具请求奖学愿书以凭审查。

六、学生应得之奖学费不得支取现金只能按学期在其应缴各费内扣除。

七、学生每次奖学费期限为一学年，应续得奖学费与否，视其在校之成绩优劣、品行高下，由奖学金审查委员会审查转呈校长核定之。

八、各学生中途离校时应失其本学年应享奖学费之优待。

九、凡奖学费学生之成绩或品行过于恶劣时，本大学得随时停止或取销其应享奖学费之权利。

补助费

一、本大学由陈嘉庚先生特设陈嘉庚补助费额十名，每名除免纳学费外，每年另津贴二十元。

二、凡漳平、长泰、南靖、平和、龙溪、海澄、漳浦、云霄、东山、永春、大田、德化、惠安、南安、晋江、同安、安溪、金门、思明各县学生，具有下列资格之一而境遇穷迫，经补助费审查委员会审查，转呈校长核定者，得享受本大学陈嘉庚补助费之优待：

（甲）旧生除奖学费生外，其所习各科之最后成绩，均能及格而品行纯善，经各该科主任推荐者；

（乙）新生除奖学费生外，其入学试验各学科之成绩均能及格而品行纯善，经入学试验委员会推荐者。

三、凡愿受补助费优待者，旧生须于本年五月十六日以前，新生须于本年九月六日以前，填具请求补助费愿书，以凭审查。

四、学生应得之补助费，不得支取现金，只能按学期在其应缴各费内扣除。

五、学生每次补助费期限为一学年，应续得补助费与否，视其在校之成绩优劣品行高下，由补助费审查委员会审查，转呈校长核定之。

六、各学生中途离校时应失其本学年应享补助费之优待。

七、凡补助费生之成绩或品行过于恶劣时，本大学得随时停止或取销其应享补助费之权利。

注　册

一、每学期开始,各学生须先缴纳本大学所规定之各项表格及费用,方能按照本大学所定时日入校注册;

凡新生向注册课注册时,应呈验本大学入学审查委员会之允许入学证据。

二、逾期注册者须另缴注册费,以每日一元计至五元为限。

三、学生注册选修学程及增减学程均须经科主任核准方生效力。

四、各学生注册手续完毕后由注册员发给注册证。

五、各学生非持有注册证不能享受学生应享之一切权利。

六、凡学生于开学后逾二星期尚未到校注册者即以退学论。

七、凡学生于开学后逾二星期不得改易或增加其所选之学程。

八、学生于开学后逾三星期,如欲减修其所选之学程时,其所减修之学程作为不及格论。

试验及成绩评定法

一、本大学各学科之试验分平时试验及学科试验两种。

二、平时试验由教员随时行之,学科试验于每学科听讲终了时行之。

三、各学科最后成绩由教员斟酌平时及学科试验之成绩决定之。

四、凡学生缺课时数在授课总时数五分之一以上者不得与学科试验(参阅请假规则)。

五、试验成绩分为甲乙丙丁戊五种:

(甲)最优,(乙)优等,(丙)及格,(丁)补考,(戊)重修。

六、各学科最后成绩在丁等时,应于下次举行该学程之学科试验时补考,过期不得再试。

七、凡学生因左(下)列各项事由不能出席学科试验时,应向各该科主任请假,并经各该科主任准假后,方能照本规则第六条所规定之时期补考;倘未经准假擅自旷考者,该生对于该项学程应重修之:

(甲)至亲重病或死亡。

(乙)本身疾病(须有医生证明书)。

八、各学科补试成绩如仍在丁等时应重修之。

九、各学科最后成绩在丁等时,得准其继续选习其同一学系较深之学科。

十、凡两学期继续之学科如其第一期之最后成绩在丁等,得准其继续学习第二期之功课,关于该科之最后成绩分下列三种:

(甲)如其第二期之最后成绩在丙等以上时则其全学年之成绩作为及格。

(乙)如其第二期之最后成绩仍在丁等时须补考其全学年之功课。

(丙)如其第二期之最后成绩在戊等时须重修其全学年之功课。

十一、各学科之最后成绩在戊等时须重修之。

十二、凡两学期继续之学科,其第一期之最后成绩在戊等时,须重修之,同时并不能选习该学科第二期之功课。

十三、各学生每学年所修积点,如有二分之一以上在戊等,或三分之二以上在丁等以下时,即令退学。

十四、学生补考者每学程须缴补考费一元。

十五、本大学定国语为必修科,不给积点。各科学生均须修习及格,方能毕业,惟各科学生之国语程度经各该科主任审查及格者,得准其免修。

十六、凡学生考试舞弊屡戒不悛者应即除名。

毕业证书及学士称号

一、本大学预科定二年毕业,本科定四年毕业。

二、各学生按照本大学本科所规定之课程修满及格者,给予毕业证书,得称为某科学士。

三、各学生按照本大学预科所规定之课程修满及格者,得受预科之毕业证书。

四、各学生如有应履行之义务尚未履行者,本大学得停止其毕业证书之授与及学士之称号。

五、凡受本科毕业证书者须缴证书费五元,受预科毕业证书者二元。

六、凡本大学毕业生如有不法行为损害本大学名誉时,本大学得随时取消其学士之称号并毕业证书。

图书馆

一、凡本大学学生须缴验注册证,由本大学图书馆发给借书证,方得借阅图书,其借书证不得转借他人。

二、凡参考书、报纸、杂志及重要书籍,经图书委员会指定者不得借出。

三、学生借阅书籍以一星期为限,经图书馆主任之认可得续借一星期,但遇必要时图书馆主任得随时通知取还。

四、学生借阅书籍每次以两册为限,在未经缴还以前不得再借他书。

五、学生借阅书籍逾期不交者,每册每天罚铜元二枚至交书之日为止。

六、学生借出书籍如有涂写损坏或失落者,须照价赔偿。

七、各学生离校以前应将所借书籍一律交还。

八、各学生毕业时,须经本大学图书馆主任证明已交还其所借一切书籍,方能领取毕业证书。

九、本大学图书馆开闭时间及其他关于图书一切规则,由图书委员会议决经校长核定后实行之。

十、各学生如有违犯图书馆规则时,本大学得暂时停止其关于图书馆应享之一切权利,其停止期限由图书馆主任酌定之。

学生组织各种会社及开会

一、学生得组织各种会社,并选举委员,规定各该会一切规则。

二、学生各种会社规则,须交校长办公室秘书核准,惟属于一科之学生所组织之各种会社规则,须交该科主任核准。

三、学生各种会社规则,不得与本大学规则相抵触,且不得妨碍本大学教务及事务之进行。

四、学生开会须先期经校长办公室秘书核准。

卫生

一、已注册之学生除假期外,得受本大学校医之诊察,不另取费。

二、寻常疾病于规定时间在诊察室或在学生宿舍诊治,但遇急症发生时不在此限。

三、凡有传染病之学生,须受校医之指挥移入病院疗治之。

四、校内或校外有传染病发生时,校医得施行左(下)列各项方法:

(一)检查身体;

(二)施行消毒;

(三)查验饮食;

(四)查验宿舍;

(五)施行种痘。

五、学生在校内各处应以清洁为主,遇必要时须协助校医治理防病事宜。

宿舍

一、学生进舍及请假,均须先期具报告书送呈学生指导委员长备查。

二、寄宿学生于每一学期开始时,须将该学期内应缴各费一律缴清,呈验会计处收据,由学生指导委员长指定宿舍号次,方得入舍。

三、学生一经搬入所指定之宿舍,即须将本人姓名标贴门外之铜框内。

四、寄宿学生不得在外留宿,其因事必须外宿者,须得学生指导委员长之许可。

五、学生借用之宿舍器具如有损坏或退舍时不能归还者,须照价赔偿,但无人负责时应由同室之人公共赔偿。

六、宿舍内概由学生自行整理清洁。

七、学生入校时所带行李不得过四大件,并不得携带危险物品。

八、学生所带大件行李应送储藏室储藏,其规则另订之。

九、暑假期间学生一律不许寄宿。

十、每日上午八时以前应将室中用品整理就绪。

十一、每晚十一时应将室中各种灯光完全熄灭。

十二、宿舍内不得喧哗吵闹。

十三、除星期六、日及有特别事故外,每晚八时后不得在宿舍内

（一）曾经训诫仍不悛改者。

（二）犯第二条各款而情节较重者。

四、凡学生对于所习各种功课有敷衍塞责屡戒不悛者，或在教室实验室违背教员命令及言动无礼者，如担任教员认为必要时，得命其对于所受功课暂时停学。

五、凡学生受暂时停学处分时，由担任教员将详细事由并停学日期，函达各该科主任转告该生知悉，在停学处分终止或取消以前，所有钟点均应作为缺席论。

六、逾期未缴入学费或学费之学生，应即暂时停学至该费缴清之时为止。

七、逾期未缴膳杂各费之学生，应即分别暂时停止其应享权利至各该费交清之日为止。

八、违犯图书阅览室或阅报室规则之学生，应即停止其阅书或阅报权利，其停止期限由图书馆主任定之。

九、奖学费学生成绩或品行过于恶劣时，本大学得随时停止或取消其应享之各权利。

十、犯左（下）列各款之一者应令其退学。

（一）一学年内所习积点有二分之一以上在戊等，或三分之二以上在丁等以下者。

（二）预科学生满三学年尚未毕业者。

十一、犯左（下）列各款之一者应即除名。

（一）不法行为或品行不端与本大学秩序或名誉有重大关系者；

（二）一学年内记过三次者；

（三）考试舞弊屡戒不悛者。

请假

一、请假学生应填具请假书，经各该科主任准许，以备稽查。

二、学生因病请假一天以上者，须附呈医生证明书。

三、学生销假时须持请假证至所缺课之各该教员处声明。

四、学生缺席应否补习所缺学科，由各该学科教员酌定。

五、学生于开学时迟到者，其缺席总数自开课之日起算。

六、学生缺席时数在每学科授课总时数五分之一以上者,不得与该学科试验。

七、寄宿学生因事必须外出者,须填具请假书送呈学生指导委员长准许以备稽查。

女生

一、女生因事离校或于晚间因事离宿舍时,须得本大学女生指导员之许可,并须填写离校或离舍表格以备稽查。

二、凡女生之信件经其家长之委托时,本大学女生指导员得开拆之。

三、凡女生之男宾须在女生应接室接待。

四、女生不得入男生寄宿舍。

五、除上列四条外,女生应遵守本大学所规定之普通宿舍一切规则。

1928—1929 年度《厦门大学商科布告》

黄宗实、郑文贞:《厦门大学校史资料》第一辑(1921—1937),厦门大学出版社 1987 年版,第 67—81 页。

各院系课程设置概况

文学院课程一览

中国文学系

第一学年 英文一 英文修辞学及作文 党义 军事训练 文选及作文一 中国文法研究 文字学及文字学史 中国修辞学 哲学概论

第二学年 英文二 军事训练 中国文化史 文选及作文二 声韵学及声韵学史 第二外国文一 中西文化交通史 本系指定选修学程

第三学年 第二外国文二 中国文学史 文学原理 辅课或本系指定选修学程

第四学年 中国文学通论 社会思想史 论文 辅课或本系指定选修学程

外国文学系

第一学年 中国文选及作文一 中国文学史 英文一 英文修辞学及作文 党义 社会科学概论 论理学 军事训练 选修学程

第二学年 中国文选及作文二 英文二 英国文学史 英国史 英文文选(或诗选) 军事训练 选修学程

第三学年 英文二 英文专集研究 辅课或本系指定选修学程 第二外国文一

第四学年 英文文学批评 英国文学(任选一门) 英文诗集(任

选一门）　第二外国文二　辅课或本系指定选修学程　论文

哲学系

第一学年　国文一　英文一　英文修辞学及作文　哲学概论　西洋论理学　心理学　社会学原理　西洋伦理学　现代文化（或社会科学概论）　军事训练

第二学年　国文二　英文二　中国伦理学　西洋哲学史　中国哲学　军事训练　第二外国文

第三学年　希腊哲学　德国哲学　印度哲学　知识论　方法论　中国论理学　第二外国文　选修学程

第四学年　诸子哲学　唯识哲学　形上学　宗教哲学　美学　选修学程

社会学系

第一学年　国文一　英文　英文修辞学及作文　现代文化　经济学　生物学一　政治学　党义　军事训练

第二学年　国文二　英文二　社会学原理　中国文化史　统计学　人类学　军事训练

第三学年　社会思想史　社会起源及进化　社会学方法论　第二外国文　选修学程

第四学年　社会名著选读　社会变迁　社会调查　家庭研究　论文　第二外国文　选修学程

史学系

第一学年　国文一　英文一　英文修辞学及作文　中国上古史　中国中古史　社会学原理　东亚通史　军事训练

第二学年　国文二　英文二　中国近古史　中国近代史　西洋近世史　党义　军事训练　选修学程或辅系学程

第三学年　中国史学史　西洋中古史　西洋上古史　英国史一、二　选修学程或辅系课程　第二外国文一

第四学年　西洋史学史　历史研究法　罗马史　选修学程或辅系学程　第二外国文二　论文

理学院课程一览

算学系

第一学年　国文　英文一(即第一年)　英文修辞学及作文　普通物理学　普通化学及定性分析　普通物理学　初等微积

第二学年　英文二(第二年)　德文或法文一(第一年)　普通化学及定性分析　普通生物学　力学　高等微积　高等解释几何　方程式论

第三学年　德文或法文二　党义　微分方程解法　近世代数　解析算学初步　综合投影几何　选修学程

第四学年　数论　函数论　微分几何　论文　选修课程

物理学系

第一学年　国文　英文　初等微积　普通化学及定性分析　普通生物学　普通物理学

第二学年　英文(第二年)　德文或法文　普通化学　力学　普通生物学　高等微积　热学

第三学年　德文或法文(第二年)　党义　电学与磁学　热力学选修学程

第四学年　声学　光学　物性　论文

化学系

第一学年　国文　英文　英文修辞学及作文　普通物理学　初等微积　普通化学及定性分析

第二学年　英文二　德文或法文　党义　普通生物学　定量分析

第三学年　德文或法文二　有机化学　有机定性分析　理论化学

第四学年　工业化学　高等无机化学　胶体化学　化学研究论文

植物学系

第一学年　国文　英文　英文修辞学及作文　普通化学及定性分析　初等微积　普通生物学

第二学年　英文二　德文或法文　普通物理学　动物学　普通植物学　植物技术学

第三学年　德文或法文二　党义　植物分类学　植物细胞学　高深植物细胞学　植物形态学　选修学程

第四学年　植物生理学　藻类植物学　植物遗传学　植物学杂志讨论　植物学研究　论文

动物学系

第一学年　国文　英文一　英文修辞学及作文　普通化学及定性分析　普通物理学　初等微积　普通生物学

第二学年　英文二　德文或法文一　初等微积　普通物理学　普通植物学　动物学

第三学年　德文或法文二　党义　有机化学　组织学　遗传学　动物技术学　选修学程

第四学年　胚胎学　生理学　动物学研究　动物学讲习会　生物学史　论文

法学院课程一览

法律学系

第一学年　党义　国文　英文一　军事训练　民法总则　刑法总则　政治学　宪法

第二学年　国文二　英文二　第二外国语一　军事训练　债法总论　刑法分则　行政法

第三学年　债法各论　物权法　公司法　票据法　民事诉讼法　第二外国语二　国际公法　经济学一　劳工法

第四学年　亲属法　继承法　海商法　保险法　刑事诉讼法　国际私法　破产法　社会学　诉讼实习　论文或译书

政治学系

第一学年　党义　国文一　英文一　军事训练　政治学　宪法　经济学　选修科

第二学年　国文二　英文二　第二外国语一　军事训练　政治思

想史　行政法　辅课或选修科

　　第三学年　比较政制　国际公法　世界外交史　第二外国语二　辅课或选修科

　　第四学年　行政学　世界政治　政党论　市政论　中国外交史　外交学　论文或译书　辅课或选修科

　　经济学系

　　第一学年　党义　国文一　英文一　军事训练　经济学一　政治学　宪法　选修科

　　第二学年　国文二　英文二　第二外国语一　军事训练　经济学二　西洋经济史　辅课或选修科

　　第三学年　经济政策　货币银行　会计学一　公司法　票据法　第二外国语　辅课或选修科

　　第四学年　经济学史　经济问题　统计学一　财政学　论文或译书　辅课或选修科

教育学院课程一览

　　教育原理系

　　第一学年　党义　国文　英文一　第二外国语　教育概论(或原理)　普通心理学　生物学　社会学大意　军事训练　辅课或自由选修

　　第二学年　国文　英文二　第二外国语　哲学　社会心理学　教育史　教育社会学　军事训练　辅课或自由选修

　　第三学年　教育心理学　现代教育思潮　小学教育　学校行政　普通教学法　辅课或自由选修

　　第四学年　中学教育　教育行政　教育哲学　论文　辅课或自由选修

　　教育心理系

　　第一学年　党义　国文　英文一　英文修辞学及作文　第二外国语　生物学　普通心理学　教育概论(或原理)　军事训练　辅课或自由选修

第二学年　国文　英文二　第二外国语　教育统计学　实验心理学　教育心理学　社会学大意　军事训练　辅课或自由选修

第三学年　教育史　测验概要　学科心理　儿童心理学　青年心理学　教育之科学研究　教育社会学　辅课或自由选修

第四学年　特殊儿童心理学　测验研究　高等教育心理学　论文辅课或自由选修

教育行政系

第一学年　党义　国文　英文一　英文修辞学及作文　第二外国语　教育概论（或原理）普通心理学　生物学　社会学大意　军事训练　辅课或自由选修

第二学年　国文　英文二　第二外国语　教育史　教育心理学教育社会学　比较教育　乡村教育　军事训练　辅课或自由选修

第三学年　教育行政　学校行政　教育统计学　普通教学法　测验概要　辅课或自由选修

第四学年　课程编制　教育行政问题研究　论文　辅课或自由选修

教育方法系

第一学年　党义　国文　英文一　英文修辞学及作文　第二外国语　教育概论（或原理）生物学　普通心理学　社会学大意　军事训练　辅课或自由选修

第二学年　国文　英文二　第二外国语　教育史　教育心理学教育社会学　小学教育　儿童心理学　青年心理学　中学教育　军事训练　辅课或自由选修

第三学年　测验概要　普通教学法　课程编制　学校行政　学科心理　辅课或自由选修

第四学年　各科教学法研究　教学观察及实习　论文　辅课或自由选修

商学院课程一览

会计学系

第一学年 党义 国文 英文 英文修辞学及作文 经济学一 会计学一 商业地理 商业数学 军事训练

第二学年 国文 英文 第二外国文一 银行学一 货币学一 商业组织 商业管理 会计学二 军事训练

第三学年 第二外国文二 工业成本会计 商业成本会计 银行会计 审计学 公司法 票据法 辅科或自由选修

第四学年 官厅会计 铁路会计 会计制度 论文 辅课或自由选修

银行学系

第一学年 党义 国文 英文一 英文修辞学及作文 经济学一 会计学一 商业地理 商业数学 辅科或自由选修 军事训练

第二学年 国文 英文 第二外国文一 银行学一 货币学一 商业组织 商业管理 会计学二 军事训练

第三学年 第二外国文二 银行学二 货币学二 汇兑学 公司法 票据法 辅课或自由选修

第四学年 银行制度 银行会计 商业信用 农业信用 论文 辅课或自由选修

工商管理学系

第一学年 党义 国文 英文 英文修辞学及作文 经济学一 会计学一 商业地理 商业数学 军事训练

第二学年 国文 英文 第二外国文一 银行学一 货币学一 商业组织 商业管理 国外贸易原理 国外贸易实践 军事训练

第三学年 广告学 售货学 公司理财 统计学一 统计学二 第二外国文二 辅科或自由选修

第四学年 公司法 票据法 商业信用 工厂及店铺管理 职工管理 论文 辅科或自由选修

附:部分院系开设的选修课

文学院

中国文学系选修课程　文字训诂专书研究　声韵专书研究　历代文评　诗选及诗史　赋及赋史　词曲选及词曲史　小说选及小说史　文学专家、专著研究

外国文学系选修课程　英文诗集　英文戏剧　英文文学批评　圣经文学　拉丁文　阿尔兰复兴文学　米尔敦诗集　施宾赛诗集

法学院各系选修课程

国际法编纂问题　政治问题　条约论　价格论　外交方法　国际法法案　殖民地政府　租税论　政治学研究　选择问题　地方自治　国际联盟　二十世纪外交史　罗马法　法理学　法制史　比较法　法学研究　经济学研究　恐慌论　资本论　人口论　议会法　土地法

商学院选修课程

商业文件　交通学　投资学　统计学(一)(二)　保险学　商业政策　银行实践　商业循环

1931—1932 年度《厦门大学一览》

黄宗实、郑文贞:《厦门大学校史资料》第一辑(1921—1937),厦门大学出版社 1987 年版,第 103—111 页。

厦门大学组织大纲(附组织系统图)

第一章 总 则

第一条 本大学设于厦门,定名为厦门大学。

第二条 本大学遵照中华民国教育宗旨,研究高深学术,养成专门人才,阐扬世界文化。

第二章 经 费

第三条 本大学经费以(一)基金利息,(二)捐款,(三)政府补助费,(四)学费,(五)其他收入等充之。

第四条 本大学基金以(一)捐助之财产,(二)政府发付之财产,(三)岁入余额等项充之。

第三章 校董会

第五条 本大学设名誉校董、永久校董、当然校董及校董四种。

第六条 本大学校董会,由永久校董、当然校董及校董组织之。

第七条 凡捐助本大学经费五万元以上,或对本大学有特别成绩者,得由本大学校董会推为名誉校董。

第八条 本大学以创办人为永久校董,其捐助本大学经费达百万元以上者,亦得由本大学校董会推为永久校董,并由该校董指定其后裔或最亲者一人,为本大学永久名誉校董;如未指定得由本大学校董会公推之。

第九条 本大学校长为当然校董。

第十条 本大学校董由校董会推选之,以有学识经验、名誉夙著者为合格。

第十一条　本大学第一次校董,先由永久校董及当然校董推举之。

第十二条　本大学校董之任期为六年,每二年改选三分之一,连选得连任。

第十三条　本大学校董之名额,除永久校董及当然校董外,至多不得过十五人。

第十四条　校董会设主席、文书各一人,由校董互推之,任期二年,但连选得连任。

第十五条　校董会之职权如下:

(一)筹划本大学经费;

(二)管理本大学基金捐款及产业;

(三)聘请本大学校长;

(四)通过本大学预算;

(五)审查本大学决算;

(六)议决本大学各学院、各学系与各机关之设立、废止或变更;

(七)议决本大学各学院、各学系讲座之设立;

(八)审定本大学重要之规程;

(九)授予学位。

第十六条　校董会议事细则另定之。

第四章　学　院

第十七条　本大学暂设文学院、理学院、法学院、教育学院及商学院。

(一)文学院设中国文学系、外国文学系、哲学系及社会历史学系。

(二)理学院设算学系、物理学系、化学系及生物学系,另设医学先修科。

(三)法学院设法律学系及政治经济学系。

(四)教育学院设教育系、教育心理学系及教育行政学系。

(五)商学院设会计学系及银行学系。

以上各学院之学系得由校务会议议决归并或增减之。

第五章　校长及教职员

第十八条　本大学设校长一人,总理全校校务。由本大学校董会聘任之。

第十九条　本大学设大学秘书一人,秉承校长处理本大学文书及其他关系全校事宜,由校长聘任之。

第二十条　本大学各学院设院长一人,秉承校长处理各该学院事宜,由校长聘任之。

第二十一条　本大学各学院各学系设主任一人,商承院长主持各该系教务,由院长商请校长就教授中聘任之。

第二十二条　本大学各学院教授、副教授、讲师、助教由院长商请校长聘任之。

第二十三条　本大学附设高级中学,置主任一人,由校长聘任之。

第二十四条　本大学设军事训练处,置主任一人,由校长聘任之。

第二十五条　本大学设体育部,置主任一人,由校长聘任。

第二十六条　本大学设事务处,置正副主任各一人,由校长聘任之。

第二十七条　本大学设注册部,置正副主任各一人,由校长聘任之。

第二十八条　本大学设图书馆,置主任一人,由校长聘任之。

第二十九条　本大学设审计员一人,审查本大学一切账目,由校董会聘任之。

第六章　会　议

第三十条　本大学设校务会议,以校长、大学秘书、各学院院长、各学系主任、各学院教授代表,军事教官代表各一人,事务处主任、注册部主任及附设高级中学主任组织之,校长为主席。审议下列事项:

(一)本大学预算。

(二)本大学学院、学系之设立及废止。

(三)本大学课程。

(四)本大学各种规程。

（五）关于学生试验事项。

（六）关于学生训育事项。

（七）关于建筑设备事项。

（八）校长交议事项。

第三十一条 本大学各学院设院务会议，以院长及教授组织之。院长为主席，计划本学院学术设备及审议一切进行事宜。

第三十二条 本大学设左（下）列各种委员会，由校长指定或院长、教授互推之人员组织之，任期一年。

（一）行政会议。

（二）财务委员会。

（三）建筑委员会。

（四）编译委员会。

（五）图书委员会。

（六）训育委员会。

（七）入学审查委员会。

（八）毕业成绩审查委员会。

（九）职业介绍委员会。

（十）奖学金审查委员会。

（十一）周刊委员会。

（十二）其他各种临时委员会。

第七章 附 则

第三十三条 本大纲由校长提交校董会核准后公布施行，并呈报教育部备案。

本校组织系统说明

本校以校董会为最高机关，校长即由此产生而兼任当然校董。

校长秉承校董会意旨，主持全校行政事务。下设"校务""行政"两会议。

校务会议，由校长，大学秘书，各学院院长，各部系主任，事务主任，附中主任，注册部主任，各学院教授代表及军事训练处代表各一人组织之。

行政会议,由校长,大学秘书,各学院院长,事务主任,附中主任,注册部主任组织之。

在此两会议之下,本校组织,分为二大方面:一则关于教务,一则关于事务。中设大学秘书,秉承校长处理本大学文书及其他关系全校事宜。

在教务方面者:

(一)学院 此为本校之主要部分,现经成立者,有五学院,属系凡十有五,院设院长;系设主任;而重要之院务,则取决于院务会议。

1.文学院 分设中国文学系、外国文学系、哲学系、社会历史学系(附设文化陈列所)。

2.理学院 分设算学系、物理学系(两系附设气象台)、化学系(附设制革厂)、生物学系(附设博物院、植物园、生物材料所),此外另附设医学先修科。

3.法学院 分设法律学系、政治经济学系。

4.教育学院 分设教育学系、教育心理学系、教育行政学系,并附设实验小学。

5.商学院 分设银行学系、会计学系。

(二)附设高级中学 设主任一人,由本校教授兼任之。其重要部务,则取决于高中部务会议。

(三)军事训练处 依照中央军事训练总监部规程办理。由军事教官主持全校军事训练事宜。

(四)体育部 设主任一人,主持全校体育事宜。

在事务方面者:

(一)各种委员会 悉由校长指派委员组织之。现经组织者,计有财务、建筑、编译、图书、群育、入学审查、毕业审查、职业介绍、奖学金审查及周刊等。

(二)事务处 设正副主任各一个,办理一切事务。下设四课,每课各设主管一人。遇有重要事务,则取决于事务会议。

1.会计课 主管本校度支出纳事宜。

2.庶务课　主管全校庶务。下属电灯厂、印刷所、购置股、贩卖股、油印股、膳食股。

3.医药课　主管全校诊疗事宜。

4.卫生课　主管一切卫生事宜及所属自来水厂。

(三)注册部　设正副主任各一人,办理注册及招生等事宜。

(四)图书馆　设主任一人,管理图书馆出纳保管等事宜。

1933—1934 年度《厦门大学一览》

黄宗实、郑文贞:《厦门大学校史资料》第一辑(1921—1937),厦门大学出版社 1987 年版,第 48—54 页。

附表　厦门大学组织系统图

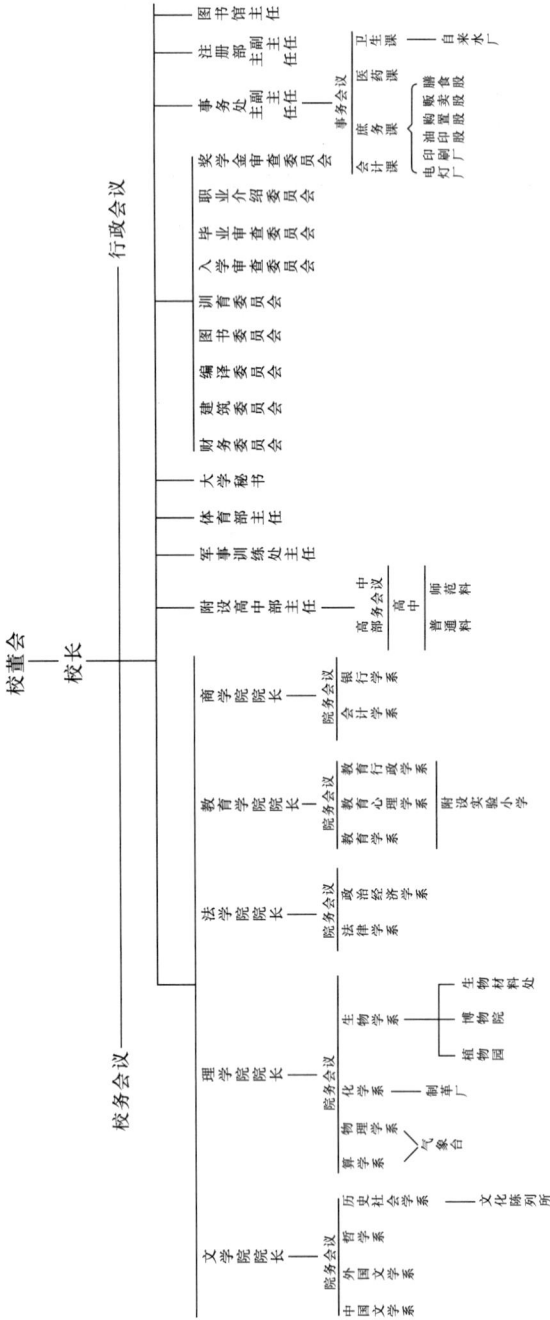

校董会

校长

校务会议　　　　　行政会议

行政会议

- 图书馆主任
- 注册部主任　副主任
- 事务处主任　副主任
  - 事务会议
    - 卫生课 —— 自来水厂
    - 医药课
    - 庶务课
    - 会计课
    - 电灯厂　油印印刷厂　购置股　置备股　膳食股　美食股
- 奖学金审查委员会
- 职业介绍委员会
- 毕业审查委员会
- 入学审查委员会
- 训育委员会
- 图书委员会
- 编译委员会
- 建筑委员会
- 财务委员会
- 大学秘书
- 体育部主任
- 军事训练处主任
- 附设高中部主任
  - 高中部务会议
    - 高中
    - 师范科
    - 普通科

校务会议（校长）

- 商学院院长
  - 院务会议
    - 银行学系
    - 会计学系
- 教育学院院长
  - 院务会议
    - 教育行政学系
    - 教育心理学系
    - 教育学系
    - 附设实验小学
- 法学院院长
  - 院务会议
    - 政治学系
    - 经济学系
    - 法律学系
- 理学院院长
  - 院务会议
    - 生物学系 —— 生物材料处　博物院　植物园
    - 化学系 —— 制革厂
    - 物理学系　算学系 —— 气象台
- 文学院院长
  - 院务会议
    - 哲学系
    - 历史社会学系 —— 文化陈列所
    - 外国文学系
    - 中国文学系

私立厦门大学校董会章程

（一）本会定名为私立厦门大学校董会。

（二）本会以维持发展本大学为目的。

（三）本会设在本大学内。

（四）本大学设名誉校董、永久校董、当然校董及校董四种,名誉校董不限人数,校董会由永久校董及校董组织之,人数暂定为九人。

（五）凡德高望重对本大学有特别劳绩者,得又本大学校董会推为名誉校董。

（六）本大学以创办人为永久校董,校长为当然校董,名誉校董及校董由本大学就左(下)列各项人员聘请充任之:

1. 捐资本大学五万元以上者;

2. 曾经研究教育或办理教育者;

3. 热心教育对于本大学特别赞助者。

（七）本会除永久校董、当然校董及名誉校董任期不定外,校董任期三年,连选得连任。

（八）校董于第一、第二两年每年改选二人,第三年改选三人,在校董会开会时选举之。

（九）校董有缺额时,由校董会提出加倍候选人员,用投票法决定递补原校董,期满为止。

（十）本会设主席校董一人,由校董选举之,任期三年,连选得连任。

（十一）本会设秘书一人,由主席校董聘请之。

（十二）本会之职权如左(下):

1.筹划本大学经费及基金；

2.保管本大学财产；

3.监察本大学财务；

4.审核本大学预决算；

5.选任本大学校长；

6.讨论校长提议及其他重要事务。

（十三）本会每年开会一次，但有特别事故得由主席校董召集开临时会。

（十四）本会开会时以校董过半数到会为法定人数，决案须有出席校董过半数之通过方为有效。

（十五）校董不能出席时，得委托其他校董代表之，但每一出席校董止能代表一人。

（十六）本章程如有未妥之处，得由校董三分之一以上提出修改之。

（十七）本章程经校董会议通过呈部核准后施行。

《厦大周刊》第 15 卷第 1 期　1935 年 9 月 23 日

黄宗实、郑文贞：《厦门大学校史资料》第一辑（1921—1937），厦门大学出版社 1987 年版，第 62—64 页。

厦门大学各学院学则

文学院学则

一、宗旨　本大学文学院以培养专门人才,研究高深学术为宗旨。

二、分系　本院分中国文学系、外国语文系、历史社会学系三系。学生在第二学年注册前,应就其志愿性质所近认定一系为主系。

三、学分　本院学生应修满一百四十一学分,始得毕业。凡于一学期中每周授课一小时者,为一学分。每学期至少选修十二学分,至多二十一学分。男生军事训练学分,女生军事看护学分,在外。

四、年级　凡有本大学所规定之入学资格者,编为第一年级生。修满三十六学分者,编为第二年级生。修满七十二学分者,编为第三年级生。修满一百零八学分者,编为第四年级生。

五、毕业年限及学位　凡修满本学院所规定之课程,经考试及格,并在本校肄业满四年者,由本校给以毕业证书及文学士学位。

六,课程(略)

七、论文(略)

理学院学则

一、宗旨　本大学理学院以培养专门科学人才,研究高深学术为宗旨。

二、分系　本理学院分算学、物理学、化学、生物学四系并包括其它有关系之科目。学生在第二学年,注册前应就其志愿及性质所近认定一系为主系。

三、学分　本院学生应修满一百四十一学分始得毕业。凡于一学期中每周授课一小时者为一学分,但各项实验工作以二小时或三小时为一学分,每学期至少选修十二学分至多二十一学分(军事学分在外)。

四、年级　凡具有本大学所规定之入学资格者编为第一年级生,修满三十六学分者编为第二年级生,修满七十二学分者编为第三年级生,修满一百零八学分者编为第四年级生。

五、毕业年限及学位　凡修满本院所规定之课程经考试及格并在本校肄业满四年者由本校给于毕业证书及理学士学位。

六、课程(略)

七、论文(略)

法商学院学则

一、宗旨　本大学法商学院以培养专门人才,研究高深学术为宗旨。

二、分系　本院分法律学、政治经济学及商业学三系。

三、学分　本院学生以修满一百四十一学分为毕业。法律学系以修满所规定之课程考试及格者为毕业;凡一学期中每周授课一小时自修二小时者为一学分,但实验实习等工作以二小时至四小时为一学分。每学期至少须选十二学分,至多以二十一学分为限,法律学系则以至多二十四为限。

四、年级　凡具有本大学所规定之本院入学之格者,编为第一年级生。修满三十六学分者,得编为第二年级生。修满七十二学分者得编为第三年级生。修满一百零八分者得编为第四年级生。

五、毕业年限及学位　凡修满本学院所规定之课程,考试及格者,由本大学发给毕业证书并授以法学士或商学士学位。

六、课程(略)

七、论文(略)

教育学院学则

一、宗旨　本大学教育学院以研究教育学术,造就教育行政人员、各级学校师资及教育专门人才,以求实现三民主义教育为宗旨。

二、分系　本教育学院共分二系：（一）教育学系，（二）教育心理系。

三、学分　本教育学院学生以修满一百四十一分为毕业。凡是一学期中每授课一小时兼自修二小时者为一学分，但各项实验实习等工作以二小时至四小时为一学分。前两年每学期至少应修十八学分（修习军事训练及军事看护者至少须修十九个半学分），至多以二十学分为限（修习军事训练及军事看护者至多以二十一个半学分为限）。后两年每学期至少须修习十五个学分，至多以十八个学分为限。

四、年级　凡具有本大学所规定之本院入学资格者，得编为第一年级生；修满三十六学分者，得编为第二年级生；修满七十二学分者，得编为第三年级生；修满一百零八学分者，得编为第四年级生。

五、毕业年限及学位　凡修满本院所规定之课程，经考试及格并在本校肄业满四年者，由本校发给毕业证书及教育学士学位。

六、课程（略）

七、论文（略）

1935—1936 年度《厦门大学一览》

黄宗实、郑文贞：《厦门大学校史资料》第一辑（1921—1937），厦门大学出版社 1987 年版，第 65—66 页。

国立厦门大学训导纲要

原则

训导原则以中华民国教育宗旨为依据

方法

训导方法如左(下)：

(一)须随时考察学生个性及环境,加以指导；

(二)须多用积极的及间接的方式；

(三)须根据学生良好动机,设法使其能为有效的反应；

(四)须根据事实,作客观的判断；

(五)须利用环境及社会制裁。

《厦大通讯》一卷二期　1939 年 2 月 1 日

黄宗实、郑文贞:《厦门大学校史资料》第二辑(1937—1949),厦门大学出版社 1988 年版,第 101 页。

国立厦门大学教员服务规程

卅六年十一月廿七日修订章则委员会第七次会议修订
卅六年十一月廿九日第一四九次校务会议通过
卅六年十二月五日公布施行

第一章　总　纲

（1）本规程依照本大学组织大纲第十条及第十一条之规定订定之。

（2）本规程适用于本大学专任及兼任教员。

（3）本大学专任教员分教授副教授讲师助教四级。

（4）本大学兼任教员分教授副教授及讲师三级。

（5）本大校依照组织大纲第十一条之规定得设置嘉庚讲座教授。

第二章　资　格

（6）助教须具有左（下）列资格之一：

甲、国内外大学毕业得有学士学位成绩优良者。

乙、专科学校或同等学校毕业曾在学术机关研究或服务二年以上，著有成绩者。

（7）讲师需具有左（下）列资格之一：

甲、在国内外大学或研究所得有硕士或博士学位或同等学历证书而成绩优良者。

乙、任助教四年以上著有成绩，并有专门著作者。

丙、曾任高级中学或其同等学校教员五年以上，对于所授学科确有研究并有专门著作者。

丁、对于国学有特殊研究及专门著作者。

(8)副教授须具有左(下)列资格之一:

甲、在国内外大学或研究院研究得有博士学位或同等学历证书而成绩优良并有价值之著作者。

乙、任讲师三年以上著有成绩并有专门著作者。

丙、具有讲师甲款资格,继续研究或执行专门职业四年以上,对于所授学科有特殊成绩,在学术上有相当贡献者。

(9)教授须具有左(下)列资格之一:

甲、任副教授三年以上著有成绩,并有重要之著作。

乙、具有副教授第甲款资格,继续研究或执行专门职业四年以上,有创作或发明在学术上有重要贡献者。

(10)嘉庚讲座须具有下列资历,由本大学校长提出,本大学咨询委员会决定聘任之。

甲、曾任国内外大学教授或具有教授资格,而在研究机关主持研究工作或专门职业界担任独当一面之工作达三年以上,负有声望者。

乙、于所授之学科有创作或发明或优越之教学成绩者。

第三章　聘　书

(11)本大学教员之聘任由系主任会同院长推荐经校长认可提交教员聘任委员会审议决定聘任之如因特殊情形不及经过审议程序须于事后提请教员聘任委员会追认之。

(12)本大学教员之聘约首二次各以一学年为期,嗣后续聘每次以二学年为期。

(13)兼任教员之聘约期限于聘书上另定之但不得超过一学年。

(14)专任教员之初次聘约无论何时致送聘书均以第二学期(七月卅一日)为终期。

(15)专任教员之续聘书于每年六月一日以前致送各教员接到续聘书后应于七月一日以前将应聘书签盖送回否则作为辞职。

(16)教员于聘任期中若遇左(下)列事故之一本大学得解除其聘约:

甲、因事或病假超过规定期限者。

乙、辞职或不称职者。

丙、行为涉及本大学纪律或声誉者。

引(甲)(乙)(丙)项时须由校长提出校务会议经全体委员三分之二认可呈教育部准许方得执行。

(17)教员任聘约有效期间欲辞职者其辞职书须于辞职三个月前提出经学校同意后于学年终了时方可解除职务。

第四章　薪　俸

(18)教员薪俸按月改[致]送专任教员之薪俸每年以十二个月计算,兼任教员之薪俸每年以十个月计算,起迄月份及薪额均于聘书上约定之。

(19)本大学专任教员薪俸暂定如下表:

	助教	讲师	副教授	教授
第一级	160	260	360	600
第二级	140	240	340	560
第三级	120	220	320	520
第四级	110	200	300	480
第五级	100	180	280	440
第六级	90	160	260	400
第七级	80	140	240	370
第八级				340
第九级				320

(20)教授已支薪六百元者其年功加俸依照教育部所定办法办理之。

(21)初任教员以自最低级起薪为原则但曾任教员或特殊情形者得酌自较高级起薪。

(22)新聘之教员自八月份起薪但于上课后到校者自到校之月起薪。

(23)教员于聘任期间内辞职或因第十五条事故解约者其薪俸致送至离职之月为止。

(24)教授薪俸在第六级以上者如在学术上有重要贡献服务每满二年得加薪一级或二级。

(25)其余教授及副教授服务每满二年著有成绩者得加薪一级其有重要学术贡献者得加薪二级。

(26)讲师及助教服务每满一年著有成绩者得加薪一级其工作特优者得进薪二级。

(27)教员薪俸应否进级在发聘书前由校务会议产生委员会酌定之。

第五章　职　务

(28)教授、副教授及讲师每周授课钟点以九小时至十二小时(实验绘图或实习钟点每二小时以一小时计)或每学年以十八学分至廿四学分为准;但受聘兼任教务长、训导长、总务长及各学院院长者得视课外职务之繁重,经校长同意减少其授课钟点。

(29)助教之工作由系主任商约院长同意后支配之。

(30)助教除在教室工厂或实验室工作外须于办公时间到系内服务。

(31)专职教员授课时间之排列由教务处全权办理之。

(32)非经本大学同意专任教员不得在校外兼任有给之职务,如在校外兼课者每周不得超过四小时。

(33)专任教员在假期中有协助招考阅卷之义务。

(34)助教于假期中离校其离校时间须经系主任同意至迟须于上课前二周返校。

第六章　请　假

(35)教员因病或事请假须先期通知注册组其因私事请假逾一周以上者须先得校长同意。

(36)教员因私事请假每学期不得超过授课钟点五分之一逾时按日扣薪。

(37)专任教员因病长期请假时须具有本大学所承认医生之证明书其请假未逾两月者得支全薪。

第七章　附　则

(38)本规程自校务会议通过后校长公布之日起施行修改时同。

《厦大校刊》第三卷第三期　1948年1月1日

黄宗实、郑文贞:《厦门大学校史资料》第二辑(1937—1949),厦门大学出版社1988年版,第274—278页。

★国立西南联合大学

国立西南联合大学是中国抗日战争期间设于昆明的一所综合性大学。1937年卢沟桥事变爆发后,华北及沿海大城市的高等学校纷纷内迁。迁入云南的高校有10余所,其中最著名的是国立西南联合大学。西南联大由国立北京大学、国立清华大学和私立南开大学联合而成。

1937年8月,北京大学、清华大学、南开大学组成长沙临时大学。1938年4月,长沙临时大学又西迁昆明,改称国立西南联合大学。1940—1941年,设立文、理、法商、工、师范5个院,26个系,两个专修科等。校行政有两个机构组成,一个是校务委员会,另一个是教授会。校务委员会是权力管理机构,校务委员会委员由教授会民主推荐,校长批准任命,校长为校务委员会当然主席。国立西南联合大学由梅贻琦校长主政,实行校长负责制。教授会是一个校务咨询机构。各学院有院教授会,学系有系教授会。教授会主席后来改称为院长,系教授会主席后改称为系主任,由相应院系教授会民主推选;院系教学及管理业务,由教授会评议,院长、系主任执行实施。在国立西南联合大学内,3所学校原有组织仍各自发挥其作用和功能。

抗战胜利后,1946年5月,国立西南联合大学解散,各校分别迁回北京、天津复校。师范学院留在昆明独立设院,改称为昆明师范学院。

国立西南联合大学校务会议组织大纲

1938 年 5 月

第一条 本大学依大学组织法之规定,设校务会议。

第二条 校务会议以左(下)列人员组织之:

(一)常务委员;

(二)常务委员会秘书主任;

(三)教务长;

(四)总务长;

(五)各学院院长;

(六)教授、副教授互选之代表十一人(每学院至少须有代表一人)。

第三条 校务会议审议左(下)列事项:

(一)本大学预算及决算;

(二)大学学院学系之设立及废止;

(三)大学各种规程;

(四)建筑及其他项重要设备;

(五)校务改进事项;

(六)常务委员会交议事项。

第四条 校务会议开会时,以常务委员会主席为主席。

第五条 本组织大纲经常务委员会通过后施行。

国立西南联合大学史料编委会:《国立西南联合大学史料》(一),云南教育出版社 1998 年版,第 105 页。

西南联大教授会组织大纲

二十七年十月二十六日第九二次常会通过

第一条　本大学设教授会。

第二条　教授会以全体教授、副教授组织之。

常务委员及常务委员会秘书主任为教授会当然会员。

第三条　教授会审议下列事项：

（一）教学及研究事项改进之方案。

（二）学生导育之方案。

（三）学生毕业成绩及学位之授与。

（四）建议于常务委员会或校务会议事项。

（五）常务委员或校务会议交议事项。

第四条　教授会开会时以常务委员会主席为主席。

第五条　本组织大纲经常务委员会通过后施行。

王学珍、郭建荣：《北京大学史料》第三卷（1937—1945），北京大学出版社 2000 年版，第 77 页。

国立西南联合大学本科教务通则

二十七年十一月二十六日第九五次常委会修正通过

第一章　入学及转学

第一条　凡具有下列资格之男女学生,经本大学审查合格,准予参加入学考试,并经录取者,得入本大学本科一年级:

(一)公立或经立案之私立高级中学或同等学校毕业,曾经参加会考准予升学者;

(二)非高级中学毕业而学力与之相等者。

第二条　凡在其他公立或曾经立案之私立大学本科修业满一年或二年(转入本大学师范学院之学生不受此项年限之限制)之男女学生携有原校之证明书,经本大学审查合格准予参加转学考试,并经录取者,得转入本大学肄业。

第三条　凡有下列情形之男女学生得为本大学试读生:

(一)高中毕业会考有一二科不及格而应本大学入学考试及格录取者;

(二)在抗战期间,具有公立或已立案之私立高级中学或同等学校毕业资格之华侨学生、蒙藏学生及来自沦陷区之学生,因故障不及参加入学考试,而其中学毕业成绩经审查确属优良者;

(三)第四条所规定之借读生于借读期满后应本大学转学考试不及格而仍愿留校肄业者。

其第(二)项试读生须补受下届入学考试,第(三)项试读生须再受下届转学考试,及格后始得呈部改为正式生,其不及格者即取消其学籍,并不予发给转学证明书或修业证明书。

第四条　本大学于每学年始业前，酌收来自其他国立或曾经立案之私立大学之借读生，借读期间以一学期或一学年为限，期满得应本大学转学考试，不及格者取消学籍或降退年级为试读生。

第五条　本大学于每学年始业前，招考新生一次，其招考规程另定之。

第六条　本大学于招考一年级新生时，酌招转学生，其转学考试规程另定之。

第七条　已经录取之学生，须依限定日期前来本大学注册组报到，逾期无故不到者，即取消其学籍。惟因病或其他事故不能入学肆业预经呈准者得保留学籍一年。

第八条　新生入学时须填写志愿书、保证书、履历表，并请现有职业而能负责者二人，为正副保证人，照式填具保证书，粘贴像片署名盖章，交本大学存查。（本大学教职员不能请当保证人）

第二章　缴　　费

第九条　本大学学生须于注册前缴纳下列各费：

（一）学费（暂不征收）

（二）宿费（暂不征收）

（三）体育费（暂不征收）

（四）科学试验费（暂不征收）

（五）预存赔偿费国币十元

（六）制服费国币若干元（第一学期缴纳）。

第三章　注册及选课

第十条　本大学学生于每学期开学时，须于规定注册日期内，来校注册（注册手续另定之）。逾期注册而未请假者，每逾期一日，以无故缺课二小时论。

第十一条　学生于开学后逾二星期，尚未注册而又未请假者，以休学论。

第十二条　学生选修课程，须遵照校历规定日期，办理完竣。改选课程，于每学期始业后二星期内行之，逾期不得增选或改选。

第十三条　选修及增改课程,须得系主任之允许。除党义、体育及军事训练之学分外,每学期所选学分以十七学分为准,不得少于十四,亦不得超过二十(法商学院法律学系及工学院各系另有规定)。

第十四条　退选课程,限于该课程始业之学期开学后四星期以内行之。逾期退选者,以已经选修不及格论。

第十五条　凡一年级应修课程(课程表另定之),不准中途退选,如自行退出者该课以零分计。

第十六条　凡选修全年课程,已修毕一学期成绩及格而自愿于第二学期退选者,得于第二学期增改课程期内,请求退选之。但该课程上学期成绩不得学分。逾期取消者,上学期成绩不得学分,下学期成绩以已经选修不及格论。

第十七条　凡选修全年课程,已修毕一学期而成绩未及格或因故请假未受第一学期期考者,若于第二学期改课期内请求取消该课,其成绩以上学期不及格论。逾期取消者,以全年不及格论。

第十八条　学生开学时,请假满二星期者,其所选课程不得超过十七学分;满三星期者,不得超过十四学分;满五星期者,不得注册,即休学一年。

第十九条　凡有下列情形之一应予留级,其在校修业年限酌予延长半年或一年。

(一)学年成绩有三分之一不及格者;

(二)转院转系时经转入之系将学分另行核算,设某一年内所承认之学分数不足二十二学分者。

(三)因开学迟到致一年所修不足二十二学分者。

第二十条　新生入学后,得就其报考之学院所设学系中,选择其一,以为主系。

第二十一条　学生中途欲转入他系者,须于学年始业前选课期间陈明理由,经所欲转入之学系主任级教务长核准,方为有效。

第二十二条　学生转入某系后,应由该系主任按照该系规定课程,重行审核其原有学分,并决定其年级。

第二十三条　转学学生入校后,第一年不得请求转系。

第二十四条　学生于毕业后,如欲更入其他院系肄业者须受转学考试。

第四章　学分及成绩

第二十五条　本大学采用学分制,但学生在校修业期限至少四年。

第二十六条　本大学课程,除各系共同必修者外,由各系分别规定为必修、选修二种,学生须按照其本系所规定,依次习完。

第二十七条　凡有必修课程不及格者,须于次年该课开班时补习之;隔年补习者,不给学分。

第二十八条　凡有必修课次年经补修仍不及格者应令退学,如其他学科成绩优良,得由教务长酌准留校察看。

第二十九条　各课程按学分计算,每学期每周上课一小时为一学分,实习或实验二小时至三小时为一学分。

第三十条　学生在修业期间,须修满一百三十二学分,及党义二学分,体育八学分,军事训练六学分。

第三十一条　第一年级以上之学生,其年级依所得之学分编定之:已得三十三学分者,编入二年级;已得六十六学分者,编入三年级;已得九十九学分者,编入四年级。党义、体育及军事训练之学分,不计在内。

第三十二条　转学生入二年级者,至少必须在本大学修业三年,修满九十九学分。入三年级者至少必在本大学修业二年,修满六十六学分,补习学分除外。此项学分之支配,由本大学各系主任按照各该系课程之标准及该生等在原校已习学科之成绩审核定之。其因补习学分过多者,并得降低其年级。

第三十三条　凡一年级学生已在其他大学习过与本大学相同之课程,成绩及格者,经本大学系主任之承认,得免习该项课程,但不给予学分。

第三十四条　本大学学生成绩分操行成绩与学业成绩两种。

第三十五条　学生操行成绩以丙等为及格;其不及格者,应令退学或不予毕业。

第三十六条　本大学学生学业成绩之计算采用百分法,以满六十分为及格。不及格者不给学分并不得补考,凡不及格之课程概作零分计算。

第三十七条　学业成绩计算方法如下：

(一)以课程之学分数乘该课成绩之百分数,为学分积。

(二)学生所选各课程学分之总合,为学分总数。

(三)各课程学分积之总合,为总学分积。

(四)以学分总数除总学分积,为成绩总平均。

(五)总平均之计算,包括不及格课程在内。

第三十八条　学生成绩之考核,分平时、学期、学年三种。平时成绩考查之办法,由各教师酌给临时考试或审查听讲笔记、读书报告及练习实习等;学期及学年考试须于规定考试期间用笔试方式举行之。

第三十九条　学生所修某项课程平时成绩太劣,即使未参与学期或学年考试,教师亦得给予不及格之成绩。

第四十条　学生于考试时作弊(如夹带、枪替、抄袭、传语等)一经查出除该课程以零分计外,并记大过两次。

第四十一条　学生学期或学年成绩经教师交入注册组后,无论任何情形不得更改。

第五章　缺课及请假

第四十二条　学生缺课,无论曾经请假与否,均由教师填写缺课报告单送交注册组。

第四十三条　学生如因事不能上课者,须先期亲到注册组填写请假单,注明所缺课程及时数。如未经准假而缺课者,以无故缺课论,事后不得补假。

第四十四条　学生因病请假者,须得校医之证明。

第四十五条　学生一学期内,无故缺课(体育及军事训练在内)满十小时者,由注册组予以警告;满二十小时者,由注册组报告教务长,酌予训诫。训诫后而仍无故缺课者,由教务长酌令休学一年或一学期。

第四十六条　学生一学期中因任何事故于某课程缺课逾三分之一者,不得参与该课程之学期考试,该课程成绩以零分计。

第四十七条　学生因不得已事故(如疾病、亲丧)不能应学期或学年考试者,须先呈缴家长或医生之证明函件,经教务长核准后,得参加补考。

第四十八条　学生无故不参与学期或学年考试者,不得请求补考,其所缺考各课程成绩以零分计。

第四十九条　补考于每学期始业前规定时期内举行之,逾期不得再补。

第六章　休学及退学

第五十条　在校学生因不得已事故必须休学或退学者,得陈述理由向教务长请求休学或退学,其因病请求休学者须缴验医生之证明书。

第五十一条　学生休学以一年为限,逾期不到校者,作为退学;但因特别理由,经教务长准许者,得延长休学期间,至多一年,并只得延长一次。

第五十二条　新生在校未满一年者,除因重病外不得请求休学。

第五十三条　学生休学期内,如在他校上课得有学分,除因特殊情形预经系主任及教务长核准者外,不予承认。

第五十四条　学生一学期成绩,于所修学分有二分之一不及格者,即令退学。

第五十五条　学生全年成绩,于所修学分有二分之一不及格者,下年作为留校察看(选修学分不得过三十三);如下年仍有同样情形者,即令退学。

第五十六条　学生如有品行不端,或违犯规章者,给予小过、大过或开除学籍之处分。小过三次作大过一次算;积满大过一次者,于一年内不得当选学生会社职员。积满大过二次者,休学一年。积满大过三次者,开除学籍。其开除学籍者不予发给转学证明书。

第五十七条　自愿退学之学生,须在本大学肄业已满一年,始得发给转学证明书。

第五十八条　学生如患慢性病症,在一学期内不能痊愈者,即令休学离校医治,过第五十条所规定休学之期间者,即令退学。

第五十九条　本大学学生所缴证明文件如有伪造、假借、涂改等情事,一经查明,应即开除学籍,由校通知其家长及监护人,并不予发给转学证明书或修业证明书。如于毕业后始发觉或经告发经查明有上项情事者,除勒令缴销其毕业证书外,并公告取消其毕业资格。

第七章　毕业及学位

第六十条　本大学第四年级之学年考试即为毕业考试。为使学生对于所学习学科融会贯通起见,并须加考其以前各年级所习之专门主要科目共三种,不及格者不得毕业。

第六十一条　学生第四年级上学期始业时,应商承本系主任及教授,选定题目,并受其指导,撰作毕业论文一篇,并按照校历规定日期,呈请审核。

第六十二条　凡学生曾在本大学肄业满四年,修满所入院系所规定之课程及学分,而党义、体育、军事训练亦均及格,并缴清一切规定校费,经审查合格后,准予毕业。

第六十三条　本大学依照教育部定章授予毕业生以各科学士学位。

第八章　附　　则

第六十四条　本通则除与本科特殊有关之各条外,亦适用于本大学附设之各科部。

第六十五条　本通则经校务会议通过后公布施行。

王学珍、郭建荣:《北京大学史料》第三卷(1937—1945),北京大学出版社 2000 年版,第 299—303 页。

国立西南联合大学教授校外兼课规则

二十八年三月十四日第一〇四次常会通过

一　本校教授在其他大学兼课，应先取得本校及有关院系之同意。

二　本校教授在外兼课，以四小时为限。

三　本校教授在外兼课时，其所授课程，以在本校现授者为限。

四　本校教授在外兼课所得报酬，应由所兼之学校发交本校，另由本校致送车马费，其数目最多以四十元为限。

五　本校教授在他校兼课，以昆明市范围内为限。

六　本校教授资格以下教师，不得在外兼课。

王学珍、郭建荣：《北京大学史料》第三卷（1937—1945），北京大学出版社 2000 年版，第 120 页。

国立清华大学教师服务及待遇规程

1939 年 7 月 12 日第二次评议会修正

第一章　总　　则

第一条　本规程于本大学全体教师适用之。

第二条　本大学教师,分教授、副教授、合聘教授、讲师、专任讲师、教员及助教。

第三条　教授、副教授、专任讲师、教员及助教,为本大学专任教师,合聘教授及讲师,为本大学非专任教师。

第二章　资　　格

第四条　本大学教授及合聘教授,须具有左(下)列三项资格之一:

(甲)三年研究院工作,或具有博士学位及有在大学授课二年、或在研究机关研究二年、或执行专门职业二年之经验及于所任学科有重要学术贡献者。

(乙)于所任学科,有学术创作或发明者。

(丙)曾任大学或同等学校教授或讲师,或在研究机关研究或执行专门职业共六年,且有特殊成绩者。

第五条　本大学副教授,须具有左(下)列三项资格之一:

(甲)三年研究院工作,或具有博士学位者。

(乙)于所任学科有重要学术贡献者。

(丙)曾任大学或同等学校教授、副教授或讲师,或在研究机关研究,或执行专门职业共四年,且有特殊成绩者。

第六条　本大学讲师,须具有左(下)列三项资格之一:

（甲）曾在国内外大学任教授,著有成绩者。

（乙）于所任学科,有学术创作或发明者。

（丙）于专门职业,有特殊经验者。

第七条　本大学专任讲师,须具有左（下）列三项资格之一:

（甲）二年研究院工作,或具有硕士学位者。

（乙）于所任学科,有学术贡献者。

（丙）于专门职业,有特殊经验者。

第八条　本大学教员,须具有左（下）列二项资格之一:

（甲）大学毕业成绩特优,且曾有大学或同等学术机关授课,或研究二年者。

（乙）于所任学科,有专门知识,或授课有特殊成绩者。

第九条　本大学助教,须具有大学毕业成绩特优之资格。

第三章　聘　约

第十条　本大学教授、副教授、合聘教授、讲师及专任讲师之聘任,须经聘任委员会之同意。

第十一条　本大学教授、副教授之聘约,首二次每次期限一年,以后每次二年。

第十二条　本大学合聘教授聘约之致送与解除,由本大学与合聘之学校,共同订定之。

第十三条　本大学讲师、专任讲师、教员及助教之聘约,每年致送一次,每次以一年为限。

第十四条　本大学专任教师之续聘聘约,应于每年五月一日以前致送。

第十五条　本大学教师在聘约期内,若遇左（下）列事故之一,本大学得解除其聘约:

（甲）所服务之部分,中途停办者;

（乙）因事或因病请假,超过本校所规定之期限者;

（丙）旷职或不称职者;

（丁）不遵守校章者。

适用丙丁二项时,须经评议会全体过半数之通过。

第十六条 本大学教授、副教授,其聘约期限为二年者,如欲辞职,须在学年终了以后,方可解除职务,并须于解职三个月前,提出辞职书。

第十七条 本大学专任教师,接到续聘聘约时,须于五月十五日以前,将应聘书送还本大学,否则作为辞聘。

第四章 薪 俸

第十八条 本大学专任教师,及合聘教授之薪俸,每年以十二个月计算;讲师之薪俸,每年以十个月计算,由九月起至六月止。

第十九条 本大学新聘之教师,自八月起薪;但于学年始业后到校者,自到校之月起薪。

第二十条 本大学教师于聘约期内辞职,或因十五条事故解除聘约者,其薪俸至辞职之月止。

第二十一条 本大学教授之月薪,最低三百元;每服务满二年(休假之年除外)者,加月薪二十元;其于所任学科有特殊学术成绩者,加月薪四十元;但每年受特别加薪之教授,不得过该年加薪教授总数十分之一。

第二十二条 本大学教授月薪,最高以四百元为限,但于所任学科有特殊学术贡献者,得超过此限,加至五百元。惟月薪超过四百元之教授,不得过全体教授总数五分之一。

第二十三条 本大学合聘教授之薪俸,由本大学与合聘学校,共同订定之。

第二十四条 本大学副教授之月薪,自二百八十元起;每服务满二年者加二十元,至三百六十元止。副教授于初受聘时,其资格与本规程第五条正相符者,月薪二百八十元。

第二十五条 本大学讲师之月薪,每学期授课一学分者,三十五元;授课一学分以上者,每多一学分,加二十五元。

第二十六条 本大学专任讲师之月薪,自一百六十元起,至二百八十元止。其增薪之年限及多寡,视其于所任学科之学术成绩定之。

第二十七条 本大学教员之月薪,最低一百二十元。每服务满二年者,加二十元,至二百元止。

第二十八条 本大学助教之月薪,最低八十元。每服务满一年者,加十元,至一百四十元止。

第五章　授课、兼课及兼事

第二十九条　本大学专任教授、副教授,授课钟点,至少须每周八小时,或每学年十六学分;至多每周十二小时,或每学年二十四学分。惟受聘学院长或系主任者,得因公务繁重,酌量减少其授课钟点,但至多以减少每周三小时或每学年六学分为度。

第三十条　本大学专任教师,授课时间,由注册部全权排列。

第三十一条　本大学教授、副教授,在本校任课之钟点,不超过最低限度者,不得在外兼课或兼事;惟无报酬(薪金车马费及其他一切收入皆在内)之事,不在此例。

第三十二条　本大学教授、副教授在外兼课或兼事,须先得本校许可,其所兼课或兼事机关,应先函商本校。

第三十三条　本大学教授、副教授在外兼课,每星期至多以四小时(试验钟点与演讲钟点同样计算)为限。

第三十四条　本大学教授、副教授在外所兼之课程,以在本大学所授之课程为限。

第三十五条　本大学教授、副教授在外兼事,其所兼之事,必须与所授之课性质相同,其办公时间,每星期不得过四小时。

第三十六条　本大学教授、副教授在外兼课,而又兼事者,其授课及办公时间之总数,每星期不得过四小时。

第三十七条　本大学教授、副教授兼课或兼事,区域以北平(昆明?)为限。

第三十八条　本大学专任讲师、教员及助教,不得在外兼课或兼事。

第六章　请　假

第三十九条　本大学教师,因病或因事请假,须先期通知注册部;其因事请假逾一星期者,须先得系主任同意。

第四十条　本大学教师,因事请假,每学期不得超过授课钟点总数五分之一;但因特殊事故,经校长先期许可者,得超过此限。

　　第四十一条　本大学教师，因事请假，每学期逾授课钟点总数五分之一者，其请假期内之薪金，由本校扣除；但有由学校认可之人代课者，不在此限。

　　第四十二条　本大学教师，因事连续请假逾三星期者，其请假期内之薪金，由本校扣除；但因本校公事请假者，不在此例。

　　第四十三条　本大学专任教师，因病长期请假时，须具有本校所承认医生之证明书。

　　一次连续请假不逾两月者，得支全薪。

　　一次连续请假逾两月者，得自假期第三个月起，按其服务年数，每满一年，多支一个月全薪三分之二，但若第二次应用本条规定时，第一次已经适用之服务年限，不得并入计算。

　　一学年内数次请假，合计逾两个月者，与一次连续假期逾两个月者，同样待遇。

　　第四十四条　本校非专任教师，因病连续请假过一月者停薪。

　　第四十五条　本大学教师请假，不得连续过二年。

第七章　休　假

　　第四十六条　本章各条于本大学专任教师适用之。

　　第四十七条　本大学教授、副教授如按照本规程连续服务满六年而本大学愿续聘其任教授、副教授者，得休假一年；如不兼事支半薪，或休假半年如不兼事支全薪，但曾经休假一次者，须连续服务六年，方得再享休假权利。

　　第四十八条　本大学教授、副教授，如欲休假期内，作研究工作者，应先填写请求休假研究单，详具研究计划，经评议会通过后，方得享受下列第四十九、五十、五十一、五十二各条之待遇。

　　第四十九条　本大学教授、副教授，在休假期内，赴欧美研究者，除支半薪外，由本大学给予来往川资，各美金五百二十元。此外给予在外研究费，每月美金一百元。

　　第五十条　本大学教授、副教授，在休假期内，赴日本研究者，除支半薪外，由本大学给予来往川资，各日金一百五十元。此外给予在外研究费，每月日金一百五十元。

第五十一条　本大学教授、副教授,在休假期内,赴欧美或日本研究者,由出国日起,至起程回国日止,须满十个月,不满十个月者,其研究费,应按月减发。

第五十二条　本大学教授、副教授,在休假期内,留国研究者,得支全薪,如赴远地调查者,其旅费得提出详细预算,经评议会核定支付,但其总数,不得过五百元。

第五十三条　本大学教授、副教授,曾享受本规程第四十九或五十或五十二条之权利者,于休假期满后,至少须返校服务一年,并须详具研究报告,至下次请求休假研究时,评议会应以上次研究成绩为参考。

第五十四条　本大学如在课程或经费上,有特殊困难情形,经评议会通过,得请已届休假期之教授、副教授,延期休假一年。其延期之一年,应计入下届休假前之服务年限以内。

第五十五条　本大学教授、副教授,已届休假时期而请求延期休假者,如继续在校服务,得保留其休假权利,但延期之年限,不得计入下届休假前之服务年限内。

第五十六条　本大学教授、副教授,每年休假人数,每学系教授人数在十一人以下者,不得过二人;满十二人者,至多不得过三人。

第五十七条　本大学各学系,不得因教授、副教授休假而增聘教授副教授,但于必要时,得酌聘讲师。

第五十八条　本大学教授、副教授,经特种契约聘定者,不得享受本章权利。

第五十九条　本大学专任讲师、教员及(全时)助教,连续服务满六年,成绩优异,愿在国内专作研究,拟有具体计划,经评议会通过,而同时不兼他职者,得休假研究一年,支全薪;如须赴远地调查者,其旅费得提出详细预算,经评议会核定支付,但其总数不得过五百元。

第六十条　本大学专任讲师、教员及(全时)助教,连续服务满六年,成绩优异,愿赴欧美或日本专作研究,拟有具体计划,经评议会通过,得支领学费,并照本章程第四十九、五十条,按半数支给川资及研究费,但不得支薪。

第六十一条　本大学专任讲师、教员及(全时)助教,改任他种专任教师者,其未改任前在校服务年限,仍计入休假前服务年限内,且休假待遇,照改任后之地位办理。

第六十二条　本大学专任讲师、教员及助教休假者,每年每学系共不得过一人。

第六十三条　本大学专任教师,在休假期内,作研究工作,得有本校津贴者,应于休假年终,将研究结果,报告本校。

第六十四条　本大学专任教师,因事连续请假二月以上、不过一年者,或因病请假二月以上者,须于休假前,补足服务年限,方得享受休假权利;其因事请假过一年者,其假前服务之年限,不得计入休假前服务年限内。

清华大学校史研究室:《清华大学史料选编》三(上),清华大学出版社 1994 年版,第 274—281 页。

本校教师资格标准

1941 年 12 月 10 日

聘任委员会所拟《本校教师资格标准》经三十年十二月十日第二〇一次常委会通过：

（1）教授具有下列三项资格之一：

甲、三年研究院工作或具有博士学位及有在大学授课二年或在研究机关研究二年，执行专门职业二年之经验及于所任学科有重要学术贡献者。

乙、于所任学科有创作或发明者。

丙、曾任大学或同等学校教授或讲师、或在研究机关或执行专门职业共六年，具有特殊成绩者。

（2）副教授须具有下列三项资格之一者：

甲、三年研究院工作或具有博士学位者。

乙、于所任学科有重要学术贡献者。

丙、曾任大学或同等学校教授、副教授或讲师、或在研究机关或执行专门职业共四年，具有特殊成绩者。

（3）专任讲师须具有下列三项资格之一者：

甲、二年研究院工作或具有硕士学位者。

乙、于所任学科有学术贡献者。

丙、于专门职业有特殊经验者。

（4）教员须具有下列二项资格之一：

甲、大学毕业成绩特优，具有曾在大学或同等学术授课或研究二年者。

乙、于所任学科有专门知识或授课有特殊成绩者。

(5)助教须具有大学毕业成绩特优之资格。

国立西南联合大学史料编委会:《国立西南联合大学史料》(四),云南教育出版社 1998 年版,第 390—391 页。

资源委员会与西南联合大学合约

1942 年

　　资源委员会(以下简称甲方)为奖助工矿技术起见,特与国立西南联合大学(以下简称乙方)订定合约条款如下:

　　(甲)研究试验经费

　　第一条　甲方为业务上之需要委托乙方机械、电机、化工等三系研究试验有关工矿技术专题,补助乙方研究试验经费国币式拾伍万元整,在签订合约后一次拨付。前项专题另开清单作为本合约之附件。

　　第二条　乙方对于研究试验之专题一经获有结果,应即编具报告送交甲方,于年度届满时编具总报告送交甲方。前项专题研究试验结果非经双方同意绝不向外发表。

　　第三条　乙方对于补助经费之支用情形,应于每半年编具收支报告,连同单据送交甲方查核。

　　(乙)专门讲座或特约讲演

　　第四条　甲方因工矿技术上之需要,得特定学科商请乙方设置专门讲座或特约讲演,所需经费由甲方负担。

　　第五条　专门讲座或特约讲演,教授人选经甲乙两方会商决定,由乙方聘请之。

　　第六条　前条担任专门讲座(或特约讲演)之教授甲方得邀请其研究指导、调查或视察甲方所指定之问题或事业,其所需额外费用由甲方负担之。

　　第七条　专门讲座之设立或特约讲演之约定,由甲乙两方换函定之。

（丙）奖学金

第八条　甲方就乙方机械、电机、土木、化工、地质、经济、商学等七系设置奖学金，其详细办法依照甲方设置大学奖学金暂行办法之规定。

第九条　甲方根据设置大学奖学金暂行办法第五条，所指定之受奖学生专门导师得参与各该生写作毕业论文之指导事宜。

（丁）其他规定

第十条　乙方应于每学年终了时就合作学系中成绩优良之毕业学生开具名单连同各该生成绩表送交甲方，为选用人员之参考。

第十一条　甲方为明了乙方有关工作进行状况起见，得派员随时与乙方取得密切联系。

第十二条　本合约有效期间自民国三十一年九月起至三十二年八月止。

第十三条　本合约一式二份，双方各执一份。

附件：甲方委托乙方研究专题及添设课程。

经济部资源委员会　　钱昌照

国立西南联合大学　　梅贻琦

国立西南联合大学史料编委会：《国立西南联合大学史料》（三），云南教育出版社1998年版，第728—729页。

西南联大学生征调充任译员办法

1943 年 12 月 3 日

（一）本校遵照教育部高字第五一○八一号训令，指定四年级男生于第一学期期考完毕后，一律前往翻译人员训练班受训。

（二）四年级女生及男生因体格孱弱往训练班检查不能合格者，得留校继续肄业，于肄业期满后仍照《兵役法》服务。

（三）四年级征调服务各生于第一学期期考后考试及格课程，无论系全年或半年，均照给一学期学分；其结至本学期末之成绩，经审查委员会之审查，如较规定毕业所须学分所差不逾三十二学分（必修或选修）者，于服务期满后发给毕业证书，仍作为原毕业年度毕业。（本届四年级征调服务学生于三十四年暑假发给毕业证书，仍作为三十三年暑假毕业。）

（四）一、二、三年级学生志愿应征服务者，于服务期满返校时，由各该系酌定免修学科三十二学分。

（五）服务各生概予免修军训、体育。

（六）服务各生有因过失经服务机关开除职务或擅自离职者，本校取销其学籍，并不发给转学证书或毕业证书。

（七）四年级征调服务学生所差学分，在三十二学分以上者，于服务满期复学时，除免修三十二学分外，补足所差学分。

（八）四年级学生以前曾任翻译人员满一年者，此次得免征调；如愿重应征服务者，得照本办法第三条办理，其二次服务期限，得予减短，但至少为一年。

（九）四年级征调服务学生，本学期考试因病未能参加者，得于各该生受训期间,另定时间补考。

(十)凡在本校试读学生,征调或志愿应征服务者,准于服务期满返校试读,并于甄试及格取得正式学籍时,照本办法第四条免修学分。

(十一)凡在本校借读学生,征调或志愿应征服务者,准于服务期满继续借读一年,如欲转学本校者,于考试及格取得正式学籍时,照第四条免修学分。

(十二)以上办法适用于经教务处登记保送征调或志愿应征之学生,其自行离校觅得工作者不得援用。

(十三)四年级学生不遵照本办法办理者,照军事委员会译员训练征调条例第三条办理。

附抄征调条例第三条原文:"各大学学生均有被征调之义务,一经征调来班,即作服兵役论,原校须留其学籍。其有规避不来者,作逃避兵役论,由校开除其学籍,并送交兵役机关办理。"

国立西南联合大学史料编委会:《国立西南联合大学史料》(五),云南教育出版社 1998 年版,第 668—669 页。

西南联大三十四年度各院系修订课程意见书

1945 年 6 月

　　教务会议（即院系主任会议）关于修订大学各院共同必修课目之意见决议：

　　一、三民主义一科目，一致拟请改为选修，不列入必修。

　　二、伦理学一科，一致拟请取消。

　　三、国文照原定。

　　四、外国文照原定。

　　五、中国通史照原定，惟理学院认为可作社会科学之一种，院中学学生必修课之两种社会科学中，得以此为两种之一。

　　六、世界通史一科目，一致拟请改回"西洋通史"。一则因为西洋而外之世界史教材至为零星片断，再则因适当教师无从物色。

　　七、文学院主张两门通史中，该院学生得任选一门，法学院亦可同意。

　　八、哲学概论一科目，文法两学院均主取消，师范学院则拟请订为该院必修课目。

　　九、科学概论一科目，各学院概主取消，并一致认为确难作为自然科学之一种，或以之替代自然科学。

　　十、社会科学概论一科目，各学院概主取消。

　　十一、各学系选修科目，拟请准由各大学斟酌实际需要、教学设备、教师资[质]量，自行规定，并随时损益，不再列入大学科目表。

　　十二、大学科目表，经此次修订后，拟请部中于最短期间内有所决定，早日颁发，俾三十四年度学年开始时得以应用；否则准其暂时根据上文各决议意见及各院系所提(见后)修订意见办理。

　　十三、全部大学科目表,经此次修订后,拟请部中颁发各大学,作为规定课程时参考之用,而不作功令之用。

　　国立西南联合大学史料编委会:《国立西南联合大学史料》(三),云南教育出版社 1998 年版,第 114—115 页。

索　引

D

大学章程　48,235,449

导师　310,359

G

公费　143,194,255,513

J

教 授 会　126,257,290,428,
　431,561

教务通则　68,137,147,172,562

教务会议　429

教师　131,157,570

教员　29,230,312,482,487,
　494,497,509,553

奖学金　53,188

讲座　367

军事　145

K

课程　101,266,532,583

P

评议会　38,43,45,234

聘任　367,482,487,509

T

董事会　388

X

学院　421,482,549

学生　92,210,361,478,519,581

学则　186,213,244,251,414,
　502,549

学程　421

训育　407

训导　552

校务会议　228,268,270,303,
　463,489,491,560

Y

研究院　57,64,109,128,184,

186,297,518

研究所　47,369,410,500

研究生　518

院务会议　208

Z

组　织　40,55,101,220,410,

470,484

组织大纲　60,73,113,164,225,

278,292,299,306,402,404,

468,511,540,560,561

助学金　53

职员　98,467,495

版 权 声 明

　　本书选编的中国教育文献,编者虽经多方努力,但仍无法与其中部分作品的权利人取得联系。如果本书选入了您的作品,请您与本书主编联系。联系方式为:

　　通讯地址:浙江省杭州市浙江大学教育学院

　　邮政编码:310028

　　联系人:商丽浩

　　E-mail:shanglh@mail.hz.zj.cn

　　您也可以知会本书责任编辑,由责任编辑代您与主编联系。责任编辑的联系方式为:

　　通讯地址:浙江大学出版社(杭州市天目山路 148 号)

　　邮政编码:310007

　　联系人:吴伟伟

　　E-mail:weiweiwu@zju.edu.cn

图书在版编目(CIP)数据

走向一流的历史轨迹.中国卷之二.中外著名大学校长治校理念与办学制度文献选编 / 商丽浩,薛国瑞,葛福强编. —杭州:浙江大学出版社,2018.1
ISBN 978-7-308-17626-2

Ⅰ.①走… Ⅱ.①商…②薛…③葛… Ⅲ.①高等学校—校长—学校管理—世界—文集 Ⅳ.①G647.12-53

中国版本图书馆 CIP 数据核字(2017)第 274913 号

走向一流的历史轨迹(中国卷之二)

——中外著名大学校长治校理念与办学制度文献选编

商丽浩　薛国瑞　葛福强 编

责任编辑	吴伟伟 weiweiwu@zju.edu.cn
责任校对	杨利军　李增基
封面设计	久　屿
出版发行	浙江大学出版社
	(杭州市天目山路 148 号　邮政编码 310007)
	(网址:http://www.zjupress.com)
排　版	浙江时代出版服务有限公司
印　刷	杭州日报报业集团盛元印务有限公司
开　本	710mm×1000mm　1/16
印　张	37.75
字　数	566 千
版印次	2018 年 1 月第 1 版　2018 年 1 月第 1 次印刷
书　号	ISBN 978-7-308-17626-2
定　价	98.00 元